2022年主题出版重点出版物

ZHONGGUO JINGJI
ZHESHINIAN

中国经济
这十年

（2012-2022）

本书编写组

中国财经出版传媒集团

经济科学出版社
Economic Science Press

2022年主题出版重点出版物

中国经济

这十年

（2012-2022）

本书编写组

中国财经出版传媒集团

经济科学出版社

Economic Science Press

图书在版编目（CIP）数据

中国经济这十年：2012－2022/《中国经济这十年
（2012－2022）》编写组著. -- 北京：经济科学出版社，
2022.5

ISBN 978－7－5218－3670－7

Ⅰ.①中…　Ⅱ.①中…　Ⅲ.①中国经济－经济发展－
研究－2021－2022　Ⅳ.①F124

中国版本图书馆 CIP 数据核字（2022）第 078052 号

责任编辑：王　娟　罗一鸣　徐汇宽　李艳红
责任校对：隗立娜　郑淑艳
责任印制：李　鹏　张佳裕
图片来源：新华社、人民图片网、中国法制出版社

中国经济这十年（2012－2022）

本书编写组

经济科学出版社出版、发行　新华书店经销
社址：北京市海淀区阜成路甲 28 号　邮编：100142
总编部电话：010－88191217　发行部电话：010－88191522
网址：www.esp.com.cn
电子邮箱：esp@esp.com.cn
天猫网店：经济科学出版社旗舰店
网址：http://jjkxcbs.tmall.com
固安华明印业有限公司印装
710×1000　16 开　32 印张　500000 字
2022 年 9 月第 1 版　2022 年 9 月第 1 次印刷
ISBN 978－7－5218－3670－7　定价：138.00 元
（图书出现印装问题，本社负责调换。电话：010－88191510）
（版权所有　侵权必究　打击盗版　举报热线：010－88191661
QQ：2242791300　营销中心电话：010－88191537
电子邮箱：dbts@esp.com.cn）

编写委员会

主　任： 武　力　贺耀敏

成　员：（排名不分先后）

王爱云　李　扬　肖　翔　郑有贵

熊金武　彤新春　兰日旭　姜长青

吴　超　段　娟　郭旭红　赵　冲

序

2012 年中共十八大以来的十年，是中国特色社会主义进入新时代的十年，是新中国经济实现了又一次重大发展转型并取得历史性成就的十年。

20 世纪 50 年代的"一五"计划开启了中国优先发展重工业的社会主义工业化阶段，1978 年改革开放开启了国民经济腾飞的高速度发展阶段，2012 年中共十八大以来则开启了国民经济由高速增长阶段转向高质量发展阶段。这也是中国经济以总量扩张为主的加快全面建设小康社会的阶段，转向以转方式调结构为主的全面建成小康社会并正在走向富起来和强起来的阶段，体现了中国特色社会主义经济发展的内在逻辑和必然规律。

这十年也是中国共产党提出的两个百年奋斗目标的历史交汇期，中华民族从来没有如此实力雄厚过、如此走近世界舞台的中心，对世界经济的发展做出这么大的贡献。回顾这十年的中国经济，可以说是新中国 70 多年经济发展最全面的时期，是在新的发展理念指导下、以改革开放为动力、以发展成果惠及全体人民为目标、统筹国内国际两个大局，锐意进取，奋力拼搏，理顺了政府与市场关系、中央与地方关系、三次产业的关系、经济发展与环境保护的关系、经济发展与国家安全的关系、要素参加分配与共享发展成果的关系、国内经济循环与国际经济循环的关系，充分体现出以习近平同志为核心的党中央治国理政的思想境界和践行能力。

这十年，在以习近平同志为核心的党中央领导下，中国加强了党对经济工作的全面领导，统筹推进"五位一体"总体布局，协调推进"四个全面"战略布局，提出并坚定不移贯彻新发展理念，成功地解决了"三期叠加"的难题，化解了金融风险，扭转了"脱实向虚"的倾向，新兴产业和高科技企业迅速成长，中国工业在世界产业链中的地位正在从中低端向中高端快速攀升。这十年，中国成功扭转了长期以来存在的生态环境不断恶化趋势，治理成效突出，生态文明和绿色发展理念深入人心。这十年我们还打赢了脱贫攻坚战，彻底消除了长期困扰中华民族的绝对贫困问题，为全球减贫事业提供了中国智慧和中国方案。在对外经济关系方面，这十年面对发达国家经济进入深度调整期和逆经济全球化浪潮，中国坚定不移地扩大改革开放，提出全球发展倡议，始终高举互利共赢、共建人类命运共同体的大旗，成功地推进了惠及沿线国家和地区的"一带一路"建设。

立足于中华民族伟大复兴战略全局和世界百年未有之大变局，放眼今天的中国与世界，我们看到，在实现中华民族伟大复兴的第二个百年奋斗目标的征程上，就经济全面发展来说，还有许多艰难险阻，还会遇到意想不到的困难。（1）中国必须通过高质量发展、实现产业结构优化升级来破解资源和环境的约束，但是产业结构优化升级需要克服资本沉没、劳动力再就业、社会震荡和经济增速下滑的压力。（2）中国作为一个人口众多、地域辽阔的多民族国家，区域经济发展不平衡始终是一个需要解决的大问题，虽然这十年在协调区域经济发展方面取得了巨大成就，但是由于长期存在的自然条件、资源禀赋以及区位差异等原因，要消除区域之间经济发展不平衡，还有很长的路要走。（3）在经济体制改革和国家治理能力现代化方面，虽然我们在政府与市场的关系上从理论与实践方面都取得了积极成效，但这个问题作为一个世界性难题，我们没有什么成功的经验和范例可以学习，只能依靠我们自己的探索。如何因时、因地、因事、因人制宜地处理好政府与市场的关系，需要在不断探索和实践中完善。正是在这个意义上说，改革永远在路上，只有进行时、没有完成时。从建设创新型国家和将来成为科技强国的目标要求看，我们的科技创新体制和教育领域的改革也还有很长的路要走。（4）在全体人民共享发展成果和推动社会建设方面，要充分发挥市场在资源配置中的决定性作用，同时有效防范市场机制带来的"马太效应"、社会阶层分化和收入差距扩大等难题，这也需要我们在实现共同富裕目标过程中加强理论和实践上的积极探索。（5）在对外经济关系方面，中国已经成为世界第二大经济体，而按照国际货币基金组织（IMF）的购买力平价（PPP）计算，中国2014年的经济总量已经超过美国，按照现行汇率计算，中国的经济总量2021年也已经占美国的75%以上，按照目前两国的经济发展速度，中国在不远的将来，经济总量一定会超过美国，而且我们这十年实行的高质量发展和规划的2035年目标，也显示出中国在世界经济和科技中正在由过去的"跟跑者"向"并跑者"和"领跑者"转变。中国自身的发展正在影响和改变世界经济格局、政治格局和文化格局。美国对中国的全面遏制已经不断升级并将长期化，加上世界经济、政治发展中的不确定性因素、不断发生的震荡和危机，都考验着中国能否有效应对这种挑战，不能让这些因素阻碍中华民族伟大复兴的进程。

"中国的昨天已经写在人类的史册上，中国的今天正在亿万人民手中创造，中国的明天必将更加美好。"中国经济在这十年的发展变化，是中国由不全面小康走向全面小康和逐渐"富起来""强起来"的十年，是实现第一个百年奋斗目标并开启向第二个百年奋斗目标奋进的十年，是在市场经济条件下为世界经济发展提供中国智慧、中国方案的十年。凡是过往，皆为序章，更宏大的目标、更伟大的成就已经摆在中国面前，在以习近平同志为核心的党中央领导下，中华民族正在向着伟大复兴的第二个百年奋斗目标奋勇前行！我们的目标一定要达到，我们的目标一定能够达到！

武力研究员和贺耀敏教授长期从事中华人民共和国经济史研究，是国内知名的经济史学者，本书的其他作者也都是长期从事经济学和经济史研究的专家学者，他们在中共中央宣传部、中国财经出版传媒集团经济科学出版社的大力支持下，"跟随历史前进"，撰写了这部经济史专著，比较全面准确地反映和评价了新时代这十年中国经济的发展变化和辉煌成就，可喜可贺！相信该书一定能够发挥存史、资政、育人的作用。

是为序。

张卓元

2022 年 8 月 8 日

目录

前言

　　2012年中共十八大以来至2022年的十年，是中国进入新时代的十年。这十年里，在以习近平同志为核心的党中央领导下，中国实现了全面建成小康社会的第一个百年奋斗目标，又乘势而上开启全面建设社会主义现代化强国的新征程；与此同时，世界面临百年未有之大变局，国际经济风云变幻、美国逆经济全球化趋势愈演愈烈、新冠肺炎疫情蔓延，中国顺应世界经济发展趋势和推动构建人类命运共同体的愿景，发挥越来越重要的作用。新时代这十年，不仅是新中国历史、中华民族实现伟大复兴历史上的重要转折点，也是人类历史发展的一个重要转折点。从唯物史观出发，新时代这十年的中国经济发展，是一切变化的物质基础、条件和重要原因。因此，正确认识和把握这十年的经济现象和背后深层的原因及规律，对于立足当前、把握未来就非常有必要。这是我们撰写这本书的初衷和要达到的目的。

一、中国经济进入新时代

　　中国特色社会主义进入新时代，标示了中国经济发展新的历史开端。

　　新时代中国特色社会主义发展呈现新的特征，最主要的是我国社会主要矛盾已经转化为人民日益增长的美好生活需要和不平衡不充分的发展之间的矛盾。我国社会主要矛盾的变化，没有改变我们对我国社会主义所处历史阶段的判断，我国仍处于并将长期处于社会主义初级阶段的基本国情没有变，我国是世界最大发展中国家的国际地位没有变。就经济发展来说，中国已由高速增长阶段转向高质量发展阶段，即经济增长速度从高速增长转向中高速增长，经济结构调整从增量扩能为主转向调整存量、做优增量并举，发展动力从主要依靠资源和低成本劳动力等要素投入转向创新驱动。这些趋势性变化，反映了中国经济正在向形态更高级、分工更复杂、结构更合理的阶段演化。

我国社会主要矛盾的变化是关系全局的历史性变化，对党和国家工作提出了许多新要求。我们要在继续推动发展的基础上，着力解决好发展不平衡不充分问题，大力提升发展质量和效益，更好满足人民在经济、政治、文化、社会、生态等方面日益增长的需要，更好推动人的全面发展、社会全面进步。

新时代这十年，中国面临的国际国内环境正在发生深刻变化。这既为中国经济发展带来新的机遇，也带来新的严峻挑战。

从国际环境来看，世界处于百年未有之大变局，世界经济正在经历新一轮大发展大变革大调整，将重塑全球产业格局、发展格局、竞争格局、治理体系和经贸规则。

第一，新一轮科技革命和产业变革带来的新陈代谢与激烈竞争前所未有，以数字技术革命、生物技术革命和新能源技术革命为代表的第四次工业革命将重塑世界经济版图，成为经济增长的重要驱动力，数字经济成为带动新兴产业发展和传统产业升级的主导力量，并深刻影响着全球产业、投资发展格局。

第二，2008 年国际金融危机以来，发达国家经济转入深度调整期，经济全球化受阻，全球经济低速增长。但是新兴市场国家和发展中国家的崛起速度之快前所未有，新兴经济体和发展中国家不仅成为拉动世界经济增长的主要力量，而且已经在国际投资舞台上扮演重要角色，不久的将来会成为世界最大的消费市场①。

① 2018 年新兴经济体和发展中国家对世界经济增长的贡献率达 80%，这些国家的经济总量占比接近40%。根据《2021 年世界投资报告》，2020 年全球外国直接投资额约为 1 万亿美元，相比于 2019年的约 1.5 万亿美元下降了 35%。其中发达国家外国直接投资额同比下降 58%，发展中国家仅下降 8%。亚洲地区则上升了 4%，是唯一实现正增长的地区，约占全球 2020 年外国直接投资额的一半。据麦肯锡预测，到 2025 年，新兴市场将消费全球近 2/3 的制成品，其中包括汽车、建筑和机械等产品；到 2030 年，发展中国家将占全球消费总量的 50% 以上，中国将占全球消费总量的 15%。

第三，国际经济政治格局明显变动，特别是中美力量对比发生革命性变化，并由此带来全球治理体系的深度调整。2013 年以来，中国经济占世界经济的比重不断上升，与美国经济相比，按照汇率计算，差距也不断缩小，2019 年中国工业总产值已经超过美国；如果按照购买力平价计算，中国在 2014 年已经超过美国。2021 年，中国人均国内生产总值达到 1.25 万美元，而且产业结构优化升级成效明显，新兴产业的比重不断提高。中国经济实力的稳步快速提升，综合国力的不断增强，正在深刻影响着国际力量对比和世界经济格局。

第四，美国霸权主义和"美国优先"政策，使全球经济治理遭遇挑战，全球化遭遇逆流，但是以中国为代表的新兴国家倡导自由贸易和维护多边主义，反对单边主义和大国沙文主义，为全球的发展带来新的动力。新兴经济体在全球治理舞台上扮演着越来越重要的角色，势必导致长期由美国等发达国家主导的全球经济治理体系发生变化，朝着建立更加自由平等、公平合理的全球经济治理结构的方向发展。

从国内来看，新时代这十年，中国处于实现中华民族伟大复兴的关键时期，经济发展进入新常态，已由高速增长阶段转向高质量发展阶段。

第一，经济从高速增长转为中高速增长，尤其是世界各国经济受到新冠肺炎疫情严重影响的形势下，中国经济增长平稳向好，2012－2021 年中国国内生产总值年均增长 6.7%。

第二，经济结构不断优化升级，消费和创新成为经济增长的主要推动力；新型城镇化扎实推进，城乡差距逐步缩小；城乡区域协调发展新动能新亮点不断涌现；居民收入占比上升，发展成果惠及更广大民众。

第三，适应加快构建以国内大循环为主体、国内国际双循环相互促进的新发展格局，经济增长动力正从要素驱动转向创新驱动，从投资拉动转向消费投资双驱动。

第四，经济高质量发展面临的挑战显而易见。美国对中国经济发展的遏制升级，中国综合国力与美国仍存在较大差距，技术创新能力不足仍是"短板"，一些核心关键技术仍然受制于人；中国经济发展还没有完全走出增长速度换挡期和结构调整阵痛期，产业结构还处于由中低端向中高端的攀升阶段，经济下行压力依然较大，产能过剩和结构性矛盾仍然突出。2020年以新产业、新业态、新商业模式为核心内容的"三新"经济，占国内生产总值比重仅为17.08%；农业基础还不稳固，实现藏粮于地和藏粮于技还有较长的路要走；经济增长与能源、资源、环境承载力的矛盾仍然较为突出；城乡区域发展和收入分配差距依然较大，各地区推动共同富裕的基础和条件不尽相同。

二、这十年经济发展的新成就

中共十八大以来，以习近平同志为核心的党中央，统筹中华民族伟大复兴战略全局和世界百年未有之大变局，坚持观大势、谋全局、干实事，成功驾驭了国家经济发展大局，在实践中形成了以新发展理念为主要内容的习近平新时代中国特色社会主义经济思想。

习近平从时间和空间大角度审视我国发展，2014年5月在河南考察时，首次提出"新常态"这一概念。2014年12月，习近平主持中央政治局会议，作出"我国进入经济发展新常态"这一重要论断。2014年12月，习近平在中央经济工作会议上从九个方面分析了经济进入新常态的主要特征。处于新常态这样的大势之下，习近平又提出创新、协调、绿色、开放、共享的新发展理念，中共十八届五中全会把新发展理念作为"十三五"规划的灵魂，用新发展理念统领"十三五"时期各项工作。在理论与实践的互动中，习近平关于经济的思想逐渐系统化、体系化。到2017年12月中央经济工作会议，党中央系统总结凝练了习近平关于经济的系列重要论述的主体框架和主要内容，正式提出了习近平新时代中国特色社会主义经济思想，并用"七个坚持"构成习近平新时代中国特色社会主义经济思想的七方面内涵。即：坚持加强党对经济工作的集中统一领导，坚持以人民为中心的发展思想，坚持适应把握引领经济发展新常态，坚持使市场在资源配置中起决定性作用、更好发挥政府作用，坚持适应我国经济发展主要矛盾变化完善宏观调控，坚持问题导向部署经济发展新战略，坚持正确工作策略和方法。之后，习近平经济思想在指导推动中国经济高质量发展的历史进程中不断丰富发展，具有重要意义和价值。例如，中共十九届五中全会创造性作出新发展阶段的战略判断，强调"新发展阶段是我国社会主义发展进程中的一个重要阶段"，提出"构建以国内大循环为主体、国内国际双循环相互促进的新发展格局"的重大战略任务。这样，新发展阶段、新发展理念、新发展格局作为有机整体，深刻回答了中国进入什么样的发展阶段、实现什么样的发展、如何实现发展的重大命题。

　　习近平经济思想，是习近平新时代中国特色社会主义思想的重要组成部分，是中国共产党不懈探索社会主义经济发展道路形成的宝贵思想结晶，是运用马克思主义政治经济学基本原理指导新时代经济发展实践形成的重大理论成果，是新时代我国经济工作的科学行动指南，是党和国家十分宝贵的精神财富。在这一思想的指引下，新时代十年间，中国经济发展有了大提高，取得了历史性成就，发生了历史性变革。

　　第一，经济实力、综合国力跃上新的台阶。中共十八大以来，中国贯彻创新、协调、绿色、开放、共享的新发展理念，适应、把握、引领经济发展新常态，加强供给侧结构性改革，经济保持持续健康发展，质量和效益不断提升。这十年间，中国经济运行总体平稳，经济保持中高速增长，在世界主要国家中名列前茅。2012－2021年，国内生产总值从51.9万亿元增加到114.4万亿元，10年间翻了一番多；2012－2021年，人均国内生产总值由39771元增加到80976元；2021年人均国内生产总值达到1.25万美元，接近高收入国家门槛。2015－2021年粮食产量连续7年保持在1.3万亿斤以上，实现谷物基本自给、口粮绝对安全；制造业增加值多年位居世界首位，220多种工业产品产量居世界第一。基础设施日益完善，高速铁路、高速公路、发电装机容量、互联网基础设施规模均居世界第一。[1]

① 《2021中国经济数据你看懂了吗？国家统计局10位司局长独家解读》，载《经济日报》2022年1月18日。

中国经济迈上更高质量、更有效率、更加公平、更可持续、更为安全的发展之路。

第二，经济结构持续优化，数字经济等新兴产业蓬勃发展。中共十八大以来，经济发展平衡性、协调性、可持续性明显增强。消费多年成为经济增长的第一拉动力，2021年社会消费品零售总额达到44.1万亿元，比2012年增长1.1倍，年均增长8.8%。高技术产业、农业、社会服务等重点领域投资持续较快增长。装备制造业和高技术产业快速增长，网络建设迅猛发展，新业态新模式竞相涌现，数字经济成为国民经济最有活力的重要组成部分。中国建成了全球规模最大、技术领先的网络基础设施，移动网络实现从3G突破、4G同步、5G引领的跨越，2021年12月互联网普及率达73%，工业互联网应用已经覆盖45个国民经济大类。2021年全年新能源汽车产量367.7万辆，比上年增长152.5%；集成电路产量3594.3亿块，增长37.5%。全年网上零售额130884亿元，按可比口径计算，比上年增长14.1%。① 尤其是在新冠肺炎疫情肆虐全球、世界经济陷入严重衰退、外部环境更加复杂严峻的情况下，中国数字经济的新引擎作用愈加凸显，成为稳定经济增长的重要动力。2021年，中国数字经济规模从2012年的11万亿元增长到超45万亿元，数字经济占国内生产总值比重由2012年的21.6%提升至39.8%。② 互联网与云计算、大数据、人工智能、物联网、5G等新一代信息技术不断加速突破和应用，推动数字经济发展日新月异，无人仓储已经落地运营，无人驾驶汽车开始上路行驶，工业互联网平台不断涌现，各行各业的发展凭借信息技术的加持正如虎添翼，为数字经济乃至整个国民经济的发展不断注入新的内容。此外，东部、中部、西部和东北"四大板块"联动发展，京津冀协同发展、长江经济带发展、粤港澳大湾区建设、长三角一体化发展、黄河流域生态保护和高质量发展等重大区域战略加快落实。

---

① 国家统计局：《中华人民共和国2021年国民经济和社会发展统计公报》，载《人民日报》2022年3月1日；《城乡上网差距继续缩小》，载《人民日报》2022年2月26日。
② 《我国数字经济规模超45万亿元》，载《人民日报》2022年7月3日。

第三，经济社会领域进步显著。2020 年，全面建成小康社会、第一个百年奋斗目标胜利实现，尤其是脱贫攻坚战取得决定性成就。现行标准下 9899 万农村贫困人口全部脱贫，832 个贫困县全部摘帽，12.8 万个贫困村全部出列，区域性整体贫困得到解决，完成了消除绝对贫困的艰巨任务，创造了又一个彪炳史册的人间奇迹。城乡区域协调发展稳步推进，城镇化水平稳步提升，2021 年末常住人口城镇化率达到 64.72%，1 亿农业转移人口和其他常住人口在城镇落户目标顺利实现。人民生活不断改善，人民群众获得感不断增强。居民收入增长与经济增长基本同步，农村居民收入增长速度快于城镇居民。2012－2021 年，全国居民人均可支配收入由 16510 元增加到 35128 元，年均增长 7.8%；形成了世界上规模最大、成长最快的中等收入群体，中等收入群体的比重由 1/4 上升到了 1/3 左右；城镇新增就业连续 7 年保持 1300 万人以上，面对新冠肺炎疫情冲击，就业形势总体稳定，2020 年、2021 年城镇新增就业分别达到 1186 万人、1269 万人；建成世界上规模最大的教育体系、社会保障和医疗卫生体系，基本养老保险参保人数达 10.3 亿人，基本医疗保险的参保人数增加到 13.6 亿人，人均预期寿命由 75.4 岁提高到 77.9 岁。① 据波士顿咨询公司《民生福祉与经济增长的平衡互进：2018 年可持续经济发展评估报告》，在过去 10 年民生福祉发展中，中国排名上升 25 位，在受调查的 152 个国家中进步最快。

三、这十年经济发展的新特点和新经验

新时代这十年，中国经济发展呈现出新的阶段性特征。其一，经过改革开放以来的快速发展，经济发展由高速增长转向高质量发展阶段。这是

---

① 国家统计局：《中华人民共和国 2020 年国民经济和社会发展统计公报》，载《人民日报》2021 年 3 月 1 日；国家统计局：《中华人民共和国 2021 年国民经济和社会发展统计公报》，载《人民日报》2022 年 3 月 1 日；陆娅楠：《经济发展大提高　生态环境大改善（中国这十年·系列主题新闻发布）》，载《人民日报》2022 年 5 月 13 日。

中国国情和经济发展规律所致，也是以习近平同志为核心的党中央审时度势、正确决策的结果。2012年以后，中国已经进入到传统工业化后期，到2020年基本实现工业化。经济结构向高级形态迈进和受到资源环境的制约，增长速度必然会有所降低，转入中高速增长的新常态。其二，全面深化改革是这十年经济发展的重要推动力量，将改革开放推进到一个新的高度。中共十八大以来，以习近平同志为核心的党中央加强党对经济的全面领导，加强经济体制机制改革的顶层设计，加大经济改革力度，从提升对市场与政府关系的认识到坚持"两个毫不动摇"，从推进"放管服"改革到为资本设置"红绿灯"防止其无序扩张，从推进供给侧结构性改革到设立自由贸易试验区，改革始终是经济发展的开路先锋，为稳增长、防风险、补短板、增效率保驾护航。其三，经济结构持续进行战略性调整。产业结构调整和优化升级贯穿整个十年，是实现高质量发展和两个百年奋斗目标的关键。经济发展进入新常态，中国发展的环境、条件、任务、要求等都发生了新的变化，过去那种低效率的资源过快耗竭、生态环境破坏、产能过剩的增长方式难以持续。经济发展方式从规模速度型粗放增长转向质量效率型集约增长，经济结构从以增量扩能为主转向调整存量、做优增量并举的深度调整。其四，创新是引领新时代经济发展的第一动力。要化解经济发展中的"瓶颈"和深层次矛盾，实现经济增长方式的转型和经济社会持续健康发展，根本出路在于不断推进科技创新，不断解放和发展社会生产力，不断提高劳动生产率。新时代，中国高速铁路、5G网络等建设世界领先，载人航天、火星探测等领域实现重大突破，创新型国家建设取得重大进步。在第四次工业革命带来的新机遇面前，中国以大数据、云计算、物联网、机器人、人工智能、虚拟现实、新材料、生物科技等为代表的新技术蓄势待发，重大颠覆性技术不断涌现，并催生出许多新的产业领域，推动经济发展动力从传统增长点转向新的增长点。中国全社会研发投入从2012年的1.03万亿元增长到2021年的2.79万亿元，占国内生产总值的比例由1.91%提高到2.44%。据世界知识产权组织发布的全球创新指数排名，中国从2012年的第34位上升到2021年的第12位，是世界各国中唯一持续快速上升的国家。

经过这十年的努力，中国已转向高质量发展阶段，经济长期向好，物质基础雄厚，市场空间广阔，经济进一步发展具有多方面优势和条件，中华民族伟大复兴的历史车轮已经不可逆转。同时，"行百里者半九十，船到中流浪更急"，中国在实现中华民族伟大复兴的第二个百年奋斗目标过程中，经济发展还面临着许多挑战和艰巨任务。总体上看，中国还是一个发展中国家，建立现代化经济体系和中高端产业结构还有很长的路；随着中国在世界经济和科技方面已经由过去的"跟跑者"向"并跑者"和"领跑者"转变，美国的遏制会长期存在甚至升级。具体来看，国民经济和产业循环不畅是面临的突出矛盾，科技创新尤其是打好核心技术攻坚战任务艰巨；经济运行面临的主要矛盾在供给侧，深化供给侧结构性改革有待于进一步推进，优化产业结构、打造经济发展新引擎的任务艰巨；作为重点领域关键环节改革任务仍然艰巨，农业基础还不稳固，城乡区域发展和收入分配差距较大，实现共同富裕任重道远。

这十年的经济不仅取得巨大成就，也为未来的发展增强了四个自信，积累了重要经验，指明了前进方向。其中主要的历史经验有以下六点。其一，加强和改善党的全面领导。加强和改善中国共产党的领导，是这十年中国经济成功应对各种挑战和取得巨大成就的关键，也是这十年中国经济发展最重要的经验。而全面从严治党和全面依法治国又是加强与改善党的全面领导的重要保障。其二，发挥社会主义的优越性，正确处理政府、市场的关系，只有做到政府有为、市场有效，才能继续保持经济快速发展和社会长期稳定两个"奇迹"。从中共十八届三中全会到十九届六中全会，都充分反映了中国比较好地解决了这个世界性难题。其三，坚持改革永远在路上，将改革作为发展的不竭动力。中共十八大以来，中国的改革进入攻坚期和深水区，中共中央突出解放思想永无止境，改革开放永无止境，改革只有进行时、没有完成时。实现了全面深化改革由局部探索、破冰突围到系统集成、全面深化的转变。其四，以人民为中心。在实现经济快速发展和社会财富增加的同时，坚持人民至上，动员整个社会力量攻坚克难，消灭了存在几千年的绝对贫困，同时高扬社会主义共同富裕旗帜，扎实稳步地向共同富裕目标前进，为贫富差距日益扩大的全世界提供了中国方案、中国智慧。其五，提出新的发展理念，以科技创新为动力，全面推进产业之间、区域之间、城乡之间协调发展。中国作为一个地域辽阔、人口多、人均资源少的发展中大国，经济发展不平衡不充分是发展的短板，进入新时代以后，中共中央顺应社会主要矛盾转变这个重大变化，紧紧抓住人民日益增长的美好生活需要与经济发展不平衡不充分这个矛盾，提出了新的发展理念，提出不能简单以生产总值增长率论英雄，必须实现创新成为第一动力、协调成为内生特点、绿色成为普遍形态、开放成为必由之路、共享成为根本目的的高质量发展，加快推进发展方式的转变。其六，统筹国内国际两个大局。中共十八大以来，中国面临着世界百年未有之大变局，而新冠肺炎疫情又加剧了这个变局的复杂性。中共中央充分吸取开放带来进步、封闭必然落后的历史经验，提出中国的发展要赢得优势、赢得主动、赢得未来，必须顺应经济全球化，依托中国超大规模市场优势，实行更加积极主动的开放战略。从推动共建"一带一路"、主导 G20 杭州峰会到呼吁建设人类命运共同体；从建立自由贸易试验区和外商投资负面清单到举办进口博览会和申请加入《全面与进步跨太平洋伙伴关系协定》（CPTPP），都为实现中华民族伟大复兴打造了一个好的国际环境，为充分利用国际资源和国际市场创造了条件。

四、这十年经济发展的历史意义

新时代这十年，恰逢"两个一百年"的历史交汇期，既要全面建成小康社会、实现第一个百年奋斗目标，又要乘势而上开启全面建设社会主义现代化强国新征程、向第二个百年奋斗目标进军。新时代这十年，当今世界正处于百年未有之大变局，中国对世界的影响从未像今天这样全面、深刻、长远，世界对中国的关注也从未像今天这样广泛、深切、聚焦。无论对于当今和未来的中国还是世界而言，新时代这十年经济发展都具有非凡意义。

中国全面建成小康社会，如期实现了第一个百年奋斗目标，实现了中华民族千百年来的夙愿。这十年间，面对错综复杂的国际形势、艰巨繁重的国内改革发展稳定任务，特别是新冠肺炎疫情的严重冲击，以习近平同志为核心的党中央团结带领全党全国各族人民持续奋斗，在中华大地上全面建成了小康社会，历史性地解决了绝对贫困问题。忍饥挨饿、生活困顿，这些几千年来困扰中国人民的问题总体上一去不复返了，人民群众的获得感、幸福感、安全感得到史无前例的满足。

中国经济快速发展的奇迹和大幅跃升的经济实力，为实现第二个百年奋斗目标奠定了雄厚的物质基础。这十年间，中国经济发展平衡性、协调性、可持续性明显增强，国内生产总值突破百万亿元大关，人均国内生产总值超过一万美元，国家经济实力、科技实力、综合国力跃上新台阶，中国经济迈上更高质量、更有效率、更加公平、更可持续、更为安全的发展之路。中国改革开放开创新局面，社会主义市场经济体制更加成熟定型，全方位高水平开放型经济加快形成，贸易和投资自由化便利化程度不断提升。中国人民实现全方位生活改善，生态文明建设也取得显著成效。中华民族伟大复兴向前迈出了一大步，社会主义中国以更加雄伟的身姿屹立于世界东方。

我们信心十足踏上开启全面建设社会主义现代化强国新征程，向第二个百年奋斗目标进军。"十四五"时期是中国全面建成小康社会、实现第一个百年奋斗目标之后，乘势而上开启全面建设社会主义现代化强国新征程、向第二个百年奋斗目标进军的第一个五年，是中国抓住难得机遇、顶住各种挑战、拓展发展新空间的关键时期。2020年，以习近平同志为核心的党中央对国民经济和社会发展第十四个五年规划和2035年远景目标进行精心战略谋划，为新时代新征程的领航图把准方向。关键时点的精准研判，举旗定向的路径引领，让中国人民看到了百年大党矢志不渝的决心和行动，坚定了实现中华民族伟大复兴的信心。2021年，中国经济展现新气象，迈出新步伐。这一年，我们沉着应对百年变局和世纪疫情，经济发展和疫情防控双双保持全球领先地位；构建新发展格局迈出新步伐，国家战略科技力量加快壮大，产业链韧性得到提升，改革开放向纵深推进，民生保障有力有效，生态文明建设持续推进，高质量发展取得新成效，实现了"十四五"良好开局。2021年，中国国内生产总值比上年增长8.1%，高于6%以上的预期目标，经济增速在全球主要经济体中名列前茅；经济总量达114.4万亿元，突破110万亿元，占全球经济的比重由2012年的11.4%上升到18%以上，作为世界第二大经济体的地位得到巩固提升。人均国内生产总值80976元，达到1.25万美元，已接近世界银行高收入标准。外汇储备规模连续17年稳居世界第一，近年来外汇储备规模保持在3万亿美元以上，2021年末对外净资产为19833亿美元，较2012年末增长18%。国内大循环主体作用增强，内需对经济增长的贡献率达79.1%；净出口增势良好，货物和服务净出口对经济增长贡献率为20.9%，拉动GDP增长1.7个百分点，实现国内国际循环相互促进。[①] 历史交汇点上的宏伟蓝图迎来新的起点，伟大的中华民族继续向着实现伟大复兴的战略目标迈进。

中国是世界的一部分，新时代这十年中国经济已深度融入世界，中国经济发展所取得的历史性成就和历史性变革，深刻影响了世界经济发展的趋势和格局。

中国是世界经济增长的最大贡献者。新时代这十年，中国对世界经济增长的贡献率保持在30%左右，是世界经济增长的最大引擎。中国连续多年稳居世界第二大经济体、第二大消费市场、制造业第一大国、货物贸易第一大国与外汇储备第一大国。中国控制疫情后，经济快速复苏，2020年成为全球唯一实现货物贸易正增长的主要经济体。2020年中国是全球第二大外国直接投资流入国，同时也是全球第一大外国直接投资流出国，投资总额达1330亿美元。中国具有全球最完整、规模最大的工业体系，强大的生产能力、完善的配套能力，拥有1亿多市场主体和1.7亿多受过高等教育或拥有各类专业技能的人才，是最具吸引力的投资目的地。中国有14

---

① 《国家统计局局长就2021年国民经济运行情况答记者问》，国家统计局网站，2022年1月17日；《中国这十年：系列主题新闻发布——我国外汇储备规模连续17年稳居世界第一》，新华网，2022年6月23日。

亿多人口、4 亿多中等收入群体，有世界上最具潜力的消费市场。中国跨国企业的持续扩张以及"一带一路"项目的不断开展，决定了中国未来对外投资的持续增长。波士顿咨询公司发布了《2021 年中国增长机遇报告》预测，2020－2030 年，中国将实现全球 25%－30% 的 GDP 增长。麦肯锡全球研究院的研究报告认为，到 2040 年，中国和世界其他经济体彼此融合有望创造 22 万亿－37 万亿美元经济价值，相当于全球经济总量的 15%－26%，世界其他经济体和中国加强合作，将会创造出巨大的经济价值。

中国全面建成小康社会，提升了人类社会整体发展水平。西方发达国家用了几百年至今也没能完全消除绝对贫困问题，而中国仅用几十年就历史性解决了，提前 10 年实现联合国 2030 年可持续发展议程确定的减贫目标，走在全球减贫事业前列。这一伟大壮举，必将载入人类社会发展的史册。根据国际货币基金组织统计，2019 年共有 69 个国家和地区人均国内生产总值超过 1 万美元，包括中国的 14 亿多人口，总数约为 28 亿人。全面建成小康社会，使得世界上人均国内生产总值超过 1 万美元的人口数量翻了将近一番。2018 年，联合国大会通过关于消除农村贫困的决议，把中国倡导的"精准扶贫"等理念与实践写入其中，中国为全球范围内消除贫困提供了经验。全面建成小康社会的成功探索，拓展了发展中国家走向现代化的路径，给世界上那些既希望加快发展又希望保持自身独立性的国家和民族提供了全新选择，为解决人类问题贡献了中国智慧和中国方案。

中国成为新一轮经济全球化和倡导开放经济的引领者。当前世界正在迎来第四轮经济全球化。习近平提出的推动构建人类命运共同体理念，把在经济全球化中形成的"你中有我、我中有你"的利益汇合点和利益共同体提到新的历史高度。新时代这十年是中国扎实推进开放的十年，中国商品出口占国际市场的份额由 11% 上升到 15%，对外签署的自由贸易协定数由 10 个增加到 19 个，部署建设 21 个自贸试验区和海南自由贸易港，打造了一系列对外开放的新高地、试验田。中国发展得益于国际社会，也始终不忘回馈国际大家庭，为国际社会提供更多更好公共产品。中国提出共建"一带一路"倡议，极大地促进经济全球化从过去 400 年在大西洋、太平洋兴起的海洋经济全球化，逐步推进到海洋经济同内陆经济打通的人类历史上前所未有的全方位经济全球化。进博会、服贸会成为推动经济全球化的创造性载体，为世界各国提供了开放合作的平台。中国发起成立亚洲基础设施投资银行、金砖国家新开发银行等国际金融合作机构，为全球包容性发展贡献越来越大的力量。此外，中国积极推进世贸组织改革，深度参与全球气候治理、全球经济治理，贡献了中国智慧，注入了新的动力和活力，指明了人类社会发展的新愿景。

新时代这十年，在以习近平同志为核心的党中央领导下，全面贯彻新时代中国特色社会主义思想，全面贯彻党的基本路线、基本方略，采取一系列战略性举措，推进一系列变革性实践，实现一系列突破性进展，取得一系列标志性成果，攻克了许多长期没有解决的难题，办成了许多事关长远的大事要事，经受住了来自政治、经济、意识形态、自然界等方面的风险挑战考验，党和国家事业取得历史性成就、发生历史性变革。新时代十年的伟大变革，在党史、新中国史、改革开放史、社会主义发展史、中华民族发展史上具有里程碑意义。

回首波澜壮阔的这十年，我们为中国取得的经济成就感到自豪。现在，党团结带领中国人民又踏上了实现第二个百年奋斗目标新的赶考之路。我们一定要继续考出好成绩，坚持稳中求进工作总基调，完整、准确、全面贯彻新发展理念，加快构建新发展格局，全面深化改革开放，坚持创新驱动发展，推动高质量发展，在新时代新征程上展现新气象新作为。未来之中国，必将以更加开放包容的姿态拥抱世界，同世界形成更加良性的互动，带来更加进步和繁荣的中国和世界。

中国经济这十年

（2012—2022）

第一章

引领新时代的
习近平经济思想

中共十八大以来，面对严峻复杂的国际形势和艰巨繁重的国内改革发展稳定任务，以习近平同志为核心的党中央高瞻远瞩、统揽全局、把握大势，提出一系列新理念新思想新战略，指导我国经济发展取得历史性成就、发生历史性变革，在实践中形成和发展了习近平经济思想。习近平经济思想是中国共产党不懈探索社会主义经济发展道路的宝贵思想结晶，是马克思主义政治经济学在当代中国、21 世纪世界的最新理论成果，是我国经济高质量发展、全面建设社会主义现代化国家的科学指南。

在中国特色社会主义新时代，以习近平同志为核心的党中央团结带领全党全国人民，坚持以人民为中心的发展思想，坚持党对经济工作的集中统一领导，提出创新、协调、绿色、开放、共享的新发展理念，准确把握中国经济新常态和社会主要矛盾的变化，坚持稳中求进的工作总基调，以高质量发展为主题，以供给侧结构性改革为主线，全面深化改革，扩大高水平对外开放，坚持和完善中国特色社会主义经济制度，推动中国经济由高速增长转向高质量发展，实现了全面建成小康社会的第一个百年奋斗目标，指引中国经济步入全面建设社会主义现代化国家的新阶段，完整、准确、全面贯彻新发展理念，加快构建以国内大循环为主体、国内国际双循环相互促进的新发展格局，更好统筹发展和安全两件大事，在高质量发展中不断促进共同富裕。

第一节　党领导的以人民为中心的发展

中共十八大以来，以习近平同志为核心的党中央提出以人民为中心的发展思想，把人民对美好生活的向往作为奋斗目标，不断增强人民群众的获得感、幸福感和安全感，建成惠及十几亿人的全面小康社会，并朝着建设社会主义现代化国家、实现全体人民共同富裕的新目标迈出步伐，彰显了中国式现代化新道路的优越性。

一、加强党对经济工作的全面领导

中国共产党代表最广大人民的根本利益，践行全心全意为人民服务的宗旨。党的领导是中国特色社会主义最本质的特征，是中国特色社会主义制度的最大优势，是做好党和国家各项工作的根本保证。坚持党对一切工作的领导，是党和国家的根本所在、命脉所在，是全国各族人民的利益所系、命运所系。

习近平指出，党是总揽全局、协调各方的，经济工作是中心工作，党的领导当然要在中心工作中得到充分体现，抓住了中心工作这个牛鼻子，其他工作就可以更好展开。中共十八大以来，面对极其错综复杂的国内外经济形势、艰巨繁重的国内改革发展稳定任务，以习近平同志为核心的党中央加强对经济工作的战略谋划和统一领导，完善党领导经济工作体制机制，作出坚持以高质量发展为主题、以供给侧结构性改革为主线、建设现代化经济体系、把握扩大内需战略基点，打好防范化解重大风险、精准脱贫、污染防治三大攻坚战等重大决策，中国经济发展平衡性、协调性、可持续性明显增强，国家经济实力、科技实力、综合国力跃上新台阶，中国经济迈上更高质量、更有效率、更加公平、更可持续、更为安全的发展之路。

实践充分证明，以习近平同志为核心的党中央作出的决策部署是完全正确的，党中央具有驾驭复杂局面的娴熟能力，具有引领中国经济巨轮破浪前行的高超智慧，这是我们战胜一切风险挑战的主心骨。世纪疫情冲击下，百年变局加速演进，外部环境更趋复杂严峻和不确定。越是形势复杂、挑战严峻，越要发挥党中央集中统一领导的定海神针作用，加强党对经济工作的全面领导，确保中国经济巨轮始终沿着正确方向前进。

二、坚持以人民为中心的发展思想

以人民为中心是中共十八大以来经济发展的鲜明特征。2012 年 11 月 15 日，在十八届中央政治局常委同中外记者见面时，习近平说："我们的人民热爱生活，期盼有更好的教育、更稳定的工作、更满意的收入、更可靠的社会保障、更高水平的医疗卫生服务、更舒适的居住条件、更优美的环境，期盼孩子们能成长得更好、工作得更好、生活得更好。人民对美好生活的向往，就是我们的奋斗目标。"[1] 这段话道出了广大人民的心声，也宣示了以习近平同志为核心的党中央治国理政的鲜明特点，即以人民为中心。习近平强调："人世间的一切幸福都需要靠辛勤的劳动来创造。我们的责任，就是要团结带领全党全国各族人民，继续解放思想，坚持改革开放，不断解放和发展社会生产力，努力解决群众的生产生活困难，坚定不移走共同富裕的道路。"[2]

2015 年 10 月 29 日，在中共十八届五中全会上，习近平明确提出了坚持以人民为中心的发展思想。这次全会通过了《中共中央关于制定国民经济和社会发展第十三个五年规划的建议》，把"坚持人民主体地位"作为如期实现全面建成小康社会奋斗目标、推动经济社会持续健康发展的第一项原则，提出："人民是推动发展的根本力量，实现好、维护好、发展好

---

[1][2] 《习近平谈治国理政》第一卷，外文出版社 2018 年版，第 4 页。

最广大人民根本利益是发展的根本目的。必须坚持以人民为中心的发展思想，把增进人民福祉、促进人的全面发展作为发展的出发点和落脚点，发展人民民主，维护社会公平正义，保障人民平等参与、平等发展权利，充分调动人民积极性、主动性、创造性。"①

"十三五"期间，以习近平同志为核心的党中央践行以人民为中心的发展思想，团结带领全党全国各族人民实现了第一个百年奋斗目标，全面建成了惠及十几亿中国人民的小康社会。中国的人均国内生产总值超过1万美元，脱贫攻坚成果举世瞩目，5575万农村贫困人口实现脱贫；人民生活水平显著提高，高等教育进入普及化阶段，城镇新增就业超过6000万人，建成世界上规模最大的社会保障体系，基本医疗保险覆盖超过13亿人，基本养老保险覆盖近10亿人，新冠肺炎疫情防控取得重大战略成果，文化事业和文化产业繁荣发展，国防和军队建设水平大幅提升，国家安全全面加强，社会保持和谐稳定，人民群众的获得感、幸福感和安全感显著增强。

2020年10月29日，在中共十九届五中全会上，习近平进一步强调要努力促进全体人民共同富裕取得更为明显的实质性进展。这次全会通过了《中共中央关于制定国民经济和社会发展第十四个五年规划和二〇三五年远景目标的建议》，把"坚持以人民为中心"作为"十四五"时期经济社会发展必须遵循的原则之一，提出："坚持人民主体地位，坚持共同富裕方向，始终做到发展为了人民、发展依靠人民、发展成果由人民共享，维护人民根本利益，激发全体人民积极性、主动性、创造性，促进社会公平，增进民生福祉，不断实现人民对美好生活的向往。"②

---

① 《中共中央关于制定国民经济和社会发展第十三个五年规划的建议》，人民出版社2015年版，第5页。

② 《中共中央关于制定国民经济和社会发展第十四个五年规划和二〇三五年远景目标的建议》，人民出版社2020年版，第7页。

★ 2022 年 3 月 20 日，贵州省龙里县谷脚镇观音村村民结伴走在村中。近年来，龙里县将新型城镇化建设和乡村振兴发展相结合，让当地群众享受到方便、舒适的新型城镇化生活。

三、准确把握历史方位与社会主要矛盾变化

2017 年 10 月，习近平在中共十九大报告中指出："经过长期努力，中国特色社会主义进入了新时代，这是我国发展新的历史方位。"①

中国特色社会主义进入新时代，意味着近代以来久经磨难的中华民族迎来了从站起来、富起来到强起来的伟大飞跃，迎来了实现中华民族伟大复兴的光明前景；意味着科学社会主义在 21 世纪的中国焕发出强大生机活力，在世界上高高举起了中国特色社会主义伟大旗帜；意味着中国特色社会主义道路、理论、制度、文化不断发展，拓展了发展中国家走向现代化的途径，给世界上那些既希望加快发展又希望保持自身独立性的国家和民族提供了全新选择，为解决人类问题贡献了中国智慧和中国方案。这个

① 《习近平谈治国理政》第三卷，外文出版社 2020 年版，第 8 页。

新时代，是承前启后、继往开来、在新的历史条件下继续夺取中国特色社会主义伟大胜利的时代，是决胜全面建成小康社会、进而全面建设社会主义现代化强国的时代，是全国各族人民团结奋斗、不断创造美好生活、逐步实现全体人民共同富裕的时代，是全体中华儿女勠力同心、奋力实现中华民族伟大复兴中国梦的时代，是中国日益走近世界舞台中央、不断为人类作出更大贡献的时代。

以习近平同志为核心的党中央对新时代社会主要矛盾的变化作出重大政治论断。习近平在中共十九大报告中指出："中国特色社会主义进入新时代，我国社会主要矛盾已经转化为人民日益增长的美好生活需要和不平衡不充分的发展之间的矛盾。"①

社会主要矛盾的变化，是因为人民美好生活需要将日益广泛，不仅对物质文化生活提出了更高要求，而且在民主、法治、公平、正义、安全、环境等方面的要求日益增长。同时，中国社会生产力水平总体上显著提高，社会生产能力在很多方面进入世界前列，更加突出的问题是发展不平衡不充分，这已经成为满足人民日益增长的美好生活需要的主要制约因素。发展不平衡，主要指各区域各领域各方面发展不够平衡，存在"一条腿长、一条腿短"的失衡现象，制约了整体发展水平提升。发展不充分，主要指一些地区、一些领域、一些方面还存在发展不足的问题，发展任务仍然很重。发展是动态过程，不平衡不充分是永远存在的，平衡是相对的，但发展到了一定阶段后，不平衡不充分成为社会主要矛盾的主要方面时，就必须下功夫去认识它、解决它，否则就会制约发展全局。

中国社会主要矛盾的变化，没有改变我们对中国社会主义所处历史阶段的判断，中国仍处于并将长期处于社会主义初级阶段的基本国情没有变，中国是世界最大发展中国家的国际地位没有变。习近平强调，全党仍要牢牢把握社会主义初级阶段这个基本国情，牢牢立足社会主义初级阶段这个最大实际，牢牢坚持党的基本路线这个党和国家的生命线、人民的幸

---

① 《习近平谈治国理政》第三卷，外文出版社 2020 年版，第 9 页。

福线，领导和团结全国各族人民，以经济建设为中心，坚持四项基本原则，坚持改革开放，自力更生，艰苦创业，为把中国建设成为富强民主文明和谐美丽的社会主义现代化强国而奋斗。

四、坚持走中国式现代化新道路

中共十八大以来，以习近平同志为核心的党中央对全面建设社会主义现代化国家在认识上不断深入，在战略上不断成熟，在实践上不断丰富，加速了中国现代化进程。2021 年 7 月 1 日，习近平在庆祝中国共产党成立100 周年大会上指出："我们坚持和发展中国特色社会主义，推动物质文明、政治文明、精神文明、社会文明、生态文明协调发展，创造了中国式现代化新道路，创造了人类文明新形态。"[①] 这一科学论断，将中国特色社会主义与人类文明发展联系起来，阐明了中国式现代化道路的历史贡献和深远意义。

中国式现代化道路具有鲜明特征。第一，中国现代化是人口规模巨大的现代化，14 亿多人口整体迈入现代化社会，其规模超过现有发达国家人口的总和，将彻底改写现代化的世界版图。第二，中国现代化是全体人民共同富裕的现代化，坚持以人民为中心的发展思想，自觉主动解决地区差距、城乡差距、收入分配差距等问题，促进社会公平正义，逐步实现全体人民共同富裕，坚决防止两极分化。第三，中国现代化是物质文明和精神文明相协调的现代化，促进物的全面丰富和人的全面发展。第四，中国现代化是人与自然和谐共生的现代化，注重同步推进物质文明和生态文明建设，走生产发展、生活富裕、生态良好的文明发展道路。第五，中国现代化是和平发展的现代化，强调同世界各国互利共赢，推动构建人类命运共同体，努力为人类和平与发展作出贡献。

---

① 本书编写组编：《深入学习习近平总书记"七一"重要讲话精神》，人民出版社 2021 年版，第16 页。

中国式现代化道路创造了人类文明新形态。中国式现代化道路，是经济、政治、文化、社会、生态文明建设全面推进和协调发展的全链条、全方位、全覆盖的现代化。这样的现代化，既符合中国实际，体现了社会主义建设规律，也体现了人类社会发展规律，形成了面向未来的人类现代文明的中国形态。中国式现代化道路，是中国共产党在充分吸纳人类一切优秀文明成果基础上的崭新创造，拓宽了人类文明迈向现代化的路径选择，为促进人类文明进步贡献了中国智慧、中国方案、中国力量。

第二节　以改革开放引领经济发展新常态

面对中国经济新的阶段性特征，以习近平同志为核心的党中央作出中国经济进入"三期叠加"阶段、步入新常态的重大判断，在稳中求进工作总基调指引下，推进供给侧结构性改革，全面深化各领域改革，扩大高水平对外开放，牢牢把握新常态下的大逻辑，引领中国经济平稳健康发展。

一、科学把握经济形势新变化

2008 年国际金融危机之后，世界经济进入深度调整期，世界力量对比发生深刻变化，中国经济迅速发展成为重塑世界格局的重要力量，世界面临百年未有之大变局。2013 年 7 月 25 日，习近平在中央政治局常委会上概括出了中国经济的新特征，即中国经济正处于增长速度换挡期、结构调整阵痛期、前期刺激政策消化期"三期叠加"的阶段，强调要准确认识中国经济发展阶段性特征，实事求是进行改革调整。

2013 年 12 月 10 日，习近平在中央经济工作会议上提出了"新常态"。2014 年 5 月，习近平在河南考察时指出，中国发展仍处于重要战略机遇期，我们要增强信心，从当前中国经济发展的阶段性特征出发，适应新常态，保持战略上的平常心态。2014 年 12 月 9 日，在中央经济工作会议上，习近平从九个方面的趋势性变化分析了中国经济发展进入新常态的原因，强调认识新常态、适应新常态、引领新常态是当前和今后一个时期中国经济发展的大逻辑。

从消费需求看，过去中国消费具有明显的模仿型排浪式特征，现在模仿型排浪式消费阶段基本结束，个性化、多样化消费渐成主流，保证产品质量安全、通过创新供给激活需求的重要性显著上升，必须采取正确的消费政策，释放消费潜力，使消费继续在推动经济发展中发挥基础作用。

从投资需求看，经历了 30 多年高强度大规模开发建设后，传统产业相对饱和，但基础设施互联互通和一些新技术、新产品、新业态、新商业模式的投资机会大量涌现，对创新投融资方式提出了新要求，必须善于把握投资方向，消除投资障碍，使投资继续对经济发展发挥关键作用。

从出口和国际收支看，国际金融危机发生前国际市场空间扩张很快，出口成为拉动中国经济快速发展的重要动能，现在全球总需求不振，中国低成本比较优势也发生了转化，同时中国出口竞争优势依然存在，高水平"引进来"、大规模"走出去"正在同步发生，必须加紧培育新的比较优势，使出口继续对经济发展发挥支撑作用。

从生产能力和产业组织方式看，过去供给不足是长期困扰我们的一个主要矛盾，现在传统产业供给能力大幅超出需求，产业结构必须优化升级，企业兼并重组、生产相对集中不可避免，新兴产业、服务业、小微企业作用更加凸显，生产小型化、智能化、专业化将成为产业组织新特征。

从生产要素相对优势看，过去劳动力成本低是最大优势，引进技术和管理就能迅速变成生产力，现在人口老龄化日趋发展，农业富余劳动力减少，要素的规模驱动力减弱，经济增长将更多依靠人力资本质量和技术进步，必须让创新成为驱动发展新引擎。

从市场竞争特点看，过去主要是数量扩张和价格竞争，现在正逐步转向质量型、差异化为主的竞争，统一全国市场、提高资源配置效率是经济发展的内生性要求，必须深化改革开放，加快形成统一透明、有序规范的市场环境。

从资源环境约束看，过去能源资源和生态环境空间相对较大，现在环境承载能力已经达到或接近上限，必须顺应人民群众对良好生态环境的期待，推动形成绿色低碳循环发展新方式。

从经济风险积累和化解看，伴随着经济增速下调，各类隐性风险逐步显性化，风险总体可控，但化解以高杠杆和泡沫化为主要特征的各类风险将持续一段时间，必须标本兼治、对症下药，建立健全化解各类风险的体制机制。

从资源配置模式和宏观调控方式看，全面刺激政策的边际效果明显递减，既要全面化解产能过剩，也要通过发挥市场机制作用探索未来产业发展方向，必须全面把握总供求关系新变化，科学进行宏观调控。

这些趋势性变化说明，中国经济正在向形态更高级、分工更复杂、结构更合理的阶段演化，经济发展进入新常态，正从高速增长转向中高速增长，经济发展方式正从规模速度型粗放增长转向质量效率型集约增长，经济结构正从增量扩能为主转向调整存量、做优增量并存的深度调整，经济发展动力正从传统增长点转向新的增长点。认识新常态，适应新常态，引领新常态，是新时代中国经济发展的大逻辑。

二、坚持稳中求进的工作总基调

以习近平同志为核心的党中央始终坚持稳中求进工作总基调。"稳"，就是要保持宏观经济政策基本稳定，保持经济平稳较快发展，保持物价总水平基本稳定，保持社会大局稳定。"进"，就是要继续抓住和用好中国发展的重要战略机遇期，在转变经济发展方式上取得新进展，在深化改革开放上取得新突破，在改善民生上取得新成效。

"稳中求进"涵盖了全部经济工作。这一工作总基调统领了经济社会发展全局，要求改革、发展、搞活微观主体、完善宏观调控、改善民生福祉等工作，都要坚持稳中求进。

一方面，"稳"的领域更加广泛。中共十八大以来，由于宏观调控得当，物价总水平一直保持基本稳定，因此，"稳"的着力点逐渐扩展。2018年中央经济工作会议提出，要进一步稳就业、稳金融、稳外贸、稳外资、稳投资、稳预期。2019年中央经济工作会议继续提出要全面做好"六稳"工作。2020年中央经济工作会议继续提出要扎实做好"六稳"工作、全面落实"六保"任务，其中"六保"是指保居民就业、保基本民生、保市场主体、保粮食能源安全、保产业链供应链稳定、保基层运转。这些举措，确保了大局稳定，为改革发展的"进"提供了坚固根基。

另一方面，"进"的内涵更加丰富。一是体现在全面深化改革上，中共十八届三中全会作出全面深化改革部署，从顶层系统设计，以壮士断腕之决心推进，各领域改革步稳蹄疾，国民经济在稳定发展的过程中，不断优化结构，不断提升质量。二是体现在大胆推进重点任务。针对传统发展模式长期积累的矛盾，中共中央提出了供给侧结构性改革目标任务，坚定推进"去产能、去库存、去杠杆、降成本、补短板"的任务；中共十九大提出了防范化解重大风险、精准脱贫、污染防治三大攻坚战，并最终取得决定性成就。三是体现在随着时代发展而及时确立新的奋斗目标。中共十九大擘画了全面建设社会主义现代化国家的新蓝图，中共十九届五中全会规划了2035年远景目标，以及中央提出的"中国制造2025"、扎实推动共同富裕等，都是稳中求进、奋发有为的生动体现。

三、以供给侧结构性改革为主线

中国经济新常态下，经济运行面临的突出矛盾和问题，有周期性、总量性因素，但根源是重大结构性失衡，导致经济循环不畅：一面是低水平供给过剩，一面是高品质的商品和服务需求得不到满足。因此，必须从供给侧结构性改革上想办法、找出路，努力实现供求关系新的动态均衡。

2015年11月10日，习近平主持召开中央财经领导小组第十一次会议，研究经济结构性改革和城市工作。习近平强调，在适度扩大总需求的同时，着力加强供给侧结构性改革，着力提高供给体系质量和效率，增强经济持续增长动力，推动中国社会生产力水平实现整体跃升。

2015 年 12 月，中央经济工作会议对供给侧结构性改革作出部署。推进供给侧结构性改革，是适应和引领经济发展新常态的重大创新，是适应国际金融危机发生后综合国力竞争新形势的主动选择，是适应中国经济发展新常态的必然要求。供给侧结构性改革，最终目的是满足需求，主攻方向是提高供给质量，根本途径是深化改革。最终目的是满足需求，就是要深入研究市场变化，理解现实需求和潜在需求，在解放和发展社会生产力中更好满足人民日益增长的物质文化需要。主攻方向是提高供给质量，就是要减少无效供给、扩大有效供给，着力提升整个供给体系质量，提高供给结构对需求结构的适应性。根本途径是深化改革，就是要完善市场在资源配置中起决定性作用的体制机制，深化行政管理体制改革，打破垄断，健全要素市场，使价格机制真正引导资源配置，加强激励，鼓励创新，增强微观主体内生动力，提高盈利能力，提高劳动生产率，提高全要素生产率，提高潜在增长率。

供给侧结构性改革，战略上要坚持稳中求进、把握好节奏和力度，战术上要抓住关键点，主要是抓好去产能、去库存、去杠杆、降成本、补短板五大任务。第一，积极稳妥化解产能过剩。按照企业主体、政府推动、市场引导、依法处置的办法，因地制宜、分类有序处置过剩产能，妥善处理保持社会稳定和推进结构性改革的关系。第二，帮助企业降低成本。通过制定和出台相关政策措施形成"组合拳"，降低制度性交易成本，降低企业税费负担，降低社会保险费、财务成本、电力价格和物流成本等。第三，降低房地产库存。扩大有效需求，打通供需通道，消化房屋库存，并加快建立长效机制，推动房地产市场平稳运行。第四，扩大有效供给。支持企业技术改造和设备更新，培育发展新产业，补齐软硬基础设施短板，提高劳动者素质，加快农业农村现代化。第五，防范化解金融风险。依法处置信用违约，有效化解债务风险，完善政府预算管理，加强全方位金融监管，坚决守住不发生系统性和区域性风险的底线。

2016 年，以"三去一降一补"五大任务为抓手，推动供给侧结构性改革取得初步成效，部分行业供求关系、政府和企业理念行为发生积极变化。2016 年 12 月，中央经济工作会议强调，"坚持以推进供给侧结构性改革为主线"，将供给侧结构性改革作为一项长期坚持的经济主线。2018 年 12 月，在中央经济工作会议上，习近平提出了"巩固、增强、提升、畅通"的八字新要求，强调这八字方针是当前和今后一个时期深化供给侧结构性改革、推动经济高质量发展管总的要求。

四、坚持全面深化改革

以习近平同志为核心的党中央深刻认识到，改革只有进行时、没有完成时，必须以更大的政治勇气和智慧推进全面深化改革。2013 年 11 月，中共十八届三中全会审议通过《中共中央关于全面深化改革若干重大问题的决定》。该决定瞄准亟待解决的重大问题，对经济、政治、文化、社会、生态文明、国防和军队六个方面作出全面改革部署。

该决定指出，经济体制改革是全面深化改革的重点，核心问题是处理好政府和市场的关系，使市场在资源配置中起决定性作用和更好发挥政府作用。

使市场在资源配置中起决定性作用和更好发挥政府作用，这是中共十八届三中全会提出的一个重大理论创新。1992 年，中共十四大提出了中国经济体制改革的目标是建立社会主义市场经济体制，提出要使市场在国家宏观调控下对资源配置起基础性作用。经过 20 多年实践，中国社会主义市场经济体制已经初步建立，但仍然存在需要完善的地方，如市场秩序不规范、生产要素市场发展滞后、市场规则不统一、市场竞争不充分等。因此，中国有必要在完善社会主义市场经济体制上迈出新的步伐。

完善社会主义市场经济体制，关键在于进一步处理好政府和市场关系，实际上就是如何处理好在资源配置中市场起决定性作用、更好发挥政府作用这个核心问题。经济发展就是要提高资源配置效率尤其是稀缺资源的配置效率，以尽可能少的资源投入生产尽可能多的产品、获得尽可能大的效益。理论和实践都证明，市场配置资源是最有效率的方式。市场决定资源配置是市场经济的一般规律，市场经济本质上就是市场决定资源配置。健全社会主义市场经济体制必须遵循这条基本规律，着力解决市场体系不完善、政府干预过多和监管不到位问题。作出"使市场在资源配置中起决定性作用"的定位，有利于社会主义市场经济的发展，有利于在全党全社会树立关于政府和市场关系的正确观念，有利于转变经济发展方式，有利于转变政府职能，有利于抑制消极腐败现象。

但是市场也存在"失灵"的地方，市场主体也存在某些负的外部效应，市场本身也会扩大贫富差距，这些都是西方发达的市场经济国家没有解决的问题。市场在资源配置中起决定性作用，并不是不要政府治理和宏观调控作用。中国实行的是社会主义市场经济体制，我们必然要坚持发挥社会主义制度的优越性、发挥党和政府的积极作用，来解决市场"失灵"问题、解决经济社会全面发展问题。发展社会主义市场经济，既要发挥市场作用，也要发挥政府作用。十八届三中全会对更好发挥政府作用提出了明确要求，强调科学的宏观调控，有效的政府治理，是发挥社会主义市场经济体制优势的内在要求。全会决定对健全宏观调控体系、全面正确履行政府职能、优化政府组织结构进行了部署，强调政府的职责和作用主要是保持宏观经济稳定，加强和优化公共服务，保障公平竞争，加强市场监管，维护市场秩序，推动可持续发展，促进共同富裕，弥补市场失灵。

五、扩大高水平对外开放

开放是当代中国的鲜明标识。习近平经济思想强调，对外开放的基本国策不仅要坚持，而且要更好坚持。中国开放的大门不仅不会关闭，而且会越开越大。新形势下，必须树立全球视野，全面谋划全方位对外开放大战略，以更加积极主动的姿态走向世界，坚持实施更大范围、更宽领域、更深层次对外开放，建设更高水平开放型经济新体制，形成国际合作和竞争新优势，为构建以国内大循环为主体、国内国际双循环相互促进的新发展格局提供强大动力。[①]

以共建"一带一路"为实践平台推动构建人类命运共同体。2013年，习近平提出了共建"丝绸之路经济带"和"21世纪海上丝绸之路"重大倡议。共建"一带一路"倡议的核心内容是，促进基础设施建设和互联互通，对接各国政策和发展战略，深化务实合作，促进协调联运发展，实现共同繁荣。"一带一路"倡议秉持和遵循共商共建共享原则，努力实现政策沟通、设施联通、贸易畅通、资金融通、民心相通，是发展的倡议、合作的倡议、开放的倡议。这一倡议的核心内涵，是促进基础设施建设和互联互通，加强经济政策协调和发展战略对接，促进协同联动发展，实现共同繁荣。这一倡议要实现的目标就是在"一带一路"建设国际合作框架内，各方携手应对世界经济面临的挑战，开创发展新机遇，谋求发展新动力，拓展发展新空间，实现优势互补、互利共赢，不断朝着人类命运共同体方向迈进。

高举经济全球化的旗帜。当今世界，开放融通的潮流滚滚向前，经济全球化的历史大势不可逆转。开放型世界经济的首要之义是反对保护主义。习近平指出："世界经济的大海，你要还是不要，都在那儿，是回避不了的。想人为切断各国经济的资金流、技术流、产品流、产业流、人员流，让世界经济的大海退回到一个一个孤立的小湖泊、小河流，是不可能的，也是不符合历史潮流的。"[②] 针对美国和西方一些国家挑起的经贸摩擦，中国既采取有力应对措施，坚决捍卫国家和人民利益，又始终坚持通过对话协商解决争议的基本立场，努力稳定和发展多边经贸关系，维护以世贸组织为核心的多边贸易体制。

建设更高水平开放型经济新体制。习近平强调："中国开放的大门不

---

①　中共中央宣传部、国家发展和改革委员会编：《习近平经济思想学习纲要》，人民出版社、学习出版社2022年版，第126－127页。

②　《习近平谈治国理政》第二卷，外文出版社2017年版，第478页。

会关闭，只会越开越大！"① 中国坚持对内对外开放相互促进、"引进来"和"走出去"更好结合，推动贸易和投资自由化便利化，构建面向全球的高标准自由贸易区网络，成功举办四届中国国际进口博览会。中国已设立了 21 个自贸试验区及海南自由贸易港，形成了覆盖东西南北中的试点格局，推动规则、规制、管理、标准等制度型开放，形成更大范围、更宽领域、更深层次对外开放格局，构建互利共赢、多元平衡、安全高效的开放型经济体系，不断增强中国国际经济合作和竞争新优势。

第三节　以新发展理念引领高质量发展

以习近平同志为核心的党中央提出创新、协调、绿色、开放、共享的发展理念，引领中国加快建设现代化经济体系，坚持和完善中国特色社会主义基本经济制度，推动经济从高速增长转向高质量发展。

一、提出并确立新发展理念

发展是解决中国一切问题的基础和关键。发展理念是发展行动的先导，是发展思路、发展方向、发展着力点的集中体现。发展理念是否对头，从根本上决定着发展成效乃至成败。

2015 年 10 月，中共十八届五中全会审议通过《中共中央关于制定国民经济和社会发展第十三个五年规划的建议》，系统阐述了创新、协调、绿色、开放、共享的五大新发展理念。

坚持新发展理念，是关系中国发展全局的一场深刻变革。创新是引领发展的第一动力，创新发展注重的是解决发展动力问题，必须把创新摆在

---

① 《习近平谈治国理政》第三卷，外文出版社 2020 年版，第 27 页。

国家发展全局的核心位置，让创新贯穿党和国家一切工作。协调是持续健康发展的内在要求，协调发展注重的是解决发展不平衡问题，必须正确处理发展中的重大关系，不断增强发展整体性。绿色是永续发展的必要条件和人民对美好生活追求的重要体现，绿色发展注重的是解决人与自然和谐问题，必须实现经济社会发展和生态环境保护协同共进，为人民群众创造良好生产生活环境。开放是国家繁荣发展的必由之路，开放发展注重的是解决发展内外联动问题，必须发展更高层次的开放型经济，以扩大开放推进改革发展。共享是中国特色社会主义的本质要求，共享发展注重的是解决社会公平正义问题，必须坚持全民共享、全面共享、共建共享、渐进共享，不断推进全体人民共同富裕。

新发展理念创新和发展了中国共产党的发展理论。它坚持以人民为中心的发展思想，进一步科学回答了实现什么样的发展、怎样实现发展的问题，深刻揭示了实现更高质量、更有效率、更加公平、更可持续发展的必由之路，深化了中国共产党对中国特色社会主义经济发展规律的认识，有力指导了中国新的发展实践，开拓了中国特色社会主义政治经济学新境界。

二、建设现代化经济体系

建设现代化经济体系，是以习近平同志为核心的党中央从党和国家事业全局出发，着眼于实现"两个一百年"奋斗目标、顺应中国特色社会主义进入新时代作出的重大战略决策部署。2017 年 10 月，习近平在中共十九大报告中指出："我国经济已由高速增长阶段转向高质量发展阶段，正处在转变发展方式、优化经济结构、转换增长动力的攻关期，建设现代化经济体系是跨越关口的迫切要求和我国发展的战略目标。"①

2018 年 1 月 30 日，中共中央政治局就建设现代化经济体系进行第

———————————

① 《习近平谈治国理政》第三卷，外文出版社 2020 年版，第 23 页。

三次集体学习。习近平在主持学习时强调，建设现代化经济体系是一篇大文章，既是一个重大理论命题，更是一个重大实践课题，需要从理论和实践的结合上进行深入探讨。建设现代化经济体系是中国发展的战略目标，也是转变经济发展方式、优化经济结构、转换经济增长动力的迫切要求。

习近平给出了建设现代化经济体系的"路线图"。他强调，现代化经济体系，是由社会经济活动各个环节、各个层面、各个领域的相互关系和内在联系构成的一个有机整体。第一，要建设创新引领、协同发展的产业体系，实现实体经济、科技创新、现代金融、人力资源协同发展，使科技创新在实体经济发展中的贡献份额不断提高，现代金融服务实体经济的能力不断增强，人力资源支撑实体经济发展的作用不断优化。第二，要建设统一开放、竞争有序的市场体系，实现市场准入畅通、市场开放有序、市场竞争充分、市场秩序规范，加快形成企业自主经营公平竞争、消费者自由选择自主消费、商品和要素自由流动平等交换的现代市场体系。第三，要建设体现效率、促进公平的收入分配体系，实现收入分配合理、社会公平正义、全体人民共同富裕，推进基本公共服务均等化，逐步缩小收入分配差距。第四，要建设彰显优势、协调联动的城乡区域发展体系，实现区域良性互动、城乡融合发展、陆海统筹整体优化，培育和发挥区域比较优势，加强区域优势互补，塑造区域协调发展新格局。第五，要建设资源节约、环境友好的绿色发展体系，实现绿色循环低碳发展、人与自然和谐共生，牢固树立和践行绿水青山就是金山银山理念，形成人与自然和谐发展现代化建设新格局。第六，要建设多元平衡、安全高效的全面开放体系，发展更高层次开放型经济，推动开放朝着优化结构、拓展深度、提高效益方向转变。第七，要建设充分发挥市场作用、更好发挥政府作用的经济体制，实现市场机制有效、微观主体有活力、宏观调控有度。以上几个体系是统一整体，要一体建设、一体推进。

习近平指出，建设现代化经济体系，需要扎实管用的政策举措和行动。要突出抓好以下几方面工作。一是要大力发展实体经济，筑牢现代化经济体系的坚实基础。二是要加快实施创新驱动发展战略，强化现代化经济体系的战略支撑。三是要积极推动城乡区域协调发展，优化现代化经济体系的空间布局。四是要着力发展开放型经济，提高现代化经济体系的国际竞争力。五是要深化经济体制改革，完善现代化经济体系的制度保障。

三、坚持和完善中国特色社会主义基本经济制度

以习近平同志为核心的党中央高度重视制度建设，强调必须加快推进国家治理体系和治理能力现代化，努力形成更加成熟更加定型的中国特色社会主义制度。2019年10月，中共十九届四中全会通过了《中共中央关于坚持和完善中国特色社会主义制度 推进国家治理体系和治理能力现代化若干重大问题的决定》，从13个方面提出了坚持和完善中国特色社会主义制度的根本制度、基本制度、重要制度，明确了各项制度必须坚持和巩固的根本点、完善和发展的方向，并作出工作部署。

该决定提出"坚持和完善社会主义基本经济制度"。我国的社会主义基本经济制度包括：公有制为主体、多种所有制经济共同发展，按劳分配为主体、多种分配方式并存，社会主义市场经济体制。该决定指出，中国特色社会主义基本经济制度既体现了社会主义制度优越性，又同中国社会主义初级阶段社会生产力发展水平相适应，是党和人民的伟大创造。必须坚持社会主义基本经济制度，充分发挥市场在资源配置中的决定性作用，更好发挥政府作用，全面贯彻新发展理念，坚持以供给侧结构性改革为主线，加快建设现代化经济体系。

第一，毫不动摇巩固和发展公有制经济，毫不动摇鼓励、支持、引导非公有制经济发展。探索公有制多种实现形式，推进国有经济布局优化和结构调整，发展混合所有制经济，增强国有经济竞争力、创新力、控制力、影响力、抗风险能力，做强做优做大国有资本。深化国有企业改革，完善中国特色现代企业制度。形成以管资本为主的国有资产监管体制，有

效发挥国有资本投资、运营公司功能作用。健全支持民营经济、外商投资企业发展的法治环境，完善构建亲清政商关系的政策体系，健全支持中小企业发展制度，促进非公有制经济健康发展和非公有制经济人士健康成长。营造各种所有制主体依法平等使用资源要素、公开公平公正参与竞争、同等受到法律保护的市场环境。深化农村集体产权制度改革，发展农村集体经济，完善农村基本经营制度。

第二，坚持按劳分配为主体、多种分配方式并存。坚持多劳多得，着重保护劳动所得，增加劳动者特别是一线劳动者劳动报酬，提高劳动报酬在初次分配中的比重。健全劳动、资本、土地、知识、技术、管理、数据等生产要素由市场评价贡献、按贡献决定报酬的机制。健全以税收、社会保障、转移支付等为主要手段的再分配调节机制，强化税收调节，完善直接税制度并逐步提高其比重。完善相关制度和政策，合理调节城乡、区域、不同群体间分配关系。重视发挥第三次分配作用，发展慈善等社会公益事业。鼓励勤劳致富，保护合法收入，增加低收入者收入，扩大中等收入群体，调节过高收入，清理规范隐性收入，取缔非法收入。

第三，加快完善社会主义市场经济体制。建设高标准市场体系，完善公平竞争制度，全面实施市场准入负面清单制度，改革生产许可制度，健全破产制度。强化竞争政策基础地位，落实公平竞争审查制度，加强和改进反垄断和反不正当竞争执法。健全以公平为原则的产权保护制度，建立知识产权侵权惩罚性赔偿制度，加强企业商业秘密保护。推进要素市场制度建设，实现要素价格市场决定、流动自主有序、配置高效公平。强化消费者权益保护，探索建立集体诉讼制度。加强资本市场基础制度建设，健全具有高度适应性、竞争力、普惠性的现代金融体系，有效防范化解金融风险。优化经济治理基础数据库。健全推动发展先进制造业、振兴实体经济的体制机制。实施乡村振兴战略，完善农业农村优先发展和保障国家粮食安全的制度政策，健全城乡融合发展体制机制。构建区域协调发展新机制，形成主体功能明显、优势互补、高质量发展的区域经济布局。

四、部署实施国家重大发展战略

以习近平同志为核心的党中央，针对关系全局、事关长远的问题作出系统谋划和战略部署，实施了乡村振兴、区域协调发展、新型城镇化等一系列重大发展战略。

第一，实施乡村振兴战略。中共十八大以来，中国进行了历史上规模空前、力度最大、惠及人口最多的脱贫攻坚战，完成了消除绝对贫困的艰巨任务。习近平指出："脱贫攻坚取得胜利后，要全面推进乡村振兴，这是'三农'工作重心的历史性转移。"① 农业农村现代化是实施乡村振兴战略的总目标，坚持农业农村优先发展是总方针，产业兴旺、生态宜居、乡风文明、治理有效、生活富裕是总要求，建立健全城乡融合发展体制机制和政策体系是制度保障。乡村振兴的内涵丰富，包括乡村产业振兴、人才振兴、文化振兴、生态振兴、组织振兴，是农业全面升级、农村全面进步、农民全面发展的振兴。习近平经济思想把实施乡村振兴作为新时代做好"三农"工作的总抓手，坚持农业农村优先发展，走中国特色社会主义乡村振兴道路，持续缩小城乡区域发展差距，让低收入人口和欠发达地区共享发展成果，在现代化进程中不掉队、赶上来。

第二，实施区域协调发展战略。中共十八大以来，中国坚持实施区域重大战略、区域协调发展战略、主体功能区战略，健全区域协调发展体制机制。习近平亲自谋划、亲自部署、亲自推动了京津冀协同发展、长江经济带发展、粤港澳大湾区建设、长三角一体化发展、黄河流域生态保护和高质量发展等区域重大战略。以习近平同志为核心的党中央坚持实施区域协调发展战略，推动西部大开发形成新格局，推动东北振兴取得新突破，推动中部地区高质量发展，鼓励东部地区加快推进现代化，增强区域发展

---

① 《中共中央国务院关于实现巩固拓展脱贫攻坚成果同乡村振兴有效衔接的意见》，人民出版社 2021 年版，第 23 页。

平衡性。建设主体功能区是中国经济发展和生态环境保护的大战略，要坚持因地制宜，立足资源环境承载能力，发挥各地区比较优势，逐步形成城市化地区、农产品主产区、生态功能区三大空间格局，形成主体功能明显、优势互补、高质量发展的国土空间开发保护新格局。

第三，实施以人为核心的新型城镇化战略。解决好人的问题是推进新型城镇化的关键，要深化户籍制度改革，推进农业转移人口市民化，逐步提高城镇基本公共服务水平。城市建设要坚持以人民为中心的发展思想，坚持人民城市人民建、人民城市为人民，框定总量、限定容量、盘活存量、做优增量、提高质量，着力提高城市发展持续性、宜居性。坚定不移以城市群为主体形态推进城镇化，构建大中小城市和小城镇协调发展的城镇格局。坚持走城乡融合发展之路，协调推进乡村振兴战略和新型城镇化战略，加快建立健全城乡融合发展体制机制和政策体系，逐步实现城乡居民基本权益平等化、城乡公共服务均等化、城乡居民收入均衡化、城乡要素配置合理化，以及城乡产业发展融合化，推动形成工农互促、城乡互补、协调发展、共同繁荣的新型工农城乡关系。

五、大力发展制造业和实体经济

习近平经济思想坚持把发展经济着力点放在实体经济上，坚定不移建设制造强国、质量强国、网络强国、数字中国，推进产业基础高级化、产业链现代化，提高经济质量效益和核心竞争力。推动资源要素向实体经济集聚、政策措施向实体经济倾斜、工作力量向实体经济加强，营造脚踏实地、勤劳创业、实业致富的发展环境和社会氛围，形成具有持续竞争力和支撑力的工业体系，推动形成战略性新兴产业和传统制造业并驾齐驱、现代服务业和传统服务业相互促进、信息化和工业化深度融合、军民融合发展的结构新格局。大力发展实体经济政策基点放在企业特别是实体经济企业上，高度重视实体经济健康发展，增强实体经济盈利能力。

第一，推动制造业高质量发展。习近平指出，一个国家一定要有正确的战略选择，我们的战略选择就是要继续抓好制造业，制造业高质量发展是我国经济高质量发展的重中之重。要保持制造业比重基本稳定，巩固壮大实体经济根基，把制造业高质量发展放到更加突出的位置，作为构建现代化经济体系的重要一环，加快建设制造强国。要加快发展先进制造业，提升产业基础能力和产业链现代化水平，发展战略性新兴产业。

第二，促进数字经济和实体经济融合发展。习近平指出，发展数字经济是把握新一轮科技革命和产业变革新机遇的战略选择，是新一轮国际竞争重点领域，我们一定要抓住先机、抢占未来发展制高点。要推动数字经济和实体经济深度融合，推进数字产业化和产业数字化，赋能传统产业转型升级，催生新产业新业态新模式，不断做强做优做大中国的数字经济。

第三，加快建设现代化基础设施体系。要坚持以人民为中心的发展思想，坚持问题导向、目标导向，统筹发展和安全，系统谋划、整体协同，精准补短板、强弱项，优化基础设施布局、结构、功能和发展模式，调动全社会力量，构建系统完备、高效实用、智能绿色、安全可靠的现代化基础设施体系，实现经济效益、社会效益、生态效益、安全效益相统一，服务国家重大战略，支持经济社会发展，为全面建设社会主义现代化国家打下坚实基础。要加快5G网络、数据中心、人工智能、工业互联网、物联网等新型基础设施建设，加强交通基础设施建设，构建现代能源体系，加强水利基础设施建设，加强农业农村基础设施建设。

第四节　规划新蓝图，开启新阶段

以习近平同志为核心的党中央对实现"两个一百年"奋斗目标作出战略规划，在实现了第一个百年奋斗目标后，提出了为实现第二个百年奋斗目标的新时代"两步走"战略安排，制定了"十四五"规划和2035年远景目标纲要，指引全党全国人民把握新发展阶段，贯彻新发展理念，构建新发展格局，扎实推动共同富裕，更好统筹国内国际两个大局、更好统筹发展和安全两件大事，意气风发地迈上全面建设社会主义现代化国家的新征程。

一、规划"两个一百年"奋斗目标的蓝图

改革开放之后，中国共产党对中国社会主义现代化建设作出战略安排，提出"三步走"战略目标。解决人民温饱问题、人民生活总体上达到小康水平这两个目标在 20 世纪已提前实现。在这个基础上，中国共产党提出了"两个一百年"奋斗目标，即到建党一百年时建成经济更加发展、民主更加健全、科教更加进步、文化更加繁荣、社会更加和谐、人民生活更加殷实的小康社会，然后再奋斗三十年，到新中国成立一百年时，基本实现现代化，把中国建成社会主义现代化国家。

中共十八大以来，全面建成小康社会进入决胜阶段。从中共十九大到二十大，是"两个一百年"奋斗目标的历史交汇期。综合分析国际国内形势和中国发展条件，中共十九大对全面建成小康社会、全面建设社会主义现代化国家作出如下战略规划。

从 2017 年到 2020 年，是全面建成小康社会决胜期。按照全面建成小康社会各项要求，紧扣中国社会主要矛盾变化，统筹推进经济建设、政治建设、文化建设、社会建设、生态文明建设，坚定实施科教兴国战略、人才强国战略、创新驱动发展战略、乡村振兴战略、区域协调发展战略、可持续发展战略、军民融合发展战略，突出抓重点、补短板、强弱项，特别是要坚决打好防范化解重大风险、精准脱贫、污染防治的攻坚战，使全面建成小康社会得到人民认可、经得起历史检验。

从 2020 年到 2035 年，中国在全面建成小康社会的基础上，再奋斗十五年，基本实现社会主义现代化。到那时，中国的经济实力、科技实力将大幅跃升，跻身创新型国家前列；人民平等参与、平等发展权利得到充分保障，法治国家、法治政府、法治社会基本建成，各方面制度更加完善，

国家治理体系和治理能力现代化基本实现；社会文明程度达到新的高度，国家文化软实力显著增强，中华文化影响更加广泛深入；人民生活更为宽裕，中等收入群体比例明显提高，城乡区域发展差距和居民生活水平差距显著缩小，基本公共服务均等化基本实现，全体人民共同富裕迈出坚实步伐；现代社会治理格局基本形成，社会充满活力又和谐有序；生态环境根本好转，美丽中国目标基本实现。

从 2035 年到本世纪中叶，中国将建成富强民主文明和谐美丽的社会主义现代化强国。到那时，中国物质文明、政治文明、精神文明、社会文明、生态文明将全面提升，实现国家治理体系和治理能力现代化，成为综合国力和国际影响力领先的国家，全体人民共同富裕基本实现，中国人民将享有更加幸福安康的生活，中华民族将以更加昂扬的姿态屹立于世界民族之林。

"一张蓝图绘到底"是中国共产党治国理政的鲜明特点。为了实现这一远大目标，中国制定了长期、中期、短期相结合的规划，将中长期目标分解落实为切实可行的短期目标，把"千里之行"转化为一个个坚实的脚步。当历史进入 2021 年，原本粗线条的 2035 年"基本实现现代化"目标，被分解细化为切实可行的中短期施工蓝图。2021 年，全国人民代表大会通过了《中华人民共和国国民经济和社会发展第十四个五年规划和 2035 年远景目标纲要》（以下简称"十四五"规划纲要），对未来 5 年及 15 年的发展作出规划。

"十四五"时期，经济社会发展的主要目标是：经济发展取得新成效；改革开放迈出新步伐；社会文明程度得到新提高；生态文明建设实现新进步；民生福祉达到新水平；国家治理效能得到新提升。

到 2035 年，中国将基本实现社会主义现代化。经济实力、科技实力、综合国力将大幅跃升，经济总量和城乡居民人均收入将再迈上新的大台阶，关键核心技术实现重大突破，进入创新型国家前列。基本实现新型工业化、信息化、城镇化、农业现代化，建成现代化经济体系。基本实现国家治理体系和治理能力现代化，人民平等参与、平等发展权利得到充分保障，基本建成法治国家、法治政府、法治社会。建成文化强国、教育强国、人才强国、体育强国、健康中国，国民素质和社会文明程度达到新高度，国家文化软实力显著增强。广泛形成绿色生产生活方式，碳排放达峰后稳中有降，生态环境根本好转，美丽中国建设目标基本实现。形成对外开放新格局，参与国际经济合作和竞争新优势明显增强。人均国内生产总值达到中等发达国家水平，中等收入群体显著扩大，基本公共服务实现均等化，城乡区域发展差距和居民生活水平差距显著缩小。平安中国建设达到更高水平，基本实现国防和军队现代化。人民生活更加美好，人的全面发展、全体人民共同富裕取得更为明显的实质性进展。

二、把握新发展阶段，贯彻新发展理念，构建新发展格局

中国全面建成小康社会，向着全面建设社会主义现代化国家的新目标迈进，就是要把握新发展阶段、贯彻新发展理念、构建新发展格局。

（一）准确把握新发展阶段

全面建成小康社会、实现第一个百年奋斗目标之后，中国乘势而上开启全面建设社会主义现代化国家新征程、向第二个百年奋斗目标进军，这标志着中国进入了一个新发展阶段。

"中国进入新发展阶段"的战略判断有着深刻的依据。就理论依据而言，中国共产党在运用马克思主义基本原理解决中国实际问题的实践中逐步认识到，发展社会主义不仅是一个长期历史过程，而且是需要划分为不同历史阶段的过程。今天我们所处的新发展阶段，就是社会主义初级阶段中的一个阶段，同时是其中经过几十年生产力发展、物质积累和制度建设，站到了新的起点上的一个阶段。从历史依据来看，新发展阶段是中国共产党带领人民迎来从"站起来""富起来"走向"强起来"的历史性跨越的新阶段。今天，我们正在此前发展的基础上续写全面建设社会主义现代化国家新的历史。就现实依据来讲，我们已经拥有开启新征程、实现新

的更高目标的雄厚物质基础。经过新中国成立以来特别是改革开放 40 多年的不懈奋斗，到"十三五"规划完成时，中国经济实力、科技实力、综合国力和人民生活水平已经跃上了新的台阶，中国稳居世界第二大经济体、第一大工业国、第一大货物贸易国、第一大外汇储备国，国内生产总值超过 100 万亿元，人均国内生产总值超过 1 万美元，城镇化率超过60%，中等收入群体超过 4 亿人。特别是全面建成小康社会取得伟大历史性成就，解决了困扰中华民族几千年的绝对贫困问题，这在中国社会主义现代化建设进程中具有里程碑意义，为中国进入新发展阶段、朝着第二个百年奋斗目标进军奠定了坚实基础。

当今世界正经历百年未有之大变局。新冠肺炎疫情全球大流行更加剧了世界形势的不稳定性和不确定性。但是，时与势在我们一边，这是我们的定力和底气所在，也是我们的决心和信心所在。同时，我们必须清醒看到，当前和今后一个时期，虽然中国发展仍然处于重要战略机遇期，但机遇和挑战都有新的发展变化，机遇和挑战之大都前所未有，总体上机遇大于挑战。中国还必须继续坚持谦虚谨慎、艰苦奋斗，调动一切可以调动的积极因素，团结一切可以团结的力量，全力办好自己的事，锲而不舍实现我们的既定目标。

中国的任务和目标是全面建设社会主义现代化国家。我们建设的现代化必须是具有中国特色、符合中国实际的，它具有五个特点：一是人口规模巨大的现代化，二是全体人民共同富裕的现代化，三是物质文明和精神文明相协调的现代化，四是人与自然和谐共生的现代化，五是走和平发展道路的现代化。这是中国现代化建设必须坚持的方向，要在中国发展的方针政策、战略战术、政策举措、工作部署中得到体现，推动全党全国各族人民共同为之努力。

（二）深入贯彻新发展理念

中国共产党领导人民治国理政，很重要的一个方面就是要回答好实现什么样的发展、怎样实现发展这个重大问题。中共十八大以来，习近平对经济社会发展提出了许多重大理论和理念，其中新发展理念是最重要、最主要的。新发展理念是一个系统的理论体系，回答了关于发展的目的、动力、方式、路径等一系列理论和实践问题，阐明了中国共产党关于发展的政治立场、价值导向、发展模式、发展道路等重大政治问题。在新发展阶段，全党必须完整、准确、全面贯彻新发展理念。

第一，从根本宗旨把握新发展理念。人民是中国共产党执政的最深厚基础和最大底气。为人民谋幸福、为民族谋复兴，这既是党领导现代化建设的出发点和落脚点，也是新发展理念的"根"和"魂"。只有坚持以人民为中心的发展思想，坚持发展为了人民、发展依靠人民、发展成果由人民共享，才会有正确的发展观、现代化观。以人民为中心的发展，要求全体人民共同富裕，这不仅是经济问题，而且是关系党的执政基础的重大政治问题。一方面，实现共同富裕，必须统筹考虑需要和可能，按照经济社会发展规律循序渐进。另一方面，这项工作也不能等，必须自觉主动解决地区差距、城乡差距、收入差距等问题，推动社会全面进步和人的全面发展，促进社会公平正义，让发展成果更多更公平惠及全体人民，不断增强人民群众获得感、幸福感、安全感，让人民群众真真切切感受到共同富裕不仅仅是一个口号，而是看得见、摸得着、真实可感的事实。

第二，从问题导向把握新发展理念。中国发展已经站在新的历史起点上，要根据新发展阶段的新要求，坚持问题导向，更加精准地贯彻新发展理念，切实解决好发展不平衡不充分的问题，推动高质量发展。例如，科技自立自强成为决定中国生存和发展的基础能力，存在诸多"卡脖子"问题；中国城乡区域发展差距较大，而究竟怎样解决这个问题，有很多新的问题需要深入研究；中国能源体系高度依赖煤炭等化石能源，生产和生活体系向绿色低碳转型的压力都很大，实现2030年前碳排放达峰、2060年前碳中和的目标任务极其艰巨；随着经济全球化出现逆流，外部环境越来越复杂多变，如何处理好自立自强和开放合作的关系、参与国际分工和保障国家安全的关系、利用外资和安全审查的关系，在确保安全前提下扩大开放。总之，进入新发展阶段，对新发展理念的理解要不断深化，举措要更加精准务实，真正实现高质量发展。

第三，从忧患意识把握新发展理念。随着中国社会主要矛盾变化和国际力量对比深刻调整，中国发展面临的内外部风险空前上升，必须增强忧患意识、坚持底线思维，随时准备应对更加复杂困难的局面。要把安全问题摆在非常突出的位置，把安全发展贯穿国家发展各领域和全过程。要坚持政治安全、人民安全、国家利益至上有机统一，既要敢于斗争，也要善于斗争，全面做强自己，特别是要增强威慑的实力。宏观经济方面要防止大起大落，资本市场上要防止外资大进大出，粮食、能源、重要资源上要确保供给安全，要确保产业链供应链稳定安全，要防止资本无序扩张、野蛮生长，还要确保生态环境安全，坚决抓好安全生产。在社会领域，要防止大规模失业风险，加强公共卫生安全，有效化解各类群体性事件。要加强保障国家安全的制度性建设，借鉴其他国家经验，研究如何设置必要的"玻璃门"，在不同阶段加不同的锁，有效处理各类涉及国家安全的问题。

（三）加快构建新发展格局

近年来，经济全球化遭遇逆流，国际经济循环格局发生深度调整。新冠肺炎疫情也加剧了逆全球化趋势，各国内顾倾向上升。2020年4月，习近平提出要建立以国内大循环为主体、国内国际双循环相互促进的新发展格局，中共十九届五中全会对构建新发展格局作出全面部署。这是把握未来发展主动权的战略性布局和先手棋，是新发展阶段要着力推动完成的重大历史任务，也是贯彻新发展理念的重大举措。

中国作为一个人口众多和超大市场规模的社会主义国家，在迈向现代化的历史进程中，必然要承受其他国家都不曾遇到的各种压力和严峻挑战。我们只有立足自身，把国内大循环畅通起来，才能任由国际风云变幻，始终充满朝气生存和发展下去，没有任何人能打倒我们、卡死我们！加快构建新发展格局，就是要在各种可以预见和难以预见的狂风暴雨、惊涛骇浪中，增强我们的生存力、竞争力、发展力、持续力，确保中华民族伟大复兴进程不被迟滞甚至中断。

★ 2021 年 6 月 27 日，中国"十三五"期间规划建设的最大民用运输枢纽机场——成都天府国际机场正式启用。

　　构建新发展格局的关键在于经济循环的畅通无阻。经济活动需要各种生产要素的组合在生产、分配、流通、消费各环节有机衔接，从而实现循环流转。在中国发展现阶段，畅通经济循环最主要的任务是供给侧有效畅通，有效供给能力强可以穿透循环堵点、消除瓶颈制约，可以创造就业和提供收入，从而形成需求能力。因此，我们必须坚持深化供给侧结构性改革这条主线，继续完成"三去一降一补"的重要任务，全面优化升级产业结构，提升创新能力、竞争力和综合实力，增强供给体系的韧性，形成更高效率和更高质量的投入产出关系，实现经济在高水平上的动态平衡。同时，要巩固和增强超大规模市场的优势，建立起扩大内需的有效制度，释放内需潜力，加快培育完整内需体系，加强需求侧管理，扩大居民消费，提升消费层次，使建设超大规模的国内市场成为一个可持续的历史过程。与此同时，在强大的国内经济循环体系和稳固的基本盘之上，扩大高水平对外开放，形成对全球要素资源的强大吸引力、在激烈国际竞争中的强大竞争力、在全球资源配置中的强大推动力。正如习近平在 2022 年 4 月 21 日召开的博鳌亚洲论坛 2022 年年会上指出的那样："中国经济韧性强、潜力足、回旋余地广、长期向好的基本面不会改变，将为世界经济企稳复苏提供强大动能，为各国提供更广阔的市场机会。中国将全面贯彻新发展理念，加快构建新发展格局，着力推动高质量发展。不论世界发生什么样的变化，中国改革开放的信心和意志都不会动摇。"①

总之，进入新发展阶段、贯彻新发展理念、构建新发展格局，是由中国经济社会发展的理论逻辑、历史逻辑、现实逻辑决定的，三者紧密关联。进入新发展阶段明确了中国发展的历史方位，贯彻新发展理念明确了中国现代化建设的指导原则，构建新发展格局明确了中国经济现代化的路径选择。把握新发展阶段是贯彻新发展理念、构建新发展格局的现实依据，贯彻新发展理念为把握新发展阶段、构建新发展格局提供了行动指南，构建新发展格局则是应对新发展阶段机遇和挑战、贯彻新发展理念的战略选择。

三、扎实推动共同富裕

中共十八大以来，以习近平同志为核心的党中央把握发展阶段新变化，把逐步实现全体人民共同富裕摆在更加重要的位置上，推动区域协调发展，采取有力措施保障和改善民生，打赢脱贫攻坚战，全面建成小康社会，为促进共同富裕创造了良好条件，引领中国迈向扎实推动共同富裕的历史阶段。

习近平指出了推进共同富裕的必要性。他强调，适应中国社会主要矛盾的变化，更好满足人民日益增长的美好生活需要，必须把促进全体人民共同富裕作为为人民谋幸福的着力点，不断夯实党长期执政基础。高质量

---

① 习近平：《携手迎接挑战，合作开创未来：在博鳌亚洲论坛 2022 年年会开幕式上的主旨演讲》，人民出版社 2022 年版，第 8 页。

发展需要高素质劳动者，只有促进共同富裕，提高城乡居民收入，提升人力资本，才能提高全要素生产率，夯实高质量发展的动力基础。当前，全球收入不平等问题突出，一些国家贫富分化，中产阶层塌陷，导致社会撕裂、政治极化、民粹主义泛滥，教训十分深刻！中国必须坚决防止两极分化，促进共同富裕，实现社会和谐安定。同时，必须清醒认识到，中国发展不平衡不充分问题仍然突出，城乡区域发展和收入分配差距较大。新一轮科技革命和产业变革有力推动了经济发展，也对就业和收入分配带来深刻影响，包括一些负面影响，需要有效应对和解决。

习近平阐释了共同富裕的内涵。共同富裕是社会主义的本质要求，是中国式现代化的重要特征。我们说的共同富裕是全体人民共同富裕，是人民群众物质生活和精神生活都富裕，不是少数人的富裕，也不是整齐划一的平均主义。

习近平提出了促进共同富裕的阶段性目标。到"十四五"时期末，全体人民共同富裕迈出坚实步伐，居民收入和实际消费水平差距逐步缩小。到2035年，全体人民共同富裕取得更为明显的实质性进展，基本公共服务实现均等化。到本世纪中叶，全体人民共同富裕基本实现，居民收入和实际消费水平差距缩小到合理区间。

习近平指明了促进共同富裕要把握的原则和总思路。一是鼓励勤劳创新致富，二是坚持基本经济制度，三是尽力而为量力而行，四是坚持循序渐进。促进共同富裕的总思路是：坚持以人民为中心的发展思想，在高质量发展中促进共同富裕，正确处理效率和公平的关系，构建初次分配、再分配、三次分配协调配套的基础性制度安排，加大税收、社保、转移支付等调节力度并提高精准性，扩大中等收入群体比重，增加低收入群体收入，合理调节高收入，取缔非法收入，形成中间大、两头小的橄榄型分配结构，促进社会公平正义，促进人的全面发展，使全体人民朝着共同富裕目标扎实迈进。具体的，第一，提高发展的平衡性、协调性、包容性。第二，着力扩大中等收入群体规模。要抓住重点、精准施策，推动更多低收入人群迈入中等收入行列。第三，促进基本公共服务均等化。第四，加强对高收入的规范和调节。第五，促进人民精神生活共同富裕。第六，促进农民农村共同富裕。

习近平提出了对共同富裕的未来展望。他认为，像全面建成小康社会一样，全体人民共同富裕是一个总体概念，是对全社会而言的，不要分成城市一块、农村一块，或者东部、中部、西部地区各一块，各提各的指标，要从全局上来看。我们要实现14亿人共同富裕，必须脚踏实地、久久为功，不是所有人都同时富裕，也不是所有地区同时达到一个富裕水准，不同人群不仅实现富裕的程度有高有低，时间上也会有先有后，不同地区富裕程度还会存在一定差异，不可能齐头并进。这是一个在动态中向前发展的过程，要持续推动，不断取得成效。

为了将共同富裕目标落地、稳步推进，以习近平同志为核心的党中央进行了积极的理论探索和试点实践。2021年5月，中共中央、国务院发布《关于支持浙江高质量发展建设共同富裕示范区的意见》，指导浙江建成高质量发展高品质生活先行区、城乡区域协调发展引领区、收入分配制度改革试验区及文明和谐美丽家园展示区，使浙江到2025年推动高质量发展建设共同富裕示范区取得明显实质性进展，推动共同富裕的体制机制和政策框架基本建立，形成一批可复制可推广的成功经验；到2035年高质量发展取得更大成就，基本实现共同富裕。

四、统筹好发展和安全两件大事

统筹发展和安全两件大事，是以习近平同志为核心的党中央基于新发展阶段的新特征新要求，为防范化解各类风险挑战而确定的重大工作方针。

早在2014年4月15日，习近平主持召开中央国家安全委员会第一次会议，首次提出"总体国家安全观"，系统提出11种安全。此后，习近平在多个场合强调要牢固树立安全发展理念，强调我们必须始终保持高度警惕，既要高度警惕"黑天鹅"事件，也要防范"灰犀牛"事件。习近平提醒全党同志，前进道路不可能一帆风顺，越是取得成绩的时候，越是要有如履薄冰的谨慎，越是要有居安思危的忧患，绝不能犯战略性、颠覆性错误；强调各种风险我们都要防控，但重点要防控那些可能迟滞或中断中华民族伟大复兴进程的全局性风险。

2020 年 10 月，中共十九届五中全会首次把统筹发展和安全纳入"十四五"时期中国经济社会发展的指导思想，并列专章作出战略部署。全会提出，统筹发展和安全，建设更高水平的平安中国。坚持总体国家安全观，实施国家安全战略，维护和塑造国家安全，统筹传统安全和非传统安全，把安全发展贯穿国家发展各领域和全过程，防范和化解影响中国现代化进程的各种风险，筑牢国家安全屏障。

在经济领域，要确保国家经济安全。加强经济安全风险预警、防控机制和能力建设，实现重要产业、基础设施、战略资源、重大科技等关键领域安全可控。实施产业竞争力调查和评价工程，增强产业体系抗冲击能力。确保粮食安全，保障能源和战略性矿产资源安全。维护水利、电力、供水、油气、交通、通信、网络、金融等重要基础设施安全，提高水资源集约安全利用水平。维护金融安全，守住不发生系统性风险底线。确保生态安全，加强核安全监管，维护新型领域安全。构建海外利益保护和风险预警防范体系。

（2012—2022）

充分发挥市场的
决定作用

第二章

中共十八届三中全会作出全面深化改革的决定，将经济体制改革作为全面深化改革的重点，并指出经济体制改革的核心问题是处理好政府和市场的关系，使市场在资源配置中起决定性作用和更好发挥政府作用。为此，中国积极稳妥地从广度和深度上推进市场化改革，大幅度减少政府对资源的直接配置，推动资源配置依据市场规则、市场价格、市场竞争实现效益最大化和效率最优化。

第一节　激发各类市场主体活力

改革开放以来，中国的市场主体规模迅速增长，公有制和多种所有制经济蓬勃发展，社会主义市场经济体制建立并不断完善。中共十八届三中全会顺应市场经济形势变化，提出"使市场在资源配置中起决定性作用和更好发挥政府作用"的重大论断，全面深化新一轮改革。在全面深化改革过程中，中国坚持"两个毫不动摇"，做优做强做大国有经济，支持民营经济发展，不断释放经济发展新活力。

一、对政府和市场关系的新认识

中共十八届三中全会总结改革开放以来的经验，突破性地提出"使市场在资源配置中起决定性作用和更好发挥政府作用"。"决定性作用"的提法，是中国共产党在理论上的又一重大飞跃，对加快改革、建立完善的社会主义市场经济体制具有重大的指导和推动作用。

使市场在资源配置中起决定性作用是市场经济的本质要求。市场经济是以市场机制导向社会资源配置、实现社会生产和再生产的经济形态。市场经济的显著特征，是市场交换规则普遍化，即市场在资源配置中起决定性作用，促进资源配置依据市场规则、市场价格、市场竞争实现效益最大化和效率最优化。实践证明，迄今为止，在市场经济条件下，尚未发现任何力量比市场的作用更广泛、更有效率、更可持续。因此，只要实行市场经济体制，就必须尊重市场在资源配置中的主体地位和决定性作用。

所谓"决定性作用"，是指市场在所有社会生产领域的资源配置中处于主体地位，对于生产、流通、消费等各环节的商品价格拥有直接决定权。从"基础性作用"到"决定性作用"，绝不仅仅是文字表述的变化。

"决定性作用"意味着，不能有任何力量高于甚至代替市场的作用。市场决定资源配置的机制，主要包括价格机制、供求机制、竞争机制和激励约束机制。其作用主要体现在，以利润为导向引导生产要素流向，以竞争为手段决定商品价格，以价格为杠杆调节供求关系，使社会总供给和总需求达到总体平衡，生产要素的价格、生产要素的投向、产品消费、利润实现与利益分配主要依靠市场交换来完成。使市场在资源配置中起决定性作用，表明中国共产党对社会主义市场经济规律的认识和把握达到了一个新的高度。

使市场在资源配置中起决定性作用，并没有否定或忽视政府作用，而是要求更好发挥政府作用。社会主义市场经济体制的本质特征，是把坚持社会主义制度与发展市场经济结合起来，核心是把公有制为主体、多种所有制经济共同发展与市场经济体制有机结合起来。社会主义市场经济体制比资本主义自由主义的市场经济体制更有优势，就在于社会主义市场经济兼顾了效率和公平。兼顾效率和公平，一个很重要的原因就是政府在参与资源配置过程中作用更加积极全面，更能发挥保持宏观经济稳定、弥补市场失灵、熨平经济波动的作用。在社会主义市场经济条件下，政府要通过以国家发展战略和规划为导向、以财政政策和货币政策为主要手段的宏观调控体系，对经济进行宏观调控。市场化改革越深化，社会主义市场经济体制越完善，越要发挥好政府在保持宏观经济稳定、加强和优化公共服务、保障公平竞争、加强市场监管、维护市场秩序、推动可持续发展、促进共同富裕、弥补市场失灵等方面的职责和作用。当然，更好发挥政府作用，不等于政府可以更多地直接参与资源配置、干预微观经济活动，更不等于代替市场在资源配置中的决定性作用。

二、市场主体的新变化与"两个毫不动摇"

改革开放以来，中国的市场主体在规模和结构上发生了巨大变化。1978 年全国个体经营者仅有 14 万人，没有私营企业。1980 年，浙江省温州市工商局颁发了改革开放后第一张个体营业执照，当年中国个体工商户数量不到 1 万户，占市场主体比重不足 1% 。1989 年，开始允许私营企业进行工商登记，总量不过 9.05 万户。到 2012 年，中国共有企业法人单位 828.7 万户，其中内资企业 804.3 万户，港澳台商投资企业 11.3 万户，外商投资企业 13.1 万户；在 804.3 万户内资企业法人中，国有企业法人近 16 万户，集体企业法人 18.4 万户，股份合作企业法人 7.5 万户，联营企业法人 1.4 万户，有限责任公司法人 109 万户，股份有限公司法人 13.9 万户，私营企业法人 591.8 万户；此外，中国还有 4059 万户个体工商户。①

中共十八大以来，中国空前重视激发全社会创业创新活力，市场主体数量迅速增加。2018 年 3 月 16 日，北京一家私营企业领照，成为中国第 1 亿户注册市场主体。截至 2021 年底，全国市场主体总量达到 1.54 亿户，其中民营企业 4457.5 万户，而个体工商户已达 1.03 亿户，首次突破 1 亿大关。国有企业、民营企业、港澳台资企业、外资企业、个体工商户，共同构成了丰富多姿的社会主义市场经济，共同推动中国特色社会主义事业向前发展。

市场主体的变化，要求市场在资源配置中起决定性作用和更好发挥政府作用。坚持市场在资源配置中的决定性作用，就要平等对待各类市场主体，营造各种所有制经济平等竞争、取长补短、相互促进、共同发展的市场环境。中共十八届三中全会提出，公有制为主体、多种所有制经济共同发展的基本经济制度，是中国特色社会主义制度的重要支柱，也是社会主义市场经济体制的根基。公有制经济和非公有制经济都是社会主义市场经济的重要组成部分，都是中国经济社会发展的重要基础。全会重申"两个毫不动摇"：必须毫不动摇巩固和发展公有制经济，坚持公有制主体地位，发挥国有经济主导作用，不断增强国有经济活力、控制力、影响力；必须毫不动摇鼓励、支持、引导非公有制经济发展，激发非公有制经济活力和创造力。坚持"两个毫不动摇"，关键是全面深化国有企业改革，支持民

---

① 根据国家统计局网站资料整理。

营经济发展。

（一）毫不动摇巩固和发展公有制经济

公有制经济，包括国有经济、集体经济、混合所有制经济中的国有和集体成分。巩固和发展公有制经济的关键，是全面深化国有企业改革，推动国有资本做强做优做大。

出台国有企业改革顶层设计。2015 年 8 月，中共中央、国务院印发《关于深化国有企业改革的指导意见》，成为新时代国企改革的纲领性文件。此外，党和政府出台了一系列配套文件，如《关于国有企业发展混合所有制经济的意见》《关于在深化国有企业改革中坚持党的领导加强党的建设的若干意见》《关于国有企业功能界定与分类的指导意见》等，形成了"1＋N"的政策体系。

完善国有资产管理体制。各级国资委从"管企业"向"管资本"转变，成立国有资本投资、运营公司，作为国资委和国有企业之间的"隔离层"。国资委专注于优化国有资本配置，提高国有资本运作效率；国有资本投资、运营公司作为市场主体，按照市场化原则参与国有企业的经营管理。国有企业则按照《中华人民共和国公司法》规定，完善公司治理结构，健全董事会，打造真正的市场主体、完善企业法人治理结构和完善市场化经营机制。2017 年 7 月，国务院办公厅出台《中央企业公司制改制工作实施方案》，要求 2017 年底前，按照《中华人民共和国全民所有制工业企业法》登记、国务院国资委监管的中央企业（不含金融、文化企业）要全部改制为按照《中华人民共和国公司法》登记的有限责任公司或股份有限公司。按照要求，中央企业需改制的 68 家集团公司全部完成改制。截至 2022 年 3 月，1.29 万户中央企业子企业和 2.63 万户地方国有企业子企业已设立董事会。1421 户中央企业重要子企业落实董事会职权，其中 95.2% 的企业制定了具体实施方案。中央企业子企业、地方国有企业子企业实现外部董事占多数的比例分别达到 99.6%、96.7%。96.9% 的中央企业集团公司、98.5% 的地方一级企业建立了董事会向经理层授权的管理制度。国有企业各级子企业经理层成员实现任期制和契约化管理的占比超过 95%。

调整国有经济的布局和结构。中共十八届三中全会提出，国有资本投资运营要服务于国家战略目标，更多投向关系国家安全、国民经济命脉的重要行业和关键领域，重点提供公共服务、发展重要前瞻性战略性产业、保护生态环境、支持科技进步、保障国家安全。按照这一要求，国资委等部门于 2015 年发布《关于国有企业功能界定与分类的指导意见》，将国有企业界定为商业类和公益类。商业类国企又分为两类：主业处于充分竞争行业和领域的国企，原则上都要实行公司制股份制改革，积极引入其他资本实现股权多元化，国有资本可以绝对控股、相对控股或参股，加大改制上市力度，着力推进整体上市；主业处于关系国家安全、国民经济命脉的重要行业和关键领域、主要承担重大专项任务的国企，要保持国有资本控股地位，支持非国有资本参股。公益类国企可以采取国有独资形式，具备条件的也可以推行投资主体多元化，还可以通过购买服务、特许经营、委托代理等方式，鼓励非国有企业参与经营。

积极推进混合所有制改革。中共十八届三中全会的一个亮点，是提出积极发展混合所有制经济。全会指出："国有资本、集体资本、非公有资本等交叉持股、相互融合的混合所有制经济，是基本经济制度的重要实现形式，有利于国有资本放大功能、保值增值、提高竞争力。这是新形势下坚持公有制主体地位，增强国有经济活力、控制力、影响力的一个有效途径和必然选择。"① 混合所有制经济还可以为垄断行业改革打开通道。2014 年，国务院国资委在央企启动混合所有制经济试点。许多省份也纷纷推出发展混合所有制经济方案。从 2013 年到 2020 年，央企累计实施混改 4000 多项，引入社会资本超过 1.5 万亿元。央企混合所有制企业的户数占比超过 70%，比 2012 年底提高近 20 个百分点。央企所有者权益当中，引入社会资本形成的少数股东权益，由 2012 年底的 3.1 万亿元增加到 2020 年

---

① 《习近平谈治国理政》第一卷，外文出版社 2018 年版，第 78 页。

的9.4万亿元，占比由27%提升到38%。另外，央企对外参股的企业超过6000户，国有资本投资额超过4000亿元。地方国有企业混合所有制户数占比达到54%，引入社会资本超过7000亿元。电力、民航、电信、军工等重点领域的混合所有制改革试点稳步推进，上市公司已成为央企混改的主要载体，央企控股的上市公司资产总额、利润分别占央企整体的67%和88%。

★ 中国宝武钢铁集团有限公司于2016年12月1日揭牌成立。图为中国宝武宝钢股份上海宝山基地的冷轧厂C008热镀锌智能车间。

完善国有资本经营预算制度。中共十八届三中全会提出，完善国有资本经营预算制度，提高国有资本收益上缴公共财政比例。从2014年起，中央企业国有资本收益收取比例在现有基础上再提高5个百分点，并继续加大中央国有资本经营预算对国有经济结构调整及调入公共财政预算用于保障和改善民生支出的力度。2017年11月，国务院印发《划转部分国有资本充实社保基金实施方案》，决定按照10%的比例划转部分国有资本充实社保基金，以充分体现基本养老保险代际公平和国有企业发展成果全民共享。同年 12 月，中共中央印发《关于建立国务院向全国人大常委会报告国有资产管理情况制度的意见》。2018 年 10 月，十三届全国人大常委会第六次会议审议了《国务院关于 2017 年度国有资产管理情况的综合报告》和《国务院关于 2017 年度金融企业国有资产的专项报告》。这是国务院首次向全国人大常委会报告国有资产"家底"，向全体人民交出一份涵盖各级各类国有资产的"明白账"。这有利于进一步加强全社会对国有资产的监督，提高国有资产管理透明度和公信力，推进国有资产管理和治理体系现代化建设。

中共十八大以来，国企改革呈现全面推进、重点突破、成效显现的新局面。2016 年，国务院国资委宣布开展"十项改革试点"，包括：落实董事会职权试点；市场化选聘经营管理者试点；推行职业经理人制度试点；企业薪酬分配差异化改革试点；国有资本投资、运营公司试点；中央企业兼并重组试点；部分重要领域混合所有制改革试点；混合所有制企业员工持股试点；国有企业信息公开工作试点；剥离企业办社会职能和解决历史遗留问题由试点转为全国全面铺开。从 2018 年起，中国实施了国企改革"双百行动"，选取百家中央企业子企业和百家地方国有骨干企业（实际有 404 家入选"双百名单"，截至 2022 年 2 月 24 日调整至 454 家），在坚持党的领导下，在混合所有制、法人治理结构、市场化经营机制、激励机制、解决历史遗留问题等方面进行探索突破。此外，中国还开展了"区域性综改试验""科改示范行动"、世界一流企业创建等专项工程。

从 2020 年起，中国开始实施"国企改革三年行动"，进一步落实国企改革"1 + N"政策体系和顶层设计。行动要求突出抓好中国特色现代企业制度建设，突出抓好国有经济布局优化和结构调整，突出抓好深化混合所有制改革，突出抓好健全市场化经营机制、加快形成以管资本为主的国有资产监管体制，突出抓好"双百行动""区域性综改试验""科改示范行动"和世界一流企业创建等专项工程，突出抓好党的领导和党的建设。改革正在推进，国有经济的竞争力、创新力、控制力、影响力、抗风险能力正在进一步增强。

（二）毫不动摇鼓励、支持、引导非公有制经济发展

非公有制经济，主要包括个体经济、私营经济和外资经济，它们在支撑增长、促进创新、扩大就业、增加税收等方面具有重要作用。中共十八大以来，中国积极鼓励、支持和引导非公有制经济发展，激发了非公有制经济活力和创造力。

2016 年 3 月，习近平看望出席全国政协十二届四次会议的民建、工商联界委员并参加联组讨论，重申"两个毫不动摇"，提出发展非公有制经济"三个没有变"。他强调："非公有制经济在我国经济社会发展中的地位和作用没有变，我们毫不动摇鼓励、支持、引导非公有制经济发展的方针政策没有变，我们致力于为非公有制经济发展营造良好环境和提供更多机会的方针政策没有变。"[1]"三个没有变"的论断，重申了中国共产党的一贯立场，回应了社会重大关切，为非公有制经济发展提供了政策"定盘星"，对进一步提升非公有制经济人士信心、促进非公有制经济健康发展具有重要意义。在联组会上，习近平还提出了以"亲""清"为特征的新型政商关系。他指出，新型政商关系，概括起来说就是"亲""清"两个字。对领导干部而言，所谓"亲"，就是要坦荡真诚同民营企业接触交往，特别是在民营企业遇到困难和问题情况下更要积极作为、靠前服务，对非公有制经济人士多关注、多谈心、多引导，帮助解决实际困难。所谓"清"，就是同民营企业家的关系要清白、纯洁，不能有贪心私心，不能以权谋私，不能搞权钱交易。对民营企业家而言，所谓"亲"，就是积极主动同各级党委和政府及部门多沟通多交流，讲真话，说实情，建净言，满腔热情支持地方发展。所谓"清"，就是要洁身自好、走正道，做到遵纪守法办企业、光明正大搞经营。

针对民间投资增速回落问题，中国出台了一系列政策，为非公有制经

---

[1] 《习近平谈治国理政》第二卷，外文出版社 2017 年版，第 259 页。

济创造公平的市场环境，包括鼓励非公有制经济参与国有企业改革、鼓励发展混合所有制企业、实施市场准入负面清单制度、鼓励社会资本投向农村建设、允许非国有资本参股国有资本投资项目、允许民间资本依法发起设立金融机构、允许社会资本参与城市基础设施投资和运营、允许企业和社会组织在农村兴办各类事业、建立公平竞争审查制度、完善产权保护制度等。例如，2016 年 7 月，国务院办公厅印发《关于进一步做好民间投资有关工作的通知》，要求继续深化"放管服"①，努力为非公有制经济和民间投资营造公平竞争的市场环境，切实做到"三个不低于"②，缓解民营企业融资难融资贵问题，降低企业成本负担，强化落实政府主体责任以充分调动民间投资积极性。2016 年 11 月，中共中央、国务院印发《关于完善产权保护制度依法保护产权的意见》，要求废除对非公有制经济各种形式的不合理规定，消除各种隐性壁垒，保护非公有制经济和民营企业产权，维护企业合法权益。

2018 年 11 月，习近平在北京主持召开民营企业座谈会。他再次强调"三个没有变"，并指出，在全面建成小康社会、进而全面建设社会主义现代化国家的新征程中，我国民营经济只能壮大、不能弱化，不仅不能"离场"，而且要走向更加广阔的舞台。针对经济发展不确定性上升、下行压力加大、企业经营困难增多的问题，习近平强调要抓好六个方面政策举措落实：一是减轻企业税费负担；二是解决民营企业融资难、融资贵问题；三是营造公平竞争环境；四是完善政策执行方式；五是构建亲清新型政商关系；六是保护企业家人身和财产安全。同时，习近平也强调，广大民营经济人士要加强自我学习、自我教育、自我提升，珍视自身的社会形象，做爱国敬业、守法经营、创业创新、回报社会的典范。

---

① 简政放权，放管结合，优化服务。
② 在有效提高贷款增量的基础上，努力实现小微企业贷款增速不低于各项贷款平均增速，小微企业贷款户数不低于上年同期户数，小微企业申贷获得率不低于上年同期水平。

2019 年 12 月，中共中央、国务院印发《关于营造更好发展环境支持民营企业改革发展的意见》，明确深化"放管服"改革，进一步精简市场准入行政审批事项，不得额外对民营企业设置准入条件。两年多来，各地严格执行市场准入负面清单，按照"非禁即入""非限即入"原则，打破各种各样的隐性壁垒，给民企发展创造充足市场空间。针对民营经济多为中小企业的现实，国家为中小企业确立了"专精特新"的发展方向。2021 年 7 月，中共中央政治局会议提出，要强化科技创新和产业链供应链韧性，加强基础研究，推动应用研究，开展补链强链专项行动，加快解决"卡脖子"难题，发展专精特新中小企业。这是首次在中央层面提出"专精特新"，并将其与"补链强链"联系到一起，为新阶段民营经济的发展指明了方向。

中共十八大以来，非公有制经济取得了长足发展。尤其是民营经济，经过改革开放 40 多年的发展，呈现出"五六七八九"的特征，即贡献了 50% 以上的税收、60% 以上的国内生产总值、70% 以上的技术创新成果、80% 以上的城镇劳动就业和 90% 以上的企业数量。2012－2021 年，中国民营企业数量从 1085.7 万户增长到 4457.5 万户，10 年间翻了两番，民营企业在企业总量中的占比由 79.4% 提高到 92.1%。2021 年全国新设民营企业 852.5 万户，同比增长 11.7%。当年全国注吊销民营企业 390.0 万户，新设退出比为 2.2∶1，每新设 2.2 户退出 1 户，继续保持稳中有进的发展态势。民营企业在稳定增长、促进创新、增加就业、改善民生等方面发挥了重要作用，成为推动经济社会发展的重要力量。在科技创新领域，民营经济在稳态强磁场、散裂中子源、500 米口径射电望远镜等重大科技基础设施建设项目中发挥了重要作用，引领着新经济业态发展。在 2020 年中国新经济 500 强中，民营企业上榜数量达到 426 家，前 10 强中民营企业占 8 席，前 50 强占 40 席。民营企业成为中国对外贸易第一大主体，占据中国对外投资半壁江山。民营企业勇于承担社会责任，积极参与脱贫攻坚战等重大国家战略，截至 2020 年 6 月，"万企帮万村"民营企业精准帮扶 12.71 万个村，产业投入 915.92 亿元，公益投入 152.16 亿元，安置就业

79.9 万人，技能培训 116.3 万人，在抗击新冠肺炎疫情中积极投身各条战线，充分展现活力与担当，发挥了重要作用。[①] 民营企业已经成为市场主体的重要构成、解决社会就业的重要依托、科技创新的重要主体、国家税收的重要来源、对外贸易的重要力量，在经济社会发展中日益发挥出更加重要的作用。

三、健全反垄断措施和防范资本无序扩张

中共十八大以来，市场监管部门统筹强化反垄断反不正当竞争，深入推进公平竞争政策实施，保护和促进市场公平竞争。

完善公平竞争法律制度体系。2017 年和 2019 年，全国人大常委会先后修订和修正《中华人民共和国反不正当竞争法》，增加了保护商业秘密的条款，并规定了惩罚性赔偿及提高法定赔偿的标准；此外，修改《中华人民共和国反垄断法》，密集出台反垄断和反不正当竞争的规章和指南，尤其是加快互联网领域的反垄断立法，基本建立起覆盖线上线下、日趋系统完备的竞争法律制度体系。

强化反垄断反不正当竞争监管执法。2018－2021 年，市场监管部门查处垄断案件 345 件、不正当竞争案件 3.7 万件、价格违法案件 11.8 万件、审结经营者集中案件 1920 件，有力维护公平竞争市场秩序。[②]

打破地方保护和市场分割。2016 年 6 月，国务院发布《关于在市场体系建设中建立公平竞争审查制度的意见》，要求建立公平竞争审查制度，以规范政府有关行为，防止出台排除、限制竞争的政策措施，逐步清理废除妨碍全国统一市场和公平竞争的规定和做法。自公平竞争审查制度建立和实施以来，在公平竞争审查工作部际联席会议统筹协调和监督指导下，

---

① 国家发展和改革委员会编写：《〈中华人民共和国国民经济和社会发展第十四个五年规划和 2035 年远景目标纲要〉辅导读本》，人民出版社 2021 年版，第 280－281 页。

② 林丽鹏：《强化反垄断深入推进公平竞争政策实施（权威访谈）——访国家市场监督管理总局局长张工》，载《人民日报》2021 年 10 月 22 日。

在各地区、各部门共同努力下，公平竞争审查工作取得积极成效，实现国家、省、市、县四级政府全覆盖，清理涉及市场主体经济活动的各类政策措施义件 189 万件，修订废止文件近 3 万件；审查新出台政策措施 85.7 万件，发现和纠正违反审查标准的政策措施 4100 余件，有效清理废除妨碍全国统一市场和公平竞争的各种规定和做法，有力规范政府行为，维护市场公平竞争，极大激发了市场主体创业创新活力。2021 年 6 月，市场监管总局、国家发展改革委、财政部、商务部、司法部发布了《公平竞争审查制度实施细则》，该实施细则修订后，统筹力度更大，审查标准更高，监督考核更严。

近年来，在全球主要经济体量化宽松的货币政策刺激下，大资本扩张迅速，借助互联网平台谋取市场垄断地位，已经开始妨害市场公平竞争和经济健康运行。2020 年 12 月，中共中央政治局会议首次提出"强化反垄断和防止资本无序扩张"。2021 年中央经济工作会议提出"为资本设置'红绿灯'"。2021 年 2 月 7 日，国务院反垄断委员会发布《关于平台经济领域的反垄断指南》，以预防和制止平台经济领域垄断行为。11 月 18 日，国家反垄断局正式挂牌成立，由原先的国家市场监管总局直属局变为国务院新组建的副部级国家局，设立竞争政策协调司、反垄断执法一司、反垄断执法二司，分工负责反垄断相关工作，同时组建竞争政策与大数据中心。国家市场监督管理总局加挂"国家反垄断局"牌子，这是继 2018 年国务院机构改革，反垄断执法统一之后的又一重大举措，进一步健全完善了中国反垄断执法的体制机制，提升了反垄断执法工作的统一性、权威性。市场监管部门 2021 年依法严格审查平台企业经营者集中案件，提升经营者集中反垄断审查效率，降低企业制度性交易成本。仅在 2021 年 1 月至 10 月间，立案和审结数量较上年同期就增长了 48.7% 和 50.4%，平均立案和审结时间较机构改革前缩短 1/3 以上。

中共十八大以来，中国进一步完善公平竞争制度，改革市场监管体制，加强反垄断监管，推进高标准市场体系建设，推动形成统一开放、竞争有序的市场体系，加大对平台企业无序扩张的反垄断监管力度，依法查处有关平台企业垄断和不正当竞争行为，防止资本无序扩张初见成效，市场公平竞争秩序稳步向好。

第二节　建设高水平社会主义市场经济体制

中共十八届三中全会以来，中国通过全面深化改革改善营商环境，全面推行市场准入负面清单制度，推进工商登记便利化，深化价格体制改革，完善市场定价机制，推动市场环境向着更加公平便利的方向不断前进。

一、推行负面清单制度

中共十八大以来，中国推行了多个负面清单制度，包括全国范围实施的市场准入负面清单、外商投资负面清单、自由贸易试验区外商投资负面清单、跨境服务贸易负面清单等。

在全国范围内，市场准入负面清单制度推行。2016年3月，中国制定《市场准入负面清单草案（试点版）》，在天津、上海、福建、广东四省市先行试点。2017年，试点范围扩大到15个省市。在认真总结试点经验的基础上，经中共中央、国务院批准，国家发展改革委、商务部2018年12月发布《市场准入负面清单（2018年版）》，标志着中国全面实施市场准入负面清单制度。《市场准入负面清单（2018年版）》主要包括清单说明、清单主体和附件三部分。其中，清单主体包括"禁止准入类"和"许可准入类"两大类，共151个事项，与试点版负面清单相比，事项减少了177项。禁止准入类事项包括4项，分别是法律法规明确设立的与市场准入相关的禁止性规定、《产业结构调整指导目录》中禁止投资和禁止新建的项目、禁止违规开展金融相关经营活动以及禁止违规开展互联网相关经营活动。对于禁止类事项，市场主体不得进入，行政机关不予审批。许可准入类事项共147项，须由市场主体提出申请，行政机关依法依规作出是否予以准入的决定，或由市场主体依照政府规定的准入条件和准入方式合规进入。此后，国家发展改革委、商务部会同各地区各有关部门对《市场准入负面清单》开展全面修订，先后推出了2019年版、2020年版、2022年版。2022年版《市场准入负面清单》列有禁止准入事项6项，许可准入事项111项，共计117项，进一步放宽准入限制。全面实施市场准入负面清单制度，是一项重大的制度创新，意味着中国在市场准入领域确立了统一公平的规则体系，清单之外的行业、领域、业务等，各类市场主体皆可依法平等自主选择是否进入，有关部门和地方政府不能再随意出台对市场准入环节的审批措施，真正实现了"非禁即入"。

对于外商投资，中国也建立了负面清单制度。中国过去一直通过制定《外商投资产业指导目录》的办法来管理外商投资，2017年修订的《外商投资产业指导目录》包括鼓励项目348条、限制项目35条、禁止项目28条。为了与国际接轨，中国从2018年起在全国范围内推行外商投资负面清单制度，将原指导目录中的"限制"与"禁止"项目专门列作负面清单。2018年、2019年、2020年和2021年，中国先后推出了多版《外商投资准入特别管理措施（负面清单）》，"负面清单"项目已经缩减至31条。在全面实行外商投资负面清单制度的同时，中国将《外商投资产业指导目录（2017年修订）》中的"鼓励"项目单列，于2019年推出了《鼓励外商投资产业目录（2019年版）》，并在其中增设中西部地区外商投资优势产业目录，促进外资在现代农业、先进制造、高新技术、节能环保、现代服务业等领域投资，更好地发挥外资在中国产业发展、技术进步、结构优化中的积极作用。2019年3月，《中华人民共和国外商投资法》审议通过，于2020年1月1日起施行。作为新时代中国利用外资的基础性法律，《中华人民共和国外商投资法》确立对外商实行准入前国民待遇加负面清单管理制度，成为中国对标国际建设更高水平开放型经济的又一重大制度性成果。

在自由贸易试验区内，负面清单制度早在 2013 年就已开始推行，此后，中国又推出了 2015 年版、2017 年版、2018 年版、2019 年版、2020 年版、2021 年版《自由贸易试验区外商投资准入特别管理措施（负面清单）》，条目由 2013 年版的 190 条缩减至 2021 年版的 27 条，较之全国版的负面清单更加开放。

在跨境服务贸易领域，上海市于 2018 年公布了地方版服务贸易负面清单——《中国（上海）自由贸易试验区跨境服务贸易特别管理措施（负面清单）》，涉及 31 个行业 159 项。2021 年，商务部发布《海南自由贸易港跨境服务贸易特别管理措施（负面清单）（2021 年版）》，共 11 个门类 70 项特别管理措施，负面清单外的领域在海南自贸港内按照境内外服务及服务提供者待遇一致原则实施管理。这是中国首张跨境服务贸易负面清单，在交通运输、专业服务、金融等方面有着更大的开放力度，对于中国在更大范围内扩大开放进行压力测试，对推动中国数万亿级的服务贸易市场发展有着重要意义。

二、工商登记便利化

中共十八大以来，中国大力进行商事制度改革，推进工商登记制度便利化。2013 年 12 月 28 日，第十二届全国人民代表大会常务委员会第六次会议审议通过了《关于修改〈中华人民共和国海洋环境保护法〉等七部法律的决定》，对《中华人民共和国公司法》进行了修正，为工商登记制度改革从法律层面提供了依据。2014 年 2 月，国务院公布了《注册资本登记制度改革方案》，全面部署以注册资本登记制度改革为主要内容的工商登记制度改革工作。

工商登记制度改革的核心是注册资本由"实缴登记制"改为"认缴登记制"，并放宽注册资本登记条件。根据《中华人民共和国公司法》和该方案，公司、公司股东（发起人）在注册资本管理方面增加了一系列权利：一是自主约定注册资本总额，取消最低注册资本的限制，也就是说理论上可以"一元钱办公司"；二是自主约定公司设立时全体股东（发起人）的首次出资比例，也就是说理论上可以"零首付"；三是自主约定出资方式和货币出资比例，对于创新型企业可以灵活出资，克服货币资金不足的困难；四是自主约定公司股东（发起人）缴足出资的出资期限，不再限制两年内出资到位，提高公司股东（发起人）资金使用效率。在登记注册环节，改革后，公司实收资本不再作为工商登记事项，公司也无需提交验资报告。对于创业者而言，意味着注册公司"门槛"和创业成本最大限度的降低。

改革还将"先证后照"改为"先照后证"，并放宽工商登记的其他条件。创业者只要到工商部门领取一个营业执照，就可以从事一般性的生产经营活动，如果要从事需要许可的生产经营活动，再向主管部门申请。在等待许可期间，创业者可以着手开展一些筹备工作，这就为企业先期发展争取了大量时间。同时，改革行政审批制度，落实行政审批事项目录管理，由工商总局负责公布工商登记前置审批事项目录，并向社会公布，真正做到目录之外无审批，从而真正为企业减负，激发市场主体活力。除法律、行政法规和国务院决定外，一律不得以备案、登记、年检、监制、认定、认证、审定等形式实施变相前置审批。

"三证合一"登记制度是改革的另一个亮点。它是指企业登记时依次申请，分别由工商行政管理部门核发工商营业执照、组织机构代码管理部门核发组织机构代码证、税务部门核发税务登记证，改为一次申请、合并核发一个营业执照的登记制度。"三证合一"最终目标是实行"一照一号"模式，通过"一口受理、并联审批、信息共享、结果互认"，将由三个部门分别核发不同证照，改为由一个部门核发加载法人和其他组织统一社会信用代码的营业执照。

工商登记制度改革，极大限度地为投资主体松绑，激发其投资创业热情，促进了中国更大规模市场的形成。据统计，上海自贸区自2013年9月29日推行工商登记制度改革试点工作以来，截至2013年12月底，自贸区一共注册了3633户，是2012年同期的5.11倍。新增企业注册资本总额

745.34 亿元，是 2012 年同期的 7.80 倍。2021 年，全国新设市场主体 2887.2 万户，同比增长 15.4%，两年平均增速 10.3%，基本恢复到疫情前水平。目前市场主体总量近 1.54 亿户，个体工商户突破 1 亿户，成为稳住经济基本盘和稳定就业的中坚力量。

★　2022 年 6 月 6 日，厦门市行政服务中心"多规合一"项目审批大厅以告知承诺方式办理建设项目工程规划许可证，企业主即来即办。

三、完善市场定价机制

价格机制是市场经济最重要的调节机制。中共十八大以来，中国重点完善农产品价格形成机制，完善煤、电、油、气等资源品价格形成机制，深化要素价格和服务价格市场化改革，推动价格改革向纵深发展，进一步完善主要由市场决定价格机制。

（一）完善农产品价格形成机制

完善农产品价格形成机制。自 2015 年起，国家放开烟叶收购价格，这是农产品领域最后一个实行政府定价的品种，此举标志着中国农产品价格将全部由市场形成，政府定价彻底退出历史舞台。

启动新疆棉花、东北和内蒙古大豆目标价格改革试点。政府不干预市场价格，企业按市场价格收购，并将政府对生产者的补贴方式由包含在价格中的"暗补"变为直接支付的"明补"。同时，充分发挥市场调节生产结构的作用，有利于使效率高、竞争力强的生产者脱颖而出，提高农业生产组织化、规模化程度，激励农业技术进步，控制生产成本，并引导"优质优价"，通过下游纺织企业需求倒逼上游生产流通环节，形成棉花产销的顺利对接和良性循环。改革试点取得成效，国内棉花、大豆价格完全由市场供求决定，逐步实现与国际接轨。在目标价格补贴的支持下，农民种植棉花、大豆均能够保本有收益。供给结构明显优化，棉花生产进一步向新疆优势产区集中，新疆优质棉花产量占国内比重由改革前的 56% 提高至 67%，棉花质量稳步提升。大豆种植面积快速下滑势头得到遏制，2016 年四省区大豆生产近十年来首次出现明显增长，种植面积比改革前增长 15%，促进了大豆玉米种植结构优化。

完善稻谷、小麦最低收购价政策。2015 年，国家对稻谷、小麦的最低收购价停止上涨。从 2016 年到 2018 年，最低收购价有所下降。2020 年至 2022 年，最低收购价略有上调。通过调整最低收购价，在一定程度上倒逼种植户调整优化结构、改良品种、改善经营管理，加快农业现代化步伐。从 2016 年开始，粮食结束了"连续十三年增产"，但总体上仍保持丰收，到 2021 年实现了"十八连丰"。

此外，中国还对生猪建立缓解市场价格周期性波动调控预案，并通过完善重要农产品储备制度、完善进出口调节机制、加大财政补贴力度等综合措施，防止主要农产品价格大幅波动，保护农民利益。加强农产品成本调查和价格监测，加快建立全球农业数据调查分析系统，为政府制定农产品价格、农业补贴等政策提供重要支撑。

（二）完善资源性产品价格体系

改革煤电价格机制。煤炭价格改革始于 20 世纪 90 年代，市场化程度逐渐提高，但下游煤电的价格关系到整个国民经济的平稳运行，无法完全跟随市场化浮动。为缓解煤炭与电力行业矛盾，中国于 2004 年末正式启用煤电联动机制。2015 年，中国开始完善煤电价格联动机制，同时推进电价市场化改革，逐步放开竞争性环节电力价格。2019 年，利用煤炭价格下行的改革窗口，中国对尚未实现市场化交易的燃煤发电量从 2020 年 1 月 1 日起取消煤电价格联动机制，将现行标杆上网电价机制，改为"基准价 + 上下浮动"的市场化机制。从 2020 年下半年开始，随着防疫工作取得重大战略成果、复工复产加速，煤炭需求量增加，加之主要经济体量化宽松导致全球大宗产品价格上涨，煤炭也出现价格暴涨。电力企业不堪煤价上涨，投资和发电积极性受挫。2021 年 10 月，国家发展改革委印发《关于进一步深化燃煤发电上网电价市场化改革的通知》，要求燃煤发电的电量原则上全部进入电力市场，通过市场交易，在"基准价 + 上下浮动"的范围内形成上网电价；同时，扩大燃煤发电市场交易价格浮动的范围，由现行的上浮不超过 10%、下浮原则上不超 15%，扩大为上下浮动原则上均不超过 20%；高耗能用户不受上浮 20% 限制。这次改革最根本的意义，不在于上网价格涨了 20%，而在于发电侧涨价时政府不再简单通过行政手段管控涨价、降价，可以向用户侧传导，用户接受了市场条件下电力价格能涨能降的现实，这是电力价格改革进程中迈出的关键一步。"能跌能涨"的市场化电价机制真正建立，标志着"市场煤""市场电"的煤电市场格局正在形成，电力价格"有升有降"的时代序幕开启。

除发电外，电价市场化改革的另一个重要领域是输配电价改革。输配电由电网企业承担，过去的运营模式为上网电价和销售电价的购销差价作为电网企业的主要收入来源；而改革按照"放开两头、管住中间"的思路，按"准许成本 + 合理收益"的原则来核定电网企业输配电业务的准许收入。2014 年，输配电价改革试点从深圳启动。在不到 3 年的时间里，中国全面完成了省级电网输配电价改革。改革对监管提出了更高要求，过去对电网企业监管是核定购电售电两头价格、电网企业获得差价收入的间接监管，改革后变为以电网资产为基础对输配电收入、成本和价格全方位直接监管。为此，国家发展改革委等部门陆续发布了《输配电定价成本监审办法》《区域电网输电价格定价办法》《省级电网输配电价定价办法》等文件，提高输配电价制定的科学性、合理性和透明度，促进电网企业加强成本管理，确保电网公平开放、市场公平交易，并更好地实现电网科学规划，充分发挥电网规模效益、提高管理效率。

天然气价格改革也迈出关键步伐。自 2013 年 7 月 10 日起，非居民用天然气门站价格调整：将天然气分为存量气和增量气，存量气每立方米提价幅度最高不超过 0.4 元，增量气按可替代能源（燃料油、液化石油气）价格的 85% 确定。调整后，按照市场化取向，建立起反映市场供求和资源稀缺程度的与可替代能源价格挂钩的动态调整机制，逐步理顺与可替代能源比价关系。同时，按照"准许成本 + 合理收益"原则，合理制定天然气管网输配价格。2019 年 12 月 9 日，国家石油天然气管网集团有限公司成立。此前，中国天然气市场的格局是几家央企垄断中上游，下游的主体是数百家城市燃气公司。成立国家管网集团打破了上述格局，使中国天然气市场形成"X + 1 + X"（即上游和下游多市场主体，中游管网独立运营）的新格局。

成品油市场化价格形成机制进一步完善。2008 年 11 月，国内成品油价格形成机制改革方案首次公布。2013 年和 2016 年，中国先后两次完善定价机制。新定价机制淡化了成品油定价中的行政色彩：放开液化石油气出厂价格，由供需双方协商确定；简化成品油调价操作方式，国家发展改革委不再印发成品油价格调整文件，改为以信息稿形式发布调价信息；同时建立油价调控风险准备金，主要用于节能减排、提升油品质量及保障石油供应安全等方面。伴随成品油定价机制改革，油气体制改革也在推进。在原油开采和进口方面，加大非国有企业原油使用配额，对民营企业放开原油进口权；在新疆试点石油天然气勘探区块招标，从上游逐步打破国内油品市场的垄断格局；在炼化领域，除了四大国有企业外，其他国有、外资和民营炼油企业的炼化能力已占据半壁江山；在成品油零售领域，截至2020年底，全国11.2万个成品油零售企业中，国有企业占50%，民营企业占48.1%，外资企业占1.9%。随着外国投资者建设和经营加油站的限制取消，终端市场竞争将更加激烈。成品油价格市场化的条件正逐步成熟。

（三）完善要素市场价格

生产要素价格主要包括：资金的价格利率、人民币的外币价格汇率、劳动力的价格工资、土地的价格地租。相比商品市场，要素市场价格改革一直滞后，阻碍了市场发挥资源配置的决定性作用，因而成为全面深化改革的重要内容。

利率市场化进程加快。2013年7月，中国人民银行宣布全面放开贷款利率管制，贷款基础利率（LPR）集中报价和发布机制正式运行。2015年10月，中国人民银行宣布不再设置存款利率浮动上限，存贷款利率管制终于基本放开。利率市场化改革取得关键性进展，核心转向加快建设与市场相适应的利率形成和调控机制。2019年8月，中国人民银行发布改革完善贷款市场报价利率形成机制公告，在报价原则、形成方式、期限品种、报价行、报价频率和运用要求六个方面对LPR进行改革，同时将贷款基础利率中文名更改为贷款市场报价利率，英文名LPR保持不变。LPR市场化程度较高，能够充分反映信贷市场资金供求情况，使用LPR进行贷款定价可以促进形成市场化的贷款利率，提高市场利率向信贷利率的传导效率。

2015年8月11日，中国人民银行宣布完善人民币汇率形成机制，做市商在每日银行间外汇市场开盘前，参考上日银行间外汇市场收盘汇率，综合考虑外汇供求情况以及国际主要货币汇率变化向中国外汇交易中心提供中间价报价。"8·11"汇改，使得人民币对美元汇率中间价更能反映外汇市场供求力量变化，参照一篮子货币进行调节，提高了中间价报价的合理性。受国内经济下行和美联储加息等因素影响，中国的外汇储备在 2015 年和 2016 年大幅下降，人民币汇率持续贬值。2017 年 5 月 26 日，人民币汇率报价启动"逆周期因子"，将人民币对美元汇率中间价报价模型由原来的"收盘价 + 一篮子货币汇率变化"，调整为"收盘价 + 一篮子货币汇率变化 + 逆周期因子"，这有助于打破单边贬值预期，抑制投机行为，使人民币汇率在合理均衡水平上基本稳定。到 2018 年 1 月 9 日，暂停逆周期因子。从 2018 年 8 月 24 日至 2020 年 10 月 27 日，再度启动逆周期因子，适度对冲了单边贬值压力，维持了人民币汇率的基本稳定。

工资市场化的关键在于劳动力合理畅通有序流动，这需要户籍制度与职业资格许可和认定制度的改革。2014 年 7 月，国务院印发《关于进一步推进户籍制度改革的意见》，全面放开建制镇和小城市落户限制，有序放开中等城市落户限制，合理确定大城市落户条件，严格控制特大城市人口规模。2019 年 4 月，中共中央、国务院印发《关于建立健全城乡融合发展体制机制和政策体系的意见》，提出放开放宽除个别超大城市外的城市落户限制，提出到 2022 年逐步消除城市落户限制、到 2035 年基本建立城乡有序流动的人口迁徙制度，进一步明确了户籍制度改革的方向。从中共十八大到 2020 年 9 月，国务院已经分 16 批取消下放 1094 项行政许可事项，其中，国务院部门实施的行政许可事项清单压减比例达到 47%。这遏制了职业资格过多过滥的势头，有效降低了社会就业创业门槛，减轻了各类人才和用人单位的负担，激发了市场活力和社会创造力。此外，国家还不断健全统一规范的人力资源市场体系；营造公平就业环境，依法纠正身份、性别等就业歧视现象；优化党政机关、国有企事业单位选人用人机制；加强就业援助，完善人事档案管理服务；完善技术技能评价制度，进一步打破户籍、地域、身份、档案、人事关系等制约；加快建立劳动者终身职业技能培训制度；完善技术工人评价选拔制度；加大人才引进力度，畅通海外科学家来华工作通道。

　　土地价格市场化的关键，在于建立城乡统一的建设用地市场。现行的城乡二元土地制度对集体建设用地和国有土地实行区别对待，农村集体建设用地须经地方政府征地后才能入市，不利于优化土地资源配置。中共十八届三中全会提出，建立城乡统一的建设用地市场，在符合规划和用途管制前提下，允许农村集体经营性建设用地出让、租赁、入股，实行与国有土地同等入市、同权同价。2014 年 12 月，中共中央办公厅、国务院办公厅印发《关于农村土地征收、集体经营性建设用地入市、宅基地制度改革试点工作的意见》，在全国部署农村土地三项制度改革试点工作，探索健全程序规范、补偿合理、保障多元的农村土地征收制度，同权同价、流转顺畅、收益共享的农村集体经营性建设用地入市制度，依法公平取得、节约集约使用、自愿有偿退出的农村宅基地制度。2019 年 8 月，修改后的《中华人民共和国土地管理法》，删除了"任何单位和个人进行建设，需要使用土地的，必须依法申请使用国有土地"的内容，并规定：土地利用总体规划、城乡规划确定为工业、商业等经营性用途，并经依法登记的集体经营性建设用地，其所有权人可通过出让、出租等方式将土地交由单位或者个人使用。在法律上肯定了集体经营性建设用地直接入市。一些地方开始制定农村集体经营性建设用地入市实施意见，建立公平合理的集体经营性建设用地入市增值收益分配制度；一些城市还试点利用集体建设用地建设租赁住房。2019 年 4 月，中共中央、国务院印发《关于建立健全城乡融合发展体制机制和政策体系的意见》，提出到 2022 年，城乡统一建设用地市场要基本建成；到 2035 年，城乡统一建设用地市场要全面形成，并给出了明确的时间表。建设规范的城乡统一建设用地市场，成为大势所趋。

（四）完善服务市场价格

　　全面推开医疗服务价格改革。2017 年 9 月，全国所有公立医院全面推行综合改革并全部取消药品加成，彻底结束以药补医，对取消药品加成减少的合理收入，多数省份通过调整医疗服务价格补偿 80%、政府补助补偿

10%、医院内部消化 10%，相应启动医疗服务价格改革，初步建立了公立医院科学运行新体制。进一步完善药品采购机制，发挥医保控费作用，使药品实际交易价格主要由市场竞争形成。2014 年以来，除麻醉药品和第一类精神药品外的药品价格均已放开由市场调节。国家医保局成立后，针对药耗价格虚高的问题，深入开展了国家组织药品和医用耗材集中带量采购，地方集采也蓬勃跟进，逐步向"应采尽采"合围，大幅挤出药耗价格中的水分，节约了医保基金，减轻了群众负担，也给医疗服务价格改革腾出了空间。2021 年，国家医保局等八部门联合印发《深化医疗服务价格改革试点方案》，开启新一轮改革。强化将医疗服务价格机制与医务人员薪酬、财政投入补偿等机制有效衔接，将医疗机构调价后收入传导到一线医务人员，更多向高诊疗能力、高患者满意度的医务人员倾斜，努力形成一套以"优质优价""优效优价"来主导的医疗服务价格体系。

健全交通运输价格机制。逐步放开铁路运输竞争性领域价格，扩大由经营者自主定价的范围；完善铁路货运与公路挂钩的价格动态调整机制；构建以列车运行速度和等级为基础、体现服务质量差异的旅客运输票价体系。铁路货运按照与公路货运 1:3 左右的比价关系，从 2013 年至 2015 年分三步理顺国家铁路货运价格，并由政府定价改为政府指导价，允许铁路运输企业以国家规定运价为基准上浮不超过 10%、下浮不限。2017 年 12 月，国家发展改革委发布《关于深化铁路货运价格市场化改革等有关问题的通知》，对铁路集装箱、零担各类货物运输价格等 12 个货物品类运输价格实行市场调节，由铁路运输企业依法自主制定；实行政府指导价的整车运输各货物品类基准运价不变，铁路运输企业可以国家规定的基准运价为基础，在上浮不超过 15%、下浮不限的范围内，根据市场供求状况自主确定具体运价水平。此外，逐步扩大道路客运、民航国内航线客运、港口经营等领域由经营者自主定价的范围。过去，邮政快递业务定价权一直由政府控制，且已多年未调价。2015 年，国家发展改革委和国家邮政局发布《关于放开部分邮政业务资费有关问题的通知》，将国内特快专递资费、明信片寄递资费、印刷品寄递资费等竞争性包裹寄递资费，由政府定价改为实行市场调节价。

此外，各级政府还通过完善环境服务价格政策，统筹运用环保税收、收费及相关服务价格政策，加大经济杠杆调节力度，逐步提高企业排放各类污染物承担的支出，提高企业主动治污减排的积极性，创新公用事业和公益性服务价格管理，推动教育、文化、养老、殡葬等公益性服务定价机制更加公平合理。

第三节　完善现代市场管理体系和制度

中共十八大以来，在以习近平同志为核心的党中央坚强领导下，对市场监管体制进行了系统顶层设计，推动市场监管发生根本性变革，开启了中国市场监管新篇章，为完善市场机制有效、微观主体有活力、宏观调控有度的经济体制提供了制度保障。

一、改革市场监管体制

为使市场更好发挥资源配置的决定性作用，中国改革和完善了市场监管体制，改进了市场监管执法行为，提高了市场监管效能。

整合优化执法资源，解决多头执法。长期以来，中国的市场监管职能分属不同部门。工商行政管理部门承担市场监管和行政执法有关工作，质量监督和检验检疫部门承担产品质量安全监督管理和出入境卫生检疫、进出境动植物及其产品检验检疫的责任，食品药品监督管理部门行使食品、药品、保健品、化妆品安全管理的综合监督职责。看似三个部门各有各的"责任田"，但现代经济已很难划清生产领域和流通领域的边界，而且流通领域的商品有成千上万种，存在交叉与漏洞，迫切需要整合职能，统一监管。为此，多地进行了试点，或将工商、食品药品二合一，或将工商、质监、食品药品三局合一成立市场监督管理局，取得了积极成效。2018年，党和国家机构改革将国家工商行政管理总局的职责、国家质量监督检验检疫总局的职责、国家食品药品监督管理总局的职责、国家发展和改革委员会的价格监督检查与反垄断执法职责、商务部的经营者集中反垄断执法以及国务院反垄断委员会办公室等职责整合，组建国家市场监督管理总局，作为国务院直属机构。其主要职责是，负责市场综合监督管理，统一登记市场主体并建立信息公示和共享机制，组织市场监管综合执法工作，承担反垄断统一执法，规范和维护市场秩序，组织实施质量强国战略，负责工业产品质量安全、食品安全、特种设备安全监管，统一管理计量标准、检验检测、认证认可工作等。改革解决了多头执法问题，破解了长期以来的部门间职能交叉重叠的历史难题。

减少执法层级，消除多层重复执法。对反垄断、商品进出口、外资国家安全审查等关系全国统一市场规则和管理的事项，实行中央政府统一监管。对食品安全、商贸服务等实行分级管理的事项，厘清不同层级政府及其部门的监管职责，原则上实行属地管理，由市县政府负责监管。加强食品药品、安全生产、环境保护、劳动保障、海域海岛等重点领域基层执法力量。由基层监管的事项，中央政府和省、自治区政府市场监管部门，主要行使市场执法监督指导、协调跨区域执法和重大案件查处职责。

健全协作机制，规范和完善监管执法的协调配合。完善市场监管部门间各司其职、各负其责、相互配合、齐抓共管的工作机制。制定部门间监管执法信息共享标准，打破"信息孤岛"，实现信息资源开放共享、互联互通。建立健全跨部门、跨区域执法协作联动机制。

改进市场监管执法方式，严格依法履行职责、规范市场执法行为、公开市场监管执法信息、强化执法考核和行政问责，确保依法执法、公正执法、文明执法。2015年7月，国务院办公厅印发《关于推广随机抽查规范事中事后监管的通知》，要求在政府管理方式和规范市场执法中，全面推行"双随机、一公开"的监管模式。所谓"双随机、一公开"，就是指在监管过程中随机抽取检查对象，随机选派执法检查人员，抽查情况及查处结果及时向社会公开。"双随机、一公开"监管改革的全面推进，以"列清单""适度查"等具体措施，防范了监管部门对市场活动的过度干预。"双随机"抽查机制极大压缩了监管部门与市场主体双向寻租空间，降低了"监管俘获"发生几率。"一公开"机制加快了中国监管信息系统的建设，助力克服市场监管的"信息瓶颈"。"双随机、一公开"监管模式，对科学高效监管起到了突破性带动作用，中国建立起以"双随机、一公开"为基本手段，以重点监管为补充，以信用监管为基础的新型监管机制。

二、完善市场监管体系

中共十八大以来，中国加快形成权责明确、公平公正、透明高效、法治保障的市场监管格局，着力建设体制比较成熟、制度更加定型的市场监管体系。

完善市场监管法律法规和标准。社会主义市场经济必然是法治经济，中共十八大以来，市场监管法治建设更加趋于成熟和完备。《中华人民共和国电子商务法》《中华人民共和国中医药法》《中华人民共和国特种设备安全法》等法律相继出台，《中华人民共和国公司法》《中华人民共和国商标法》《中华人民共和国计量法》《中华人民共和国产品质量法》《中华人民共和国标准化法》等重要法律适应形势发展而修改，法律规则日益统一化、完备化，增强了监管制度系统性。中国还加快了标准化改革。2015 年，国务院印发《深化标准化工作改革方案》，改革标准体系和标准化管理体制，建立政府主导制定的标准与市场自主制定的标准协同发展、协调配套的新型标准体系，健全统一协调、运行高效、政府与市场共治的标准化管理体制，形成政府引导、市场驱动、社会参与、协同推进的标准化工作格局，有效支撑统一市场体系建设，让标准成为对质量的"硬约束"，推动中国经济迈向中高端水平。

强化生产经营者主体责任。为增强经营者诚信意识和责任意识，依据"谁销售商品谁负责，谁提供服务谁负责"的原则，国家工商总局于 2015

年发布《关于完善消费环节经营者首问和赔偿先付制度 切实保护消费者合法权益的意见》，消费者因购买、使用商品或者接受服务导致合法权益受损时，可以向销售者或者服务者进行维权，经营者必须依法承担首问责任，不得推诿。同年，国家标准委等部门印发《企业产品和服务标准自我声明公开和监督制度建设工作方案》，推进企业产品和服务标准自我声明公开和监督制度建设行业试点工作，探索在旅游、汽车售后服务业、食用植物油、肤用化妆品、建筑防水卷材、净水器、空气净化器等行业领域开展产品和服务标准自我声明试点。此外，中国还加快建立消费品生产经营企业产品安全事故强制报告制度，修订缺陷产品强制召回制度等，不断增强生产经营者主体责任。

发挥行业协会商会的自律作用。中共十八大以来，中国加强行业协会商会自身建设，增强参与市场监管的能力。推动行业协会商会建立健全行业经营自律规范、自律公约和职业道德准则，规范会员行为。鼓励行业协会商会制定发布产品和服务标准，参与制定国家标准、行业规划和政策法规。支持有关组织依法提起公益诉讼，进行专业调解。同时，限期实现行政机关与行业协会商会在人员、财务资产、职能、办公场所等方面真正脱钩，加快转移适合由行业协会商会承担的职能，同时加强管理，引导其依法开展活动。2015 年，中共中央办公厅、国务院办公厅印发《行业协会商会与行政机关脱钩总体方案》，推进行业协会商会与行政机关脱钩，厘清行政机关与行业协会商会的职能边界，加强综合监管和党建工作，促进行业协会商会成为依法设立、自主办会、服务为本、治理规范、行为自律的社会组织。

发挥市场专业化服务组织的监督作用。支持会计师事务所、税务师事务所、律师事务所、资产评估机构等依法对企业财务、纳税情况、资本验资、交易行为等真实性合法性进行鉴证，依法对上市公司信息披露进行核查把关。推进检验检测认证机构与政府脱钩、转制为企业或社会组织的改革，推进检验检测认证机构整合，有序放开检验检测认证市场，促进第三方检验检测认证机构发展。推进公证管理体制改革。加快发展市场中介组

织，推进从事行政审批前置中介服务的市场中介组织在人、财、物等方面
与行政机关或者挂靠事业单位脱钩改制。建立健全市场专业化服务机构监
管制度。

发挥公众和舆论的监督作用。健全公众参与监督的激励机制，整合优
化各职能部门的投诉举报平台功能，逐步建设统一便民高效的消费投诉、
经济违法行为举报和行政效能投诉平台，实现统一接听、按责转办、限时
办结，统一督办，统一考核。发挥消费者组织调处消费纠纷的作用，提升
维权成效。落实领导干部接待群众来访制度，健全信访举报工作机制，畅
通信访渠道。强化舆论监督，曝光典型案件，震慑违法犯罪行为，提高公
众认知和防范能力。对群众举报投诉、新闻媒体反映的问题，市场监管部
门认真调查核实，及时依法作出处理，并向社会公布处理结果。

三、健全社会信用体系

中共十八大以来，中国空前重视社会信用体系建设，运用信息公示、
信息共享和信用约束等手段，营造诚实、自律、守信、互信的社会信用环
境，促进各类市场主体守合同、重信用。

2014年，国务院印发《社会信用体系建设规划纲要（2014－2020
年)》，部署加快建设社会信用体系、构筑诚实守信的经济社会环境。这是
中国首部国家级社会信用体系建设专项规划。

在该纲要指导下，中国加快市场主体信用信息平台建设。全国统一
信用信息网络平台建立起来，将分散各司法机关、行政机关和其他具
有公共管理职能的部门掌握的信用信息归集、整合起来，包括金融、工
商登记、税收缴纳、社保缴费、交通违章、统计等所有信用信息类别，
覆盖全部信用主体。全国统一信用信息网络平台成为经济运行和社会治
理的重要基础性设施。中国还推进信用标准化建设，建立以公民身份号
码和组织机构代码为基础的统一社会信用代码制度，为每个公民、法人
和其他组织发放一个唯一的、终身不变的主题标识代码，强化对市场主

体的信用监管。

在信用体系的基础上，中国建立健全了守信激励和失信惩戒机制。将市场主体的信用信息作为实施行政管理的重要参考。根据市场主体信用状况实行分类分级、动态监管，建立健全经营异常名录制度，对违背市场竞争原则和侵犯消费者、劳动者合法权益的市场主体建立"黑名单"制度。对守信主体予以支持和激励，对失信主体在经营、投融资、取得政府供应土地、进出口、出入境、注册新公司、工程招投标、政府采购、获得荣誉、安全许可、生产许可、从业任职资格、资质审核等方面依法予以限制或禁止，对严重违法失信主体实行市场禁入制度。守信激励和失信惩戒机制，用经济惩戒和道德谴责相结合的方式，弘扬诚信立身、信誉立业的诚信精神，营造"守信者路路畅通、失信者寸步难行"的社会氛围，潜移默化地培育市场主体诚实守信的经济文化，形成信用有价的经济价值观。

中国还积极促进信用信息的社会运用，在保护涉及公共安全、商业秘密和个人隐私等信息的基础上，依法公开在行政管理中掌握的信用信息。拓宽信用信息查询渠道，为公众查询市场主体基础信用信息和违法违规信息提供便捷高效的服务。依法规范信用服务市场，培育和发展社会信用服务机构，推动建立个人信息和隐私保护的法律制度，加强对信用服务机构和人员的监督管理。2019年，国务院办公厅印发《关于加快推进社会信用体系建设构建以信用为基础的新型监管机制的指导意见》，提出以加强信用监管为着力点，创新监管理念、监管制度和监管方式，建立健全贯穿市场主体全生命周期，衔接事前、事中、事后全监管环节的新型监管机制，不断提升监管能力和水平，进一步规范市场秩序，优化营商环境，推动高质量发展。

完善的社会信用体系是供需有效衔接的重要保障，是资源优化配置的坚实基础，是良好营商环境的重要组成部分，对促进国民经济循环高效畅通、构建新发展格局具有重要意义。2022年3月，中共中央办公厅、国务院办公厅印发了《关于推进社会信用体系建设高质量发展促进形成新发展格局的意见》，围绕以健全的信用机制畅通国内大循环、以良好的信用环境支撑国内国际双循环相互促进、以坚实的信用基础促进金融服务实体经济、以有效的信用监管和信用服务提升全社会诚信水平等方面，提出了23项具体内容。各地区各部门立足经济社会发展全局，正在有序推进各地区各行业各领域信用建设，积极运用信用理念和方式解决制约经济社会运行的难点、堵点、痛点问题，推动社会信用体系建设全面纳入法治轨道，充分调动各类主体积极性创造性，发挥征信市场积极作用，更好发挥政府组织协调、示范引领、监督管理作用，形成推进社会信用体系建设高质量发展合力。

中国经济这十年

（2012—2022）

第三章

更好发挥
党和政府作用

习近平指出："我国经济发展获得巨大成功的一个关键因素，就是我们既发挥了市场经济的长处，又发挥了社会主义制度的优越性。"①而社会主义制度的最大优越性，就是中国共产党的领导和更好发挥政府作用。新时代中国更好发挥党和政府作用，推动了经济健康发展。党的集中统一领导和更好发挥政府作用又是有机统一的，党的坚强有力领导是更好发挥政府作用的根本保证。新时代围绕推动经济高质量发展，中国积极推进政府职能改革，最大限度减少对市场资源的直接配置，集中力量管理该由政府管理的事项，全面提高政府效能，建设人民满意的服务型政府。

---

① 中共中央宣传部、国家发展和改革委员会编：《习近平经济思想学习纲要》，人民出版社、学习出版社 2022 年版，第 78 页。

第一节　加强党对经济工作的领导

习近平强调："能不能驾驭好世界第二大经济体，能不能保持经济社会持续健康发展，从根本上讲取决于党在经济社会发展中的领导核心作用发挥得好不好。"[①] 加强党对经济工作的领导并不是包办一切，而是要管大事、议大事，发挥把方向、管大局、保落实作用。中共十八大以来，以习近平同志为核心的党中央，充分发挥党领导经济工作的优势，创新宏观调控思路和方式，大力推进高质量发展，推动中国经济发展不断取得新成就。

一、完善党领导经济工作的制度建设

习近平在中共十八届五中全会上讲话时指出："要完善党领导经济社会发展工作体制机制。"[②] 新时代党领导经济工作的制度建设不断成熟完善。《中共中央关于制定国民经济和社会发展第十三个五年规划的建议》中明确提出，加强党对经济社会发展的领导，必须坚持党总揽全局、协调各方，发挥各级党委（党组）领导核心作用，加强制度化建设，改进工作体制机制和方式方法，强化全委会决策和监督作用。[③] 中共十九届五中全会进一步将坚持党的全面领导作为"十四五"时期发展必须遵循的第一位原则和根本政治保证，强调要坚持和完善党领导经济社会发展的体制机制。

2018 年 3 月，中共中央公布了《深化党和国家机构改革方案》，将中

---

① 中共中央文献研究室编：《十八大以来重要文献选编》中，中央文献出版社 2016 年版，第 834 页。
② 《中共中央关于制定国民经济和社会发展第十三个五年规划的建议》，人民出版社 2015 年版，第 39 页。
③ 栗战书：《完善党领导经济社会发展工作体制机制》，载《人民日报》2015 年 11 月 18 日。

央财经领导小组改组为中央财经委员会，进一步加强了党对经济发展事业全局重大工作的集中统一领导，强化决策和统筹协调职责。同时将中央全面深化改革领导小组升格为中央全面深化改革委员会，并成立中央审计委员会等机构，都涉及经济相关工作职能，党领导经济工作的制度化体系逐步形成。

新时代中央全会每五年对今后一个时期经济社会发展作出系统部署，中央政治局常委会、中央政治局定期研究分析经济社会形势、决定重大事项，中央财经委员会及时研究经济社会发展重大问题，中央全面深化改革委员会及时研究经济社会领域重大改革，其他中央决策议事协调机构对涉及经济社会发展的相关重大工作进行顶层设计、总体布局、统筹协调、整体推进、督促落实。中央层面不仅每年召开中央经济工作会议，判断当前经济形势和部署第二年宏观经济政策；还形成了每季度分析研究经济形势的制度安排，对城镇化发展、粮食安全、能源安全、创新驱动发展战略等重大问题开展专题性研究。

在党中央的集中统一领导下，各地区也加强了党委领导经济社会发展的体制机制建设。例如，浙江省2020年省委常委会召开三季度经济形势分析会，强调重点要抓好认真落实秋冬季疫情防控工作各项部署，慎终如始做好疫情防控；着力打赢三大攻坚战；着力稳企业，抓好惠企政策延期优化，不断增强市场主体活力；着力落实投资新政，狠抓制造业投资，抓新平台和招商引资，推进"两重一新"建设；着力打好提振消费组合拳；着力稳外贸稳外资，大力支持出口转内销；着力科技创新、创业创新，深入实施数字经济一号工程，集中力量建设杭州城西科创大走廊等十件大事。

二、强化党对经济领域重大工作的战略部署

中共十八大以来，以习近平同志为核心的党中央加强对经济工作的战略谋划和统一领导，作出坚持以高质量发展为主题，以供给侧结构性改革为主线，建设现代化经济体系，实施创新驱动发展战略，把握扩大内需战

略基点，打好防范化解重大风险、精准脱贫、污染防治三大攻坚战等重大决策。

新时代中国经济动力从要素驱动、投资驱动转向创新驱动。在新的历史起点上，中国共产党作出了建设世界科技强国的重大战略决策。2012 年 11 月，中共十八大鲜明地提出"实施创新驱动发展战略"，强调科技创新是提高社会生产力和综合国力的战略支撑，必须摆在国家发展全局的核心位置。"天眼"探空、神舟飞天、墨子"传信"、高铁奔驰、北斗组网、超算"发威"、大飞机首飞……中国赶上世界的强国梦实现了历史性跨越。

习近平在中共十九大报告中指出，创新是引领发展的第一动力，是建设现代化经济体系的战略支撑。2018 年 7 月 13 日，习近平主持召开中央财经委员会第二次会议，对新时代科技创新进行了新的战略部署。习近平在会上指出，关键核心技术是国之重器，对推动我国经济高质量发展、保障国家安全都具有十分重要的意义，必须切实提高我国关键核心技术创新能力，把科技发展主动权牢牢掌握在自己手里，为我国发展提供有力科技保障。会议强调，要充分发挥社会主义市场经济的独特作用，充分发挥我国社会主义制度优势，充分发挥科学家和企业家的创新主体作用，形成关键核心技术攻坚体制。强调要加强党中央对科技工作的集中统一领导，形成推动攻克关键核心技术的强大合力等一系列具体的部署。

面对国际竞争的新形势，2020 年 4 月 10 日，习近平在中央财经委员会上首次提出"双循环新发展格局"。同年 7 月 30 日召开的中共中央政治局会议指出，加快形成以国内大循环为主体、国内国际双循环相互促进的新发展格局。2020 年中央经济工作会议进一步提出坚持扩大内需这个战略基点，强调形成强大国内市场是构建新发展格局的重要支撑，必须在合理引导消费、储蓄、投资等方面进行有效制度安排。扩大消费最根本的是促进就业，完善社保，优化收入分配结构，扩大中等收入群体，扎实推进共同富裕。党中央对新发展格局的重要战略部署，有助于更好地发挥国内体制和市场优势，形成参与国际竞争的新优势，既可以用国内可控的发展来应对来自外部不可控的冲击，又可以通过畅通国内经济循环创造稳定的发展环境，促进中国经济升级。

三、加强党对全面深化经济体制改革的统筹领导

当前中国经济体制改革已经进入攻坚期和深水区，改革、发展中遇到的问题，只有靠进一步改革的办法解决。中共十八大以来，中国共产党加强了对全面深化经济体制改革的统筹领导。中共十八届三中全会明确提出："全面深化改革必须加强和改善党的领导，充分发挥党总揽全局、协调各方的领导核心作用，提高党的领导水平和执政能力，确保改革取得成功。"[①] 中共十八届四中、五中、六中全会和十九大进一步对全面深化改革进行部署。在党的领导下，中国全面深化改革全面发力，多点突破、纵深推进，主要领域改革主体框架基本确立，重点领域和关键环节改革取得突破性进展。

中共中央关于全面深化改革若干重大问题的决定

★ 全面深化改革的重大意义和指导思想　　★ 坚持和完善基本经济制度

★ 加快完善现代市场体系　　★ 加快转变政府职能

★ 深化财税体制改革　　★ 健全城乡发展一体化体制机制

★ 构建开放型经济新体制　　★ 加强社会主义民主政治制度建设

★ 推进法治中国建设　　★ 强化权力运行制约和监督体系

★ 推进文化体制机制创新　　★ 推进社会事业改革创新

★ 创新社会治理体制　　★ 加快生态文明制度建设

★ 深化国防和军队改革　　★ 加强和改善党对全面深化改革的领导

★　《中共中央关于全面深化改革若干重大问题的决定》的基本框架。

---

① 《中国共产党第十八届中央委员会第三次全体会议公报》，人民出版社2013年版，第15页。

中共十八届三中全会之后，以习近平同志为核心的党中央成立了中央全面深化改革领导小组，到中共十九大之前共召开了 38 次会议。2018 年 3 月，中央全面深化改革领导小组升格为中央全面深化改革委员会，中国共产党领导全面深化改革的能力进一步强化。2020 年 5 月，中共中央、国务院印发实施《关于新时代加快完善社会主义市场经济体制的意见》，围绕新时代构建更加系统完备、更加成熟定型的高水平社会主义市场经济体制进行部署。该意见提出了新时代加快完善社会主义市场经济体制的八项重点任务。包括：坚持公有制为主体、多种所有制经济共同发展，增强微观主体活力；夯实市场经济基础性制度，保障市场公平竞争；构建更加完善的要素市场化配置体制机制，进一步激发全社会创造力和市场活力；创新政府管理和服务方式，完善宏观经济治理体制；完善收入分配和社会保障制度，促进社会公平正义；建设更高水平开放型经济新体制，以开放促改革、促发展；完善社会主义市场经济法律制度，强化法治保障；坚持和加强党的全面领导，确保改革举措有效实施。[①]

各地区党委也加强了对全面深化改革的领导。例如，2014 年 1 月，广东省委十一届三次全会通过《中共广东省委贯彻落实〈中共中央关于全面深化改革若干重大问题的决定〉的意见》，提出了 10 个方面 52 项主要改革任务，为全面深化改革绘出一幅"施工宏图"。成立全面深化改革领导小组，负责全省改革的总体设计、统筹协调、整体推进、督促落实。2014 年，根据中央部署，广东率先制定贯彻中央改革部署的《广东省推进改革先行试点的实施方案》，同年印发《广东省全面落实中央有关部门深化改革重要举措分工方案的实施意见》，建立改革试点台账，对每项试点明确具体的改革成果和时间节点，定期跟踪督办。广东布置开展 148 项改革任务，启动实施了 52 项中央有关部门在广东省安排的改革试点。[②]

湖南省委深改组充分发挥总揽全局、协调各方的改革领导核心作用，

---

① 彭森主编：《中国改革年鉴 2021》，中国经济体制改革杂志社 2021 年版，第 96 页。
② 《广东改革开放史》课题组编著：《广东改革开放史（1978 - 2018 年）》，社会科学文献出版社 2018 年版，第 554 - 555 页。

统筹谋划改革布局，科学确定改革重点。坚持突出重点。2017 年的全省改革要点中明确改革事项 111 项，比 2016 年减少 165 项，实现了以数量的"减法"换取质量的"加法"。重点聚焦供给侧结构性改革、教育综合改革等 13 项当前需持续推进的重大改革，以及国企战略重组、农村土地制度改革等 10 项当前需重点突破的重要改革。坚持分类推进。①

四、坚持党对国有企业的领导

习近平指出："坚持党的领导、加强党的建设，是我国国有企业的光荣传统，是国有企业的'根'和'魂'"。② 2016 年 10 月，在全国国企党建工作会议上，习近平强调坚持党对国有企业的领导不动摇，发挥企业党组织的领导核心和政治核心作用。中共十九大修订通过的新党章指出，"国有企业党委（党组）发挥领导核心作用，把方向、管大局、保落实，依照规定讨论和决定企业重大事项"，明确了新时代党委（党组）的功能定位，为新时代国有企业改革发展、加强党的建设提供了基本遵循、指明了前进方向。③

国务院国资委坚持以习近平新时代中国特色社会主义思想为指导，加快推进中国特色现代企业制度建设，党组织的领导地位进一步明确。主要表现在：一是明确党委（党组）权责定位。研究制定《中央企业党委（党组）前置研究讨论重大经营管理事项清单示范文本》，规范清单内容、制定程序、实施监督等要求。97 家中央企业集团公司均已制定重大经营管理事项清单，二级子企业制定比例超过 80%。31 个省区市和新疆生产建设兵团全部制定出台清单示范文本，指导国有企业普遍制定重大经营管理事项清单。二是强化决策制度建设及执行。研究制定《关于完善中央企业

---

① 卞鹰主编：《2018 年湖南经济发展报告》，社会科学文献出版社 2018 年版，第 90 页。
② 《习近平谈治国理政》第二卷，外文出版社 2017 年版，第 176 页。
③ 黄群慧、崔建民主编：《国有企业党建发展报告（2020）》，社会科学文献出版社 2021 年版，第 93 页。

"三重一大"决策制度的实施意见》，进一步明确决策主体权限、决策基本程序、监督追责等方面要求。指导中央企业将党委（党组）前置研究讨论纳入"三重一大"决策制度，中央企业集团公司全部完成，二级子企业达到80%。加强重大事项决策的数字化智能化监管，推进国资国企在线监管系统建设，将1.9万户具有"三重一大"决策权的中央企业各级子企业全部纳入。三是持续完善党的领导体制机制。落实《中国共产党国有企业基层组织工作条例（试行）》有关要求，将党建纳入公司章程和完善"双向进入、交叉任职"领导体制等有关工作作为党建责任制考核内容。中央企业、省属地方国有企业集团公司已全部落实，中央企业二级子企业实行比例超过80%。[1]

中国机械工业集团有限公司修订《国机集团全资、控股企业领导人员管理办法》等制度，将"双向进入、交叉任职""一肩挑"等要求纳入长效机制。全面推进落实设立董事会（执行董事）的二、三级企业党组织书记、董事长（执行董事）由一人担任，将加强党的领导体现在企业治理结构中。国机集团不断规范干部选拔任用程序，充分发挥党委领导和把关作用，进一步规范动议酝酿，确保民主推荐、组织考察、"凡提四必"和会议讨论决定各环节充分深入开展。前移个人有关事项报告及干部人事档案的审核关口，做到动议即审、该核早核，坚决把好人选政治关、品行关、能力关、作风关、廉洁关。进一步规范干部任前公示制度，严格执行公示期有关规定。[2]

中国宝武钢铁集团有限公司不断坚持和完善党的领导体制机制，践行加强党的领导与完善公司治理相统一，改组与组建党委领导下的议事协调机构，修订基层党委会制度，确保基层党组织重大事项议事决策有章可循、有规可依。制定下发《全面风险管理体系建设指导意见和金融风险管控实施意见》，党委发挥领导作用，每季度研究风险管理工作，对金融领

---

① 彭森主编：《中国改革年鉴2021》，中国经济体制改革杂志社2021年版，第179页。
② 中国机械工业集团有限公司编：《中国机械工业集团有限公司年鉴2020》，机械工业出版社2021年版，第5-6页。

域风险进行专项整治，集团公司全年未发生重大风险。①

中国建材集团近年来通过混合所有制改革高效推进水泥、玻璃纤维、石膏板等行业整合，旗下有上千家混合所有制企业。为把加强党的领导和完善公司治理统一起来，集团积极推动包括混改企业在内的二、三级企业全部"党建入章"，在混改企业成立 87 个党委、603 个党支部，根据国有股权比例与其他民营股东方协商党委前置研究讨论的重大事项和相关程序……形成了独具特色的混改企业党建模式，企业创新活力、创造实力明显增强，助推企业成为全球最大建材制造商、世界领先新材料开发商和综合服务商。②

新时代国有企业党委（党组）把方向、管大局、促落实，董事会定战略、作决策、防风险，经理层谋经营、抓落实、强管理作用有效发挥，高效运转、协调制衡的公司治理机制加快形成，有效确保了国有企业发展战略始终沿着正确的方向前进。

第二节　政府职能的积极转变

转变政府职能，是深化党和国家机构改革的重要任务。新时代中国围绕推动经济高质量发展，建设现代化经济体系，积极转变政府职能，不断加强和完善政府经济调节、调整优化政府机构职能，推动有效市场和有为政府更好结合。

---

① 中国宝武钢铁集团有限公司史志编纂委员会编：《中国宝武钢铁集团有限公司年鉴 2020》，上海人民出版社 2020 年版，第 11 页。
② 刘维涛、孟祥夫：《全国国有企业党的建设情况综述》，载《现代国企研究》2021 年第 10 期。

一、政府经济机构改革稳步推进

新时代中国政府经济机构改革稳步推进，较好地解决了一些政府机构设置和职责划分不够科学，职责缺位和效能不高问题凸显，政府职能转变还不到位的问题。通过着眼于转变政府职能，坚决破除制约使市场在资源配置中起决定性作用、更好发挥政府作用的体制机制弊端，着力推进重点领域和关键环节的机构职能优化和调整。2018 年机构改革中，中央层面核减部级机构 21 个，核减班子正副职数 58 名；减少设置部长助理职位的部门 9 个，减少职数 25 名；中央一级重新制定"三定"规定的部门，精简内设机构 107 个，精简司局领导职数 274 名。在国务院机构改革方面，从调整机构数量上看，组建了 7 个组成部门、重新组建了 2 个组成部门、优化了 2 个组成部门的职责、不再保留 6 个组成部门；组建了 8 个其他机构、重新组建了 1 个其他机构。改革后，国务院组成部门除国务院办公厅外共 26 个，正部级机构减少了 8 个，副部级机构减少37 个，如表 3 – 1 所示。

表 3 – 1　　　　　　　国务院组成部门调整情况

国务院组成部门调整			
组建	自然资源部	组建	应急管理部
组建	生态环境部	重新组建	科学技术部
组建	农业农村部	重新组建	司法部
组建	文化和旅游部	优化	水利部职责
组建	国家卫生健康委员会	优化	审计署职责
组建	退役军人事务部		
监察部		并入	国家监察委员会
国家预防腐败局			

续表

改革后国务院设置组成部门
中华人民共和国外交部、中华人民共和国国防部、中华人民共和国国家发展和改革委员会、中华人民共和国教育部、中华人民共和国科学技术部、中华人民共和国工业和信息化部、中华人民共和国国家民族事务委员会、中华人民共和国公安部、中华人民共和国国家安全部、中华人民共和国民政部、中华人民共和国司法部、中华人民共和国财政部、中华人民共和国人力资源和社会保障部、中华人民共和国自然资源部、中华人民共和国生态环境部、中华人民共和国住房和城乡建设部、中华人民共和国交通运输部、中华人民共和国水利部、中华人民共和国农业农村部、中华人民共和国商务部、中华人民共和国文化和旅游部、中华人民共和国国家卫生健康委员会、中华人民共和国退役军人事务部、中华人民共和国应急管理部、中国人民银行、中华人民共和国审计署

资料来源：《图表：图解国务院机构改革方案的说明——国务院组成部门调整》，中国政府网，2018 年 3 月 13 日。

从调整机构的性质上看，这次改革不仅大力调整了国务院组成部门，也对国务院直属机构、国务院办事机构、国务院直属事业单位、国务院部委管理的国家局进行了相应的改革。政府的经济职能随着政府机构改革的稳步推进进一步优化。为进一步深化金融监管体制改革，解决现行体制存在的监管职责不清晰、交叉监管和监管空白等问题，强化综合监管，优化监管资源配置，更好统筹系统重要性金融机构监管，逐步建立符合现代金融特点、统筹协调监管、有力有效的现代金融监管框架，守住不发生系统性金融风险的底线，将中国银行业监督管理委员会和中国保险监督管理委员会的职责整合，组建中国银行保险监督管理委员会，作为国务院直属事业单位。不再保留中国银行业监督管理委员会、中国保险监督管理委员会。[1] 新组建的中国银行保险监督管理委员会将会更好地找准监管定位，明确监管目标，坚决打好防范化解金融风险攻坚战，引导银行保险业进一步提升服务实体经济质效。

这一时期我国还将全国社会保障基金理事会由国务院管理调整为由财政部管理，作为基金投资运营机构，不再明确行政级别。组建了文化和旅

---

[1]《中国共产党第十九届中央委员会第三次全体会议文件汇编》，人民出版社 2018 年版，第 85 - 86 页。

游部、国家市场监督管理总局等部门，"有为政府"的经济职能进一步优化。

这次深化党和国家机构改革，不同以往的国务院机构改革，最重要的是从组织机构上发挥党的领导这个最大制度优势，把党的领导贯彻落实到党和国家机关全面正确履行职责的各领域和各环节，从机构职能上解决好加强党的全面领导和长期执政的体制机制问题。

二、"放管服"改革持续推进

"放管服"改革是全面深化改革的重要内容，也是政府经济职能转变的重要抓手。与财政、货币政策相比，"放管服"改革基本不花钱或者花很少的钱，而且可以有效激发市场主体活力。中共十八大以来，党中央、国务院高度重视营商环境建设，大力推进"放管服"改革。2013 年，国务院就把简政放权作为行政体制改革的"先手棋"和"当头炮"，大力取消和下放行政审批事项。2014 年，国务院在简政放权基础上，又进一步提出强化"放管结合"。2015 年，国务院又将优化服务纳入改革内容，形成"放""管""服"三管齐下的改革格局。从 2019 年起，国务院连续两年把优化营商环境与全面深化"放管服"改革一体化部署、一体化推进，连续两年召开以"深化'放管服'改革优化营商环境"为题的全国电视电话会议。①

各地纷纷进行"放管服"的探索，政府经济职能进一步转变。以江苏省为例，江苏省政府办公厅于 2020 年 12 月印发的《关于加快推进政务服务"省内通办""跨省通办"的实施方案》，不仅要求按照业务协同、高效办成"一件事"标准，推动高频"一件事"省内通办，而且要求定向建立政务服务事项"跨省通办"机制，便利企业群众跨省办事创业，推动

---

① 魏礼群、王满传主编：《中国行政体制改革报告（2018－2021）No.7》，社会科学文献出版社 2021 年版，第 41－42 页。

"一网通办"从"能办"向"好办""智办"转变。省政府有关部门于2021年8月印发的《关于深化"一件事"改革为民办实事的实施方案》，要求将办一件事所涉及的事项"打包"，通过流程优化、系统整合、数据共享和业务协同等手段，实现"一件事一次办"。[①] 实现"放管服"转变职能的重点在于弱化政府直接管理方式，改变用权力配置资源的方式，实现市场配置资源的方式，进一步增强了市场化的活力。

三、数字政府与服务型政府相互融通

习近平强调："要以信息化推进国家治理体系和治理能力现代化"。[②] 数字政府是国家治理现代化的必经之路和重要手段。中共十八大以来，信息化工作以数字中国战略落实为中心，以数字政府为重要抓手，全面贯彻新发展理念，推动国家治理能力与治理体系现代化进程。中共十九届四中全会提出，"建立健全运用互联网、大数据、人工智能等技术手段进行行政管理的制度规则。推进数字政府建设"。[③]

2016年9月，国务院印发了《关于加快推进"互联网＋政务服务"工作的指导意见》，在国务院及相关部门的指导和推动下，各地积极利用通信技术，以推进"互联网＋政务服务"为抓手，推动数字城市建设，全面提升政务服务水平，如表3－2所示。

表3－2　　　　　　　省级政务服务 App 汇总

省（区、市）	名称	省（区、市）	名称
北京	北京通	浙江	浙里办
天津	津心办	安徽	皖事通
上海	随申办	福建	闽政通

---

① 夏锦文主编：《2022年江苏发展分析与展望》，社会科学出版社2022年版，第248页。
② 习近平：《在网络安全和信息化工作座谈会上的讲话》，人民出版社2016年版，第6页。
③ 《中国共产党第十九届中央委员会第四次全体会议文件汇编》，人民出版社2019年版，第36页。

续表

省（区、市）	名称	省（区、市）	名称
重庆	渝快办	江西	赣服通
广东	粤省事	山东	爱山东
海南	码上办事	陕西	陕政通
四川	天府通办	甘肃	甘快办
贵州	多彩宝	青海	青松办
云南	一部手机办事通	吉林	吉事办
河北	冀时办	黑龙江	龙江政务通
山西	三晋通	江苏	江苏政府服务
辽宁	辽事通	湖北	鄂汇办
新疆	新疆政务服务	湖南	新湘事成
内蒙古	蒙速办	河南	豫事办
宁夏	我的宁夏	西藏	西藏政务服务
广西	爱广西		

注：不包含港澳台地区。

资料来源：陈左宁、张军、黄子河：《中国信息化形势分析与预测（2019－2020）》，社会科学文献出版社 2021 年版，第 212 页。

浙江省浙江政务服务网以"服务零距离，办事一站通"为主旨，通过权力事项集中进驻、网上服务集中提供、政务信息集中公开、数据资源集中共享，着力构建省市县统一架构、多级联动的电子政务平台，打造全天候在线的智慧政府，促进政府治理现代化。用互联网倒逼行政流程再造，不断提升政务服务便捷化程度，包括建立网上政务服务"五星级"评价体系。其中：三星级事项要求实现统一认证、统一申报、统一查询功能；四星级事项要求做到"网上申报、信任在先、办结核验"，即可以在线申报，在完成所有流程后只需去现场窗口一次性核验身份和必要的纸质材料；五星级事项要求全程在线，实现办理"零上门"。浙江省还推进跨部门网上并联审批。推行商事登记"五证合一"模式，衢州、金华、义乌等市利用政务服务网统一平台和电子证照库，推进商事登记网上联审试点，实现工商营业执照、税务登记证、组织机构代码证等一站式办理，义乌还率先实现"一证一码"。①

深圳市依托一体化政务服务平台，在全国率先推出"秒报""秒批"改革，大力推进智慧政务建设，突破"放管服"改革的"瓶颈"，打破了"天花板"，为数字政府注入了新的内涵。"秒报""秒批"既涉及数据的共享应用，也涉及政务服务流程的重新组织和业务模式、规则的调整。据此，深圳市"秒报秒批一体化"将从以下方向进行改进：加快完善电子证照签发管理和相关基础数据库建设，加快推进国家和省级数据回流共享，加快完善"秒报秒批"制度建设，积极探索"区块链+政务服务"应用。②

2019年12月，国务院办公厅印发《关于建立政务服务"好差评"制度提高政务服务水平的意见》，在数字政务基础上"好差评"体系建设全面铺开。该意见要求对各级地方政府政务服务工作进行全流程公开，让企业和群众对其评定，确定政府政务服务发展成效。以上海为例，通过"一网通办"总门户和"随申办"移动端口，开展了线上政务服务评价，落实推进"好差评"制度。一方面，运用在互联网等信息化平台建立网络评价App，企业和群众可对各类政务服务办理的全环节流程进行在线评价；另一方面，打造线下评价体系，通过在各实体窗口展示二维码，鼓励群众通过小程序移动端、微信、支付宝等方式进行扫码评价。③

数字政府以新一代信息技术为支撑，重塑政务信息化管理架构、业务架构、技术架构，形成"用数据对话、用数据决策、用数据服务、用数据创新"的现代化治理模式。通过大力推进"互联网+政务服务"改革和"数字政府"建设，极大地提升了政府服务效率，提升了多元主体的参与

---

① 魏礼群主编：《中国行政体制改革报告（2016）No.5》，社会科学文献出版社2016年版，第115-116页。
② 李季主编：《中国数字政府建设报告（2021）》，社会科学文献出版社2021年版，第120页。
③ 魏礼群、王满传主编：《中国行政体制改革报告（2018-2021）No.7》，社会科学文献出版社2021年版，第200页。

度，稳步实现政务服务"指尖办""马上办""零跑腿""智能办"，助力打造高效率的智能服务型政府。同时，"好差评"等制度出台也进一步为政务服务体系提供了有效监督机制，有助于提升政府部门的服务质量。

第三节　宏观调控体系的创新完善

中共十八大以来，在稳中求进工作总基调下，中国宏观调控手段不断完善，有效保障了国民经济的健康发展。

一、区间调控、定向调控与微刺激政策的有机结合

新时代宏观调控手段不断优化，2013 年提出区间调控，强调通过宏观总量政策的微调预调使经济运行稳定在合理区间，起到稳政策、稳预期和稳信心的作用。区间调控本质上是一种基于相机和规则相结合的调控方式。合理区间的上限是守物价稳定，下限是守就业稳定。只要经济运行在合理区间之内，就让市场主体自主调节，预期管理明确，规则传递清晰。但如果经济运行滑出了区间，就必须要从供需两端精准发力，适时适度地实施逆周期调控。2016 年，中国设立经济增长目标为 6.5%－7.0%，宏观调控从"定点"转向"区间"。

2014 年，在区间调控的基础上提出了定向调控，就是针对制约经济发展的结构性和体制性矛盾和问题，实施精准有力的调控措施，推动结构调整，增强经济发展后劲。就货币政策而言，央行多次采取定向降准和定向再贷款等操作，力图为小微企业和"三农"提供必要的资金支持。仅在 2014 年，央行就于 4 月和 6 月两次实施针对小微企业和"三农"的定向降准操作，并于 3 月和 8 月各增加支农再贷款 200 亿元。在定向货币政策的支持下，2014 年面向小微企业和"三农"的贷款增速比各项贷款平均增

速分别高出 4.2 个百分点和 0.7 个百分点，补短板成效显著。就财政政策
而言，财政部多次实行定向减税，拓宽小微企业税收优惠范围，为小微企
业减负。据估算，2014 年通过定向减税政策为小微企业减税的规模达到
1000 亿元左右。[①]

中共十八大以来的宏观调控具有预调、微调、适时适度调节的特点，
又被称为微刺激。之所以用微刺激取代强刺激，是因为强刺激如果长期持
续下去，会带来较大的负面影响，不利于调结构、促改革，还可能会带来
产能过剩加剧和环境污染加重等不良后果。鉴于此，中共十八大以来，中
国开始采用微刺激应对经济下行压力。例如，2014 年第一季度，中国经济
增速下行到 7.4%。这时就出台了多项微刺激政策，包括增加中西部铁路
建设投资、加快棚户区改造、加大对小微企业减税力度等，取得了良好效
果，2014 年第二季度经济增速恢复到 7.5%，防止了经济进一步下滑。微
刺激不仅能有效应对经济下行压力，还能为未来宏观政策预留空间，增强
政策的可持续性。[②]

二、供给管理与需求管理双向发力

2012 年以来，中国宏观调控不断创新完善。中国的宏观调控手段在内
涵上远大于宏观经济学中的"需求管理政策"，它除财政政策和货币政策
之外，还包括了区域政策、产业政策、土地政策等政策，在经济健康发展
中发挥了重要的作用。

正如习近平指出："当前和今后一个时期，我国经济发展面临的问题，
供给和需求两侧都有，但矛盾的主要方面在供给侧。"[③] 供给侧结构性改革
成为新时代宏观调控的新亮点。以往宏观经济政策的主线索是需求管
理——立足于需求侧并紧盯需求，随着经济的周期性波动和需求总量的增

---

①② 刘伟、陈彦斌：《十八大以来宏观调控的六大新思路》，载《人民日报》2017 年 3 月 1 日。
③ 习近平：《在省部级主要领导干部学习贯彻党的十八届五中全会精神专题研讨班上的讲话》，人民
出版社 2016 年版，第 31 页。

减变化，实施立足于短期稳定的"对冲性"逆向调节。新时代中国宏观调控重点聚焦于产业结构失衡、区域发展失衡等一系列重大结构性失衡问题，推动经济发展质量变革、效率变革、动力变革。造成供给侧结构性矛盾的根本原因在于体制机制性障碍，在于市场未能在资源配置中起到决定性作用，在于政府未能更好发挥应有作用。在以供给侧结构性改革作为宏观经济政策主线索的同时，又结合体制机制的改革，共同推动中国经济的转型升级。

"三去一降一补"（即去产能、去库存、去杠杆、降成本、补短板五大任务）成为供给侧结构性改革的重要抓手。为了降成本，中国推动了大规模的减税降费。2015 年开始主要针对减税提出制度改革，2017 年迎来了大规模减税降费政策的推出。国家自 2017 年推出的一系列减税降费政策为各项改革加油助力。2017 年，被定义为供给侧结构性改革的深化之年。在多措并举降成本的旗帜下，减税降费得以持续推进。按照计划，减税和降费的规模分别为 3500 亿元和 2000 亿元，总额达到 5500 亿元。支撑这样一笔减税降费的财源，自然少不了增列赤字和增发国债。一般公共预算项下的财政赤字安排为 23800 亿元，在上一年基础上增加 2000 亿元，赤字率维持在 3% 的水平，便与此直接相关。[①] 2018 年全国减税降费规模达 1.3 万亿元。而在 2019 年，我国实施了更大规模的减税降费政策，全年减负规模高达 2.3 万亿元。[②] 2020 年我国全年新增减税降费超过 2.5 万亿元。同时，为 399 万户纳税人办理延期缴纳税款 292 亿元，实现 90% 的涉税事项、99% 的纳税申报业务都可网上办、线上办、掌上办，充分发挥增值税发票等税收大数据优势服务各地决策和市场主体发展。2021 全年累计新增减税降费约 1.1 万亿元，政策红利持续释放，有力地支持了国民经济持续稳定恢复；企业提前享受研发费用加计扣除政策减免税额 3333 亿元，有力地促进了企业创新发展，其中，18.6 万户制造业企业享受减

---

① 高培勇著：《转向高质量发展》，社会科学文献出版社 2020 年版，第 213 页。
② 刘尚希主编：《中国财政政策报告（2020）》，社会科学文献出版社 2020 年版，第 143 页。

免税额 2259 亿元。

中共十八大以来，中国也继续注重在需求侧发力，推动经济发展。2020 年中央经济工作会议提出"需求侧管理"，指出"加快构建以国内大循环为主体、国内国际双循环相互促进的新发展格局，要紧紧扭住供给侧结构性改革这条主线，注重需求侧管理"。需要强调的是，需求侧管理与西方宏观经济政策理论中的总需求管理是两个截然不同的概念。总需求管理是使用货币政策和财政政策对经济运行进行短期的逆周期调节，进而稳定短期经济波动。需求侧管理更注重通过结构性政策解决中长期经济发展问题，进而培育完整内需体系和构建强大国内市场。需求侧管理的重要性就在于扩大居民消费，提升消费层次，使建设超大规模的国内市场成为一个可持续的历史过程。需求侧管理和供给侧结构性改革的相互配合能够推动国内国际双循环的形成，即通过深化供给侧结构性改革提高产品供给质量，稳固中国在国际产业链中的竞争力；通过需求侧管理持续释放消费潜力，为国际大循环提供动力，从而促进新发展格局的构建。①

▌中央给出"去产能线路图"

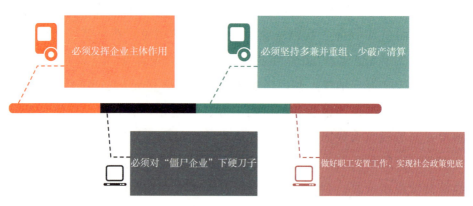

必须发挥企业主体作用

必须坚持多兼并重组、少破产清算

必须对"僵尸企业"下硬刀子

做好职工安置工作，实现社会政策兜底

★ 去产能是供给侧结构性改革的关键环节。

---

① 刘伟、陈彦斌：《新时代宏观经济治理的发展脉络和鲜明特点》，载《中国经济评论》2022 年第 1 期。

三、加大房地产市场调控力度

中共十八大以来，房地产政策迎来了以去库存及坚持住房的居住属性的新时代。2015 年 11 月 10 日，习近平主持召开中央财经领导小组第十一次会议并指出，推进经济结构性改革，要化解房地产库存，促进房地产业持续发展。为化解房地产市场库存，信贷政策方面，2015 年中国人民银行连续 5 次降息，金融机构一年期贷款基准利率下调至 4.35%。税收政策方面，2015 年 3 月，财政部、国家税务总局发布《关于调整个人住房转让营业税政策的通知》，规定个人将购买 2 年以上（含 2 年）的普通住房对外销售的，免征营业税。2016 年 2 月，财政部等部门发布《关于调整房地产交易环节契税 营业税优惠政策的通知》，实行税收减免政策，但北京、上海、广州、深圳除外。此阶段与两次金融危机中单一刺激住房消费不同，在鼓励住房消费去库存的同时，更多考虑了政策的完备性。比如：为防止投机性住房需求，国务院于 2014 年 11 月发布《不动产登记暂行条例》，以及 2016 年 7 月，住房和城乡建设部等七部门联合出台《关于加强房地产中介管理促进行业健康发展的意见》。这些举措有助于对住房及中介机构进行统一的登记管理，规范房地产转让市场，进而为后续抑制投机性需求做好铺垫。

新时代还锁定了未来中国住房政策调控的总基调——坚持住房的居住属性。2016 年底召开的中央经济工作会议提出要坚持"房子是用来住的，不是用来炒的"的定位，各个城市遵循这一精神采取了限购、限贷等抑制需求的措施，有的城市还出台了针对投机性购买的限售措施，在调控逐渐加码的形势下，高房价态势得到一定程度的抑制。2019 年中央经济工作会议指出，"坚持房子是用来住的、不是用来炒的定位"，同时要"因城施策"，做到"稳地价、稳房价、稳预期"。2020 年，各城市的房地产调控政策自行决定，目的是让房地产市场平稳健康发展。政策将因地制宜、更加精准，并逐步构建金融、住房、土地等长效机制，从中长期引导房地产供需平衡，维持房价不大涨也不大跌，维持预期稳定。

2016 年后，上海在原来差别化信贷、税收、住房限购等政策基础上，又进一步严格调控政策。包括：2016 年 3 月，出台"沪九条"，加大了对住房需求的调控，提高非本市户籍家庭购房的社保缴纳年限，由 2 年变为 5 年，提高二套房首付比例等；10 月，出台"沪六条"，加强了商品住房用地交易资金来源监管，全面实行存量住房交易资金监管制度；11 月，出台申请住房贷款首套住房"认房又认贷"的政策，全面压缩了市场住房需求。同时，加大新建商品住房市场预售管理，控制高价商品住房的上市节奏。2018 年，全市商品住房的价格总体上稳中有降，其中新建商品住房随着供应量的增加，后半年价格开始有小幅上涨，环比价格指数有 6 个月环比持平或下跌，3 月、8 月、9 月、10 月、11 月、12 月环比上升，2018 年 12 月比上年同期上涨不快。[①]

2020 年初，新冠肺炎疫情对中国各行各业的发展均造成较大冲击，经济面临较大下行压力，中央加大逆周期调节力度，财政政策和货币政策齐发力，货币环境相对宽松，经济运行逐渐恢复常态；但中央始终坚持"房子是用来住的，不是用来炒的"定位不变，各地灵活因城施策。2020 年上半年，多地区陆续从供需两端出台房地产相关扶持政策，伴随着房地产市场的快速恢复，部分热点城市出现了房价快速上涨等现象，市场不稳定预期不断累积；下半年政策环境趋紧，中央强调"不将房地产作为短期刺激经济的手段，稳地价、稳房价、稳预期"，房地产金融监管持续强化。8 月，针对房企的"三道红线"试点实施，多地升级楼市调控政策，因城施策精准调控，力促市场理性回归。2020 年末，中央经济工作会议、全国住房和城乡建设工作会议先后召开，会议重申继续坚持"房住不炒"定位，全面落实房地产长效机制，保持房地产市场平稳运行。2021 年 6 月，国务院办公厅出台了《关于加快发展保障性租赁住房的意见》，在人口流

---

① 潘家华、王业强主编：《中国房地产发展报告 No. 16（2019）》，社会科学文献出版社 2019 年版，第 272 页。

入较多的 40 个重点城市，2021 年已经筹集了保障性租赁住房 94.2 万套。2022 年全国将建设筹集 240 万套保障性租赁住房。房地产市场健康发展的长效机制逐步完善，"房住不炒"逐步成为社会共识。

第四节　中长期规划效能的不断提升

习近平指出："战略问题是一个政党、一个国家的根本性问题。战略上判断得准确，战略上谋划得科学，战略上赢得主动，党和人民事业就大有希望。"[1] 用中长期规划指导经济社会发展，是我们党治国理政的一种重要方式，成为中国国家治理体系的重要组成部分。新时代中国政府中长期规划能力不断完善，有效推动了经济这十年的高速发展。

一、国家规划总揽经济高质量发展

在高质量发展阶段，通过国家规划总揽发展全局是中国共产党治国理政的重要优势，也是中国政府推动经济长期发展的重要手段。2015 年，中国开启了"十三五"规划。"十三五"时期是全面建成小康社会、实现我们党确定的"两个一百年"奋斗目标的第一个百年奋斗目标的决胜阶段。中共十八届五中全会审议通过的《中共中央关于制定国民经济和社会发展第十三个五年规划的建议》，全面描绘了未来五年中国发展的宏伟蓝图，提出了全面建成小康社会新的目标要求和工作举措，具有很强的思想性、战略性、前瞻性、指导性。该建议顺应中国经济发展新常态的内在要求，提出创新、协调、绿色、开放、共享的新发展理念，对破解发展难题、增强发展动力、厚植发展优势具有重大指导意义，是动员全党全国

---

① 习近平：《在纪念邓小平同志诞辰 110 周年座谈会上的讲话》，人民出版社 2014 年版，第 19 页。

各族人民夺取全面建成小康社会伟大胜利的纲领性文件。《中华人民共和国国民经济和社会发展第十三个五年规划纲要》（以下简称"十三五"规划纲要）提出了 7 个方面的主要目标：经济保持中高速增长，创新驱动发展成效显著，发展协调性明显增强，人民生活水平和质量普遍提高，国民素质和社会文明程度显著提高，生态环境质量总体改善，各方面制度更加成熟更加定型。"十三五"规划纲要还以专栏形式提出了经济发展、创新驱动、民生福祉、资源环境 4 个方面 25 个主要指标，其中预期性指标 12 个，主要集中在经济发展、创新驱动方面；约束性指标 13 个，主要集中在民生福祉和资源环境方面，如表 3－3 所示。

表 3－3　　　　"十三五"时期经济社会发展主要指标

指标		2015 年	2020 年	年均增速［累计］	属性
经济发展					
（1）国内生产总值（GDP）（万亿元）		67.7	>92.7	>6.5%	预期性
（2）全员劳动生产率（万元/人）		8.7	>12	>6.6%	预期性
（3）城镇化率	常住人口城镇化率（%）	56.1	60	［3.9］	预期性
	户籍人口城镇化率（%）	39.9	45	［5.1］	
（4）服务业增加值比重（%）		50.5	56	［5.5］	预期性
创新驱动					
（5）研究与试验发展经费投入强度（%）		2.1	2.5	［0.4］	预期性
（6）每万人口发明专利拥有量（件）		6.3	12	［5.7］	预期性
（7）科技进步贡献率（%）		55.3	60	［4.7］	预期性
（8）互联网普及率	固定宽带家庭普及率（%）	40	70	［30］	预期性
	移动宽带用户普及率（%）	57	85	［28］	
民生福祉					
（9）居民人均可支配收入增长（%）		—	—	>6.5	预期性
（10）劳动年龄人口平均受教育年限（年）		10.23	10.8	［0.57］	约束性
（11）城镇新增就业人数（万人）		—	—	［>5000］	预期性
（12）农村贫困人口脱贫（万人）		—	—	［5575］	约束性

续表

指标		2015 年	2020 年	年均增速［累计］	属性
民生福祉					
（13）基本养老保险参保率（％）		82	90	［8］	预期性
（14）城镇棚户区住房改造（万套）		—	—	［2000］	约束性
（15）人均预期寿命（岁）		—	—	［1］	预期性
资源环境					
（16）耕地保有量（亿亩）		18.65	18.65	［0］	约束性
（17）新增建设用地规模（万亩）		—	—	［＜3256］	约束性
（18）万元 GDP 用水量下降（％）		—	—	［23］	约束性
（19）单位 GDP 能源消耗降低（％）		—	—	［15］	约束性
（20）非化石能源占一次能源消费比重（％）		12	15	［3］	约束性
（21）单位 GDP 二氧化碳排放降低（％）		—	—	［18］	约束性
（22）森林发展	森林覆盖率（％）	21.66	23.04	［1.38］	约束性
	森林蓄积量（亿立方米）	151	165	［14］	
（23）空气质量	地级及以上城市空气质量优良天数比率（％）	76.7	＞80	—	约束性
	细颗粒物（PM2.5）未达标地级及以上城市浓度下降（％）	—	—	［18］	
（24）地表水质量	达到或好于 Ⅲ 类水体比例（％）	66	＞70	—	约束性
	劣 Ⅴ 类水体比例（％）	9.7	＜5	—	
（25）主要污染物排放总量减少	化学需氧量（％）	—	—	［10］	约束性
	氨氮（％）	—	—	［10］	
	二氧化硫（％）	—	—	［15］	
	氮氧化物（％）	—	—	［15］	

注：1. GDP、全员劳动生产率增速按可比价计算，绝对数按 2015 年不变价计算。2.［　］内为 5 年累计数。3. PM2.5 未达标指年均值超过 35 微克/立方米。

资料来源：《中华人民共和国国民经济和社会发展第十三个五年规划纲要》，人民出版社 2016 年版，第 12－13 页。

　　《"十三五"国家科技创新规划》《"十三五"脱贫攻坚规划》《"十三五"国家战略性新兴产业发展规划》等一系列国家级重点专项规划加快实施。2018年，党中央、国务院明确了"三级四类"规划体系。通过理顺国家发展规划和国家级专项规划、区域规划、空间规划的相互关系，坚持下位规划服从上位规划、下级规划服务上级规划、等位规划相互协调，在强化国家总体发展规划统领作用基础上，推动专项规划从"条"上进行深化、区域规划从"块"上予以细化、空间规划从"地"上加以落实，形成定位准确、边界清晰、功能互补、统一衔接的规划体系。[1]

　　2020年10月，中共十九届五中全会审议通过了《中共中央关于制定国民经济和社会发展第十四个五年规划和二〇三五年远景目标的建议》该建议擘画了未来五年和十五年中长期经济社会发展宏伟蓝图，系统规划了在全面建成小康社会基础上，全面建设社会主义现代化国家的战略目标、战略步骤、战略举措和路线图、时间表，是全面建设社会主义现代化国家的纲领性文献。

　　"十四五"规划纲要是中国全面建成小康社会、实现第一个百年奋斗目标之后，乘势而上开启全面建设社会主义现代化国家新征程、向第二个百年奋斗目标进军的第一个五年规划。其战略导向是立足新发展阶段、贯彻新发展理念、构建新发展格局，重点更加聚焦于以下问题：第一，以推动高质量发展为主题。必须坚定不移贯彻新发展理念，以供给侧结构性改革为主线。第二，构建新发展格局。要坚持扩大内需这个战略基点，使生产、分配、流通、消费更多依托国内市场，形成国内经济良性循环。第三，促进全体人民共同富裕。第一次提出"全体人民共同富裕取得更为明显的实质性进展"，在改善人民生活品质部分突出强调了"扎实推动共同富裕"，提出了一些重要需求和重大举措。第四，第一次提出统筹发展和安全，并设专篇作出战略部署（第15篇）。"十四五"时期经济社会发展主要指标，如表3－4所示。

---

① 杨伟民等著：《新中国发展规划70年》，人民出版社2019年版，第88页。

表 3 - 4　　　　　"十四五"时期经济社会发展主要指标

类别	指标	2020 年	2025 年	年均/累计	属性
经济 发展	1. 国内生产总值（GDP）增长 （%）	2.3	—	保持在合理区间、 各年度视情提出	预期性
	2. 全员劳动生产率增长（%）	2.5	—	高于 GDP 增长	预期性
	3. 常住人口城镇化率（%）	60.6*	65	—	预期性
创新 驱动	4. 全社会研发经费投入增长 （%）	—	—	>7、力争投入强 度高于"十三五" 时期实际	预期性
	5. 每万人口高价值发明专利拥 有量（件）	6.3	12	—	预期性
	6. 数字经济核心产业增加值占 GDP 比重（%）	7.8	10	—	预期性
民生 福祉	7. 居民人均可支配收入增长 （%）	2.1	—	与 GDP 增长 基本同步	预期性
	8. 城镇调查失业率（%）	5.2	—	<5.5	预期性
	9. 劳动年龄人口平均受教育年 限（年）	10.8	11.3	—	约束性
	10. 每千人口拥有执业（助 理）医师数（人）	2.9	3.2	—	预期性
	11. 基本养老保险参保率（%）	91	95	—	预期性
	12. 每千人口拥有 3 岁以下婴 幼儿托位数（个）	1.8	4.5	—	预期性
	13. 人均预期寿命（岁）	77.3*	—	[1]	预期性
绿色 生态	14. 单位 GDP 能源消耗降低 （%）	—	—	[13.5]	约束性
	15. 单位 GDP 二氧化碳排放降 低（%）	—	—	[18]	约束性

续表

类别	指标	2020 年	2025 年	年均/累计	属性
绿色生态	16. 地级及以上城市空气质量优良天数比率（％）	87	87.5	—	约束性
	17. 地表水达到或好于Ⅲ类水体比例（％）	83.4	85	—	约束性
	18. 森林覆盖率（％）	23.2*	24.1	—	约束性
安全保障	19. 粮食综合生产能力（亿吨）	—	>6.5	—	约束性
	20. 能源综合生产能力（亿吨标准煤）	—	>46	—	约束性

注：1. ［ ］内为 5 年累计数。2. 带 * 的为 2019 年数据。3. 能源综合生产能力指煤炭、石油、天然气、非化石能源生产能力之和。4. 2020 年地级及以上城市空气质量优良天数比率和地表水达到或好于Ⅲ类水体比例指标值受新冠肺炎疫情等因素影响，明显高于正常年份。5. 2020 年全员劳动生产率增长 2.5% 为预计数。

资料来源：《中华人民共和国国民经济和社会发展第十四个五年规划和 2035 年远景目标纲要》，中国政府网，2021 年 3 月 13 日。

二、产业规划推动现代产业体系建设

实体经济是大国经济发展的基础。在激烈的国际竞争下，中国政府运用一系列的产业规划有效推动了现代化经济体系的建立。

国务院于 2015 年 5 月公布了《中国制造 2025》，明确提出了强化高端制造业的国家十年战略规划，是中国实施制造强国战略三个十年规划第一个十年的行动纲领。这个规划以促进制造业创新发展为主题，以提质增效为中心，以加快新一代信息技术与制造业深度融合为主线，以推进智能制造为主攻方向，以满足经济社会发展和国防建设对重大技术装备的需求为目标，强化工业基础能力，提高综合集成水平，完善多层次多类型人才培养体系，促进产业转型升级，培育有中国特色的制造文化，实现制造业由大变强的历史跨越。

战略性新兴产业是指以重大技术突破和重大发展需求为基础，对经济社会全局和长远发展具有重大引领带动作用。国务院于 2016 年 11 月 29 日印发并实施《"十三五"国家战略性新兴产业发展规划》，明确了 2016 - 2020 年科技革命和产业变革的方向，大力构建战略性新兴产业新系统。该规划提出，到 2020 年，战略性新兴产业增加值占国内生产总值比重达到 15%，形成新一代信息技术、高端制造、生物、绿色低碳、数字创意等 5 个产值规模 10 万亿元级的新支柱，并在更广领域形成大批跨界融合的新增长点，平均每年带动新增就业 100 万人以上。产业结构进一步优化，产业创新能力和竞争力明显提高，形成全球产业发展新高地。[①]

面对世界百年未有之大变局和新一轮科技革命和产业变革深入发展的机遇期，世界各国纷纷出台大数据战略，开启大数据产业创新发展新赛道，聚力数据要素多重价值挖掘，抢占大数据产业发展制高点。"十四五"规划纲要围绕"打造数字经济新优势"，作出了培育壮大大数据等新兴数字产业的战略部署。在新的环境下，工业和信息化部发布《"十四五"大数据产业发展规划》，强调了"加快培育数据要素市场""发挥大数据特性优势""夯实产业发展基础""构建稳定高效产业链""打造繁荣有序产业生态""筑牢数据安全保障防线"等着力点。为未来打造数字经济发展新优势，为建设制造强国、网络强国、数字中国提供有力支撑。

三、科技规划激活大国经济发展新动能

习近平多次强调"创新是引领发展的第一动力"。科技创新是核心，是提高社会生产力、提升国际竞争力、增强综合国力、保障国家安全的战略支撑。我国科技创新由跟跑为主转向更多领域并跑、领跑，更需要发挥政府作用，整合资源推动中国科技的"跨越式发展"。中共十八大以来，中国吹响建设世界科技强国号角，出台了《"十三五"国家科技

---

① 《国务院印发〈"十三五"国家战略性新兴产业发展规划〉》，中国政府网，2016 年 12 月 19 日。

创新规划》。该规划主要明确"十三五"时期科技创新的总体思路、发展目标、主要任务和重大举措，是国家在科技创新领域的重点专项规划，是我国迈进创新型国家行列的行动指南，[1] 对我国科技创新进行了战略部署。

"十四五"规划纲要对科技创新也进行了新的部署，强调了在事关国家安全和发展全局的基础核心领域，制定实施战略性科学计划和科学工程。该纲要还指出，瞄准人工智能、量子信息、集成电路、生命健康、脑科学、生物育种、空天科技、深地深海等前沿领域，实施一批具有前瞻性、战略性的国家重大科技项目。从国家急迫需要和长远需求出发，集中优势资源攻关新发突发传染病和生物安全风险防控、医药和医疗设备、关键元器件零部件和基础材料、油气勘探开发等领域关键核心技术。

《国务院关于印发"十三五"国家科技创新规划的通知》提出在核心电子器件、高端通用芯片及基础软件产品；极大规模集成电路制造装备及成套工艺；新一代宽带无线移动通信网；高档数控机床与基础制造装备；大型油气田及煤层气开发；大型先进压水堆及高温气冷堆核电站；水体污染控制与治理；转基因生物新品种培育；重大新药创制；艾滋病和病毒性肝炎等重大传染病防治；大型飞机；高分辨率对地观测系统；载人航天与探月工程等领域部署重大科技专项。其中在"核高基"（核心电子器件、高端通用芯片及基础软件产品）中明确部署：突破超级计算机中央处理器（CPU）架构设计技术，提升服务器及桌面计算机CPU、操作系统和数据库、办公软件等的功能、效能和可靠性，攻克智能终端嵌入式CPU和操作系统的高性能低功耗等核心关键技术；面向云计算、大数据等新需求开展操作系统等关键基础软硬件研发，基本形成核心电子器件、高端通用芯片和基础软件产品的自主发展能力，扭转我

---

① 《国务院关于印发"十三五"国家科技创新规划的通知》，中国政府网，2016 年 8 月 8 日。

国基础信息产品在安全可控、自主保障方面的被动局面。① 通过发挥政府长期规划总揽全局的能力，对制约中国迈向经济强国的技术短板进行整体规划，实现弯道超车。

北京的科技基础雄厚、创新资源集聚、创新主体活跃，近年来不断加大基础研究，提升原始创新，强化关键核心技术攻关，科技创新综合实力显著增强。2021 年，北京市委市政府出台了《北京市"十四五"时期国际科技创新中心建设规划》，明确提出到 2025 年北京国际科技创新中心基本形成的目标，并对北京市的重要科技创新领域进行了重大部署，如表 3-5 所示。

表 3-5　　"十四五"时期国际科技创新中心建设预期性指标

类别	序号	指标	目标值
科学中心	1	全社会研发经费投入年均增长（%）	争取高于"十三五"年均增速
	2	全社会研发经费支出占地区生产总值比重（%）	6 左右
	3	基础研究经费占全社会研发经费比重（%）	17 左右
	4	高被引科学家数量（人次）	210 左右
	5	世界一流大学 Top500 数量（所）	14 左右
创新高地	6	每万人口高价值发明专利拥有量（件）	82 左右
	7	高技术产业增加值（亿元）	>12000
	8	数字经济增加值年均增速（%）	7.5 左右
	9	中关村国家自主创新示范区企业总收入年均增速（%）	8 左右

① 《国务院关于印发"十三五"国家科技创新规划的通知》，中国政府网，2016 年 8 月 8 日。

续表

类别	序号	指标	目标值
创新高地	10	技术合同成交额（亿元）	＞8000
	11	每万企业中高新技术企业数量（家）	＞190
	12	独角兽企业数量（家）	＞100
创新生态	13	每万名就业人员中研发人员数（人）	260 左右
	14	公民具备科学素质的比例（％）	28 左右

资料来源：《中共北京市委 北京市人民政府关于印发〈北京市"十四五"时期国际科技创新中心建设规划〉的通知》，北京市人民政府网站，2021 年 11 月 24 日。

（2012—2022）

第四章

加快农业农村
现代化

以习近平同志为核心的党中央，坚持把解决好"三农"问题作为全党工作的重中之重，坚持农业农村优先发展，提出和实施乡村振兴战略，实行农村集体土地"三权分置"，创新农村经营主体，促进产业融合、城乡融合，加速新型工农城乡关系形成，粮食产量连续7年保持在1.3万亿斤以上，农业农村现代化加快推进，全面推进乡村振兴迈出坚实步伐，为开启全面建设社会主义现代化国家新征程奠定了坚实基础。

第一节 优先发展农业农村

中国是农业大国，重农固本是安民之基、治国之要。在工业化、城镇化快速推进过程中，尽管国家实施了强农惠农富农政策，社会主义新农村建设扎实推进，但破解长期存在的城乡二元结构及其所积累的"三农"问题，任务仍很艰巨。面对这一难题，以及 2008 年全球金融危机后世界经济增长缓慢的问题，中共中央坚持农业农村优先发展，切实抓好粮食安全这个"国之大者"，促进工业化、信息化、城镇化、农业现代化同步发展，制定和实施了《中国共产党农村工作条例》，形成以重中之重的工作布局主动施策的制度化机制，为破解"三农"难题提供了保障。

一、加强党对"三农"工作的全面领导

中共十八大以来，中共中央加强对"三农"工作的全面领导。在 2013 年底召开的中央农村工作会议上，习近平指出，党管农村工作是我们的传统。这个传统不能丢。各级党委要加强对"三农"工作的领导，各级领导干部都要重视"三农"工作，多到农村去走一走、多到农民家里去看一看，真正了解农民诉求和期盼，真心实意帮助农民解决生产生活中的实际问题，推动农村经济社会持续健康发展。[①] 在 2017 年底召开的中央农村工作会议上，习近平进一步指出，办好农村的事情，实现乡村振兴，关键在党。必须提高党把方向、谋大局、定政策、促改革的能力和定力，确保党始终总揽全局、协调各方，提高新时代党全面领导农村工作能力和水平。[②]

[①] 习近平：《论"三农"工作》，中央文献出版社 2022 年版，第 104 页。

[②] 中共中央党史和文献研究院编：《习近平关于"三农"工作论述摘编》，中央文献出版社 2019 年版，第 190 页。

2018 年中央一号文件第十二部分"坚持和完善党对'三农'工作的领导"指出，实施乡村振兴战略是党和国家的重大决策部署，各级党委和政府要提高对实施乡村振兴战略重大意义的认识，真正把实施乡村振兴战略摆在优先位置，把党管农村工作的要求落到实处。文件要求完善党的农村工作领导体制机制。各级党委和政府要坚持工业农业一起抓、城市农村一起抓，把农业农村优先发展原则体现到各个方面。健全党委统一领导、政府负责、党委农村工作部门统筹协调的农村工作领导体制。建立实施乡村振兴战略领导责任制，实行中央统筹省负总责市县抓落实的工作机制。党政一把手是第一责任人，五级书记抓乡村振兴。县委书记要下大气力抓好"三农"工作，当好乡村振兴"一线总指挥"。

文件还对研究制定中国共产党农村工作条例作出部署。文件提出，根据坚持党对一切工作的领导的要求和新时代"三农"工作新形势新任务新要求，研究制定中国共产党农村工作条例，把党领导农村工作的传统、要求、政策等以党内法规形式确定下来，明确加强对农村工作领导的指导思想、原则要求、工作范围和对象、主要任务、机构职责、队伍建设等，完善领导体制和工作机制，确保乡村振兴战略有效实施。

2019 年 6 月 24 日，中共中央政治局会议审议通过《中国共产党农村工作条例》。这一条例是为了坚持和加强党对农村工作的全面领导，贯彻党的基本理论、基本路线、基本方略，深入实施乡村振兴战略，提高新时代党全面领导农村工作的能力和水平，根据《中国共产党章程》而制定的，自 2019 年 8 月 19 日起施行。该条例明确规定了党的农村工作必须遵循的原则是：坚持党对农村工作的全面领导，确保党在农村工作中总揽全局、协调各方，保证农村改革发展沿着正确的方向前进；坚持以人民为中心，尊重农民主体地位和首创精神，切实保障农民物质利益和民主权利，把农民拥护不拥护、支持不支持作为制定党的农村政策的依据；坚持巩固和完善农村基本经营制度，夯实党的农村政策基石；坚持走中国特色社会主义乡村振兴道路，推进乡村产业振兴、人才振兴、文化振兴、生态振兴、组织振兴；坚持教育引导农民听党话、感党恩、跟党走，把农民群众紧紧团结在党的周围，筑牢党在农村的执政基础；坚持一切从实际出发，分类指导、循序渐进，不搞强迫命令、不刮风、不一刀切。

制定和实施该条例，形成以重中之重的工作布局主动施策的制度化机制，是继承和发扬党管农村工作优良传统、加快推进农业农村现代化的重要举措，对于加强党对农村工作的全面领导，巩固党在农村的执政基础，确保新时代农村工作始终保持正确政治方向具有十分重要的意义。

2020 年中央一号文件《中共中央 国务院关于抓好"三农"领域重点工作 确保如期实现全面小康的意见》指出：认真落实《中国共产党农村工作条例》，加强党对"三农"工作的全面领导，坚持农业农村优先发展，强化五级书记抓乡村振兴责任，落实县委书记主要精力抓"三农"工作要求，加强党委农村工作机构建设，大力培养懂农业、爱农村、爱农民的"三农"工作队伍，提高农村干部待遇。坚持从农村实际出发，因地制宜，尊重农民意愿，尽力而为、量力而行，把当务之急的事一件一件解决好，力戒形式主义、官僚主义，防止政策执行简单化和"一刀切"。把中共十九大以来"三农"政策贯彻落实情况作为中央巡视重要内容。

2021 年中央一号文件《中共中央 国务院关于全面推进乡村振兴加快农业农村现代化的意见》指出，强化五级书记抓乡村振兴的工作机制。全面推进乡村振兴的深度、广度、难度都不亚于脱贫攻坚，必须采取更有力的举措，汇聚更强大的力量。要深入贯彻落实《中国共产党农村工作条例》，健全中央统筹、省负总责、市县乡抓落实的农村工作领导体制，将脱贫攻坚工作中形成的组织推动、要素保障、政策支持、协作帮扶、考核督导等工作机制，根据实际需要运用到推进乡村振兴，建立健全上下贯通、精准施策、一抓到底的乡村振兴工作体系。省、市、县级党委要定期研究乡村振兴工作。县委书记应当把主要精力放在"三农"工作上。建立乡村振兴联系点制度，省、市、县级党委和政府负责同志都要确定联系点。

2022 年中央一号文件第八部分"坚持和加强党对'三农'工作的全面领导"，明确要压实全面推进乡村振兴责任、建强党的农村工作机构和抓点带面推进乡村振兴全面展开。在压实全面推进乡村振兴责任方面，进一步明确要制定乡村振兴责任制实施办法，明确中央和国家机关各部门推进乡村振兴责任，强化五级书记抓乡村振兴责任。在建强党的农村工作机构方面，明确要加强各级党委农村工作领导小组办公室建设，充实工作力量，完善运行机制，强化决策参谋、统筹协调、政策指导、推动落实、督导检查等职责。在抓点带面推进乡村振兴全面展开方面，提出开展"百县千乡万村"乡村振兴示范创建，推进农业现代化示范区创建，深入推进"万企兴万村"行动，按规定建立乡村振兴表彰激励制度。

二、坚持农业农村优先发展

进入新时代，在决胜全面建成小康社会进程中，中国共产党进一步强化"三农"工作布局。习近平指出，从"三农"工作本身看，解决好发展不平衡不充分问题，要求我们更加重视"三农"工作。[1] 党中央坚持农业农村优先发展，明确指出："中国要强，农业必须强；中国要美，农村必须美；中国要富，农民必须富。农业基础稳固，农村和谐稳定，农民安居乐业，整个大局就有保障，各项工作都会比较主动。"[2] 中共十九大报告指出："农业农村农民问题是关系国计民生的根本性问题，必须始终把解决好'三农'问题作为全党工作重中之重。"[3] 党中央将解决好"三农"问题放在重中之重的优先位置落到实处。

2018年9月21日，习近平在主持十九届中央政治局第八次集体学习时指出，要始终把解决好"三农"问题作为全党工作重中之重。我们一直强调，对"三农"要多予少取放活，但实际工作中"三农"工作"说起来重要、干起来次要、忙起来不要"的问题还比较突出。我们要扭转这种

---

[1] 习近平：《论"三农"工作》，中央文献出版社2022年版，第235页。

[2] 中共中央文献研究室编：《十八大以来重要文献选编》上，中央文献出版社2014年版，第658页。

[3] 中共中央党史和文献研究院编：《十九大以来重要文献选编》上，中央文献出版社2019年版，第22页。

倾向，在资金投入、要素配置、公共服务、干部配备等方面采取有力举措，加快补齐农业农村发展短板，不断缩小城乡差距，让农业成为有奔头的产业，让农民成为有吸引力的职业，让农村成为安居乐业的家园。[①] 2020 年 12 月，习近平在中央农村工作会议上强调，各级党委要扛起政治责任，落实农业农村优先发展的方针，以更大力度推动乡村振兴。[②]

坚持农业农村优先发展的方针，把解决好"三农"问题作为全党工作重中之重，为解决好工业化、城镇化进程中"三农"发展受弱质性困扰问题，提供了强有力的组织和工作保障。这种在科学把握发展趋势和规律基础上的主动施策，抓住了发展机遇，是受弱质性困扰的"三农"能够实现历史性跨越发展的重要原因。

民以食为天。坚持农业农村优先发展，把解决好中国人的吃饭问题作为治国理政的头等大事来抓。2013 年 12 月 23 日，习近平在中央农村工作会议上强调，中国人的饭碗任何时候都要牢牢端在自己手上，我们的饭碗应该主要装中国粮，耕地红线要严防死守。[③] 2016 年 10 月，国务院印发《全国农业现代化规划（2016－2020 年）》，提出坚持以我为主、立足国内、确保产能、适度进口、科技支撑的国家粮食安全战略，强调确保谷物基本自给、口粮绝对安全。2018 年中央一号文件《中共中央　国务院关于实施乡村振兴战略的意见》提出，推进粮食安全保障立法。2020 年 12 月，习近平在中央农村工作会议上强调，要牢牢把住粮食安全主动权，粮食生产年年要抓紧。要严防死守 18 亿亩耕地红线，采取长牙齿的硬措施，落实最严格的耕地保护制度。要建设高标准农田，真正实现旱涝保收、高产稳产。要把黑土地保护作为一件大事来抓，把黑土地用好养好。要坚持农业科技自立自强，加快推进农业关键核心技术攻关。要调动农民种粮积极性，稳定和加强种粮农民补贴，提升收储调控能力，坚持完善最低收购价

---

① 习近平：《论"三农"工作》，中央文献出版社 2022 年版，第 277 页。
② 习近平：《论"三农"工作》，中央文献出版社 2022 年版，第 17 页。
③ 中共中央文献研究室编：《十八大以来重要文献选编》上，中央文献出版社 2014 年版，第 660－664 页。

政策，扩大完全成本和收入保险范围。地方各级党委和政府要扛起粮食安全的政治责任，实行党政同责，"米袋子"省长要负责，书记也要负责。要坚持不懈制止餐饮浪费。2021年中央一号文件提出，深入实施重要农产品保障战略，完善粮食安全省长责任制和"菜篮子"市长负责制，确保粮、棉、油、糖、肉等供给安全。建设国家粮食安全产业带。稳定种粮农民补贴，让种粮有合理收益。坚持并完善稻谷、小麦最低收购价政策，完善玉米、大豆生产者补贴政策。扩大稻谷、小麦、玉米三大粮食作物完全成本保险和收入保险试点范围，支持有条件的省份降低产粮大县三大粮食作物农业保险保费县级补贴比例。深入推进优质粮食工程。开展粮食节约行动，减少生产、流通、加工、存储、消费环节粮食损耗浪费。文件还提出打好种业翻身仗。

明确牢牢守住保障国家粮食安全底线。在2021年底召开的中央农村工作会议前，习近平主持召开中央政治局常委会会议专题研究"三农"工作时强调，保障好初级产品供给是一个重大战略性问题，中国人的饭碗任何时候都要牢牢端在自己手中，饭碗主要装中国粮。保证粮食安全，大家都有责任，党政同责要真正见效。要有合理布局，主产区、主销区、产销平衡区都要保面积、保产量。耕地保护要求要非常明确，18亿亩耕地必须实至名归，农田就是农田，而且必须是良田。要实打实地调整结构，扩种大豆和油料，见到可考核的成效。要真正落实"菜篮子"市长负责制，确保猪肉、蔬菜等农副产品供给安全。① 2022年中央一号文件《中共中央 国务院关于做好2022年全面推进乡村振兴重点工作的意见》，提出牢牢守住保障国家粮食安全底线，明确稳定全年粮食播种面积和产量、大力实施大豆和油料产能提升工程、保障"菜篮子"产品供给、合理保障农民种粮收益、统筹做好重要农产品调控等措施。

2022年3月6日，习近平在看望参加政协会议的农业界、社会福利和社会保障界委员时指出，粮食安全是"国之大者"。悠悠万事，吃饭为大。

---

① 习近平：《论"三农"工作》，中央文献出版社2022年版，第327页。

在粮食安全这个问题上不能有丝毫麻痹大意，不能认为进入工业化，吃饭问题就可有可无，也不要指望依靠国际市场来解决。要未雨绸缪，始终绷紧粮食安全这根弦，始终坚持以我为主、立足国内、确保产能、适度进口、科技支撑。习近平强调，要全面落实粮食安全党政同责，严格粮食安全责任制考核，主产区、主销区、产销平衡区要饭碗一起端、责任一起扛。要优化布局，稳口粮、稳玉米、扩大豆、扩油料，保证粮食年产量保持在 1.3 万亿斤以上，确保中国人的饭碗主要装中国粮。要保护农民种粮积极性，发展适度规模经营，让农民能获利、多得利。制止餐饮浪费是一项长期任务，要坚持不懈抓下去，推动建设节约型社会。习近平还指出，要树立大食物观，从更好满足人民美好生活需要出发，掌握人民群众食物结构变化趋势，在确保粮食供给的同时，保障肉类、蔬菜、水果、水产品等各类食物有效供给，缺了哪样也不行。要在保护好生态环境的前提下，从耕地资源向整个国土资源拓展，宜粮则粮、宜经则经、宜牧则牧、宜渔则渔、宜林则林，形成同市场需求相适应、同资源环境承载力相匹配的现代农业生产结构和区域布局。要向森林要食物，向江河湖海要食物，向设施农业要食物，同时要从传统农作物和畜禽资源向更丰富的生物资源拓展，发展生物科技、生物产业，向植物动物微生物要热量、要蛋白。要积极推进农业供给侧结构性改革，全方位、多途径开发食物资源，开发丰富多样的食物品种，实现各类食物供求平衡，更好满足人民群众日益多元化的食物消费需求。[①]

中共十八大以来，中国坚持藏粮于地、藏粮于技，实行最严格的耕地保护制度，推动种业科技自立自强、种源自主可控，确保把中国人的饭碗牢牢端在自己手中。中国克服新冠肺炎疫情冲击和严重自然灾害影响，2021 年全国粮食总产量达到 1.37 万亿斤，连续 7 年稳定在 1.3 万亿斤以上，为应变局、开新局发挥了"压舱石"作用。中国人不仅把饭碗牢牢端在了自己的手中，还较好地满足了人民对食物消费多样性的需求。

---

① 习近平：《论"三农"工作》，中央文献出版社 2022 年版，第 330 - 333 页。

三、推进农业供给侧结构性改革

经过不懈努力，中国农业农村发展迈上新台阶。中国在农业转方式、调结构、促改革等方面进行积极探索，为进一步推进农业转型升级打下一定基础，但农产品供求结构失衡、要素配置不合理、资源环境压力大、农民收入持续增长乏力等问题仍很突出，增加产量与提升品质、成本攀升与价格低迷、库存高企与销售不畅、小生产与大市场、国内外价格倒挂等矛盾亟待破解。[①] 就粮食而言，在"十二五"时期实现农业综合生产能力提升和粮食连年高位增产的情况下，中国粮食价格下跌，进口和库存都创历史新高，迫切需要加快调整农业生产结构。尽管国内粮食总产量持续增加，但在品种结构存在产需矛盾和国内外粮价倒挂的情况下，不实行关税配额制度的玉米替代品进口急剧增加，由此形成了粮食产量、库存量和进口量齐增现象。农业的主要矛盾由总量不足转变为结构性矛盾，突出表现为阶段性供过于求和供给不足并存，矛盾的主要方面在供给侧，农业供给侧结构性改革的问题也就提出来了。这也反映出，不能单纯以数量来判断农业发展是否成功，不能单纯以增加产量论英雄，还要考虑提供的农产品在品种上、质量上能不能适应市场需求，从调结构、提品质、促融合、降成本、去库存、补短板等方面推进农业供给侧结构性改革。

在这种条件下，2016 年以来的中央一号文件不仅阐述了推进农业供给侧结构性改革的必要性和对于解决好"三农"问题的意义，还提出了实现路径和具体措施。2016 年中央一号文件《中共中央 国务院关于落实发展新理念加快农业现代化 实现全面小康目标的若干意见》提出，"用发展新理念破解'三农'新难题"，明确推进农业供给侧结构性改革的目标和路径。对于如何优化农业生产结构和区域布局，文件明确提出"面向整个国

[①] 《中共中央国务院关于深入推进农业供给侧结构性改革 加快培育农业农村发展新动能的若干意见》，载《人民日报》2017 年 2 月 6 日。

土资源，全方位、多途径开发食物资源，满足日益多元化的食物消费需求。在确保谷物基本自给、口粮绝对安全的前提下，基本形成与市场需求相适应、与资源禀赋相匹配的现代农业生产结构和区域布局，提高农业综合效益"。文件第一部分"持续夯实现代农业基础，提高农业质量效益和竞争力"提出，要大力推进农业现代化，必须着力强化物质装备和技术支撑，着力构建现代农业产业体系、生产体系、经营体系，实施藏粮于地、藏粮于技战略，推动粮经饲统筹，农林牧渔结合，种养加一体，一二三产业融合发展，让农业成为充满希望的朝阳产业。

2017年中央一号文件《中共中央 国务院关于深入推进农业供给侧结构性改革 加快培育农业农村发展新动能的若干意见》明确提出推进农业供给侧结构性改革，要在确保国家粮食安全的基础上，紧紧围绕市场需求变化，以增加农民收入、保障有效供给为主要目标，以提高农业供给质量为主攻方向，以体制改革和机制创新为根本途径，优化农业产业体系、生产体系、经营体系，提高土地产出率、资源利用率、劳动生产率，促进农业农村发展由过度依赖资源消耗、主要满足量的需求，向追求绿色生态可持续、更加注重满足质的需求转变。文件还指出，推进农业供给侧结构性改革是一个长期过程，处理好政府和市场关系、协调好各方面利益，面临许多重大考验。必须直面困难和挑战，坚定不移推进改革，勇于承受改革阵痛，尽力降低改革成本，积极防范改革风险，确保粮食生产能力不降低、农民增收势头不逆转、农村稳定不出问题。文件围绕"优化产品产业结构，着力推进农业提质增效"和"壮大新产业新业态，拓展农业产业链价值链"等提出了措施。

中共十八大以来，中国在农业供给侧结构性改革进程中，着力构建现代农业产业体系、生产体系、经营体系，优化产业结构，推进一二三产业融合发展，提高农业质量效益和全要素生产率，农村新产业、新业态、新模式蓬勃发展。自2017年创建特色农产品优势区起，出台《特色农产品优势区建设规划纲要》，制定了《中国特色农产品优势区创建认定标准》。在品牌建设上，出台品牌培育计划，实施品牌提升行动。

四、积极推进农业农村现代化

伴随工业化、城镇化深入推进，中国农业农村发展进入新的阶段，呈现出农业综合生产成本上升、农产品供求结构性矛盾突出、农村社会结构加速转型、城乡发展加快融合的态势。人多地少水缺的矛盾加剧，农产品需求总量刚性增长、消费结构快速升级，农业对外依存度明显提高，保障国家粮食安全和重要农产品有效供给任务艰巨；农村劳动力大量流动，农户兼业化、村庄空心化、人口老龄化趋势明显，农民利益诉求多元，加强和创新乡村社会管理势在必行；国民经济与农村发展的关联度显著增强，农业资源要素流失加快，建立城乡要素平等交换机制的要求更为迫切，缩小城乡区域发展差距和居民收入分配差距任重道远。

在上述背景下，中共十八大提出"四化"同步发展目标，即"坚持走中国特色新型工业化、信息化、城镇化、农业现代化道路，推动信息化和工业化深度融合、工业化和城镇化良性互动、城镇化和农业现代化相互协调，促进工业化、信息化、城镇化、农业现代化同步发展。"[1]

2018年中央一号文件进一步明确了"四化"同步发展路径，将"坚持城乡融合发展"作为实施乡村振兴战略的基本原则之一，要求坚决破除体制机制弊端，使市场在资源配置中起决定性作用，更好发挥政府作用，推动城乡要素自由流动、平等交换，推动新型工业化、信息化、城镇化、农业现代化同步发展。

2018年9月21日，习近平在主持十九届中央政治局第八次集体学习时指出，在现代化进程中，如何处理好工农关系、城乡关系，在一定程度上决定着现代化的成败。从世界各国现代化历史看，有的国家没有处理好工农关系、城乡关系，农业发展跟不上，农村发展跟不上，农产品供应不

---

[1]　中共中央文献研究室编：《十八大以来重要文献选编》上，中央文献出版社2014年版，第16页。

足，不能有效吸纳农村劳动力，大量失业农民涌向城市贫民窟，乡村和乡村经济走向凋敝，工业化和城镇化走入困境，甚至造成社会动荡，最终陷入"中等收入陷阱"。这里面更深层次的问题是领导体制和国家治理体制问题。我国作为中国共产党领导的社会主义国家，应该有能力、有条件处理好工农关系、城乡关系，顺利推进我国社会主义现代化进程。我们也要看到，同快速推进的工业化、城镇化相比，我国农业农村发展步伐还跟不上，"一条腿长、一条腿短"问题比较突出。我国发展最大的不平衡是城乡发展不平衡，最大的不充分是农村发展不充分。中共十八大以来，我们下决心调整工农关系、城乡关系，采取了一系列举措推动"工业反哺农业、城市支持农村"。中共十九大提出实施乡村振兴战略，就是为了从全局和战略高度来把握和处理工农关系、城乡关系。新时代"三农"工作必须围绕农业农村现代化这个总目标来推进。农村现代化既包括"物"的现代化，也包括"人"的现代化，还包括乡村治理体系和治理能力的现代化。我们要坚持农业现代化和农村现代化一体设计、一并推进，实现农业大国向农业强国跨越。①

2021 年 11 月，国务院印发的《"十四五"推进农业农村现代化规划》指出，推进中国特色农业农村现代化必须坚持十个战略导向，要立足国内基本解决我国人民吃饭问题，巩固和完善农村基本经营制度，引导小农户进入现代农业发展轨道，强化农业科技和装备支撑，推进农业全产业链开发，有序推进乡村建设，加强和创新乡村治理，推动城乡融合发展，促进农业农村可持续发展，促进农民农村共同富裕。该规划明确，到 2025 年，农业基础更加稳固，乡村振兴战略全面推进，农业农村现代化取得重要进展。梯次推进有条件的地区率先基本实现农业农村现代化，脱贫地区实现巩固拓展脱贫攻坚成果同乡村振兴有效衔接。展望 2035 年，乡村全面振兴取得决定性进展，农业农村现代化基本实现。该规划安排了七方面发展任务：一是夯实农业生产基础，落实藏粮于地、藏粮于技，健全辅之以

---

① 习近平：《把乡村振兴战略作为新时代"三农"工作总抓手》，载《求是》2019 年第 11 期。

利、辅之以义的保障机制，提升粮食等重要农产品供给保障水平。二是推进创新驱动发展，深入推进农业科技创新，健全完善经营机制，推动品种培优、品质提升、品牌打造和标准化生产，提升农业质量效益和竞争力。三是构建现代乡村产业体系，加快农村一二三产业融合发展，把产业链主体留在县域，把就业机会和产业链增值收益留给农民，提升产业链供应链现代化水平。四是实施乡村建设行动，聚焦交通便捷、生活便利、服务提质、环境美好，建设宜居宜业乡村。五是加强农村生态文明建设，推进农村生产生活方式绿色低碳转型，建设绿色美丽乡村。六是加强和改进乡村治理，加快构建党组织领导的自治法治德治相结合的乡村治理体系，建设文明和谐乡村。七是实现巩固拓展脱贫攻坚成果同乡村振兴有效衔接，增强脱贫地区内生发展能力，让脱贫群众过上更加美好的生活，逐步走上共同富裕道路。

促进农村一二三产业融合发展。2015 年中央一号文件《中共中央 国务院关于加大改革创新力度加快农业现代化建设的若干意见》提出，推进农村一二三产业融合发展。增加农民收入，必须延长农业产业链、提高农业附加值。立足资源优势，以市场需求为导向，大力发展特色种养业、农产品加工业、农村服务业，扶持发展一村一品、一乡（县）一业，壮大县域经济，带动农民就业致富。2017 年中央一号文件提出打造"一村一品"升级版，发展各具特色的专业村。深入实施农村产业融合发展试点示范工程，支持建设一批农村产业融合发展示范园。2018 年中央一号文件进一步提出，构建农村一二三产业融合发展体系。大力开发农业多种功能，延长产业链、提升价值链、完善利益链，通过保底分红、股份合作、利润返还等多种形式，让农民合理分享全产业链增值收益。实施农产品加工业提升行动，鼓励企业兼并重组，淘汰落后产能，支持主产区农产品就地加工转化增值。2019 年中央一号文件《中共中央 国务院关于坚持农业农村优先发展做好"三农"工作的若干意见》提出，发展壮大乡村产业，拓宽农民增收渠道。2020 年中央一号文件提出，发展富民乡村产业。支持各地立足资源优势打造各具特色的农业全产业链，建立健全农民分享产业链增值收益机制，形成有竞争力的产业集群，推动农村一二三产业融合发展。加快建设国家、省、市、县现代农业产业园，支持农村产业融合发展示范园建设，办好农村"双创"基地。2021年中央一号文件提出推进农村一二三产业融合发展示范园和科技示范园区建设。2022年中央一号文件提出，鼓励各地拓展农业多种功能、挖掘乡村多元价值，重点发展农产品加工、乡村休闲旅游、农村电商等产业。支持农业大县聚焦农产品加工业，引导企业到产地发展粮油加工、食品制造。推进现代农业产业园和农业产业强镇建设，培育优势特色产业集群，继续支持创建一批国家农村产业融合发展示范园。实施乡村休闲旅游提升计划。支持农民直接经营或参与经营的乡村民宿、农家乐特色村（点）发展。将符合要求的乡村休闲旅游项目纳入科普基地和中小学学农劳动实践基地范围。实施"数商兴农"工程，推进电子商务进乡村。促进农副产品直播带货规范健康发展。开展农业品种培优、品质提升、品牌打造和标准化生产提升行动，推进食用农产品承诺达标合格证制度，完善全产业链质量安全追溯体系。加快落实保障和规范农村一二三产业融合发展用地政策。

中共十八大以来，农村产业融合发展深入推进。农产品产加销一体化进程明显加快，跨界配置农业和现代产业要素，促进产业深度交叉融合，形成"农业＋"多业态发展态势。融合主体大量涌现，融合业态多元呈现，发展综合种养等循环型农业；发展中央厨房、直供直销等延伸型农业；"农业＋"文化、教育、旅游、康养、信息等产业快速发展，农村电商、休闲观光农业、乡村旅游等新业态蓬勃发展，农业农村多种功能得到释放。融合载体丰富多样，建设了国家现代农业产业园、国家农业科技园、农产品加工园，创建农村产业融合示范园、农业产业强镇。已认定3批共316个国家农村产业融合发展示范园，探索创新融合发展的有效路径。探索股份合作型模式，形成分工明确、优势互补、风险共担、利益共享的农业产业化联合体。

在共享发展理念引领下，由产业链联结的农业产业化经营，向一二三产业融合发展。这一发展方式演进，拓展了农业发展空间，有利于破解农业的弱质性问题，有利于提升农业发展能力、增加农民收入，促进农业朝着高质高效方向发展。

第二节　全面推进乡村振兴

民族要复兴，乡村必振兴。习近平指出："脱贫攻坚取得胜利后，要全面推进乡村振兴，这是'三农'工作重心的历史性转移。"[1] 面对城乡发展的不平衡和乡村发展不充分的问题，中共中央提出了实施乡村振兴战略，明确到 2050 年乡村全面振兴和农业强、农村美、农民富全面实现的目标。中共十九大以来，中共中央把实施乡村振兴战略作为解决好新时代"三农"问题的总抓手，提出走中国特色社会主义乡村振兴道路，制定和实施《乡村振兴战略规划（2018—2022 年）》，调研制定《中华人民共和国乡村振兴促进法》，实施乡村建设行动，为全面推进乡村振兴奠定了坚实基础。

一、乡村振兴战略的提出

中共十九大作出实施乡村振兴战略决策。中共十九大报告提出，实施乡村振兴战略，要坚持农业农村优先发展，按照产业兴旺、生态宜居、乡风文明、治理有效、生活富裕的总要求，建立健全城乡融合发展体制机制和政策体系，加快推进农业农村现代化。

实施乡村振兴战略有三个方面的原因：一是已有发展基础。中共十八大以来，中国坚持把解决好"三农"问题作为全党工作重中之重，持续加

---

[1] 　中共中央宣传部、国家发展和改革委员会编：《习近平经济思想学习纲要》，人民出版社、学习出版社 2022 年版，第 89 页。

大强农惠农富农政策力度，扎实推进农业现代化和新农村建设，全面深化农村改革，农业农村发展取得了历史性成就，为党和国家事业全面开创新局面提供了重要支撑。5年间，粮食生产能力跨上新台阶，农业供给侧结构性改革迈出新步伐，农民收入持续增长，农村民生全面改善，脱贫攻坚战取得决定性进展，农村生态文明建设显著加强，农民获得感显著提升，农村社会稳定和谐。农业农村发展取得的重大成就和"三农"工作积累的丰富经验，为实施乡村振兴战略奠定了良好基础。二是面临需要破解的新问题。尽管从21世纪初起统筹城乡发展和建设社会主义新农村取得显著成效，但"三农"发展受弱质性困扰的问题及由此导致的城乡发展不平衡、"三农"发展不充分的问题仍然突出。2018年中央一号文件指出，中国发展不平衡不充分问题在乡村最为突出，主要表现在：农产品阶段性供过于求和供给不足并存，农业供给质量亟待提高；农民适应生产力发展和市场竞争的能力不足，新型职业农民队伍建设亟需加强；农村基础设施和民生领域欠账较多，农村环境和生态问题比较突出，乡村发展整体水平亟待提升；国家支农体系相对薄弱，农村金融改革任务繁重，城乡之间要素合理流动机制亟待健全；农村基层党建存在薄弱环节，乡村治理体系和治理能力亟待强化。实施乡村振兴战略，是解决人民日益增长的美好生活需要和不平衡不充分的发展之间矛盾的必然要求，是实现"两个一百年"奋斗目标的必然要求，是实现全体人民共同富裕的必然要求。三是迎来新的发展机遇。在中国特色社会主义新时代，乡村是一个可以大有作为的广阔天地，迎来了难得的发展机遇。有党的领导的政治优势，有社会主义的制度优势，有亿万农民的创造精神，有强大的经济实力支撑，有历史悠久的农耕文明，有旺盛的市场需求，完全有条件有能力实施乡村振兴战略。[①]

　　2018年中央一号文件围绕实施乡村振兴战略进行部署，明确了实施乡村振兴战略3个时间节点的目标任务。到2020年，乡村振兴取得重要进

---

① 中共中央党史和文献研究院编：《十九大以来重要文献选编》上，中央文献出版社2019年版，第158页。

展，制度框架和政策体系基本形成。到 2035 年，乡村振兴取得决定性进展，农业农村现代化基本实现。到 2050 年，乡村全面振兴，农业强、农村美、农民富全面实现。①

明确推动乡村产业振兴、人才振兴、文化振兴、生态振兴、组织振兴。2018 年 3 月，习近平参加十三届全国人大一次会议山东代表团审议时指出，实施乡村振兴战略要统筹谋划，科学推进。要推动乡村产业振兴，实现产业兴旺，推动乡村生活富裕；推动乡村人才振兴，强化乡村振兴人才支撑，打造一支强大的乡村振兴人才队伍；推动乡村文化振兴，提高乡村社会文明程度，焕发乡村文明新气象；推动乡村生态振兴，坚持绿色发展，让良好生态成为乡村振兴支撑点；推动乡村组织振兴，建立健全现代乡村社会治理体制，确保乡村社会充满活力、安定有序。② 同年 9 月 21 日，习近平在主持十九届中央政治局第八次集体学习时指出，乡村振兴是包括产业振兴、人才振兴、文化振兴、生态振兴、组织振兴的全面振兴，是"五位一体"总体布局、"四个全面"战略布局在"三农"工作的体现。我们要统筹推进农村经济建设、政治建设、文化建设、社会建设、生态文明建设和党的建设，促进农业全面升级、农村全面进步、农民全面发展。③

乡村振兴战略，是中国共产党"三农"工作一系列方针政策的继承和发展，是实现中华民族伟大复兴的一项重大任务，是关系全面建设社会主义现代化国家的全局性、历史性任务。

中国实施乡村振兴战略，有特定的历史定位。2018 年 9 月 21 日，习近平在主持十九届中央政治局第八次集体学习时指出，实施乡村振兴战略是关系全面建设社会主义现代化国家的全局性、历史性任务。2018 年，中共中央、国务院印发的《乡村振兴战略规划（2018－2022 年）》指出：

① 中共中央党史和文献研究院编：《十九大以来重要文献选编》上，中央文献出版社 2019 年版，第 159－160 页。
② 习近平：《论"三农"工作》，中央文献出版社 2022 年版，第 268－269 页。
③ 习近平：《把乡村振兴战略作为新时代"三农"工作总抓手》，载《求是》2019 年第 11 期。

"实施乡村振兴战略，是解决新时代我国社会主要矛盾、实现'两个一百年'奋斗目标和中华民族伟大复兴中国梦的必然要求，具有重大现实意义和深远历史意义。"① 把中国促进"三农"发展纳入中华民族伟大复兴进程，并基于中国乡村人口数量庞大下人均耕地少的资源禀赋、1949 年以来中国对"三农"发展路径的探索、全面建成社会主义现代化强国的要求进行考察，中共中央对实施乡村振兴战略的这一历史定位，不是因为新中国的"三农"发展缓慢，更不是停滞，而是在实现历史性转型发展的更高起点上，致力于探索形成中国特色社会主义乡村振兴道路，破解工业化、城镇化进程中世界普遍存在的"三农"发展受弱质性困扰而陷于城乡二元结构的问题，朝着农业高质高效、农村宜居宜业、农民富裕富足的方向发展，促进"三农"发展实现质的飞跃，谱写新时代乡村全面振兴新篇章。

实施乡村振兴战略，促进乡村全面振兴而实现农业全面升级、农村全面进步、农民全面发展，促进农业高质高效、农村宜居宜业、农民富裕富足，显然是对工业和城市强而农业和农村弱的二元发展态势的改变。如此发展态势能否形成，关键在于能否成功形成新的动力机制，这又取决于能否成功走出中国特色社会主义乡村振兴道路。

2017 年 12 月 28 日，习近平在中央农村工作会议上提出走中国特色社会主义乡村振兴道路，并对"重塑城乡关系，走城乡融合发展之路""巩固和完善农村基本经营制度，走共同富裕之路""深化农业供给侧结构性改革，走质量兴农之路""坚持人与自然和谐共生，走乡村绿色发展之路""传承发展提升农耕文明，走乡村文化兴盛之路""创新乡村治理体系，走乡村善治之路""打好精准脱贫攻坚战，走中国特色减贫之路"进行了深刻论述和部署。② 2018 年中央一号文件和《乡村振兴战略规划（2018 −

---

① 《中共中央国务院印发〈乡村振兴战略规划（2018 − 2022 年）〉》，载《人民日报》2018 年 9 月 27 日。

② 中共中央党史和文献研究院编：《十九大以来重要文献选编》上，中央文献出版社 2019 年版，第 141 − 156 页。

2022年）》，明确了走中国特色社会主义乡村振兴道路的具体措施。

★ 2018年9月23日是首个中国农民丰收节，西藏自治区拉萨市林周县松盘乡松盘村举行节日庆祝活动，图为两名藏族农民在田间聊天。

二、制定和实施乡村振兴战略规划和乡村振兴促进法

2018年中央一号文件提出要强化乡村振兴规划引领，制定国家乡村振兴战略规划（2018－2022年）。2018年5月31日，习近平主持中共中央政治局会议，审议通过《乡村振兴战略规划（2018－2022年）》。会议要求，各地区各部门要树立城乡融合、一体设计、多规合一理念，抓紧编制乡村振兴地方规划和专项规划或方案，做到乡村振兴事事有规可循、层层有人负责。要针对不同类型地区采取不同办法，做到顺应村情民意，既要政府、社会、市场协同发力，又要充分发挥农民主体作用，目标任务要符合实际，保障措施要可行有力。要科学规划、注重质量、稳步推进，一件事情接着一件事情办，一年接着一年干，让广大农民在乡村振兴中有更多

获得感、幸福感、安全感。2018 年 7 月 5 日，全国实施乡村振兴战略工作推进会议召开，部署落实了中共中央、国务院印发的《乡村振兴战略规划（2018－2022 年）》所提出的各项重点任务。

2018 年 9 月 26 日，新华社向全社会公布中共中央、国务院印发的《乡村振兴战略规划（2018－2022 年）》。这是中国出台的第一个全面推进乡村振兴战略的五年规划，是统筹谋划和科学推进乡村振兴战略的行动纲领。该规划共 11 篇 37 章，以习近平关于"三农"工作的重要论述为指导，按照产业兴旺、生态宜居、乡风文明、治理有效、生活富裕的总要求，对实施乡村振兴战略作出阶段性谋划，分别明确至 2020 年全面建成小康社会和 2022 年召开中共二十大时的目标任务，细化实化工作重点和政策措施，部署重大工程、重大计划、重大行动，确保乡村振兴战略落实落地，是指导各地区各部门分类有序推进乡村振兴的重要依据。该规划要求，按照到 2020 年实现全面建成小康社会和分两个阶段实现第二个百年奋斗目标的战略部署，2018 年至 2022 年这 5 年间，既要在农村实现全面小康，又要为基本实现农业农村现代化开好局、起好步、打好基础。该规划强调，实施乡村振兴战略的基本原则是：坚持党管农村工作，坚持农业农村优先发展，坚持农民主体地位，坚持乡村全面振兴，坚持城乡融合发展，坚持人与自然和谐共生，坚持改革创新、激发活力，坚持因地制宜、循序渐进。该规划提出，到 2022 年，乡村振兴的制度框架和政策体系初步健全。探索形成一批各具特色的乡村振兴模式和经验，乡村振兴取得阶段性成果。

2018 年中央一号文件提出，"强化乡村振兴法治保障。抓紧研究制定乡村振兴法的有关工作，把行之有效的乡村振兴政策法定化，充分发挥立法在乡村振兴中的保障和推动作用。及时修改和废止不适应的法律法规"。根据这一要求，全国人大农业与农村委员会牵头起草了《中华人民共和国乡村振兴促进法（草案）》。2020 年 6 月，十三届全国人大常委会第十九次会议对《中华人民共和国乡村振兴促进法（草案）》进行了审议。会后，全国人大常委会法制工作委员会将草案印发各省（区、市）人大、中央有关部门和部分全国人大代表、基层立法联系点、高等院校、研究机构征求意见；中国人大网公布草案全文，向社会公众征求意见。十三届全国人大常委会第二十四次会议对草案二审后，又征求了多方面意见。2021 年 4 月 29 日，十三届全国人大常委会第二十八次会议通过《中华人民共和国乡村振兴促进法》。该法自 2021 年 6 月 1 日起施行。

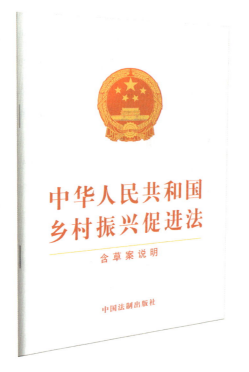

★ 《中华人民共和国乡村振兴促进法》自 2021 年 6 月 1 日起施行。

　　《中华人民共和国乡村振兴促进法》对调整对象进行了明确界定，即"本法所称乡村，是指城市建成区以外具有自然、社会、经济特征和生产、生活、生态、文化等多重功能的地域综合体，包括乡镇和村庄等"。该法共 10 章 74 条，明确了立法的指导思想和原则，就产业发展、人才支撑、文化繁荣、生态保护、组织建设、城乡融合、扶持措施、监督检查、法律责任等作出规定。

　　《中华人民共和国乡村振兴促进法》重点在促进，通过建立健全法律制度和政策措施，促进乡村全面振兴发展，不是取代农业法等其他涉农法律，而是与现有涉农法律衔接并作出了一些创新性规定，与其他涉农法律共同构成农业农村法律制度体系。

《中华人民共和国乡村振兴促进法》与 2018 年中央一号文件、《乡村振兴战略规划（2018－2022 年)》、《中国共产党农村工作条例》，共同构成实施乡村振兴战略的"四梁八柱"。

《中华人民共和国乡村振兴促进法》立足新发展阶段，全面总结了中国"三农"工作的法治实践，是一部"三农"领域的基础性、综合性法律。一是该法是以增加农民收入、提高农民生活水平、提升农村文明程度为核心的振兴法，不只是促进经济发展，而是推动农业全面升级、农村全面进步、农民全面发展。二是该法旨在解决好农业农村承担的保障好农产品供给安全、保护好农村生态屏障安全、传承好中国农村优秀传统文化等历史任务，明确农业农村发展在国家发展中的战略定位。三是该法旨在全面加强农村社会主义精神文明建设，坚持农民主体地位，全面提升新时代农民素质，培养一代又一代高素质的新型农民。

2021 年 5 月 27 日，全国人大常委会举行乡村振兴促进法实施座谈会。会议强调，贯彻实施《中华人民共和国乡村振兴促进法》，既要注重全面系统，也要突出重点和关键。一要因地制宜促进乡村产业发展，促进农村一二三产业融合发展，确保粮食安全，进一步增加农民收入、提高农民生活水平。二要培养造就新型职业农民队伍，广泛依靠农民、教育引导农民、组织带动农民，投身乡村振兴、建设美好家园。三要传承好农村优秀传统文化，倡导科学健康的生产生活方式，引导特色鲜明、优势突出的乡村文化产业发展。四要加强农村生态环境保护，推行绿色发展方式和生活方式，加强农业面源污染防治，持续改善农村人居环境。五要加强农村基层政权建设，巩固和确保党长期执政的基层基础。六要保障好维护好农民的合法权益，解决好农民群众关心关切的利益问题，让农民吃上长效"定心丸"。

三、乡村振兴扎实推进

2022 年中央一号文件提出，抓点带面推进乡村振兴全面展开。开展"百县千乡万村"乡村振兴示范创建，采取先创建后认定方式，分级创建一批乡村振兴示范县、示范乡镇、示范村。推进农业现代化示范区创建。广泛动员社会力量参与乡村振兴，深入推进"万企兴万村"行动。按规定建立乡村振兴表彰激励制度。

中共十九届五中全会审议通过的《中共中央关于制定国民经济和社会发展第十四个五年规划和二〇三五年远景目标的建议》提出，实施乡村建设行动，把乡村建设摆在社会主义现代化建设的重要位置。2020 年 12 月，习近平在中央农村工作会议上强调，要实施乡村建设行动，继续把公共基础设施建设的重点放在农村，在推进城乡基本公共服务均等化上持续发力，注重加强普惠性、兜底性、基础性民生建设。要接续推进农村人居环境整治提升行动，重点抓好改厕和污水、垃圾处理。要合理确定村庄布局分类，注重保护传统村落和乡村特色风貌，加强分类指导。2021 年中央一号文件在第四部分对"大力实施乡村建设行动"作出专门部署，明确了加强乡村公共基础设施建设、实施农村人居环境整治提升五年行动、提升农村基本公共服务水平、全面促进农村消费等方面的政策措施，以及加快推进村庄规划工作、加快县域内城乡融合发展、强化农业农村优先发展投入保障、深入推进农村改革等方面的重大举措。2022 年中央一号文件第五部分"扎实稳妥推进乡村建设"，明确了健全乡村建设实施机制、接续实施农村人居环境整治提升五年行动、扎实开展重点领域农村基础设施建设、大力推进数字乡村建设、加强基本公共服务县域统筹五个方面的政策措施。

中共十八大以来，中央对就业政策进行完善，着力健全农业劳动力转移就业和农村创业体制，在继续促进农村劳动力转移就业的同时，基于农村人才缺乏的状况，大力培养农村实用人才和支持乡村创业创新。2016 年中央一号文件提出，推进农村劳动力转移就业创业和农民工市民化。引导有志投身现代农业建设的农村青年、返乡农民工、农技推广人员、农村大中专毕业生和退役军人等加入职业农民队伍。总结各地经验，建立健全职业农民扶持制度，相关政策向符合条件的职业农民倾斜。2017年中央一号文件提出，健全农业劳动力转移就业和农村创业创新体制。支持进城农民工返乡创业，带动现代农业和农村新产业新业态发展。鼓励高校毕业生、企业主、农业科技人员、留学归国人员等各类人才回乡下乡创业创新，将现代科技、生产方式和经营模式引入农村。整合落实支持农村创业创新的市场准入、财政税收、金融服务、用地用电、创业培训、社会保障等方面优惠政策。鼓励各地建立返乡创业园、创业孵化基地、创客服务平台，开设开放式服务窗口，提供一站式服务。鼓励农户和返乡下乡人员通过订单农业、股份合作、入园创业就业等多种方式，参与建设，分享收益。2018年中央一号文件对农民就业提出了远景规划：到2020年，农村对人才吸引力逐步增强；到2035年，农民就业质量显著提高。2019年中央一号文件第一次对促进农村劳动力转移就业和支持乡村创新创业分别各用了一段的篇幅进行专门规定。关于支持乡村创新创业，文件提出：鼓励外出农民工、高校毕业生、退伍军人、城市各类人才返乡下乡创新创业，支持建立多种形式的创业支撑服务平台，完善乡村创新创业支持服务体系。落实好减税降费政策，鼓励地方设立乡村就业创业引导基金，加快解决用地、信贷等困难。加强创新创业孵化平台建设，支持创建一批返乡创业园，支持发展小微企业。2021年中央一号文件提出，鼓励地方建设返乡入乡创业园和孵化实训基地。

中共十八大以来，随着对农业劳动力转移就业和农村创新创业体制的健全，形成了转移就业和乡村创新创业并行态势，改变了农村劳动力单一流向非农的格局。2021年，全国农民工总量29251万人，其中外出农民工17172万人，本地农民工12079万人。① 与20世纪80年代初农民

---

① 国家统计局：《中华人民共和国2021年国民经济和社会发展统计公报》，载《人民日报》2022年3月1日。

纷纷"洗脚上田"创业和20世纪90年代体制内人员到农村"下海"创业不同，吸引农民工、大中专毕业生、退役军人、科技人员等到乡村创新创业，农村创新创业日渐活跃。同时，还有大批"田秀才""土专家""乡创客"等本乡创新创业人员。这一历史性转变，缘于农业农村现代化建设和美丽乡村建设顺利推进，农村发展环境改善，一二三产业、城乡朝融合方向发展，使农业农村发展空间日益拓展、发展能力日益提升，进而增强了农业农村聚集力。人才单一由农业农村流向工业城镇的状况，转变为双向流动，标志着中国破解农业农村发展受弱质性困扰问题实现突破。

第三节　农村经营主体创新发展

中共十八大报告提出，坚持和完善农村基本经营制度，依法维护农民土地承包经营权、宅基地使用权、集体收益分配权，壮大集体经济实力，发展农民专业合作和股份合作，培育新型经营主体，发展多种形式规模经营，构建集约化、专业化、组织化、社会化相结合的新型农业经营体系。进入新时代，在共享发展理念引领下，从实际出发，对坚持和完善农村基本经营制度、促进农村集体经济改革发展、构建新型农业经营体系作出了重大政策和制度安排，对农村承包地进行确权登记颁证，完成农村集体土地"三权分置"改革，统筹推进赋予农民集体资产股份权能的产权制度改革与社区集体经济实行股份合作制改革，促进农民专业合作社规范化提升，培育家庭农场，推进小农户和现代农业发展有机衔接。这些改革促进农村经营主体创新发展，集约化、专业化、组织化、社会化结合的新型农业经营体系构建稳步推进，进一步解放和发展了农村社会生产力，农村生产要素潜能进一步激发。

一、农村集体土地"三权分置"改革

进入新时代，中国在农村承包地确权登记颁证和开展第二轮土地承包到期后再延长 30 年试点的同时，对农村土地集体所有制的有效实现形式进行了创新探索。中共十八届三中全会提出，稳定农村土地承包关系并保持长久不变，在坚持和完善最严格的耕地保护制度前提下，赋予农民对承包地占有、使用、收益、流转及承包经营权抵押、担保权能，允许农民以承包经营权入股发展农业产业化经营。2016 年中央一号文件进一步提出，稳定农村土地承包关系，落实集体所有权，稳定农户承包权，放活土地经营权，完善"三权分置"办法，明确农村土地承包关系长久不变的具体规定。

2016 年 10 月，中共中央办公厅、国务院办公厅印发《关于完善农村土地所有权承包权经营权分置办法的意见》，对"三权分置"改革进行了部署。该意见提出，围绕正确处理农民和土地关系这一改革主线，科学界定"三权"内涵、权利边界及相互关系，逐步建立规范高效的"三权"运行机制，不断健全归属清晰、权能完整、流转顺畅、保护严格的农村土地产权制度，优化土地资源配置，培育新型经营主体，促进适度规模经营发展，进一步巩固和完善农村基本经营制度，为发展现代农业、增加农民收入、建设社会主义新农村提供坚实保障。该意见要求完善"三权分置"办法，不断探索农村土地集体所有制的有效实现形式，落实集体所有权，稳定农户承包权，放活土地经营权，充分发挥"三权"的各自功能和整体效用，形成层次分明、结构合理、平等保护的格局。中共十九大报告提出，巩固和完善农村基本经营制度，深化农村土地制度改革，完善承包地"三权分置"制度。

此后的中央一号文件对"三权分置"改革进行了进一步部署，完善落实集体所有权、稳定农户承包权、放活土地经营权的法律法规和政策体系。2018 年中央一号文件提出，在依法保护集体土地所有权和农户承包权前提下，平等保护土地经营权。农村承包土地经营权可以依法向金融机构融资担保、入股从事农业产业化经营。2018 年，建立健全进城落户农民土地承包权、宅基地使用权、集体收益分配权维护和自愿有偿退出机制，在 3 个省、50 个地市、150 个县启动第三批农村集体产权制度改革试点。①2019 年中央一号文件提出，完善落实集体所有权、稳定农户承包权、放活土地经营权的法律法规和政策体系。坚持农村土地集体所有、不搞私有化，坚持农地农用、防止非农化，坚持保障农民土地权益、不得以退出承包地和宅基地作为农民进城落户条件，进一步深化农村土地制度改革。2020 年中央一号文件提出，以探索宅基地所有权、资格权、使用权"三权分置"为重点，进一步深化农村宅基地制度改革试点。

"三权分置"在更好地维护农民集体、承包农户权益的同时，也维护了经营主体的权益，为促进多种形式适度规模经营的发展，进而推动现代农业发展提供了制度保障。"三权分置"是继实行家庭承包经营制度后农村改革又一重大制度创新，是农村基本经营制度的自我完善。

二、推进农村集体产权制度改革

进入新时代，农村社区集体产权制度改革以发展股份合作等多种形式的合作与联合为导向。2013 年中央一号文件《中共中央 国务院关于加快发展现代农业 进一步增强农村发展活力的若干意见》提出，因地制宜探索集体经济多种有效实现形式，不断壮大集体经济实力；鼓励具备条件的地方推进农村集体产权股份合作制改革。2015 年中央一号文件提出，对经营性资产，重点是明晰产权归属，将资产折股量化到本集体经济组织成员，发展多种形式的股份合作。2016 年 12 月 26 日，在总结农村社区集体经济改革发展实践经验基础上，中共中央、国务院印发《关于稳步推进农

---

① 国家发展和改革委员会：《关于 2018 年国民经济和社会发展计划执行情况与 2019 年国民经济和社会发展计划草案的报告——2019 年 3 月 5 日在第十三届全国人民代表大会第二次会议上》，载《人民日报》2019 年 3 月 18 日。

村集体产权制度改革的意见》，对稳步推进农村集体产权制度改革作出系统部署。该意见指出，农村集体产权制度改革是巩固社会主义公有制、完善农村基本经营制度的必然要求。农村集体经济是集体成员利用集体所有的资源要素，通过合作与联合实现共同发展的一种经济形态，是社会主义公有制经济的重要形式。该意见提出，农村集体产权制度改革以明晰农村集体产权归属、维护农村集体经济组织成员权利为目的，以推进集体经营性资产改革为重点任务，以发展股份合作等多种形式的合作与联合为导向，坚持农村土地集体所有，坚持家庭承包经营基础性地位，探索集体经济新的实现形式和运行机制，不断解放和发展农村社会生产力，促进农业发展、农民富裕、农村繁荣，为推进城乡协调发展、巩固党在农村的执政基础提供重要支撑和保障。该意见就全面加强农村集体资产管理、由点及面开展集体经营性资产产权制度改革、因地制宜探索农村集体经济有效实现形式作出具体部署。2020 年中央一号文件提出，全面推开农村集体产权制度改革试点，有序开展集体成员身份确认、集体资产折股量化、股份合作制改革、集体经济组织登记赋码等工作。2021 年中央一号文件提出，2021 年基本完成农村集体产权制度改革阶段性任务，发展壮大新型农村集体经济。

在农村集体产权改革中，既保障农民权益，又保障集体资产保值增值。一方面，通过农村集体产权制度改革，有效保障农民在农村社区集体经济组织中的权利。在集体资产量化到成员之前，农民在社区集体经济组织中的权益不明晰，表现在集体经营性资产归属不明、经营收益不清、分配不公开、成员的集体收益分配权缺乏保障等问题。2015 年中央一号文件提出，开展赋予农民对集体资产股份权能改革试点，试点过程中要防止侵蚀农民利益，试点各项工作应严格限制在本集体经济组织内部。2016 年中央一号文件提出，探索将财政资金投入农业农村形成的经营性资产，通过股权量化到户，让集体组织成员长期分享资产收益。中共中央、国务院印发的《关于稳步推进农村集体产权制度改革的意见》把农村集体产权制度改革作为维护农民合法权益、增加农民财产性收入的重大举措，把"坚持农民权利不受损，不能把农民的财产权利改虚了、改少了、改没了，防止内部少数人控制和外部资本侵占"作为要坚守的法律政策底线。另一方面，加强集体资产管理，在农村集体产权制度改革中有效保障集体资产保值增值。该意见明确把"坚持农民集体所有不动摇，不能把集体经济改弱了、改小了、改垮了，防止集体资产流失"也作为要坚守的法律政策底线。2018年中央一号文件进一步提出，坚持农村集体产权制度改革正确方向，发挥村党组织对集体经济组织的领导核心作用，防止内部少数人控制和外部资本侵占集体资产。在实践中，加强农村集体"三资"管理，农村集体"三资"管理的制度化、规范化、信息化加快推进，农村集体财务预决算、收入管理、开支审批、资产台账和资源登记等制度进一步健全，农村集体资产承包、租赁、处置和资源开发利用按民主程序决策。

以共享发展理念为指引，农村集体产权制度改革稳步推进，农村集体资产清产核资在全国开展，归属清晰、权能完整、流转顺畅、保护严格的中国特色集体产权制度逐步形成，农村集体经济不断发展壮大。全国已有超过15万个农村集体组织完成改革，共确认集体成员2亿多人。[①]

在赋予农民集体资产股份权能和社区集体经济实行股份合作制改革的同时，中共中央还采取一系列措施，促进集体经济发展。2016年中央一号文件提出，制定促进农村集体产权制度改革的税收优惠政策。开展扶持村级集体经济发展试点。2017年中央一号文件提出，抓紧研究制定农村集体经济组织相关法律，赋予农村集体经济组织法人资格。2019年中央一号文件提出，研究完善适合农村集体经济组织特点的税收优惠政策。2020年中央一号文件提出，探索拓宽农村集体经济发展路径，强化集体资产管理。

---

① 国家发展和改革委员会：《关于2018年国民经济和社会发展计划执行情况与2019年国民经济和社会发展计划草案的报告——2019年3月5日在第十三届全国人民代表大会第二次会议上》，载《人民日报》2019年3月18日。

三、促进小农户和现代农业发展有机衔接

"大国小农"是中国的基本国情农情。中国户均耕地规模仅相当于欧盟的 1/40、美国的 1/400。这样的资源禀赋决定了中国不可能各地都像欧美那样搞大规模农业、大机械作业。解决小规模农户生产经营面临的困难，把小规模农户引入现代农业发展大格局是必须破解的命题。

进入新时代，中共中央、国务院基于"大国小农"的基本国情农情，在促进小农户开展合作与联合提高组织化程度的同时，注重惠农政策的公平性和普惠性，防止排挤小规模农户和人为垒大户，支持小规模农户经营能力和自我发展能力的提升，推动有长期稳定务农意愿的普通农户适度扩大经营规模发展成为家庭农场等经营主体。

中共十九大报告提出实现小农户和现代农业发展有机衔接的要求。2018 年 9 月，中央全面深化改革委员会第四次会议审议通过《关于促进小农户和现代农业发展有机衔接的意见》，由中共中央办公厅、国务院办公厅印发。该意见提出，坚持小农户家庭经营为基础与多种形式适度规模经营为引领相协调，坚持农业生产经营规模宜大则大、宜小则小，充分发挥小农户在乡村振兴中的作用，按照服务小农户、提高小农户、富裕小农户的要求，加快构建扶持小农户发展的政策体系。

实施家庭农场培育计划。2013 年中央一号文件提出，坚持依法自愿有偿原则，引导农村土地承包经营权有序流转，鼓励和支持承包土地向专业大户、家庭农场、农民合作社流转，发展多种形式的适度规模经营。结合农田基本建设，鼓励农民采取互利互换方式，解决承包地块细碎化问题。2014 年中央一号文件《关于全面深化农村改革加快推进农业现代化的若干意见》明确，按照自愿原则开展家庭农场登记。2019 年中央一号文件提出，启动家庭农场培育计划。中共中央办公厅、国务院办公厅印发的《关于促进小农户和现代农业发展有机衔接的意见》，除明确提高小农户组织化程度、健全面向小农户的社会化服务体系等措施外，还明确了启动家庭

农场培育计划、实施小农户能力提升工程、加强小农户科技装备应用、改善小农户生产基础设施等提升小农户发展能力的措施，明确了支持小农户发展特色优质农产品、带动小农户发展新产业新业态、鼓励小农户创业就业等拓展小农户增收空间的措施。2020年中央一号文件进一步提出，培育家庭农场，通过订单农业、入股分红、托管服务等方式，将小农户融入农业产业链；明确国家支持家庭农场建设产地分拣包装、冷藏保鲜、仓储运输、初加工等设施，对其在农村建设的保鲜仓储设施用电实行农业生产用电价格。

中国经济

这十年

（2012-2022）

从工业大国迈向
工业强国

第五章

中共十八大以来，中国工业化水平实现了历史性飞跃。传统产业转型升级加速，绿色制造体系初步形成。战略性新兴产业加快发展，前沿领域不断取得新突破。高新技术制造业和装备制造业成为带动引领产业结构优化升级的重要力量。产业创新能力明显增强，关键技术和产品取得重大突破。在党中央的正确领导下，中国向制造业强国大步迈进。

第一节 世界第一工业大国的新征程

中国已经是名副其实的工业大国，有 220 多种工业产品产量居世界首位，接下来的任务是由工业大国迈入工业强国。中共十八大以来，党和国家对中国经济发展形势作出了一系列重要论断，明确回答了中国的经济形势如何科学判断、工业如何转型与高质量发展等问题。在中国经济发展进入新常态、新一轮工业革命孕育兴起的背景下，《中国制造 2025》明确了中国工业转型高质量发展路线图，推动中国由制造大国迈向制造强国。

一、三期叠加与新科技革命

（一）三期叠加是中国工业发展的重要背景

中共十八大以来，党中央对经济形势作出了经济增长速度换挡期、结构调整阵痛期、前期刺激政策消化期三期叠加的重要判断。[1]

所谓增长速度换挡期，主要是针对经济发展的总量、数量而言，中国经济已处于从高速换挡到中高速的发展时期；所谓结构调整阵痛期，主要是针对经济发展的质量、效益而言，结构调整刻不容缓，不调就不能实现进一步的发展；所谓前期刺激政策消化期，则是针对宏观调控的方向、手段而言，主要是指在国际金融危机爆发初期，我们实施了一揽子经济刺激计划，当前这些政策还处于消化期。

三期叠加是工业转型良机，把握工业新常态，要注意以下三点。

---

[1] 中共中央宣传部、国家发展和改革委员会编：《习近平经济思想学习纲要》，人民出版社、学习出版社 2022 年版，第 61 页。

一是协调传统产业和新兴产业发展格局。中国工业主要以重化工业为支撑，依靠规模化投资取得快速增长。然而，随着产能的快速扩张和市场需求的逐步饱和，产能过剩问题日益突出。为应对这些新情况、新问题，党中央提出了大力发展战略性新兴产业的新思路，以不断优化产业结构，新能源、新材料、新一代信息技术、节能环保、高端装备等产业进入发展快车道。产业结构调整和优化要求我们在产业选择上传统与新兴并重，不可偏废其一。

二是转向高投资效率和多元消费结构的工业增长动力。随着投资规模的影响力度逐渐减弱，需要通过投资效率的大幅提高和消费结构的不断升级来贡献新的增长动力，信息消费、健康消费、文化消费等新增长点将层出不穷。

三是注重工业发展路径更加生态可持续。中国经济总量居世界第二、制造业总量居全球首位，然而，代价却是巨大的能源消耗和环境污染。因此，我们的工业发展路径要朝着生态环保的可持续方向发展，不仅实现绿色发展，而且更加注重依靠人才和技术贡献，提高产业附加值，构筑新的竞争优势。

三期叠加的重要判断是对中国经济与工业发展阶段性特征准确而形象的描述，为中国工业实现跨越式发展提供了背景依据。

（二）新科技革命带来新契机

中共十八大以来，新科技革命方兴未艾，推动着新型工业化蓬勃发展。以习近平同志为核心的党中央科学分析国际科技创新竞争态势，深入研判国内外发展形势，坚持创新在我国现代化建设全局中的核心地位，提出创新是第一动力、全面实施创新驱动发展战略、建设世界科技强国，全面谋划科技创新工作。牢牢把握新科技革命这一新契机，对实现工业现代化强国远大目标具有重大意义。

一是新一轮科技革命正以指数级而非线性速度展开。新一轮科技革命和产业变革正在孕育兴起，一些重要科学问题和关键核心技术已经呈现出革命性突破的先兆。物质构造、意识本质、宇宙演化等基础科学领域取得重大进展，信息、生物、能源、材料和海洋、空间等应用科学领域不断发展，带动了关键技术交叉融合、群体跃进，变革突破的能量正在不断积累。世界正在经历百年未有之大变局，新一轮科技和产业革命深入发展，数字经济、共享经济加速发展，新产业、新模式、新业态层出不穷，新的增长动能不断积聚，新一轮科技革命和产业变革迅猛发展。

二是新一轮科技革命将带来社会生产力的革命性变革。从社会发展史看，人类经历了农业革命、工业革命，如今正在经历信息革命。农业革命增强了人类生存能力，使人类从采食捕猎走向栽种畜养，并实现了野蛮向文明的跨越。工业革命拓展了人类体力，以机器取代了人力，以大规模工厂化生产取代了个体工场手工生产。而信息革命则增强了人类脑力，再一次推动生产力实现质的飞跃，对国际政治、经济、文化、社会、生态、军事等领域发展产生了深刻影响。新一轮科技和产业革命蓄势待发，重大颠覆性技术不断涌现，科技成果转化速度加快，产业组织形式和产业链条更具垄断性。世界各主要国家纷纷出台新的创新战略，加大投入，加强人才、专利、标准等战略性创新资源的争夺。人工智能、大数据、量子信息、生物技术等新一轮科技革命和产业变革正在积聚力量，催生大量新产业、新业态、新模式，给全球发展和人类生产生活带来翻天覆地的变化。

三是新一轮科技革命为新兴国家赶超带来历史性机遇。一个国家是否强大不能单就经济总量大小而定，一个民族是否强盛也不能单凭人口规模、领土幅员多寡而定。近代史上，中国落后挨打的根本原因之一就是科技落后。新科技革命是赶超世界强国的难得机遇。新一轮科技和工业革命催生新的发展动能，为新兴国家赶超世界强国带来千载难逢的发展机遇。抓住这个机遇，新兴市场国家和发展中国家就可能实现"弯道超车"。失去这个机遇，南北鸿沟、发展失衡将进一步扩大。

中国作为世界第二大经济体，拥有充分的信心迎接新工业革命。中国具有全球最完整、规模最大的工业体系、强大的生产能力、完善的配套能力；拥有1亿多市场主体和1.7亿多受过高等教育或拥有各类专业技能的人才；还有包括 4 亿多中等收入群体在内的 14 亿多人口所形成的超大规模内需市场。

新工业革命的浪潮已磅礴袭来。历史的机遇往往稍纵即逝，我们正面临着推进科技创新的重要历史机遇，机不可失，时不再来，只有紧紧抓住，增强主动意识和紧迫感，加速创新驱动发展，努力参与和推进新科技革命和产业变革，才能在新一轮工业革命中走在前列。

二、《中国制造 2025》

制造业是国民经济的主体，是立国之本、兴国之器、强国之基。中国制造业持续快速发展，建成了门类齐全、独立完整的产业体系，有力推动了工业化和现代化进程，显著增强了综合国力，支撑了世界大国地位。然而，与世界先进水平相比，中国制造业仍然大而不强，转型升级和跨越发展的任务紧迫而艰巨。《中国制造 2025》是由国务院于 2015 年 5 月印发的关于全面推进实施制造强国的战略文件，是中国实施制造强国战略以来首个为期十年的行动纲领，将有力推动实现中国制造向中国创造、中国速度向中国质量、中国产品向中国品牌三大转变，通过九大战略任务、十大重点领域和五项重大工程，分"三步走"实现中国由工业大国向工业强国的跃升。

九大战略任务包括提高国家制造业创新能力、推进信息化与工业化深度融合、强化工业基础能力、加强质量品牌建设、全面推行绿色制造、大力推动重点领域突破发展、深入推进制造业结构调整、积极发展服务型制造和生产性服务业、提高制造业国际化发展水平。

十大重点领域包括新一代信息技术产业、高档数控机床和机器人、航空航天装备、海洋工程装备及高技术船舶、先进轨道交通装备、节能与新能源汽车、电力装备、农机装备、新材料、生物医药及高性能医疗器械。

五项重大工程包括制造业创新中心建设、智能制造、工业强基、绿色制造、高端装备创新。

（一）制造强国"三步走"战略

《中国制造 2025》对构成制造强国评价指标体系的各项具体指标逐项进行了发展目标预测，将建设制造强国的进程大致分为三个阶段。

第一阶段，到 2025 年，基本实现工业化，综合指数接近德国、日本实现工业化时的制造强国水平，中国制造业迈入制造强国行列，进入世界制造业强国第二方阵。在创新能力、全员劳动生产率、两化融合、绿色发展等方面迈上新台阶，形成一批具有较强国际竞争力的跨国公司和产业集群，在全球产业分工和价值链中的地位明显提升。

第二阶段，到 2035 年，成为名副其实的制造业强国，综合指数达到世界制造业强国第二方阵前列国家的水平。在创新驱动方面取得明显进展，优势行业形成全球创新引领能力，制造业整体竞争力显著增强。

第三阶段，到 2045 年，乃至新中国成立一百周年时，成为具有全球引领影响力的制造强国，综合指数率略高于第二方阵国家的水平，进入世界制造业强国第一方阵。制造业主要领域具有创新引领能力和明显竞争优势，建成全球领先的技术体系和产业体系。

（二）实施《中国制造 2025》应对新一轮科技革命

实施《中国制造 2025》，建设世界制造业强国，是我们吸取错失前两次工业革命的历史经验教训。

实施《中国制造 2025》，推动制造业跨越发展，是实现"两个一百年"奋斗目标和中华民族伟大复兴中国梦的战略需要。"两个一百年"奋斗目标和中国梦是全国人民共同的向往和追求，要实现这个奋斗目标，必须有坚实的经济基础和强大的制造业做支撑，这对中国制造业转型升级、更好满足经济社会发展和国防建设的重大需求提出了迫切要求。

实施《中国制造 2025》，推动制造业由大变强，是实现经济稳增长、调结构、提质增效的客观要求。改革开放以来，制造业对经济增长的贡献率基本保持在 40% 左右，工业制成品出口占全国货物出口总量的 90% 以上，是拉动投资、带动消费的重要领域。当前中国经济发展进入新常态，正处于爬坡过坎的重要关口，制造业发展的水平和质量就显得尤为重要。要实现中国经济发展换挡但不失速，推动产业结构向中高端迈进，重点、难点和出路都在制造业。为了应对一系列变化带来的深刻影响，《中国制造2025》战略规划的制定和实施迫在眉睫，其旨在瞄准创新驱动、智能转型、强化基础、绿色发展等关键环节，推动制造业实现由大变强。

三、工业转向高质量发展

高质量发展是"十四五"乃至更长时期我国经济社会发展的主题，关系我国社会主义现代化建设全局。2012年2月，国务院印发《质量发展纲要（2011－2020年）》，首次提出建设质量强国。中国工业发展始终坚持市场在资源配置中起决定性作用，更好发挥政府作用，政府在遵循工业发展一般规律的前提下，制定了一系列工业战略、规划、计划和政策、标准等，使中国工业在实现后发赶超和转型升级方面少走"弯路"，实现了跨越式发展。

（一）工业高质量发展的内涵

高质量发展是一种全新的发展理念，包括转变发展方式、优化经济结构和转换增长动力。

转变发展方式。中国经济已经从主要依靠增加物质资源消耗实现的粗放型高速增长，转变为主要依靠技术进步、改善管理和提高劳动者素质实现的集约型增长。

优化经济结构。在产品结构上，由低技术含量、低附加值产品为主向高技术含量、高附加值产品为主转变；在经济效益上，由高成本、低效益向低成本、高效益的方向转变；在环境效益上，由高排放、高污染向循环经济和环境友好型经济转变。最终将体现为国家经济实力不断增强，居民收入得到较快增加。

转换增长动力。实现动力变革，激发工业高质量发展创新活力。为此，打造创新生态系统，加大科技成果转化力度，扩大新技术新产品市场空间；持续推进技术改造升级，增强关键环节和重点领域创新能力，加大技术装备产品供给，培育绿色发展新动能。

（二）工业发展贯彻新发展理念

工业要实现高质量发展必须贯彻创新、协调、绿色、开放、共享的新发展理念。

坚持创新发展。要建立促进科技成果转化的资金支持机制，鼓励设立多层次、市场化的创新基金，加大对中小企业创新支持力度，推动科技成果转化和产业化。国有大企业要增加研发投入。要健全政府采购制度，加大对重大装备和关键产品的支持，把首台首套政策落到实处。要加强知识产权保护和运用，形成有效的创新激励机制。

坚持协调发展。中国发展不协调是一个长期存在的问题，除了突出表现在区域、城乡领域外，产业领域协调发展问题同样不可忽视。要促进中国区域工业协调发展，既要坚持统筹兼顾原则，又要充分发挥区域特色，实现差异化发展，同时也要坚持走区域一体化发展道路，着力加强区域合作。要加快东部与中西部地区、南方与北方的经济联合，最终实现区域工业的均衡协调发展。增进民生福祉，解决发展不平衡不充分的问题是经济增长的终极目的，其中，"南水北调工程""西电东送工程""东数西算工程"是工业协调发展的典型。"南水北调工程"是优化水资源配置、促进区域协调发展的基础性工程，是新中国成立以来投资额最大、涉及面最广的战略性工程。截至2021年，南水北调东、中线一期工程累计调水约494亿立方米。其中，东线向山东调水52.88亿立方米，中线向豫冀津京调水超过441亿立方米。通水7年来，已累计向北方调水近500亿立方米，受益人口达1.4亿人，40多座大中型城市的经济发展格局因调水得到优化。

坚持绿色发展，推进中国制造业绿色发展已到了非常紧迫和关键的时刻。中国重化工产品产量所占全球市场份额过大。2013年，中国粗钢产量约占全球产量的52%，电解铝占46%，成品油占12%，乙烯占12%，化肥占35%，水泥产量占58%，平板玻璃占60%，纸和纸板占25%。在这种背景下，经济发展不能再依靠大量的投资和产能扩张来实现，绝不能以牺牲环境为代价来获取经济发展。《中国制造2025》提出要坚决贯彻减量化、再利用、资源化的原则，全面推行绿色发展、循环发展、低碳发展，构建绿色制造体系，走生态文明发展道路。2012－2021年，中国单位GDP能耗由0.747吨标准煤减至0.458吨标准煤，下降了38.69%，如图5－1所示。2012－2021年，中国人均二氧化碳排放量一直保持在较低水平，2021年中国人均二氧化碳排放量仅是美国的60%。[①]

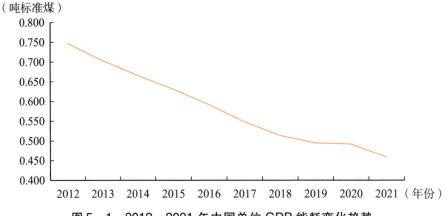

图5－1　2012－2021年中国单位GDP能耗变化趋势

资料来源：根据国家统计局网站资料整理。

坚持开放发展。通过深化改革坚决破除体制性障碍，实行更加积极主动的开放战略，坚持出口和进口并重，推动对外贸易平衡发展；坚持"引进来"和"走出去"并重，提高国际投资合作水平。

坚持共享发展，让发展成果更多更公平惠及全体人民。发展成果由人民共享，就要顺应人民群众对美好生活的向往，不断实现好、维护好、发

① 国际能源署：《全球能源回顾：2021年二氧化碳排放》，第9页。

展好最广大人民的根本利益。高铁、二维码支付、共享单车、网购被外国友人评为中国"新四大发明"。"出门不用带钱包，就带手机""外卖、快递都非常快""高铁更加舒适，而且可以在旅途中用网络处理一些事情，让旅途更加充实"。受访的外国友人们也纷纷表示，"新四大发明"也是他们最想带回祖国的生活方式。这不仅改变了中国人的生活，也刷新了他们对中国的认识。一位外国留学生说，在罗马尼亚只能通过几个网站购买一些电子产品和食物，生活用品根本无法网购，而且送货的时间非常慢。但中国的网购太方便了，下单之后最快一个小时就能送到手中。在中国很多地方都可以用手机付款，手机扫一扫二维码就可以了。共享单车简直就是"神器"。此外，近年来中国围绕汽车、机械、电子、危险品制造、国防军工、化工、轻工等工业机器人、特种机器人，以及医疗健康、家庭服务、教育娱乐等服务机器人应用需求，积极研发新产品，促进机器人标准化、模块化发展，扩大市场应用。突破机器人本体、减速器、伺服电机、控制器、传感器与驱动器等关键零部件及系统集成设计制造等技术瓶颈。

在习近平新时代中国特色社会主义思想指导下，中国的工业化战略更加强调推进新型工业化、信息化、城镇化、农业现代化同步发展，更加注重创新驱动、可持续与高质量发展。中国的工业化进程与发达国家有很大的不同。发达国家是一个串联式的发展过程，工业化、城镇化、农业现代化、信息化、绿色化顺序发展。在新的历史条件下，中国的工业化道路不再是传统的工业化道路，而是新型工业化道路。新型工业化是以信息化带动工业化，以工业化促进信息化，科技含量高、经济效益好、资源消耗低、环境污染少、人力资源优势得到充分发挥的工业化。中国推进工业化，不可能是单纯就工业发展而言的，而必须是与信息化、新型城镇化、农业现代化、绿色化相协同的新型工业化。实施工业立国的长期战略，遵循"有效市场""有为政府"的做法，坚持对外开放，融入全球产业体系，坚持"创新驱动、质量为先、绿色发展、结构优化、人才为本"的制造业发展基本方针，通过"三步走"实现制造业强国的战略目标，综合实力进入世界制造业强国前列。

第二节　创新驱动开辟新局面

习近平提出："把创新摆在国家发展全局的核心位置，不断推进理论创新、制度创新、科技创新、文化创新等各方面创新，让创新贯穿党和国家一切工作，让创新在全社会蔚然成风。"[1] 将创新发展提到一个新的历史高度。"创新是引领发展的第一动力"作为习近平提出的一个重要论断，是对创新与发展关系的新认识，是创新驱动经济发展的重大理论突破。创新普遍被认为是突破经济增长"瓶颈"与极限，支持内生、可持续发展的核心。国际金融危机后，创新成为全球经济重回增长轨道，应对结构性挑战，推动产业革命的重大举措。

中共十八大报告明确提出要实施创新驱动发展战略。2020 年中国实现了进入创新型国家行列的战略目标。《中共中央 国务院关于深化体制机制改革加快实施创新驱动发展战略的若干意见》将科技创新摆在国家发展全局的核心位置，着力有序推进全面创新，统筹推进科技体制改革和经济社会领域改革，确定实施创新驱动发展的"四个坚持"策略，即坚持需求导向、人才为先、遵循规律、全面创新，进一步明确统一的目标体系——建成创新型国家。《"十三五"国家科技创新规划》明确提出，坚持创新是引领发展的第一动力，以深入实施创新驱动发展战略、支撑供给侧结构性改革为主线，全面深化科技体制改革，大力推进以科技创新为核心的全面创新，塑造更多依靠创新驱动、更多发挥先发优势的引领型发展，确保如期进入创新型国家行列，为建成世界科技强国奠定坚实基础。"十四五"规划纲要明确提出，坚持创新驱动发展，全面塑造发展新优势。坚持创新在中国现代化建设全局中的核心地位，把科技自立自强作为国家发展的战

---

[1] 《习近平谈治国理政》第二卷，外文出版社 2017 年版，第 198 页。

略支撑，面向世界科技前沿、面向经济主战场、面向国家重大需求、面向人民生命健康，深入实施科教兴国战略、人才强国战略、创新驱动发展战略，完善国家创新体系，加快建设科技强国。要加强原创性、引领性科技攻关，在事关国家安全和发展全局的基础核心领域，制定并实施战略性科学计划和科学工程，瞄准人工智能、量子信息、集成电路、生命健康、脑科学、生物育种、空天科技、深地深海等前沿领域，实施一批具有前瞻性、战略性的国家重大科技项目。

一、企业自主创新

世界经济在深度调整中曲折复苏，正处于新旧动能转换的关键时期。上一轮科技和产业革命提供的动能面临消退，新一轮增长动能尚在孕育。2017 年 9 月，习近平在厦门召开的金砖国家工商论坛上强调："要把握新工业革命的机遇，以创新促增长、促转型，积极投身智能制造、互联网＋、数字经济、共享经济等带来的创新发展浪潮，努力领风气之先，加快新旧动能转换。"[①] 未来十年，将是世界经济新旧动能转换的关键十年，我们要抓住这个重大机遇，推动新兴市场国家和发展中国家实现跨越式发展。中国如果不走创新驱动发展道路，新旧动能不能顺利转换，就不能真正强大起来。把发展基点放在创新上，以科技创新为核心，以人才发展为支撑，推动科技创新与大众创业万众创新有机结合，塑造更多依靠创新驱动、更多发挥先发优势的引领型发展。

一是发挥科技创新在推动产业迈向中高端、增添发展新动能、拓展发展新空间、提高发展质量和效益中的核心引领作用，重点强化六方面的任务部署：围绕构筑国家先发优势、加强兼顾当前和长远的重大战略布局。围绕增强原始创新能力，培育重要战略创新力量。围绕拓展创新发展空

---

① 中共中央党史和文献研究院编：《十八大以来重要文献选编》下，中央文献出版社 2018 年版，第 831 页。

间，统筹国内国际两个大局。围绕推进大众创业万众创新，构建良好创新创业生态。围绕破除束缚创新和成果转化的制度障碍，全面深化科技体制改革。围绕夯实创新的群众和社会基础，加强科普和创新文化建设。

二是构建激励创新的体制机制。大力破除束缚创新和成果转化的制度障碍，进一步优化创新政策供给，形成创新活力竞相迸发、创新成果高效转化、创新价值充分体现的体制机制。构建普惠性创新支持政策体系，营造激励创新的市场竞争环境，清理妨碍创新的制度规定和行业标准，加快创新薄弱环节和领域立法，强化产业技术政策和标准的执行监管。更好发挥企业家作用，包容创新对传统利益格局的挑战，依法保护企业家财产权和创新收益。

三是大力推进人才优先发展战略。加快推进人才发展体制和政策创新，构建有国际竞争力的人才制度优势，提高人才质量，优化人才结构，加快建设人才强国。推动人才结构战略性调整，突出"高精尖缺"导向，实施重大人才工程，着力发现、培养、集聚战略科学家、科技领军人才、社科人才、企业家人才和高技能人才队伍，促进人才优化配置，建立健全人才流动机制，提高社会横向和纵向流动性，促进人才在不同性质单位和不同地域间有序自由流动。营造良好的人才发展环境，完善人才评价激励机制和服务保障体系，营造有利于人人皆可成才的社会氛围。发挥政府投入引导作用，鼓励人才资源开发和人才引进。完善业绩和贡献导向的人才评价标准，保障人才以知识、技能、管理等创新要素参与利益分配，以市场价值回报人才价值，强化对人才的物质和精神激励，鼓励人才弘扬奉献精神。营造崇尚专业的社会氛围，大力弘扬新时期工匠精神。

四是把握契机加快创新。科技成果只有同国家需要、人民要求、市场需求相结合，完成从科学研究、实验开发、推广应用的三级跳，才能真正实现创新价值、实现创新驱动发展。尚未完成工业现代化的中国，要把握住新一轮工业革命的契机，就必须加速科技创新，加快供给侧结构性改革，加紧补上工业现代化不足的"短板"。新一轮科技革命带来的是更加激烈的科技竞争，如果科技创新搞不上去，发展动力就不可能实现转换，我们在全球经济竞争中就会处于下风。^① 必须把创新作为引领发展的第一动力，把人才作为支撑发展的第一资源。

二、大力推动工业创新发展

坚持有效市场和有为政府有机结合。不仅要重视自主创新，也要重视开放创新，更好地实现国内国际市场的融合，以及自主创新和开放创新的协同。更加重视创新和核心技术攻关，以维护国家安全为最高目标。不断完善新型举国体制，发挥中国特色社会主义制度的优越性，重视科技创新，加快核心技术攻关，打造更多"国之重器"，为推动中国经济社会高质量发展，维护国家安全、世界和平，构建人类命运共同体作出更多新的贡献。完善关键核心技术攻关的新型举国体制，能够集中力量办大事是我们成就事业的重要法宝。让市场在资源配置中起决定性作用，更好发挥政府作用，加强统筹协调，大力开展协同创新，集中力量办大事，抓重大、抓尖端、抓基本，形成推进自主创新的强大合力。习近平提出"创新是引领发展的第一动力"^② 这一重要论断，并在外出考察时多次强调要突破自身发展瓶颈，解决深层次矛盾和问题，根本出路就在于创新。

一是深刻把握推动工业创新发展的时代背景。世界主要国家创新战略升级强化，要求我们及时作出有力回应。国际金融危机发生以来，世界主要国家抓紧制定新的科技发展战略，抢占科技和产业制高点，这一动向需要高度关注。中国面临跻身创新型国家行列的紧迫任务，须构建以创新为基石的新型国家竞争优势，参与全球产业分工，在高端价值链上做到与发达国家并驾齐驱。以创新为持续发展的第一驱动力，以国家创新能力为基石参与全球价值链分工，以高强度的研发投入和技术进步创造一个新的增长空间和增长周期。

---

① 《习近平谈治国理政》第二卷，外文出版社 2017 年版，第 198 页。
② 《习近平谈治国理政》第二卷，外文出版社 2017 年版，第 243 页。

二是发挥党领导下的协同创新优势。中国特色社会主义制度具有中国共产党领导的最大优势和集中力量办大事的显著优势，是当代中国发展进步的根本制度保障。提倡政产学研用相结合，发挥协同优势。明确政府、企业、高校、科研院所、用户在创新体系中不同的功能定位，能够激发各类主体创新激情和活力，形成自主创新的强大合力，构建功能互补、深度融合、良性互动、完备高效的协同创新格局。凝神聚力于加强科技创新，发挥战略优势。国家对战略科技支撑的需求比以往任何时期都更加迫切，更需要新型举国体制聚力于加强科技创新，明确科技创新的战略导向，破解创新发展的科技难题，为开展国家重大科技项目提供有力保障。举国体制作为依托中国特色社会主义制度的创新治理体制，用系统观念谋划推动经济社会发展，是应对复杂局面、推动事业发展的必然选择。

三是打造技术创新服务平台。长期以来，中国的研究机构和高等院校与企业缺乏沟通，科技研发与生产脱节。为了打通科技和经济社会发展之间的通道，需要建设和完善技术创新服务平台。应建设一批国家级重点实验室、工程技术研究中心、大型科学仪器中心、分析检测中心等公共创新平台，加大向企业开放力度，提高其使用效率。整合资源，依托高等院校、科研院所、产业技术创新战略联盟、大型骨干企业以及科技中介机构等技术创新主体，形成一批技术创新服务平台，为技术创新提供全方位服务。建立产学研紧密结合的协同创新机制，促进研究机构、高等院校与企业密切合作，根据市场需求进行技术研发，提高技术创新成果转化率。

四是解决中小企业创新资金短缺问题。中小企业已经成为技术创新的重要力量，但中国大部分研发力量和资金支持都集中在科研院所和一些大企业，中小企业难以获得充足的创新资源。实际上，创新的每一个环节都需要相匹配的资金支持。从技术创新的关键环节及流程来看，与研发阶段相匹配的资金主要是风险资本、种子基金及孵化基金；与产业化阶段相匹配的主要是产业资本提供的产业基金；与扩规模、打品牌、开拓市场阶段相匹配的主要是各种金融资本。为了解决中小企业的创新资金短缺问题，政府应为企业开展自主创新活动提供优惠政策和创新基金，降低企业的创新成本，缓解企业资金压力。构建激励企业主动开展创新的利益驱动机制，培育发展多层次资本市场，为技术创新提供融资渠道和资本市场的强大支撑。

五是改革技术创新评价体系。科学的评价体系对推动技术创新、优化创新资源配置、提高科技管理水平具有重大现实意义。针对目前中国技术评价体系僵化的情况，应建立一套以市场为导向的综合评价方法，侧重于评价技术创新成果所取得的经济效益和社会效益。首先，应改变现有评价体系过度强调高新技术的倾向，给所有有价值的技术创新成果以应有地位。其次，科学调整成果评价标准，改变以往过度追求科研成果数量而忽视质量的情况，加强对科研成果质量的评价。最后，完善评价程序，增加透明度，扩大评价范围，将更多符合市场需求的高质量、应用性成果纳入评价体系。

六是为创新营造良好的外部环境。加强知识产权保护和运用，形成有效的创新激励机制。市场信息不充分、不正当竞争是妨碍企业自主创新的主要因素。因此，必须切实落实"市场决定资源配置"这一重要原则，通过全面深化改革和推进制度创新，破除影响和制约企业自主创新的体制机制障碍。有关政府部门合理运用价格、数量管制和质量控制等手段，管理市场主体、市场客体和市场载体，抑制垄断和不正当竞争，提高市场效率。建立公平竞争审查制度，防止政府过度和不当干预市场，大力消除影响公平竞争、妨碍创新的各种制度束缚，维护公平竞争的市场秩序，为技术创新营造良好外部环境。

七是科技成果创新成果显著。科技创新是引领发展的第一动力。中国通过技术创新，能够有效提升资源利用效率，促进自身发展，同时也会对其他产业产生正向溢出效应。中共十九大报告中明确提出，"创新是建设现代化经济体系的战略支撑"。在自主创新政策的推动下，中国的技术创新实力不断迈向新阶段。2012－2020年，科技进步的贡献率由

52.2%提至60.2%；具有研发活动的规模以上工业企业数由4.7万家增至14.7万家，占比由13.7%扩为36.7%；研发人员由224.6万人年增至346.0万人年；研发经费内部支出占主营业务收入的比重由0.7%提至1.4%；规模以上工业企业专利申请数量由48.9万件提至124.4万件，增长了154.4%。规模以上企业有效发明专利数量由27.7万件提至144.8万件，技术市场成交额由6437.1亿元提至28251.5亿元，如表5－1所示。

表5－1 2012－2020年中国工业技术创新情况

指标	2012年	2013年	2014年	2015年	2016年	2017年	2018年	2019年	2020年
科技进步贡献率（%）	52.2	53.1	54.2	55.3	56.4	57.8	58.7	59.5	60.2
规模以上有研发活动企业数（万家）	4.7	5.5	6.4	7.4	8.7	10.2	10.4	12.9	14.7
规模以上有研发活动企业所占比重（%）	13.7	14.8	16.9	19.2	23.0	27.4	28.0	34.2	36.7
规模以上企业研发人员全时当量（万人年）	224.6	249.4	264.2	263.8	270.3	273.6	298.1	315.2	346.0
规模以上企业研发经费内部支出（亿元）	7200.6	8318.4	9254.3	10013.9	10944.7	12013.0	12954.8	13971.1	15271.3

指标	2012 年	2013 年	2014 年	2015 年	2016 年	2017 年	2018 年	2019 年	2020 年
规模以上企业研发经费内部支出与主营业务收入之比（％）	0.7	0.8	0.8	0.9	0.9	1.1	1.2	1.3	1.4
规模以上企业专利申请数（万件）	48.9	56.1	63.1	63.9	71.5	81.7	95.7	106.0	124.4
规模以上企业有效发明专利数（万件）	27.7	33.5	44.9	57.4	77.0	93.4	109.4	121.8	144.8
技术市场成交额（亿元）	6437.1	7469.0	8577.0	9836.0	11407.0	13424.2	17697.4	22398.4	28251.5

资料来源：根据历年《中国科技统计年鉴》整理。

三、专精特新企业发展

创新成为经济发展第一动力的破题关键是要使企业成为经济发展的"主发动机"，打造大中小企业协同创新体系。为此，应进一步完善市场竞争环境，建立公平公正、开放统一的市场环境，构建普惠性创新支持体系，创造各种所有制企业公平竞争、平等获得资源的市场环境。深化国有企业改革，完善国有企业业绩考核体系和国有企业经营者考核任用制度，将创新投入和创新绩效纳入考核之中。要加强知识产权保护，使创新产品、技术、专利等得到有效保护，激发企业创新热情。要进一步整合企业、科研院所、高校等各类主体，以企业为主体，以独立法人形式建立国家级创新工程中心，统筹科技发展规划，支持大企业建立国家重点实验室。要加大对大企业集团担负国家科技发展战略课题并在政策、资金和项目协作等方面的支持力度，使大企业集团在国家创新驱动发展战略中发挥更大作用。

"专精特新"，即专业化、精细化、特色化和新颖化。这一概念最早是由工业和信息化部提出，随后在《"十二五"中小企业成长规划》中也提出将"专精特新"发展方向作为中小企业转型升级的重要途径。2018年工业和信息化部开展了首批专精特新"小巨人"企业培育工作。2021年9月，北京证券交易所宣布设立，其核心是为"专精特新"中小企业服务。"专精特新"中小企业长期专注细分市场、创新实力较强、配套能力突出，对提升产业链供应链现代化水平具有重要支撑作用。要开展补链强链专项行动，加快解决"卡脖子"难题，发展专精特新中小企业。在专业化上给力、在精细化上用力、在特色化上努力、在新颖化上发力，才能在产业发展中不掉链子、不被"卡脖子"，确保产业链供应链自主可控、安全高效，牢牢守住新发展格局的安全底线，充分保障中国经济韧性。

截至2021年末，全国企业的数量达到4842万户，增长1.7倍，其中99%以上都是中小企业。我国规模以上的工业中小企业户数达到40万户，营业收入超过75万亿元，利润总额达到4.7万亿元，较2012年分别增长23.5%、38.7%、37.1%。其中，入围世界500强企业的工业企业达到73家，规模以上工业企业资产规模实现翻番，已培育4万多家"专精特新"中小企业、4762家"小巨人"企业、848家制造业单项冠军企业。规模以上工业企业研发经费总额投入强度成倍提升，新产品销售收入占业务收入比重从11.9%提高到22.4%，570多家工业企业入围全球研发投入2500强。专精特新"小巨人"企业中超六成属于工业基础领域，超七成深耕行业十年以上，超八成进入战略性新兴产业链，超九成是国内外知名大企业的配套专家。"小巨人"企业的平均研发强度达到10.3%，高于上市企业

1.8 个百分点。

中小企业抵御风险能力较弱，需要长期培育"专精特新"中小企业，尤其是政府部门的政策托举。工业和信息化部已经公布 3 批国家级专精特新"小巨人"企业，从构建优质企业梯度培育体系、针对短板弱项进一步提升企业创新能力、加强精准服务支撑等多方面加大培育和支持力度。在地方层面，如北京市，从"政策 + 资本 + 服务 + 载体"等多个层面，给予"专精特新"企业在基础研发、成果转化、产品配套、技改升级、场景开放、专利布局、资金融通、人才引进、空间规划以及品牌塑造等方面的支持，并匹配专属服务管家，为培育"专精特新"中小企业形成良好环境、培育创新土壤。新设立的北京证券交易所，致力于打造服务创新型中小企业主阵地，为"专精特新"中小企业提供融资支持。

四、军民融合释放活力

军民融合发展战略是中国共产党人在领导中国革命、建设和改革过程中不懈探索的成果，是党领导打赢革命战争和取得社会主义现代化建设伟大成就的基本经验，是对经济建设和国防建设协调发展规律认识的重大升华。军民融合发展战略兼顾发展和安全，实现富国与强军相统一，推动军民融合深度发展有助于提升国家战略能力。2017 年 1 月 22 日，设立中央军民融合发展委员会。意在通过顶层设计，让军队发展和地方经济发展成为一盘棋，努力促使这项工作走上健康良性的发展道路。

军民融合需要制定完善的法律法规体系，规范军民融合中各参与主体的行为。制定"军转民"法规，以保障军转民的顺利实施。近年来，中国军民融合产业基地发展步伐加快，建设军民融合产业基地，成为推动军民两用技术产业化的重要手段。在国防工业军民融合产业结构中，具有鲜明军工特色和军民两用特性的民品主导产业，技术密集度高、产业关联性强，是军工民品发展的战略重点。

"转民"是要把着力点放在国防科技转民用上，要善于和民用科技力量融为一体，合力推进国家高技术产业特别是新兴产业的创新发展，发挥国防科技转化民用的最大效益，提高国家的创新竞争动力和战略竞争活力。促进军用与民用科研条件、资源和成果共享，促进军民通用设计、制造先进技术的合作开发，加强军用与民用基础技术、产品的统筹和一体化发展，推动军用标准与民用标准的互通互用。引导企业发挥技术优势积极开拓民用特种、专用船舶市场。立足民用工业基础，依托重大民品研制项目，突破关键产品、材料、加工制造设备等军工能力建设瓶颈。进一步加强军转民、军民两用技术科研工作，支持军民技术双向转移转化。完善国家军民融合公共服务平台，推进军民融合信息共享和技术交流。

军民融合将重点在海洋、太空、网络空间、海外布局、生物、新能源以及人工智能等新兴领域里发力，形成了"蛟龙号"载人潜水器、"海洋石油981"深水半潜式钻井平台、C919 大型客机、神舟十三号等成果。"高分二号"对地观测卫星是中国自主研制的首颗空间分辨率优于 1 米的民用光学遥感卫星，其卫星数据正在为土地利用动态监测、城乡规划监测评价、地图标注路网规划、森林资源调查、荒漠化监测等行业和首都经济圈等区域应用提供服务支撑。中国超级计算机"神威·太湖之光"和"天河二号"连续获得全球超算排行榜的最高席位，在基因分析与测序、新药制备、大型飞机和高速列车气动数值计算、汽车和船舶等大型装备结构设计仿真、电子政务及地图标注等领域获得一系列应用，取得了显著的经济效益和社会效益。

第三节　向制造业强国大步迈进

中国是靠实体经济起家的，也要靠实体经济走向未来，而制造业又是实体经济的核心。中共十八大以来，中国制造业实现产业结构优化升级，创新能力显著增强。一是传统产业转型升级加速，绿色制造体系初步形成。二是战略性新兴产业加快发展，前沿领域不断取得新的突破。高新技术制造业和装备制造业成为引领带动产业结构优化升级的重要力量。三是产业创新能力明显增强，关键技术和产品取得重大突破。在党中央的正确领导下，中国向制造业强国大步迈进。

一、工业门类齐全与结构不断优化

改革开放以来，中国创造了后发国家工业化的奇迹，制造业规模居全球首位，建立起门类比较健全的工业体系，已拥有 41 个工业大类、207 个中类、666 个小类，成为全世界唯一拥有联合国产业分类中全部工业门类的国家。一个行业比较齐全、具有一定技术水平的现代工业体系已经形成。中国的工业产品和投资在全球产业链中占有重要地位。但是同高质量发展要求相比，中国工业的结构优化升级和产业链相对脆弱的问题仍有待解决。

（一）工业结构优化升级

中共十八大以来，装备制造业和技术密集型产业持续上升，资本密集型产业占比较高但呈先上升、后下降趋势，高耗能行业在 2012 年之后呈现稳定下降趋势，说明中国工业水平和工业科技实力得到一定的提升，如图 5 - 2 所示。在党和国家推出的一系列节能减排和压缩过剩产能政策的作用下，高耗能产业所占比例有了较大幅度的下降，这为中国工业绿色发展和高质量发展奠定了较好的基础。资本密集型行业所占比例有所下降而技术密集型行业所占比例逐步上升是中国经济发展的一个基本趋势。中国工业结构转型正在迈入以技术密集型行业为主导的新阶段。

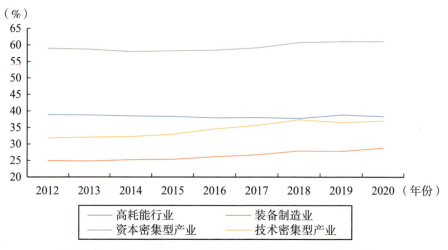

图5－2　2012－2020年中国部分行业总资产占比变化情况

资料来源：根据 Wind 中国宏观（EDBC）数据库提供数据计算。

传统产业转型升级不断推进，战略性新兴产业加速发展。从行业增速来看，传统产业中符合转型升级方向的细分行业增长较快，如合成材料制造、专用化学产品制造、稀有稀土金属冶炼等细分行业以及与居民生活和消费密切相关的医药类和消费品类行业。从产能调整来看，随着供给侧结构性改革不断深化，钢铁、煤炭、石化、建材等传统行业的过剩产能减量调整不断推进，市场供需关系得到改善，企业生产经营环境改善，盈利能力增强。在战略性新兴产业加快发展的同时，顺应结构升级和消费需求的新产品不断涌现。服务机器人、智能可穿戴装备等产品增势强劲，新能源汽车产销量连续7年位居世界首位，新材料产业产值实现翻番，传统产业改造升级步伐加快，数字化、绿色化转型全面推进。部分领域智能制造处于国际先进水平，高技术制造业和装备制造业占规模以上工业增加值比重分别从2012年的9.4%、28%提高到2021年的15.1%、32.4%。区域布局不断优化，重点地区龙头带动作用进一步增强，电子信息、轨道交通等领域形成一大批先进制造业集群。随着智能、绿色、高端产业的快速发展，工业机器人、新能源汽车、光电子器件等新兴产品均实现了高速增长。从国际分工看，传统产业依靠创新驱动，在国际产业链中的分工地位逐步提高，关键装备、核心零部件严重依赖进口的状况逐步改善，高精尖特种钢材赋予了钢铁行业转型升级的新动力。

（二）新兴产业不断加快孕育发展

中共十八大以来，中国大力发展高技术产业和先进制造业，积极推动战略性新兴产业，新动能加快孕育发展，工业经济不断向中高端迈进。2021 年，高技术制造业、装备制造业增加值分别同比增长 18.2 个百分点和 12.9 个百分点，增速分别高于规模以上工业 8.6 个百分点和 3.3 个百分点。2020 年，战略性新兴产业增加值占 GDP 比重为 11.7%，比上年提高0.2 个百分点，比 2014 年提高 4.1 个百分点。其中，规模以上工业战略性新兴产业增加值比上年增长 6.8%，比规模以上工业增加值增速快 4.0 个百分点。主要代表性产品增势强劲。2021 年我国汽车保有量大幅增长到3.1 亿辆，特别是新能源汽车，产量已连续 7 年位居世界第一，而且在续航里程、操控性能、充换电便利度、智能化水平等方面都有了很大提高，品牌和价格上也有了更多选择。5G 手机出货量达到 2.7 亿部，占同期手机出货量的 75.9%，外观、性能和使用体验都有了质的飞跃。[①] 移动通信、语音识别、第三代核电"华龙一号"、掘进装备等跻身世界前列，集成电路制造、C919 大型客机、高档数控机床、大型船舶制造装备等加快追赶国际先进水平，龙门五轴机床、8 万吨模锻压力机等装备填补了多项国内空白。

（三）中国智造发展取得积极成效

中共十八大以来，中国工业化和信息化深度融合进展加快。一是制造业数字化网络化智能化水平持续提升。据工业和信息化部数据显示，截至2021 年底，全国工业企业关键工序数控化率、数字化研发设计工具普及率

---

① 郭冀川、孟珂：《我国制造业增加值占全球比重近 30% 规模大体系全韧性强》，载《证券日报》2022 年 7 月 27 日。

分别达到 51.3% 和 74.7%，比 2012 年分别提高了 30.7 个百分点和 25.9 个百分点。建成 700 多个数字化车间、智能工厂，炼化、印染、家电等领域智能制造的水平都处于世界领先水平。二是"互联网＋制造业"新模式不断涌现。截至 2021 年底，规模以上工业企业关键工序数控化率已经达到 55.3%，数字化研发工具普及率达到 74.7%。开展网络化协同和服务型制造的企业比例分别达到 38.8% 和 29.6%。大规模个性化定制在服装、家具等行业加快推广，协同研发制造在汽车、航空、航天等高端制造领域日益兴起。三是工业互联网发展已迈出实质性步伐。工业互联网已经广泛应用于石油、石化、钢铁、家电、服装、机械、能源等行业，具有一定行业和区域影响力的工业互联网平台超过 100 家，山东、广东、长三角、成渝等地区初步形成区域协同发展格局。① 四是软件和信息技术服务业运行态势良好。软件业务收入保持较快增长，2021 年，全国软件和信息技术服务业规模以上企业超 4 万家，累计完成软件业务收入 94994 亿元，同比增长 17.7%；盈利能力稳步提升，2021 年，软件业利润总额 11875 亿元，同比增长 7.6%；软件业务出口保持增长，2021 年，软件业务出口 521 亿美元，同比增长 8.8%，其中软件外包服务出口 149 亿美元，同比增长 8.6%，嵌入式系统软件出口 194 亿美元，同比增长 4.9%。从业人员规模不断扩大，2021 年，中国软件业从业人员平均人数 809 万人，同比增长 7.4%。从业人员工资总额同比增长 15.0%。加快建设网络、平台、安全三大体系，工业互联网应用已经覆盖 45 个国民经济大类，工业互联网高质量外网覆盖全国 300 多个城市。培育较大型工业互联网平台超过 150 家，连接工业设备超过 7800 万台（套）。五是实施智能制造工程。发布智能制造国际标准 42 项、国家标准 300 多项，基础共性和关键技术国家标准的覆盖率达到 97.5%。建成 700 多个数字化车间、智能工厂，智能制造试点示范项目生产效率平均提高 48%，产品研制周期平均缩短 38%，产品不良品率平均降低 35%。

---

① 郭倩：《制造业数字化转型行动计划将加速出台》，载《经济参考报》2021 年 4 月 29 日。

二、工业区域布局优化

东部地区在中国工业经济发展中举足轻重，对全国工业经济起着压舱石和导向标的作用。经过改革开放 40 多年的发展，东部地区工业经济规模持续扩大，在由速度向质量转型升级方面发挥了重要的引领示范作用。2021 年 1 - 10 月，东部地区规模以上工业增加值同比增长 12.6%，增速同比提高 10.3 个百分点，比 1 - 9 月回落 1.1 个百分点。

中西部地区工业经济实力稳步提升，对全国工业经济发展起到重要支撑作用。中西部地区受历史、自然和区位等诸多因素的影响，总体发展水平与东部一直存在较大差距。随着国家出台一系列振兴中西部地区的发展战略，相关地区工业经济实力不断增强。

实施京津冀协同发展和长江经济带发展战略以来，相关地区工业经济质量不断提升。2020 年，长江经济带规模以上工业企业主营业务收入492229.2 亿元，占全国工业企业主营业务收入的比重为 45.42%。创新驱动发展战略深入推进。2019 年，长江经济带 11 个省市战略性新兴产业实现增加值平均增速 11.2%，高于全国 8.4% 的平均增速 2.8 个百分点。部分新兴产业已形成一定的规模集聚效应。京津冀协同发展战略取得积极进展，产业转移协作有序推进，初步形成了京津冀创新协作新模式，一大批跨区域重大产业项目与共建园区陆续落地，为京津冀工业高质量发展提供了源源不断的新动能。

区域政策趋于精准，区域经济在不断调整中向协调联动推进。中共十八大以来，以习近平同志为核心的党中央，在推动区域经济发展的政策上更加精准，更加注重跨行政区域、大区域的协调发展，各地区经济发展的联系更加密切，区域发展差距有所缩小。2020 年，中部地区规模以上工业增加值占全国的 22.93%，西部地区为 18.55%。2020 年，中西部地区规模以上工业主营业务收入占全国工业的比重分别为 20.81% 和 16.64%，与2012 年 19.58% 和 13.85% 的比重相比，分别提高了 1.23 个百分点和 2.79

个百分点。近年来，东北地区经济增速有所放缓，随着一系列东北振兴的重大改革、重大政策、重大措施的逐步落地，东北工业企稳势头不断巩固。东中西部区域发展差距扩大的趋势逐步有所扭转，不同区域间相互促进、优势互补、共同发展的新格局正在加快形成。

三、中国工业在全球经济中的地位提升

（一）中国工业总量快速增长，主要工业产品产量位居世界前列

中国实现了世界罕见的持续高速的经济增长和工业发展，工业化水平大幅提升。2012－2021年，工业增加值从20.9万亿元增长到37.3万亿元；制造业增加值从16.98万亿元增加到31.4万亿元，占全球比重从20%左右提高到近30%，如图5－3所示。

图5－3　2012－2021年中国工业增长情况

资料来源：根据Wind中国宏观（EDBC）数据库提供数据计算。

中国工业品产量在世界具有举足轻重的地位，按照国际标准工业分类，在22个大类中，中国于2014年在7个大类中就已经名列第一，钢

铁、水泥、汽车等 220 种工业品产量居世界第一位。新时代这十年，中国工业增加值由 20.9 万亿元增至 31.3 万亿元，其中制造业增加值由 16.98 万亿元增至 26.6 万亿元，占全球比重由 22.5% 提高到近 30%。中国工业拥有 41 个大类、207 个中类、666 个小类，是世界上工业体系最为健全的国家。在 500 种主要工业产品中，有 40% 以上产品的产量世界第一。竞争力增强，光伏、新能源汽车、家电、智能手机、消费级无人机等重点产业跻身世界前列，通信设备、工程机械、高铁等一大批高端品牌走向世界。

（二）工业对外贸易质量上升，国际竞争力显著增强

中共十八大以来，中国对外贸易总额整体呈上升趋势，其中工业制成品和高技术产品表现尤其突出。2021 年我国货物贸易进出口总达到 6.05 万亿美元，比 2012 年增长 64.19%。其中，工业制成品进出口总额、机械及运输设备进出口总额分别达到 4.93 万亿美元和 2.62 万亿美元，分别增长了 57.57% 和 62.26%；工业制成品出口额、机械及运输设备出口额分别达到 3.22 万亿美元和 1.62 万亿美元，分别增长了 65.49% 和 67.81%，如图 5-4 和图 5-5 所示。我国技术密集型的机电产品、高新技术产品出口额分别由 2012 年的 7.4 万亿元、3.8 万亿元增长到 2021 年的 12.8 万亿元、6.3 万亿元，制造业中间品贸易在全球的占比达到 20% 左右。[①]

中国已经是世界制造业规模最大的国家，2021 年完成的行业 GDP 接近 4 万亿美元。中国工业国际地位显著提升，成为驱动全球工业增长的引擎。中共十八大以来，中国工业增加值以年均 6.3% 的速度增长，在世界主要经济体中位居前列，是推动全球工业持续增长的重要力量。从与主要工业生产大国比较看，中国工业发展的成绩更是凸显。

---

① 郭冀川、孟珂：《我国制造业增加值占全球比重近 30%　规模大体系全韧性强》，载《证券日报》2022 年 7 月 27 日。

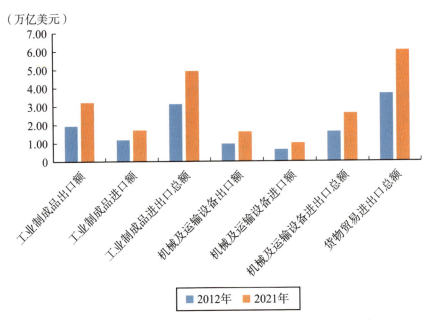

图 5－4　2012 年和 2021 年中国货物贸易进出口额变化情况

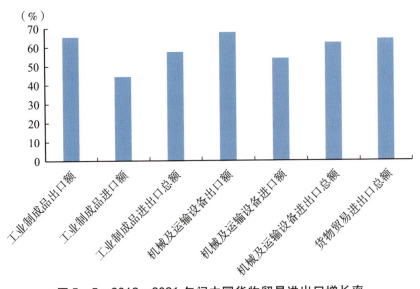

图 5－5　2012－2021 年间中国货物贸易进出口增长率

资料来源：根据历年《中国统计年鉴》整理。

四、中国工业的标志性成就

创新兴则国兴，创新强则国强，创新久则国盛。中共十八大以来，大数据、云计算、物联网、人工智能等技术群起而兴，信息社会逐步由数字时代转向数据时代。这十年来，中国重视高端装备创新，组织实施大型飞机、航空发动机及燃气轮机、民用航天、智能绿色列车、节能与新能源汽车、海洋工程装备及高技术船舶、智能电网成套装备、高档数控机床、核电装备、高端诊疗设备等一批创新和产业化专项、重大工程。在信息通信、大国重器、航空航天以及核能技术领域皆成就斐然，为迈入工业强国铺垫了扎实的技术基础。

（一）第五代移动通信技术

第五代移动通信技术，简称5G，是实现人机物互联的新一代宽带移动通信技术。其具备的高速率、低时延和大连接特性可以真正实现高移动性、无缝漫游和无缝覆盖，极大促进了人类社会数字化转型进程。2012年，由中国主导制定的 TD－LTE－Advanced 成功入选 4G 国际标准，这一事件标志着中国自主创新移动通信标准获得国际认可。2016 年，在国际无线标准化机构第 87 次会议上，由中国企业主推的极化码（Polar Code）成为 5G 控制信道 eMBB 场景编码方案，这一事件标志着中国通信企业成功迈入世界顶尖领域，中国率先成为在国际上发布 5G 系统于中频段频率使用规划的国家。2017 年，中国 5G 系统在 6GHz 以下频段率先获得了500MHz 的频谱资源，这是中国政府主管部门积极推进 5G 产业发展和实施网络强国战略的重要举措，有力地促进了中国 5G 技术研发和产业化、商用化进程，对中国进入全球 5G 商用第一阵营具有十分重要的意义。2018年，工业和信息化部正式向中国电信、中国移动、中国联通发放了 5G 系统中低频段试验频率使用许可。这一事件进一步推动了中国运营企业公平竞争和可持续发展，进而在保护现有无线电业务的同时，降低运营企业组网的复杂性和管理成本，实现频率资源使用效率和效益的最大化。

（二）中国北斗卫星导航系统

中国北斗卫星导航系统（BDS），包含空间段、地面段和用户段三部分，可在全球范围内随时随地为不同用户提供高精度、高可靠的定位、导航和授时服务，是继 GPS、GLONASS 之后的第三个中国自行研制的全球卫星导航系统。2017 年底，北斗三号系统建设开始进入超高密度发射状态，北斗系统正式向全球提供 RNSS 服务；截至 2019 年 9 月，北斗卫星导航系统在轨卫星已达 39 颗。2020 年 7 月，北斗三号全球卫星导航系统正式开通，全球范围内已经有 137 个国家与北斗卫星导航系统签下了合作协议。我国卫星导航与位置服务产业总体产值从 2012 年的 810 亿元增长到 2021 年的 4690 亿元，继续保持稳定高速增长态势，产业生态范围进一步扩大，

★ 2020 年 6 月 23 日，我国北斗三号全球卫星导航系统最后一颗组网卫星在西昌卫星发射中心点火升空。

结构持续优化。① 随着全球组网的成功，北斗卫星导航系统未来将持续提升服务性能，扩展服务功能，增强连续稳定运行能力，不断开拓国际应用空间。北斗系统的建设实践推动了融合式发展，丰富了全球卫星导航事业的发展模式，走出了在区域快速形成服务能力、逐步扩展为全球服务的中国特色发展路径。

（三）"华龙一号"

"华龙一号"是中国第三代压水堆核电的创新成果，在设计、制造和运行维护等方面均具有自主知识产权，安全指标和技术性能达到了国际三代核电技术的先进水平，是中国核电走向世界的"国家名片"，更是中国核电创新发展的重大标志性成果。2020年，"华龙一号"福清核电5号机组首次并网成功，标志着中国打破了国外核电技术垄断，正式进入核电技术先进国家行列。伴随中核集团福清核电6号机组首次并网成功，中国已并网核电机组达到53台，总装机容量5463.695万千瓦，成为全球第三台、中国第二台"华龙一号"并网发电机组。"华龙一号"凝聚了中国核电建设者的智慧和心血，实现了先进性和成熟性的统一、安全性和经济性的平衡、能动与非能动的结合，现已具备国际竞争比较优势。2021年，石岛湾核电成功实现首次并网发电，标志着全球首座具有第四代先进核能系统特征的球床模块式高温气冷堆，实现了从"实验室"到"工程应用"这一质的飞跃，中国实现了高温气冷堆核电技术的"中国引领"。

（四）大国重器：装备制造业

重大技术装备攻关工程指围绕工作母机、新能源汽车、海工装备、能源装备、农机装备、轨道交通装备、工程机械等重点领域，支持有条件的领军企业联合行业上下游、产学研力量，分领域组建创新联合体，采取"揭榜挂帅""选马赛马""立军令状"等机制，加快攻克关键的核心技

---

① 中国卫星导航定位协会：《2022中国卫星导航与位置服务产业发展白皮书》，第16页。

术，取得了重大成就。

一是盾构隧道掘进机。盾构机是一种使用盾构法进行隧道掘进，集光、机、电、液、传感、信息技术于一体的专用工程机械，具有开挖切削土体、输送土碴、拼装隧道衬砌、测量导向纠偏等多种功能，涉及多门学科技术，其设计制造常依据不同的地质进行"量体裁衣"，对可靠性要求极高。盾构的施工法区别于敞开式施工法，要求在掘进的同时还要铺设好隧道之"盾"——即支撑性管片。2015年11月，中国国产首台拥有完全自主知识产权的铁路大直径盾构机在长沙下线，打破了国外近一个世纪的技术垄断，迈开了中国加速建设城市化和大铁路网的步伐，开发了掘进机械整机系统集成技术的应用，实现了15米以上超大直径泥水盾构和超小直径（W4.5米）盾构施工应用。2020年5月，国产盾构/TBM主轴承减速机工业试验取得成果，首批国产化6米级常规盾构3米直径主轴承、减速机通过试验检测，标志着中国盾构核心部件国产化取得了新的重大突破。自中国首次引进德国两台敞开式盾构机至今，盾构机技术成功实现从无到有，由弱到强，凭借自身高性价比优势占据全球2/3的市场。

二是"天鲲号"的研制。中共十八大以来，中国疏浚装备建设取得了重大进展。"天鲲号"是中国自主设计并建造的亚洲最大、最先进的新一代重型自航绞吸挖泥船，总长约140.0米，型宽27.8米，设计吃水6.5米，能开挖单侧抗压强度50兆帕以内的岩石，满载排水量17000吨，能以6000平方米/小时的速度将海沙、海水的混合物甚至深海岩石粉碎吸出并排放到最远15公里的海域，具备装机功率最大、疏浚能力最强以及航行能力持久等特点。"天鲲号"2015年开始启动建造；2017年，在江苏启东成功下水；2019年，顺利返航，正式具备投产能力。"天鲲号"可以开展沿海港口、航道的疏浚、吹填与维护，还适用于沿海及深远海港口航道疏浚及围海造地，并具有无限航区的航行能力和装驳功能。"天鲲号"的研制形成国际领先的新型自航绞吸船智能集成控制系统，标志着中国自主设计建造的新一代重型自航绞吸挖泥船已处于世界先进水平。其挖掘功率、最大挖掘深度均居世界前列、亚洲第一，输送系统能力更是位列世界第一。

★　2019 年 1 月 9 日，我国自主研发疏浚重器"天鲲号"完成全部测试归来。

三是"复兴号"动车组列车。"复兴号"动车组列车是由中国铁路总公司牵头组织研制、具有完全自主知识产权、达到世界先进水平的动车组列车。"复兴号"有着流线型的"头型"和平顺的车体，这一设计确保了列车运行快速且稳定。2012 年，由中国铁道科学研究院技术牵头开展了中国标准动车组设计研制工作，先后完成了总体技术条件制定、方案设计、整车型式试验、科学实验、样车下线、空载运行、模拟荷载试验等任务。"复兴号"作为具有完全自主知识产权、达到世界先进水平的中国标准动车组，其在京沪两地运行时速可达 400 公里。该列车研制过程中的 254 项标准中"中国标准"占 84%。拥有自主知识产权的"复兴号"标准动车组的投入运营加快了"中国制造"向"中国创造"转变的步伐，树立了"中国制造"和"中国创造"的质量声誉，其品牌形象使中国拥有了更多、更强的国际话语权和核心竞争力。"复兴号"动车组在京沪高铁率先实现 350 公里时速运营，这一事件标志着中国再次成为世界上高铁商业运营速度最高的国家。2021 年，中国高铁承载着 50% 以上的客运承载量和 70% 以上的货运承载量，被称为当代的中国"经济大动脉"。中国投入运营的高速铁路多达 6800 多公里，已成为世界上高速铁路系统技术最全、集成能力最强、运营里程最长、运行速度最高、在建规模最大的国家。中国高铁已完全实现自主知识产权，在全世界发展中独树一帜，实现了"从步入到引领"的跨越式发展。

工业兴，则国家兴；工业强，则国家强。回首过往，中国工业发展成就辉煌；展望未来，中国工业发展任重道远，继续肩负着推动实现中华民族伟大复兴的重任。这十年，中国工业开启了高质量发展的新征程。推动中国制造向中国创造转变、中国速度向中国质量转变、中国产品向中国品牌转变，是工业高质量发展的必然要求，也是中国从工业大国向工业强国转变的必由之路。

（2012—2022）

第六章

突飞猛进的交通事业

中共十八大以来，习近平针对中国交通运输业发展中存在的问题，以建设交通强国、实现"两个一百年"的奋斗目标为旨归，对中国交通运输事业进行了系统擘画。2012 年以来，在借鉴国内外交通发展史、结合中国交通运输业发展实践的基础上，中国交通强国战略有序推进。国家采取了一系列有针对性的措施，包括：深化交通运输供给侧结构性改革，打好交通扶贫脱贫攻坚战；服务好国家重大战略实施；打造现代综合交通运输体系；打造创新型交通运输业；发展绿色交通体系；强化交通现代化治理能力建设等。作为现代化经济体系的重要一环，交通现代化治理水平已经成为现代化国家治理的重要体现，更是人民生活便利化的重要实现手段。

第一节　交通发展的动力和规划

自 1978 年改革开放以来，中国经济蕴藏的巨大潜能与空前活力得以释放，中国实现了持续的高速经济增长，跃居世界第二大经济体，并成为全球经济增长的最主要贡献者。然而，在多年高速增长与规模扩张的过程中，中国也遇到了许多"不平衡""不协调""不充分""不可持续"的深层问题。自 2013 年起，中国经济开始进入从高速增长向中高速增长的"换挡期"，工业化、城镇化也开始"降速"转型，各种结构性矛盾开始日益显现，进而成为妨碍中国经济社会持续、健康发展的主要障碍。作为投资拉动经济增长的重要手段，抓住"铁公基"① 的投资导向成为政策的重要选择。2018 年 12 月，在沿袭传统的基础上，"新基建"又将投资拉动政策提到了一个新高度。

一、交通大发展的机遇和条件

经济学理论表明，交通基础设施是国家公共投资的重要组成部分，交通运输等基础设施建设与经济增长的关系，对于发展中国家的赶超战略尤其重要。中国在这方面已经探索出一条成功的道路。西方经济学家亚当·斯密论述了运输对城市和地区经济繁荣所起的促进作用、政府在交通设施方面的开支问题。马克思在《资本论》中也阐述了铁路和航运对资本主义大工业发展的作用。到了现代，西方不少经济学家的研究表明交通基础设施建设对各产业增加值有显著的正向作用。

改革开放以来，中国经济取得了长足进展，铁路、公路等运输方式逐

---

① "铁公基"是指铁路、公路、基本建设。

渐走到了世界前列；并取得了经济总量世界第二的好成绩，成为引领东亚甚至世界经济发展的排头兵。

由于历史上中国在基础设施投资领域里的欠账比较严重，每当经济增长出现放缓趋势的时候，加大对铁路、公路基础设施的投资便成了政府的选择。面对 2008 年爆发的国际金融危机，中国依靠积极的财政政策，通过铁路、公路等基础设施建设拉动内需，将金融危机对中国经济的不利影响降到了最小。基础设施建设具有所谓"乘数效应"，即能带来几倍于投资额的社会总需求和国民收入。一个国家或地区的基础设施是否完善，是其经济是否可以长期持续稳定发展的重要基础。2008 年，为了应对由于全球性金融危机及国内诸多因素造成的经济下滑的巨大风险，中国政府推出"四万亿"投资的经济刺激计划，"四万亿"经济刺激预计每年拉动经济增长约 1 个百分点，其中近一半资金投向交通基础设施和城乡电网建设，这不仅可以使中国加快摆脱全球金融危机所带来的负面作用，还可以扩大内需，刺激中国经济的发展和消费的增长。配合中央政府的计划，全国各省市政府纷纷以基础建设项目为重点，以投资拉动经济增长，2008 年全社会总投资超过 16 万亿元。2009 年，铁路计划完成 6000 亿元的基本建设投资。完成这一规模的投资，需用钢材 2000 万吨、水泥 1.2 亿吨，能够提供 600 万个就业岗位，可以直接带来全国 GDP 增幅提高 1.5% 的拉动效应。可见，加快推进大规模铁路建设对拉动投资和内需的作用是十分明显的。

2012 年下半年以来，经济数据持续低迷，稳增长的压力日益增大。恰逢此时，中央政府加快了审批事项的削减和下放速度。一些地方迅速利用新下放的审批权限，加快了本地基础设施建设项目的批复和建设进度，一批城轨、地铁、棚户区改造项目整装待发，加上"十二五"规划内拟新布局的 82 个运输机场，又一波"铁公基"项目上马。按照《中长期铁路网规划》，中国到 2020 年要新建 1.6 万公里高铁，而铁道部的"十二五"规划提出每年投资不少于 7000 亿元，高铁目标要提前 5 年实现。在 2016－2018 年的三年内，中国重点推进铁路、公路、水路、机场、城市轨道交通项目 303 项，涉及项目总投资约 4.7 万亿元。对于保持经济增长不致出现

"断崖式下跌"，显然将起到重要的支撑作用。交通基础设施的完善能够对地区经济的发展产生全方位的拉动作用，以往中国经济的高速发展与交通设施的快速发展有密切关系。2022年3月，交通运输部办公厅印发《关于扎实推动"十四五"规划交通运输重大工程项目实施的工作方案》，按照意义重大、影响深远、效益突出、技术领先、示范带动的遴选原则，提出"十四五"时期重点推进的11项交通运输重大工程项目包。因此，新时代继续加大"铁公基"投资，从总体上说，既能有益于当下，也能造福于未来。

从区域发展层面来看，改革开放以来沿海地区经济快速发展和某些区域开发的成功，一条共同的经验就是通过率先启动大规模的基础设施建设，为经济高速增长奠定坚实的基础。经过一段时间的发展，中国的基础设施面貌有了翻天覆地的变化，促进了全国经济社会的快速持续增长。2013年"一带一路"倡议的提出，无疑也得益于中国在交通运输领域的技术、资金和人才储备，其拉动经济增长的基础性地位愈发明显。

二、全行业发展规划纷纷出台

改革开放以来，中国借鉴发达国家经验，结合自身发展实际，持续深入探索实践，交通运输规划理念、理论、方法不断完善，初步形成了具有中国特色的现代化综合交通运输规划体系。

随着经济社会的快速发展，国家级干线公路规划与建设仍面临一些亟待解决的问题，如覆盖范围不全面、主要通道能力不足、网络效率有待进一步提高、与其他运输方式需要进一步加强衔接等。2013年5月，《国家公路网规划（2013年－2030年）》获得了国务院的批准。该规划的目标是：形成"布局合理、功能完善、覆盖广泛、安全可靠"的国家干线公路网络，实现首都辐射省会、省际多路连通，地市高速通达、县县国道覆盖。1000公里以内的省会间可当日到达，东中部地区省会到地市可当日往返、西部地区省会到地市可当日到达；区域中心城市、重要经济区、城市群内外交通联系密切，形成多中心放射的路网格局；沿边、沿海公路连续贯通，形成环绕中国大陆的沿边沿海普通国道路线；有效连接国家陆路门户城市和重要边境口岸，形成重要国际运输通道，与东北亚、中亚、南亚、东南亚的联系更加便捷。该规划由普通国道和国家高速公路两个路网层次构成，总规模约 40 万公里。该规划作为公路交通基础设施的中长期布局规划，充分体现了新时期国家发展综合交通运输的战略方针，是指导国家公路长远发展的纲领性文件，必将对中国公路交通发展产生深远影响。

2017 年提出的《"十三五"现代综合交通运输体系发展规划》是根据《中华人民共和国国民经济和社会发展第十三个五年规划纲要》，并与"一带一路"建设、京津冀协同发展、长江经济带发展等规划相衔接而制定的，主要内容包括以下几个方面。

（一）建设多向连通的综合运输通道

构建横贯东西、纵贯南北、内畅外通的"十纵十横"综合运输大通道，加快实施重点通道连通工程和延伸工程，强化中西部和东北地区通道建设。

（二）构建高品质的快速交通网

以高速铁路、高速公路、民用航空等为主体，构建服务品质高、运行速度快的综合交通骨干网络。加快高速铁路网建设，贯通京哈—京港澳、陆桥、沪昆、广昆等高速铁路通道，建设京港（台）、呼南、京昆、包（银）海、青银、兰（西）广、京兰、厦渝等高速铁路通道，拓展区域连接线，扩大高速铁路覆盖范围。加快推进由 7 条首都放射线、11 条北南纵线、18 条东西横线，以及地区环线、并行线、联络线等组成的国家高速公路网建设，尽快打通国家高速公路主线待贯通路段，推进建设年代较早、交通繁忙的国家高速公路扩容改造和分流路线建设。有序发展地方高速公路。加强高速公路与口岸的衔接。打造国际枢纽机场，建设京津冀、长三角、珠三角世界级机场群，加快建设哈尔滨、深圳、昆明、成都、重庆、西安、乌鲁木齐等国际航空枢纽，增强区域枢纽机场功能，实施部分繁忙干线机场新建、迁建和扩能改造工程。科学安排支线机场新建和改扩建，增加中西部地区机场数量，扩大航空运输服务覆盖面。推进以货运功能为主的机场建设。

（三）强化高效率的普通干线网

以普速铁路、普通国道、港口、航道、油气管道等为主体，构建运行效率高、服务能力强的综合交通普通干线网络。

完善普速铁路网。加快中西部干线铁路建设，完善东部干线铁路网络，加快推进东北地区铁路提速改造，增强区际铁路运输能力，扩大路网覆盖面。实施既有铁路复线和电气化改造，提升路网质量。拓展对外通道，推进边境铁路建设，加强铁路与口岸的连通，加快实现与境外通道的有效衔接。

推进普通国道提质改造。加快普通国道提质改造，基本消除无铺装路面，全面提升保障能力和服务水平，重点加强西部地区、集中连片特困地区、老少边穷地区低等级普通国道升级改造和未贯通路段建设。推进口岸公路建设。加强普通国道日常养护，科学实施养护工程，强化大中修养护管理。推进普通国道服务区建设，提高服务水平。

完善水路运输网络。优化港口布局，推动资源整合，促进结构调整。强化航运中心功能，稳步推进集装箱码头项目，合理把握煤炭、矿石、原油码头建设节奏，有序推进液化天然气、商品汽车等码头建设。提升沿海和内河水运设施专业化水平，加快内河高等级航道建设，统筹航道整治与河道治理，增强长江干线航运能力，推进西江航运干线和京杭运河高等级航道扩能升级改造。

强化油气管网互联互通。巩固和完善西北、东北、西南和海上四大油气进口通道。新建和改扩建一批原油管道，对接西北、东北、西南原油进口管道和海上原油码头。结合油源供应、炼化基地布局，完善成品油管网，逐步提高成品油管输比例。大力推动天然气主干管网、区域管网和互联互通管网建设，加快石油、成品油储备项目和天然气调峰设施建设。

（四）拓展广覆盖的基础服务网

以普通省道、农村公路、支线铁路、支线航道等为主体，通用航空为补充，构建覆盖空间大、通达程度深、惠及面广的综合交通基础服务网络。

合理引导普通省道发展。积极推进普通省道提级、城镇过境段改造和城市群城际路段等扩容工程，加强与城市干道衔接，提高拥挤路段通行能力。强化普通省道与口岸、支线机场以及重要资源地、农牧林区和兵团团场等有效衔接。

全面加快农村公路建设。除少数不具备条件的乡镇、建制村外，全面完成通硬化路任务，有序推进较大人口规模的撤并建制村和自然村通硬化路建设，加强县乡村公路改造，进一步完善农村公路网络。加强农村公路养护，完善安全防护设施，保障农村地区基本出行条件。积极支持国有林场林区道路建设，将国有林场林区道路按属性纳入各级政府相关公路网规划。

积极推进支线铁路建设。推进地方开发性铁路、支线铁路和沿边铁路建设。强化与矿区、产业园区、物流园区、口岸等有效衔接，增强对干线铁路网的支撑作用。

加强内河支线航道建设。推进澜沧江等国际国境河流航道建设。加强长江、西江、京杭运河、淮河重要支流航道建设。推进金沙江、黄河中上游等中西部地区库湖区航运设施建设。

加快推进通用机场建设。以偏远地区、地面交通不便地区、自然灾害多发地区、农产品主产区、主要林区和旅游景区等为重点，推进200个以上通用机场建设，鼓励有条件的运输机场兼顾通用航空服务。

完善港口集疏运网络。加强沿海、长江干线主要港口集疏运铁路、公路建设。

改革开放 40 多年来，中国民航年均增长 17.6%，远远高于其他交通运输方式。中国已成为仅次于美国的全球第二大航空运输系统，今后十几年，仍将是民航快速发展的历史黄金期。2016 年 12 月，中国民用航空局、国家发展改革委、交通运输部联合印发《中国民用航空发展第十三个五年规划》，阐明民航行业未来五年发展的指导思想、基本原则、目标要求和重大举措，提出了确保航空持续安全、构建国家综合机场体系、全面提升航空服务能力、提升空管保障服务水平、改革创新推动转型发展五大任务。中国民用航空局 2018 年 11 月 26 日发布《新时代民航强国建设行动纲要》，提出了"一加快，两实现"的战略步骤：到 2020 年，民航加快实现从航空运输大国向航空运输强国的跨越；从 2021 年到 2035 年，实现从单一的航空运输强国向多领域的民航强国的跨越；到本世纪中叶，实现由多领域的民航强国向全方位的民航强国的跨越。

2019 年，中共中央、国务院印发了《交通强国建设纲要》，提出的发展目标为：到 2020 年，完成决胜全面建成小康社会交通建设任务和"十三五"现代综合交通运输体系发展规划各项任务，为交通强国建设奠定坚实基础。从 2021 年到本世纪中叶，分两个阶段推进交通强国建设。到 2035 年，基本建成交通强国。现代化综合交通体系基本形成，人民满意度明显提高，支撑国家现代化建设能力显著增强；拥有发达的快速网、完善的干线网、广泛的基础网，城乡区域交通协调发展达到新高度；基本形成"全国 123 出行交通圈"（都市区 1 小时通勤、城市群 2 小时通达、全国主要城市 3 小时覆盖）和"全球 123 快货物流圈"（国内 1 天送达、周边国家 2 天送达、全球主要城市 3 天送达），旅客联程运输便捷顺畅，货物多式联运高效经济；智能、平安、绿色、共享交通发展水平明显提高，城市交通拥堵基本缓解，无障碍出行服务体系基本完善；交通科技创新体系基本建成，交通关键装备先进安全，人才队伍精良，市场环境优良；基本实现交通治理体系和治理能力现代化；交通国际竞争力和影响力显著提升。到本世纪中叶，全面建成人民满意、保障有力、世界前列的交通强国。基础设施规模质量、技术装备、科技创新能力、智能化与绿色化水平位居世界前列，交通安全水平、治理能力、文明程度、国际竞争力及影响力达到国际先进水平，全面服务和保障社会主义现代化强国建设，人民享有美好交通服务。

2021 年 2 月 24 日，中共中央、国务院印发了《国家综合立体交通网规划纲要》，针对 2021 年至 2035 年国内综合立体交通网，支撑现代化经济体系和社会主义现代化强国建设制定了总体规划以及发展远景。该纲要计划到 2035 年，基本建成现代化高质量国家综合立体交通网，实现国际国内互联互通、全国主要城市立体畅达、县级节点有效覆盖，有力支撑"全国 123 出行交通圈"（都市区 1 小时通勤、城市群 2 小时通达、全国主要城市 3 小时覆盖）和"全球 123 快货物流圈"（国内 1 天送达、周边国家 2 天送达、全球主要城市 3 天送达）。确定了京津冀、长三角、粤港澳大湾区、成渝地区双城经济圈 4 大国际性综合交通枢纽集群，长江中游、山东半岛、海峡西岸、中原地区、哈长、辽中南、北部湾和关中平原 8 个地区作为组群，呼包鄂榆、黔中、滇中、山西中部、天山北坡、兰西、宁夏沿黄、拉萨和喀什 9 个地区作为组团，打造由主轴、走廊、通道组成的国家综合立体交通网主骨架。

三、交通投融资改革动力强劲

中国交通投融资体制在改革开放前后有很大变化，产生了不一样的发展绩效，投融资体制由单一的财政投入逐步向以市场化为导向的多元化转变，政府相继进行了一系列鼓励民资、外资等资金入场的多元化投融资政策改革，极大地促进了各种运输方式尤其是高速公路、高速铁路的发展。从长时段来看，投融资结构的改善能够很好地促进中国相关运输形式的快速发展，其基础性、先导性的作用仍然存在，对经济发展的重要性依然不容忽视。交通业投融资改革的推进以及建设资金的多元化有力地推动了中国交通的跨越式发展，形成了独具特色的交通投融资的"中国方案"。

改革开放以来，在不同的经济社会发展阶段，交通投融资体制机制改革始终围绕"钱从哪来""谁来投资""怎样投资"三大问题进行，随着这些问题的有效合理解决，促进了交通业的飞速发展。随着 20 世纪 80 年代中期和 21 世纪初两轮较大规模的放权和"政企分离"改革，地方政府分阶段成为了收费公路、港口、机场等交通基础设施的所有者，这大大激发了地方政府的发展动力。中共十八大的召开标志着中国拉开了全面深化改革的大幕。在这个阶段，地方融资平台的政府融资功能逐渐被限制。作为一种融资工具的升级，PPP 和交通产业基金登上历史舞台，并被赋予了新的内涵，交通投融资体制正经历着新的变革。铁路率先完成一系列改革措施，投资保持高位运行；公路成为了在 PPP 浪潮中获益最大的领域，在交通投资中占比超过 60%；港口、机场投融资体制在这个阶段未出现大的变化。

2013 年，铁道部改组中国铁路总公司，组建国家铁路局，这标志着交通各领域已彻底完成"政企分离"改革。同年，国务院印发《关于改革铁路投融资体制加快推进铁路建设的意见》，主要包括推进铁路投融资体制改革，不断完善铁路运价机制，建立铁路公益性、政策性运输补贴的制度安排，为社会资本进入铁路创造条件，鼓励土地综合开发利用等六个方面内容。2014 年，国务院办公厅专门就实施铁路用地及站场毗邻区域土地综合开发利用发布政策，支持盘活现有铁路用地和新建铁路站场土地综合开发，并完善土地综合开发配套政策。2015 年，五部委联合发布《关于进一步鼓励和扩大社会资本投资建设铁路的实施意见》，进一步具体提出全面向社会资本开放，拓宽投融资渠道，完善投资环境，推动体制机制创新等方面的政策。至此，除个别涉及国家安全的交通项目外，交通各领域已经全部对社会资本放开。2015 年，交通运输部印发《关于深化交通运输基础设施投融资改革的指导意见》，针对公路、水路领域，构建交通基础设施公共财政保障制度，积极利用社会资本参与交通基础设施建设运营，提高资金使用效率。同年，公路项目代建、设计施工总承包、建设市场管理等规章制度实施，对规范公路投资起到了较大作用。2017 年开始，收费公路领域开展试点，发行收费公路专项债券。铁路、公路领域的一系列改革措施释放了投融资的潜力，并且2015－2016年国家设立多批次中央财政贴息的专项建设基金，带动铁路、公路投资较快增长。公路自2012年以来，投资额均保持在高位运行，铁路自2014年以来连续7年投资额超过8000亿元水平，成为交通领域投资活跃的两个亮点。这些措施极大地改善了中国公路、铁路的投融资状况。

2014年国务院发布的《关于创新重点领域投融资机制鼓励社会投资的指导意见》，提出加快推进铁路投融资体制改革，完善公路投融资模式，鼓励社会资本参与水运、民航基础设施建设。2016年7月，中共中央、国务院首次联合颁布《关于深化投融资体制改革的意见》，进一步明确"企业为主，政府引导"的总体要求，重申"确立企业投资主体地位、完善政府投资体制、转变政府职能"，强调"充分激发社会投资动力和活力、创新融资机制"。2017年1月，国务院提出扩大对外开放积极利用外资的若干政策，推进交通运输等领域有序对外开放，支持外资依法依规以特许经营方式参与交通等基础设施建设。同年9月，国务院办公厅再次发布《关于进一步激发民间有效投资活力促进经济持续健康发展的指导意见》，明确提出鼓励民间资本参与政府和社会资本合作（PPP）项目，促进基础设施和公用事业建设。

除了政府财政投资之外，社会资本参与交通建设的另一大形式是投资交通基金。2014年，国务院常务会议决定设立铁路发展基金，主要用于国家铁路项目资本金。充分发挥政府资金的引导作用和放大效应，融入社会资本权益性资金，以此形成基金并主要满足交通发展资金需求，辅以投资高收益项目。同时，交通等各类基金离不开与PPP的联动发展，交通基金的主要投向之一就是当地交通PPP项目政府方资本金。2016年，国务院批准的中国政府和社会资本合作融资支持基金成立，主要作为社会资本方参与各地PPP项目投资。

通过推进"放管服"改革，投资管理制度也不断规范。国务院于2013年、2014年、2016年接连三次更新《政府核准的投资项目目录》，取消或下放了企业投资的地方城际铁路、普通铁路、港口专用泊位、千吨级以上航电枢纽、机场改扩建等领域的政府核准。2016 - 2017 年，《企业投资项目核准和备案管理条例》《中央预算内投资补助和贴息项目管理办法》《企业投资项目核准和备案管理办法》等规范性文件相继实施，以制度形式明确投资项目管理。为进一步落实国家简政放权要求，国家发展改革委2015 年、2017 年分两次将纳入国家规划的非跨省的新建普通铁路项目、新建国家高速公路网项目、普通国省道建设项目、部分内河航道建设项目、内河航电枢纽建设项目、机场改扩建项目等中央政府投资交通项目审批权予以下放和简化程序，对能用规划实行有效管理的项目最大程度下放审批。

2017 年开始，在金融市场高杠杆率、高负债率和高流动性背景下，为打好防范化解重大风险攻坚战，在规范地方政府举债的基础上，交通等基础设施投融资开始重点以防控地方政府债务风险为总基调。

2012 - 2021 年期间，中国交通固定资产的投资额逐年递增，截至 2021 年，中国交通固定资产的投资额已达到 36220 亿元，如图 6 - 1 所示。

图 6 - 1　2012 - 2021 年中国交通固定资产投资额及增长率

资料来源：根据历年《交通运输行业发展统计公报》整理。

整体来看，交通运输行业对 GDP 的贡献值较为稳定。据统计，2012 - 2021 年间，中国交通运输、仓储和邮政业增加值占 GDP 的比重维持在

4%－5%之间，2021年，交通运输、仓储和邮政业增加值占GDP比重下降至4.11%。

铁路作为交通运输行业的支柱性产业，"十三五"期间中国铁路固定资产投资额连续保持在每年8000亿元左右。截至2021年，已开通运营高速铁路突破4万公里。这是世界上规模最大的高铁网络，联通覆盖了中国大陆除西藏外的所有省、自治区、直辖市和香港特别行政区。

公路方面，2012年以来投资增速不断加快，2017年投资额突破20000亿元后增速不减，基本维持在此区间，2020年更是达到24312亿元，2021年完成投资25995亿元，如图6－2所示。

图6-2　2012－2021年中国公路固定资产投资额及增长率

资料来源：根据历年《交通运输行业发展统计公报》整理。

根据民航业统计公报资料显示，民航在"十三五"期间，每年投资稳步增长，2016－2020年，民航历年投资额为782.4亿元、869.4亿元、936.7亿元、969.4亿元、1081.4亿元，各年较上年的增速分别为1.7%、11.1%、7.8%、3.5%和11.6%。民航发展取得了令人瞩目的成就。2012年民航全行业完成运输总周转量为610.32亿吨公里，旅客周转量446.43亿人公里，货邮周转量为163.89亿吨公里。到2021年，全行业完成运输总周转量 856.75 亿吨公里，旅客周转量 6529.68 亿人公里，货邮周转量 278.16 亿吨公里。客运市场方面，完成旅客运输量 44055.74 万人次。货运市场方面，完成货邮运输量 731.84 万吨。截至 2021 年底，我国获得通用航空经营许可证的传统通用航空企业有 599 家、运输飞机 3018 架、定期航班航线 4864 条。境内运输机场（不含香港特区、澳门特区和台湾地区）248 个。

交通运输部提供的数据显示，"十三五"期间交通固定资产投资 16 万亿元，巨量的投资极大地改善了交通对国民经济增长的滞后效应。到"十三五"期末，全国铁路营业里程 14.6 万公里，覆盖 99% 的人口 20 万人以上的城市；其中高铁运营里程大约 3.8 万公里，居世界第一位，覆盖 95% 的人口 100 万人及以上的城市。铁路复线率为 59.5%，电化率为 72.8%。全国铁路路网密度 152.3 公里/万平方公里，增加 6.8 公里/万平方公里，公路通车里程 519.8 万公里，其中高速公路 16.1 万公里。高速公路通车里程也是居世界第一位，覆盖了 98.6% 的 20 万人口以上的城市和地级行政中心。内河航道达标里程 12.77 万公里，沿海港口万吨级及以上泊位数 2592 个。城市轨道交通运营里程 7354.7 公里。民用机场 241 个，覆盖了 92% 的地级市。2021 年，铁路营业里程达到 15 万公里，其中高铁营业里程达到 4 万公里，铁路复线率为 59.5%，电气化率为 73.3%，铁路路网密度为 156.7 公里/万平方公里。公路总里程为 528.07 万公里，其中高速公路为 16.91 万公里。内河航道通航里程 12.76 万公里，沿海港口万吨级及以上泊位 2659 个。城市轨道交通运营里程 8735.6 公里，民用机场 248 个。

新冠肺炎疫情以来，面对经济下行压力，加大交通基础设施投资力度，成为稳增长的重要抓手。2021 年中央经济工作会议提出适度超前开展基础设施投资，2022 年 4 月 26 日召开的中央财经委员会第十一次会议提出全面加强基础设施建设构建现代化基础设施体系。在交通基础设施投资领域，2022 年上半年我国新开工高速公路和普通国省道项目近 170 个，总投资 2910 亿元。2022 年 1 - 6 月，我国公路水路固定资产投资完成 13443.70 亿元，比去年同期增长 9.4%。其中，公路建设投资完成 12704.39 亿元，比去年同期增长 9.7%；内河建设投资完成 349.49 亿元，比去年同期增长 5.4%；沿海建设投资完成 386.22 亿元，比去年同期增长 4.0%。[①]

四、城市公共交通方兴未艾

公共交通作为城市客运的主体，始终是中国城市发展的重点，公共交通运营车辆也得到各城市政府的持续稳定投入。2019 年 5 月，交通运输部等 12 个部门和单位联合印发《绿色出行行动计划（2019－2022 年）》，提出到 2022 年，初步建成布局合理、生态友好、清洁低碳、集约高效的绿色出行服务体系，提出了 21 条具体行动措施。

2020 年，宁波、石家庄、南京、深圳、天津等 10 个城市的地面公交出行幸福指数较高，其中宁波地面公交出行幸福指数最高，达到 76.39%；深圳和南京分别在超大城市中和特大城市中"幸福指数"位列首位。[②] 2021 年，天津和南京分别在超大城市和特大城市中"幸福指数"位列首位。

2021 年末，全国拥有城市公共汽电车 70.94 万辆。拥有城市轨道交通配属车辆 5.73 万辆，增长 15.9%。拥有巡游出租汽车 139.13 万辆。拥有城市客运轮渡船舶 196 艘，如表 6－1 所示。

2012－2021 年全国城市客运情况如表 6－2 所示。

---

① 《2022 年 1－6 月公路水路交通固定资产投资完成情况》，交通运输部网站，2022 年 7 月 15 日。
② 高德地图联合国家信息中心大数据发展部、清华大学戴姆勒可持续交通联合研究中心等权威机构共同发布的《2020 年度中国主要城市交通分析报告》显示，2020 年全国地面公交出行幸福指数较高的 20 个城市分别为：宁波、石家庄、南京、深圳、天津、成都、乌鲁木齐市、厦门、中山、北京、长沙、兰州、青岛、杭州、昆明、重庆、广州、海口、绍兴、上海。

表6-1　　　　　2012-2021年全国城市客运装备拥有量

年份	公共汽电车（万辆）	城市轨道交通配属车辆（辆）	巡游出租汽车（万辆）	城市客运轮渡船舶（艘）
2012	47.49	12611	129.97	590
2013	50.96	14366	134.00	422
2014	52.88	17300	137.01	329
2015	56.18	19941	139.25	310
2016	60.86	23791	140.40	282
2017	65.12	28707	139.58	264
2018	67.34	34012	138.89	250
2019	69.33	40998	139.16	224
2020	70.44	49424	139.40	194
2021	70.94	57300	139.13	196

资料来源：根据历年《交通运输行业发展统计公报》整理。

表6-2　　　　　2012-2021年全国城市客运量　　　　　单位：亿人

年份	公共汽电车	轨道交通	巡游出租汽车	客运轮渡
2012	749.80	87.29	390.03	1.31
2013	771.17	109.19	401.94	1.06
2014	781.88	126.66	406.06	1.07
2015	765.40	140.01	396.74	1.01
2016	745.35	161.51	377.35	0.94
2017	722.87	183.05	365.40	0.83
2018	697.00	212.77	351.67	0.80
2019	691.76	238.78	347.89	0.73
2020	442.36	175.90	253.27	0.39
2021	489.16	237.27	266.90	0.51

资料来源：根据历年《交通运输行业发展统计公报》整理。

新能源汽车和公交车的广泛应用，能显著减少机动化出行方式的污染排放，提升城市交通绿色化水平。到 2020 年底，重点区域直辖市、省会城市、计划单列市建成区制定了公交车全部更换为新能源汽车的目标，预示着中国城市公共交通绿色化水平未来将持续快速提升。得益于庞大的移动互联网用户群体、政策环境相对宽容等方面原因，中国的网约车、共享单车、共享汽车、共享停车等"互联网＋"交通新模式发展水平均处于世界领先地位。共享交通的快速发展，有效盘活了城市交通存量资源，提高了市民出行效率，降低了私人交通工具购买意愿，减少了静态交通用地需求，对于城市交通乃至经济社会的可持续发展起到了重要推动作用。当前涌现出的共享汽车、共享单车等共享交通业态，有效提升了存量交通工具的使用效率，既方便了城市居民出行，又在一定程度上降低了私人交通工具的购买需求，对促进城市交通集约、绿色发展起到积极作用。

国际经验表明，当一国城市化率超过 60%，城市轨道交通将实现高速发展以解决大城市交通拥堵问题，城市轨道交通建设投资迅速增加。长期以来，中国城市轨道交通建设相对滞后，轨道交通运营总长度、密度及负担客运比例均远低于世界其他几大城市的平均水平。2010 年的资料显示，与国际上几大城市相比，中国轨道出行比例明显偏低。比如，东京为 86%，伦敦为 65%，纽约为 61%，巴黎为 58%。我国上海为 48%，全国总体城市轨道出行占比不超过 10%。

2012 年以来，中国城市轨道交通投资开始加速增长，2012 年、2013 年的增长速度分别为 18% 和 13%，2014 年、2015 年的增长速度更是达到了 34% 和 27%，城市轨道交通建设已经成为投资热点，深受资本的青睐。[①]

---

① 2010 年前后，城市地铁运营里程，伦敦为 402 公里，墨尔本为 372 公里，纽约为 369 公里，东京为 326 公里，首尔为 314 公里，莫斯科为 321.9 公里，马德里为 284 公里，巴黎为 215 公里，墨西哥城为 201.4 公里，西班牙巴伦西亚为 175 公里，柏林为 173 公里，美国华盛顿为 171 公里，芝加哥为 170.6 公里。而中国的上海为 567 公里，北京为 465 公里，广州为 260.5 公里，香港特区为 218.2 公里，重庆为 197.3 公里，南京为 180.2 公里，深圳为 178.8 公里，中国发展势头之迅猛可见一斑。

　　"十二五"期间累计完成轨道交通投资 1.23 万亿元，平均每年完成投资 2458 亿元，年复合增长率高达 23%。"十三五"期间，轨道交通建设投资需求仍保持快速增长，投资规模达到 1.7 万亿 – 2 万亿元，2015 年底全国在建的轨道交通线路可研批复投资累计约 2.6 万亿元，这些投资绝大部分已在"十三五"期间完成，可见，"十三五"期间是中国轨道交通建设前所未有的投资高潮。"十三五"时期城市轨道交通新增里程较"十二五"时期增长 31.5%。2021 年度，受新冠肺炎疫情影响，轨道交通完成投资额为 5859.8 亿元，投资趋缓，如图 6 – 3 所示。

图 6 – 3　2012 – 2021 年国内城市轨道交通投资额及增长率

资料来源：根据历年《交通运输行业发展统计公报》整理。

　　2000 年，中国建成的轨道交通线路长度首次超过 100 公里，达到 117 公里，涉及 4 个城市：北京、天津、上海、广州，这是中国第一批轨道交通城市。2010 年，中国建成的轨道交通线路长度首次超过 1000 公里，达到 1429 公里，涉及 13 个城市，除以上 4 个城市外，还有大连、长春、深圳、重庆、武汉、南京、成都、沈阳、佛山，这也是中国第二批轨道交通城市。"十一五"期间，中国共建成投入运营的线路长度 885 公里，平均每年增加 177 公里。2015 年（"十二五"末），中国城市轨道交通运营线路总长度 3184 公里，"十二五"期间共建成投入运营的线路 1900 公里，平均每年增加 380 公里，如表 6－3 所示。

表6－3　　　　"十五"至"十三五"期间中国城市轨道
交通新增里程、投资情况

阶段	新增里程（公里）	总投资（万亿元）	年均里程（公里）
"十五"期间	399	—	—
"十一五"期间	885	0.50	177
"十二五"期间	1900	1.20	380
"十三五"期间	2500	1.75	500

资料来源：根据历年《交通运输行业发展统计公报》整理。

中国城市轨道交通的建设速度、建设规模与投资同步，"十二五"期间进入建设速度增长的快车道，"十三五"期间建设速度与建设规模达到前所未有的高度，到 2021 年，中国城市轨道交通运营里程达 8735.6 公里，城市轨道交通将成为全国一、二线城市公共交通的主体，对城市发展的作用将进一步凸显，如图 6－4 所示。

图6－4　2012－2021年中国城市轨道交通运营线路总长度及增长率

资料来源：根据历年《交通运输行业发展统计公报》整理。

　　截至 2021 年 12 月 31 日，31 个省（区、市）和新疆生产建设兵团共有 51 个城市开通运营城市轨道交通线路 269 条，新增营业里程达到 1168 公里，发展比较迅猛，如图 6 - 5 和图 6 - 6 所示。

图 6 - 5　2012 - 2021 年中国城市轨道交通运营线路条数及增长率

资料来源：根据历年《交通运输行业发展统计公报》整理。

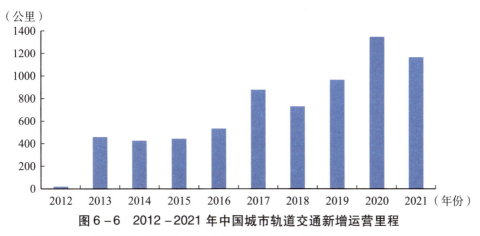

图 6 - 6　2012 - 2021 年中国城市轨道交通新增运营里程

资料来源：根据历年《交通运输行业发展统计公报》整理。

　　从全国范围来看，中共十八大以来，中国交通运输服务质量显著提高，"互联网 + 交通"等新模式快速发展，多样化、品质化、均等化水平大幅提升，运输服务实现"人便其行、货畅其流"，通达性和保障性显著增强。交通运输对国家经济社会发展的支撑作用显著增强，促投资、促消费、稳增长作用明显。货物运输服务保障能力不断提升。中国是世界上运输最繁忙的国家，面对日益增长的货物运输需求，加快多式联运发展，创新公铁联运、空铁联运、铁水联运、江海联运、水水中转、滚装联运等高效运输组织模式，开展铁路运能提升、水运系统升级、公路货运治理等专项行动，货物运输结构持续优化，综合运输效率不断提高，物流成本逐步降低，交通运输环境污染明显减少，原油、成品油、天然气管道建设不断提速。铁路运量占社会运输总量比例不断提升，"公转铁"行动取得突出成效。港口货物吞吐量和集装箱吞吐量均居世界第一。快递业务量保持强劲增长态势，截至2021年底连续8年位居世界第一。运输服务能力大幅提升，推进物流降本增效取得积极成效，促进了物流业转型升级。旅客运输专业化、个性化服务品质不断提升，人们对美好出行的需求得到更好满足，出行体验更加方便、快捷、舒适、温暖。以道路运输为基础，高铁、民航为主要发展方向的出行服务体系更加完善，客运结构持续优化，中长距离客流逐步从公路转向高铁和民航。僻远地区开行的公益性"慢火车"，站站停、低票价、公交化，架起了山村与城市的沟通桥梁，成为沿线人民的"公交车""致富车"。公路客运普及和农村物流发展有力促进了城乡一体化，让人民共享交通发展成果。"互联网＋"交通运输正在深刻改变着人们的出行方式。网约车、共享单车、共享汽车等线上线下新消费模式，刷脸进站、"无纸化"登机、无人机投递、无接触配送、智慧停车、道路客运定制服务等新业态，让人们享受到了便利，为经济发展注入了新动能。

第二节　交通发展规划稳步实施

在交通规划顶层设计的引导之下，中国综合运输体系建设如火如荼，各个交通领域的建设节奏稳步推进。

一、交通基建能力震惊世界

经过不懈努力，中国交通基础设施建设和科技创新能力大幅跃升，核心技术逐步自主可控，基础设施、运输装备取得标志性重大科技创新成果，可持续发展能力显著提升。中国的交通科技从跟跑世界一流水平为主，进入到跟跑、并跑、领跑并行的新阶段。随着一大批重点项目工程的建成，中国交通基建能力震惊世界。

据2020年发布的《中国交通的可持续发展》白皮书显示，我国高速铁路、高寒铁路、高原铁路、重载铁路技术达到世界领先水平，高原冻土、膨胀土、沙漠等特殊地质公路建设技术攻克世界级难题。离岸深水港建设关键技术、巨型河口航道整治技术、长河段航道系统治理技术以及大型机场工程建设技术世界领先。

世界单条运营里程最长的京广高铁全线贯通，一次性建成里程最长的兰新高铁，世界首条高寒地区高铁哈大高铁开通运营，大秦重载铁路年运量世界第一，世界上海拔最高的青海果洛藏族自治州雪山一号隧道通车。

截至2021年，中国在建和在役公路桥梁、隧道总规模世界第一，世界主跨径前十位的斜拉桥①、悬索桥②、跨海大桥③，中国分别有7座、6座、6座，世界最高的10座大桥中有8座在中国。

具有完全自主知识产权的"复兴号"中国标准动车组实现世界上首次

---

① 世界排名前10位的斜拉桥分别为俄罗斯岛大桥、沪通长江大桥、苏通长江大桥、昂船洲大桥、鄂东长江大桥、多多罗大桥、诺曼底大桥、九江二桥、荆岳大桥和仁川大桥。
② 世界排名前10位的悬索桥分别为日本明石海峡大桥，中国的六横大桥、杨泗港长江大桥、虎门二桥和西堠门大桥，丹麦斯托波尔特桥，韩国光阳大桥，中国的洞庭湖大桥、润扬长江大桥和南京四桥。
③ 世界排名前10位的跨海大桥分别为港珠澳大桥、杭州湾大桥、青岛海湾大桥、东海大桥、法赫德国王大桥、舟山大陆连岛工程、切萨皮克大桥、斯托波尔特桥、奥森顿海峡大桥和里约尼泰罗伊桥。

时速 420 公里交会和重联运行，在京沪高铁、京津城际铁路、京张高铁实现世界最高时速 350 公里持续商业运营，智能型动车组首次实现时速 350公里自动驾驶功能；时速 600 公里高速磁浮试验样车，具备跨国互联互通能力的时速 400 公里可变轨距高速动车组下线。

★ 2021 年 6 月 25 日，全长 435 公里、设计时速 160 公里的拉林铁路建成通车，西藏首条电气化铁路建成，同时复兴号实现对 31 个省区市全覆盖。图为试运行的复兴号列车行驶在西藏山南市境内。

盾构机等特种工程机械研发实现巨大突破，最大直径土压平衡盾构机、最大直径硬岩盾构机、最大直径泥水平衡盾构机等相继研制成功。

海工机械特种船舶、大型自动化专业化集装箱成套设备制造技术领先世界，300 米饱和潜水取得创新性突破。C919 大型客机成功首飞，支线客机 ARJ21 开始商业运营。快递分拣技术快速发展。远洋船舶、高速动车组、铁路大功率机车、海工机械等领跑全球，大型飞机、新一代智联网汽车等装备技术方兴未艾，成为中国制造业走向世界的"金名片"。

充分运用 5G 通信、大数据、人工智能等新兴技术。截至 2021 年底，约 250 个机场和主要航空公司实现"无纸化"出行。全面取消全国高速公路省界收费站，高速公路电子不停车收费系统（ETC）等新技术应用成效显著，全路网、全时段、全天候监测以及信息发布能力不断增强。

二、交通改善取得历史性成就

中共十八大以来，中国综合交通运输体系建设取得了历史性成就，已经成为名副其实的交通大国，正在向交通强国迈进。

截至 2021 年底，中国铁路营业里程达到 15.0 万公里，其中高速铁路营业里程达到 4 万公里，高速铁路对百万人口以上城市覆盖率超过 95%；全国公路通车总里程达 528.07 万公里，其中高速公路通车里程 16.91 万公里，稳居世界第一；高速公路对 20 万以上人口城市覆盖率超过 98%；全国内河航道通航里程达 12.76 万公里，全国港口拥有生产性码头泊位 20867 个，其中万吨级及以上泊位 2659 个；拥有各类邮政营业网点 41.3 万处，实现村村通邮。

交通运输服务经济社会发展的支撑能力显著提升。2021 年，完成全社会营业性客运量 83.03 亿人、营业性货运量 521.6 亿吨。2021 年全球港口货物吞吐量和集装箱吞吐量排名前 10 名的港口中，中国港口分别占 8 席和 7 席。2021 年我国内河货运量完成 41.89 亿吨，货物周转量 1.77 万亿吨公里，长江干线连续多年成为全球内河运输最繁忙、运量最大的黄金水道。我国拥有世界第二大规模的海运船队，国际海运承担了我国约 95% 的外贸货物运输量。

民航方面，2021 年中国建成颁证民用运输机场 248 个，比 2012 年新增 63 个，航空服务覆盖 92% 的地级行政区；中国的北京、上海和成都分别拥有两个国际民航机场。北京首都国际机场地处北京东北郊，为 4F 级国际机场，年旅客吞吐量超过 1 亿人次，位居中国第一位，亚洲第二位。2019 年 9 月 25 日，历时近 5 年的北京大兴国际机场正式通航。机场航站楼面积为 78 万平方米；民航站坪设 223 个机位，其中 76 个近机位、147 个远机位；有 4 条运行跑道，可满足 2025 年旅客吞吐量 7200 万人次、货邮吞吐量200万吨、飞机起降量62万架次的使用需求，为4F级国际机场、世界级航空枢纽、国家发展新动力源。2021年，北京大兴国际机场共完成旅客吞吐量2505.1012万人次，同比增长55.7%，全国排名第11位；货邮吞吐量185942.7吨，同比增长140.7%，全国排名第18位；飞机起降211238架次，同比增长58.7%，全国排名第12位。北京大兴国际机场工程建设难度世界少有，其航站楼是世界最大的减隔震建筑，建设了世界最大单块混凝土板。北京大兴国际机场创造了40余项国际、国内第一，技术专利103项，新工法65项，国产化率达98%以上。

三、全面对接"一带一路"

2008年国际金融危机以来，面对中国经济的快速增长，西方个别发达国家逆全球化倾向抬头，这对全球供应链的安全以及畅通产生了不利影响。作为全球化红利的受益者，中国坚决维护WTO的权威并严格遵守规则，采取一系列行之有效的策略予以应对。

2015年1月28日，国务院常务会议部署加快铁路、核电、建材生产线等中国装备"走出去"。2015年3月，三部委发布《推动共建丝绸之路经济带和21世纪海上丝绸之路的愿景与行动》，为签署近10年的《泛亚铁路网政府间协议》注入了强大推动力，一批国际铁路建设项目正在不断提速。

中欧班列作为中欧货物运输的新形式，首列于2011年3月19日成功开行，标志是"渝新欧"集装箱货运直达班列的开通。以此为标志，中国与欧洲之间的货物运输开启了"新时代"。截至2022年6月，中欧班列已经开通70余条线路，通达欧洲23个国家、185个城市，初步形成了相对稳定的运营格局，为中国与沿线国家共建"一带一路"提供了有力支撑。2011年，中欧班列全年开行量仅17列；2017年开行量已达3673列；2020年达到12406列，2021年达到15183列，比2020年增长22%，是2011年的800多倍。中欧班列不仅运输了汽车、笔记本电脑等高附加值产品，也同样吸引了很多低附加值和大众货物。

"一带一路"倡议实施以来，尽管面临新冠肺炎疫情的冲击，"一带一路"经贸合作逆势前行，贸易规模持续扩大，对外投资逆势上扬，合作平台建设稳步推进，丝路电商亮点突出，展现出强劲韧性和生机活力。货物贸易方面，2013－2021年，中国与"一带一路"沿线国家货物贸易额由1.04万亿美元增至1.73万亿美元，占中国货物贸易总额的比重由25%升至29.7%。截至2022年5月，中国与"一带一路"沿线国家货物贸易额累计约11.8万亿美元。

2021年12月3日，一条连接中国云南省昆明市与老挝万象市的电气化铁路——中老昆万铁路全线通车运营。截至2021年底，中老昆万铁路玉磨段累计发送旅客量近10万人次，截至2022年3月11日，昆明海关累计监管验放中老铁路国际货物列车195对390列，总货运量达24.5万吨、货值达26.7亿元。进口货物主要有天然橡胶、化肥、铁矿石等，出口货物主要有蔬菜、水果、钢材、机电产品等。作为泛亚铁路中线的重要组成部分，中老昆万铁路是主动融入和服务"一带一路"倡议，推进中国与周边国家互联互通的重要基础设施，是推进中国—东盟自由贸易区建设的重要基础设施，为老挝乃至东南亚国家搭建起"富裕路""幸福路"，是"一带一路"倡议的有效延伸。

第三节　交通发展成效显著

中共十九大以来，中国铁路、公路、水运、航空、邮政、物流等基础设施网络建设加速推进，"五纵五横"综合运输大通道基本贯通，各种运输方式一体化衔接日趋顺畅。一系列数据表明，中国已经成为名副其实的交通大国。中共十九大报告首次明确提出要建设交通强国的发展战略。中国将分两步走实现交通强国战略目标：从2020年到2035年，奋斗15年，基本建成交通强国，进入世界交通强国行列；从 2035 年到本世纪中叶，奋斗 15 年，全面建成交通强国，进入世界交通强国前列。

一、装备技术进步全球瞩目

这一时期，中国的交通技术从跟跑世界一流水平为主，进入到跟跑、并跑、领跑并行的新阶段。主要表现在以下几个方面。

川藏铁路雅安至林芝段开工建设。港珠澳大桥、西成高铁秦岭隧道群、洋山港集装箱码头、青岛港全自动化集装箱码头、长江口深水航道治理等系列重大工程举世瞩目。

2021 年末中国建成桥梁总数超 100 万座。公路桥梁总数已超过 80 万座，铁路桥梁超过 20 万座。铁路桥梁长度累计超过 3 万公里，其中高铁桥梁 1 万公里。21 世纪人类新建的世界前 100 名高桥中，中国有 90 座，素有世界桥梁之都美称的重庆建成 1.3 万多座桥梁，蔚为壮观。

交通装备技术取得重大突破。瞄准世界科技前沿发展"国之重器"，交通运输关键装备技术自主研发水平大幅提升。诸如"复兴号"、盾构机等装备享誉全球。节能与新能源汽车产业蓬勃发展，与国际先进水平基本保持同步。

智慧交通发展步伐加快。推进"互联网＋"交通发展，推动现代信息技术与交通运输管理和服务全面融合，提升交通运输服务水平。充分运用 5G 通信、大数据、人工智能等新兴技术，交通运输基础设施和装备领域智能化不断取得突破。

铁路、公路、水运、民航客运电子客票、联网售票日益普及，运输生产调度指挥信息化水平显著提升。

北斗系统在交通运输全领域广泛应用。全国已有 760 万道路营运车辆、3.33 万邮政快递干线车辆、1369 艘部系统公务船舶、10863 座水上助导航设施、109 座沿海地基增强站、352 架通用航空器应用北斗系统，并在 3 架运输航空器上应用北斗系统，京张高铁成为世界首条采用北斗卫星导航系统并实现自动驾驶等功能的智能高铁。智慧公路应用逐步深入，智慧港口、智能航运等技术广泛应用。智能投递设施遍布全国主要城市，自动化分拣覆盖主要快递企业骨干分拨中心。出台自动驾驶道路测试管理规范和封闭测试场地建设指南，颁布智能船舶规范，建立无人船海上测试场，推动无人机在快递等领域示范应用。

★ 湾区立南海 当惊世界殊——习近平总书记谋划推动粤港澳大湾区建设谱写"一国两制"新篇章。图为 2020 年 9 月 12 日拍摄的港珠澳大桥。

二、交通管理现代化能力加强

中国是世界上最大的发展中国家，交通运输体量庞大、情况复杂且处于快速发展当中，交通治理难度大。中国立足本国国情，通过借鉴国际经验，大力推进交通治理现代化，促进了交通高质量发展。

提升交通治理的法制化建设水平。推进了铁路、公路、水运、民航、邮政等行业立法，综合交通运输法规体系已基本建成。聚焦国家重大战略实施和行业发展改革领域，制定和修订《中华人民共和国铁路法》《中华人民共和国公路法》《中华人民共和国海上交通安全法》《中华人民共和国港口法》《中华人民共和国航道法》《中华人民共和国民用航空法》《中华人民共和国邮政法》等行业龙头法。出台《中华人民共和国水上水下作业和活动通航安全管理规定》《交通运输标准化管理办法》等行业急需的规章，稳步开展规范性文件清理。逐步放宽市场准入门槛，持续清理交通运输领域各类不合理和非必要罚款及检查，建立涉企收费目录清单制度。深入落实交通运输领域各项减税降费政策，降低物流税费成本。强化事中事后监管，取消中介服务等行政审批事项，推进商事制度改革。

运用大数据、云计算、物联网等信息技术，推动跨省大件运输等并联许可系统全国联网。加快构建以信用为核心的新型市场监管机制。推进新业态协同监管，线上线下一体化监管模式进一步创新，市场环境更加公平有序。优化行政审批服务方式，推广交通运输政务服务"一网通办"，企业群众办事"只进一扇门""最多跑一次"服务，办事效率显著提升。交通运输"放管服"改革，推动了优化营商环境向纵深发展，激发了交通发展活力，提高了政府服务效能，促进了交通运输行业健康发展。

全面推进节能减排和低碳发展。坚定不移推进节能减排，努力建设低碳交通，走出一条能耗排放做"减法"、经济发展做"加法"的新路子。严格实施能源消费总量和强度双控制度，着力提升交通运输综合效能，全国铁路电气化比例达到 71.9%，新能源公交车超过 40 万辆，新能源货车超过 43 万辆，天然气运营车辆超过 18 万辆，液化天然气（LNG）动力船舶建成 290 余艘，机场新能源车辆设备占比约 14%，飞机辅助动力装置（APU）替代设施全面使用，邮政快递车辆中新能源和清洁能源车辆的保有量及在重点区域的使用比例稳步提升。全国 942 处高速公路服务区（停车区）内建成运营充电桩超过 7400 个，港口岸电设施建成 5800 多套，覆盖泊位 7200 余个，沿江沿海主要港口集装箱码头全面完成"油改电"。绿色交通省（城市）、绿色公路、绿色港口等示范工程，年节能量超过 63 万吨标准煤。通过中央车购税资金，支持建设综合客运枢纽、货运枢纽、疏港铁路，统筹推进公铁联运、海铁联运等多式联运发展，推进运输结构调整。

推动交通资源利用方式由粗放型向集约型、节约型转变。统筹铁路、公路、水运、民航、邮政等交通运输各领域融合发展，推动铁路、公路、水路、空域等通道资源集约利用，提高线位资源利用效率。因地制宜采用低路基、以桥（隧）代路等，加强公路、铁路沿线土地资源保护和综合利用，减少对周边环境的影响。加强航道建设的生态保护和绿色建养，推进航道疏浚土综合利用，严格港口岸线使用审批管理与监督，提高岸线使用效率，探索建立岸线资源有偿使用制度。推动废旧路面、沥青、废旧轮胎、建筑废料等材料资源化利用。高度重视和推进快递包装的绿色化、减量化、可循环，大力推进可循环中转袋全面替代一次性塑料编织袋，电子面单使用率达98%。执行船舶水污染物排放控制国家强制性标准，推动港口船舶含油污水、化学品洗舱水、生活污水和垃圾等接收处置设施建设，开展港口粉尘污染控制。

加快老旧和高能耗、高排放营运车辆、施工机械治理和淘汰更新，推进实施机动车排放检测与强制维护制度（I/M 制度）。中央财政采取"以奖代补"方式支持京津冀及周边地区、汾渭平原淘汰国三及以下排放标准营运柴油货车。全面开展运输结构调整三年行动，2012－2019 年全国机动车污染物排放量下降65.2%。

交通基础设施建设全面实行"避让—保护—修复"模式，推进生态选线选址，强化生态环保设计，避让耕地、林地、湿地等具有重要生态功能的国土空间。在铁路、公路、航道沿江沿线开展绿化行动，提升生态功能和景观品质。铁路、公路建设工程注重动物通道建设，青藏铁路建设的动物通道有效保障了藏羚羊的顺利迁徙及其他高原动物的自由活动。港口码头建设和航道整治注重减少对水生态和水生生物的影响，建设过鱼通道，促进鱼类洄游。组织实施公路港口生态修复总面积超过5000 万平方米。推进长江非法码头、非法采砂整治，截至 2019 年底，完成 1361 座非法码头整改，改善了生态环境条件，更好保障了长江防洪、供水和航运安全。

三、交通强国战略部署有序推进

按照中共中央、国务院印发的《交通强国建设纲要》，到 2020 年完成决胜全面建成小康社会交通建设任务和"十三五"现代综合交通运输体系发展规划各项任务，为交通强国建设奠定坚实基础。从 2021 年到本世纪中叶，分两个阶段推进交通强国建设。

第一个阶段从 2021 年到 2035 年，基本建成交通强国。宏观来讲，达到的目标是现代化综合交通体系基本形成，人民满意度明显提高，支撑国家现代化建设能力显著增强。具体来讲，实现"三网两圈"。"三网"是指拥有发达的快速网、完善的干线网、广泛的基础网，城乡区域交通协调发展达到新高度；"两圈"是指基本形成"全国 123 出行交通圈"和"全球 123 快货物流圈"。

第二个阶段从 2035 年到本世纪中叶，全面建成交通强国。从过去交通运输和通信、电网基础设施建设协调的过程看，还存在许多问题，比如，先建交通运输基础设施，后建通信、电网基础设施会出现重复建设，或者交通运输基础设施不能满足通信、电网技术进步要求等问题。这次《交通强国建设纲要》中对交通运输基础设施建设的要求，突出八个字目标：布局完善、立体互联。具体为：一是建设现代化高质量综合立体交通网络。二是构建便捷顺畅的城市（群）交通网，包括城市群一体化，科学规划建设城市停车设施，加强充电、加氢、加气和公交站点等设施建设，全面提升城市交通基础设施智能化水平。三是形成广覆盖的农村交通基础设施网，包括大家关注的通用机场、农村邮政等基础设施建设项目。四是构筑多层级、一体化的综合交通枢纽体系，将信息、物流、电网等基础设施建设要求融入其中，如车联网、物联网基础设施。"新基建"中也有交通运输基础设施，未来"新基建"的蓝图中，交通运输基础设施建设依然是其中的重要色彩。

为打造交通强国，实现交通运输现代化，需要从基础设施、技术装备、运输服务三大永恒主题领域发力制定具体战略，深度具象至城市、广度拓展到全球，以新技术、新模式为抓手，聚焦落实创新、协调、绿色、开放、共享的新发展理念，提升交通运输系统运行效率，支撑经济社会更高质量发展。

到 2050 年，中国国土空间布局将呈现以城市群为发展主要模式且总体更为均衡的新形态。为推动交通区域一体化发展、促进中西部国土开发、支持城市群发育完善、满足国防战备需要等，以更快速度克服空间距离，应加快推动打造多层次、多功能的交通基础设施网络。维护保养既有基础设施网络，增加高速铁路、高速公路、航空等快速交通方式的覆盖范围，建设用于更高速的新型交通方式的基础设施，强化交通基础设施的绿色、智慧、安全等特征。

2050年，运输服务作为运输产业与客户进行直接接触的终端界面，将更好契合人的需求，"门到门"甚至包括行前、行后的所有运输相关服务将以"一站式"的单一产品形式提供。为此，需要对运输服务进行全链条提升，客运拓展至"全出行链"，货运拓展至"全供应链"，通过设施网、服务网和信息网的"三网"融合实现交通运输服务的"无处不在、实时响应"。依托新技术和新制度，实现交通产业内部、交通与其他产业之间两个层面由传统部门分割式整合向超界融会贯通转变，形成优质高效、协调联动、整体跃升的交通新业态，实现交通运输业与互联网、物流、金融、旅游、信息服务等行业深度融合，助力交通运输与国民经济整体发展融会贯通。

2050年，中国交通运输领域的技术将达到世界领先地位，新技术的应用将体现于载运工具等硬件，更将体现于信息系统等软件。依托安全、绿色、智慧的新型交通基础设施网络的建设，交通技术的创新发展将进一步支撑交通运输系统运行的低碳化、自动化、高效化。

2050年，中国城市将呈现更良好的生长状态，以城市交通保障公民的舒适生活，有效解决交通拥堵、污染问题，使人们享受更美好、更健康的城市生活。

2050年，中国将成为世界经济重心、全球贸易中心，为此，需推动构建中国面向全球的"联通七大洲四大洋"的交通运输体系，打造以中国为核心的枢纽网络，重塑世界的交通发展秩序，重现中国在全球的交通大国形象，实现中国在全球化的交通中心价值与地位，共筑全球生产、生活链条，实现人类命运共同体的发展追求。

这十年

（2012—2022）

充满活力的
商贸物流

第七章

进入新时代以来，以互联网、物联网、人工智能、大数据、云计算等为代表的信息技术在商业物流领域的广泛应用，完全颠覆了传统商业物流形态，以电商、新零售等为代表的新业态不断涌现，通过供应链物流把生产、流通、消费等联结起来，促进了商业贸易的发展，提升了它们对中国经济增长的贡献率，为形成以国内大循环为主体、国内国际双循环相互促进的新发展格局和建设高标准的市场体系奠定了坚实基础。以供应链物流、智慧物流等为代表的商业物流创新理念，实现了商贸通区域、联天下的发展态势，使"你中有我，我中有你"的地球村变得更为具体。

第一节　商贸物流转型发展

中共十八大以来，中国商贸物流不但在规模、形态、流通的区域格局等方面发生巨大变化，而且商业流通体制也发生了全面革新。互联网技术在商贸物流的普遍应用，已经完全改变了传统商业贸易的内涵。在这十年期间，商业贸易呈现出跨越式发展趋势，传统商业贸易在电商冲击下涌现倒闭潮和转型趋势，各种商业贸易新业态层出不穷，通过线上线下结合，以物流为载体把生产、交易、消费联结起来，极大促进了社会经济的发展。

一、科技革命推动传统商贸转型

传统商业贸易是企业或个人通过线下实体店销售从批发商、中间商或制造商购买的商品的商业形态，在电商兴起以前一直占据着商业业态主体。"实体零售是商品流通的重要基础，是引导生产、扩大消费的重要载体，是繁荣市场、保障就业的重要渠道。"① 依靠实体店面，吸引顾客，以拓展商贸业务的发展。中共十八大以来，中国实体批发和零售规模虽然持续扩大，商品销售额呈现出持续上升趋势（如图7-1所示），对国民经济的贡献也不断增大，但它们在实际经营过程中呈现出的发展方式粗放、坐等顾客上门、有效供给不足、运行效率不高等问题不断暴露出来。

---

① 《国务院办公厅印发〈关于推动实体零售创新转型的意见〉》，中国政府网，2016年11月11日。

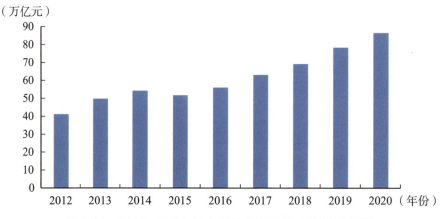

图 7－1　2012－2020 年中国批发和零售业商品销售额

资料来源：根据国家统计局网站资料整理。

随着互联网、物联网等信息科技革命在中国的兴起，借助互联网技术开展线上商业贸易的业务迅速发展，传统商业贸易遭遇了前所未有的冲击。受激烈竞争、经营成本不断上涨、收益下降、消费需求结构调整、网络零售快速发展等诸多因素影响，以实体店为载体的零售业法人企业个数及连锁零售企业门店总数增长缓慢的同时，一批传统商贸行业还陷入了清理、倒闭潮。比如在传统商贸中占据重要地位的百货大楼、超市，在网上零售的冲击下歇业成为全国性的趋势，北京、天津、沈阳、南京、无锡、西安等地纷纷出现了老牌百货大楼、超市倒闭的情况；而一大批传统老字号举步维艰，个体零售店惨淡经营，逼迫它们作出转型。由此，在传统商贸领域掀起了业态转型、创新的浪潮。

一是传统商贸尝试线上业务的开发。利用互联网等信息技术手段，将线下的商务机会与互联网结合（Online to Offline，简称 O2O），线下的商贸业务延伸到了线上。2013 年苏宁开始线下与线上业务的融合，价格一体化，由此拉开了 O2O 快速发展的序幕。一开始，传统商贸业主要是利用线上平台的促销、团购等方式来完成商业贸易的交易业务，线上与客户之间很少互动，比如美团。之后，它们充分利用不断完善的信息技术手段，把之前的商品、下单、支付等流程提升到场景之中，实现线上与用户之间的融合，打造成服务型电商模式，比如上门送餐、上门服务等。

为了加快传统商贸实体店的转型升级，2015 年 9 月国务院办公厅发布《关于推进线上线下互动加快商贸流通创新发展转型升级的意见》，激励实体店和零售企业智能化发展、增加休闲娱乐文化设施以丰富顾客的购物体验。这一政策，给传统零售业提供了强大的支持，指明了进一步转型发展的方向。

新冠肺炎疫情暴发以来，传统商贸活动遭遇更大冲击，它们加快了转型的步伐，各环节的数字化进程明显提速，百货企业积极拥抱社交电商和直播带货，利用各类平台搭建私域流量，由此推进了传统商贸行业线上业务的开发。在前期发展的基础上，传统商业贸易加快了向垂直细分化和细分横向化方向的发展。

二是传统商贸联手电商平台，将电商平台作为它们业务转型的"互联网+"的平台。2015 年以前，服务、餐饮、家电、时装等各个传统商贸行业都呈现出与淘宝、京东商城等电商巨头的合作趋势，比如苏宁、银泰商业、三江购物、百联集团、联华超市等联手阿里巴巴，沃尔玛、永辉等超市与京东商城合作。这一时期，传统商贸基本上仅在具体业务上与电商平台进行合作，极少涉猎资本上的渗透。2015 年以来，除了加快与电商平台的具体业务合作，还呈现出入股等资本上的联动，由此使前期相对松散的形式向更加紧密的关系拓展。通过入股等方式，传统商贸能够更有效利用电商平台所积累的巨量数据，对消费者的偏好、身份、收入等进行研究，提高销售的准确度，由此也使它们进一步延伸到与厂商等的深度合作。这样，传统商贸以数据为媒介，倒逼供应商由之前的规模化、标准化的生产向定制化、个性化转换，B2C 模式①（Business to Consumer）走向了 C2B 模式②（Consumer to Business）。

――――――――――

① B2C 是企业对消费者直接开展商业活动的一种电子商务模式。

② C2B 是消费者对企业的一种电子商务模式，即消费者先提出需求，企业按需求组织生产。

二、空前活跃的新业态

随着互联网技术在商贸物流领域的广泛使用，纯线上模式的电商平台迅速崛起，它们以线上导入客流等方式搅动了整个商贸物流行业的发展态势，改变了它们的发展路径。2016年以来，随着电商平台发展的瓶颈凸显，以物流为载体打造线上线下资源融合的新零售商业模式的兴起，极大地推进了中国商业贸易的发展。借助新零售等业态的优势，通过盘活存量与优化增量、淘汰落后与培育新动能并举等措施，有效引导了业态雷同、功能重叠、市场饱和度较高的购物中心、百货商店、家居市场等业态有序退出不同城市的核心商业圈，支持具备条件的商贸行业及时调整经营结构，以丰富消费者的体验业态，由传统的销售场所向社交体验、家庭消费、时尚消费、文化休闲消费中心等转变，在全国各个城市形成了一个新的商贸生活圈。

（一）电商

电子商务就是在互联网开放的网络环境下，基于浏览器或服务器应用方式，实现消费者的网上购物、商户之间的网上交易和在线电子支付的一种新型的商业运营模式。电商能使消费者跨越时空局限、不用离开家或办公场所就能实现在更大的范围内购物，深受消费者喜爱。借助电商平台购物，缩短了购物时间、节省了购物精力，使消费者打破了时空限制，减少了不必要的流通环节，快速而有效地完成了购物指示。这一商贸新业态甫一推出，就赢得了大量客户（尤其是中青年），2014年以来借助电商平台来购买商品的群体越来越多，到2021年仅借助社交电商购物的人数就超过8.12亿户，成为驱动中国商贸发展的一个重要动力。

一是电商行业的崛起与规范发展。8848和易趣网的成立，正式拉开了中国 C2C① （Customer to Consumer） 的电商序幕。随着淘宝网的建立，电商在中国兴起，并进入快速发展的时期。借助每年的"双十一"等促销活动，引客量从千万人发展到千亿人，电商获得了巨大发展。同时，电商之间的竞争异常激烈，在一些电子商城获得巨大发展的背后，也有一批电商平台则陷入了消失的困境。

随着人们收入水平的提升和互联网技术的发展，人们的消费需求由价格向品质转换，顺应消费者诉求的变化，电商逐步由 B2C 等向 O2O 转型，满足人们的个性化服务。此时，餐饮等服务业纷纷采取 O2O 模式，促进了电商行业的大发展，电商几乎覆盖到所有的商贸服务业领域。2015 年以来，电商逐步由 O2O 向 P2C② （Production to Consumer） 转型和发展，把与人们日常生活密切相关的服务信息，如房产、餐饮、交友、家政服务、文化艺术教育、票务、健康、医疗、保健等聚合在平台上，实现服务业的电子商务化。电商在新的信息技术支撑下，呈现出全新发展格局。一方面，电商的区域范畴得到拓展。利用信息技术等优势，城市地区的电商在激烈竞争下呈现出转型升级和日益规范的趋势；乡村地区则相对薄弱，一些电商平台利用自身的物流等优势加快了对农村地区的布局，有效推动了它们的商贸业务的发展，为脱贫攻坚、全面建成小康社会和乡村振兴等起到了巨大促进作用。另一方面，电商的网络范畴不断扩大，社会化电子商务（以下简称社交电商）等不断兴起。利用社交网站、网络媒介、社交媒介等的传播途径，社交电商③通过社交互动、网红带货、用户自生内容等方式来辅助商品的购买和销售。由于社交电商准入门槛低，既促成了很多大型社交电商的兴起，也引致了暴力刷屏、假货泛滥、传销等不良行为。为此，2021 年 2 月中国服务贸易协会批准发布了《社交电商企业经营服务规范》，以整顿和规范社交电商的带货等行为。这样，在政府的规划和指引

---

① C2C 是客户之间自己把物品放到网上平台销售的一种电子商务模式。
② P2C 是产品由生产企业直接送到消费者，不必借助任何的交易环节。
③ 依据社交电商的内涵差异，划分成拼购类、会员分销类、社区团购类、导购类、内容类、直播类等不同类型。

下电商模式日益成熟和平稳，渐趋形成了具有自身特色的营销模式，服务于商贸行业的发展。

二是电商发展的瓶颈凸显，纯电商面临消失的困境。电商的崛起，因它的导客速度快等优势，给传统商贸产生了强大的冲击，为商贸行业的发展注入了全新的活力，使网上销售额呈现大幅上升趋势。当然，线上线下不管如何开展，商业贸易的核心都是围绕消费者来展开的，必须给消费者提供更好的、不断创新的服务体验。与传统商贸相比，电商的优势就是提供给消费者快速的服务，但其缺点明显，就是无法满足消费者对物品的可听、可视、可接触，体验感较差。所以，当电商发展到一定程度之后，由于准入门槛低，进入者迅速增多，竞争越来越激烈，刚兴起时以获客快而形成的价格等优势就随之逐步消失，相应的，网上销售额增速也呈现出一定的下降趋势。同时，以速度取胜的优势又难以克服其内在的劣势——即时体验。2015年开始，一些电商平台已经意识到了纯电商发展的这一瓶颈，由此提出了新零售、新制造、新技术、新能源、新金融等"五新"理念。[①] 2016年纯电商模式逐步向新零售转换，以此打造线上线下资源的有效融合；2017年之后电商加快了这一转变趋势，以此克服传统商贸和电商的弱点，形成新零售为形式的新商业业态；到2021年，纯电商平台等已经基本消失。

（二）新零售

伴随传统商贸弱势和电商发展的瓶颈显现，2015年开始出现了融合线上线下的商贸新业态——新零售。新零售是在数据驱动的基础上，以客户为核心，重新组建企业的供应链甚至是管理结构，以物流为媒介真正实现线上与线下资源相融合。本质上，新零售就是新技术的驱动，大数据、云计算、智能制造等是它最重要的生产资料和工具，利

---

① 新零售是以客户为中心，实现线下、线上与物流的结合；新制造是利用大数据，让生产更加个性化、定制化、智能化；新技术是由移动互联网向大数据、云计算等信息技术的全方位拓展；新能源是由水电煤等传统能源向数据等转化；新金融是由传统金融向普惠金融转化。

用大数据和互联网实现对人、物、场等商业要素的重构而形成的一个新商业业态。

与传统商贸和纯电商相比,新零售的优势明显,凭借供应链效率的提升、渠道的下沉和优化、消费者购买体验的优化、场景延伸到最后一公里配送及线上预约门店自提等,实现线上与线下资源的有效融合。通过连锁化、品牌化企业进入社区设立便利店和社区超市,加强了与电商、物流、金融、电信、市政等的对接,发挥了终端网点的优势,大大拓展了便民增值服务,从而构建起一刻钟便民生活服务圈。

"新零售"的概念自2015年提出以来,到2021年已经完全改变了不同类型的商业贸易形态。一是利用自身的信息技术等优势,与传统商贸实体店、知名品牌企业等合作,把它们的线下资源导入平台,形成新零售。一些企业已经形成了相对完整的新零售系统,以数据为媒介实现了供给、销售到消费的全链条链接,打造了人们生活的2小时生活圈,实现了线上线下资源的重组。借用线上技术优势以整合线下资源的方式,新零售实现了线上的便捷性与线下的消费者体验有机融合。

二是充分利用电商等原有的技术优势,创设新零售平台。一些电商企业以数据和技术驱动的新零售平台,为消费者打造了社区化的一站式新零售体验中心,用科技和人情味给人们带来全新的体验,以此实现人、货、场的重构。自2016年兴起以来,新零售就呈现快速拓展态势,经营地区迅速扩大。新零售之所以能在短时间内就获得巨大发展,很大程度上是它运用大数据、移动互联、智能物联网、自动化、网络支付等技术及先进设备,实现人、货、场三者之间的最优化匹配,从供应链、仓储到配送的过程都构建起一个完整的物流体系,这是传统商贸和纯电商所不具备的。

通过对人、货、场的重构,不但改变了传统商贸线上引流的认知,促进了传统商贸加快与电商等的合作,而且还完全转变了纯电商对线下实体店的看法,使某些电子商城等开始加快了对线下实体店的筹建步伐,以满足消费者对商品体验的需求。这一趋势,也是中国在传统商贸实体店陷入倒闭潮的背景下，批发和零售门店还能呈现逐年增加的深层次原因。

三是原有的电商平台利用自身实力，由业务合作向股权投资转化，通过投资商贸实体店、品牌店等方式，开展新零售。某知名电商企业2017年收购英国的某时尚购物平台的股权，展开在奢侈品市场领域上的合作。借以增强了该商城高品质的消费群体，增强了新零售的实力。

当然，面对新零售给中国商贸行业发展所带来的机遇，中国政府也加快了政策上的引领，以此促进以国内大循环为主体、国内国际双循环相互促进的新发展格局的形成。"十四五"规划纲要明确表明了"鼓励商贸流通业态与模式创新，推进数字化智能化改造和跨界融合，线上线下全渠道满足消费需求。"在政府强有力的政策指引下，以新零售为核心的商贸行业必将获得更快、更稳、更持续的发展。

三、商贸实力稳步增强

电商的兴起，引发了传统商贸行业的分化，激发了传统商贸纷纷触网，进一步加快了中国商贸行业新业态的崛起。2015年以来，伴随电商瓶颈和传统商贸成本上涨等问题的凸显，以物流为载体融合线上线下资源的新零售模式出现并快速发展，使中国商贸实力不断增强，成为经济持续增长的"压舱石"，起到越来越重要的作用。

（一）商贸实力快速提升

传统商贸在电商等的竞争下持续触网、内部创新浪潮迭起，与电商、新零售等新业态一起，共同推动了中国商贸行业的快速发展。

一是批发零售商品销售总额持续上升，批发零售企业设立家数呈现较大增长。中国批发零售商品销售总额在10年间增长了1倍以上，规模总额占到了GDP的78%以上，中国商贸市场规模全球第一。与此同时，中国批发零售企业设立速度虽然与2012年前后相比有所下降，传统商贸企业在电商等冲击下艰难运行，但在新零售线上线下资源有效融合的推动下，电商行业加快了线下实体店的布局，由此使批发零售企业设立数呈现出持续增加趋势，如图7－2所示。

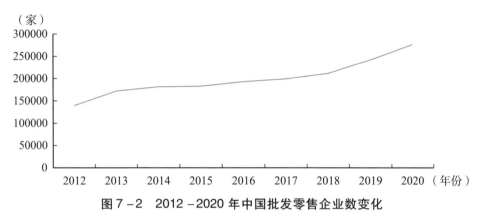

（家）

图7－2　2012－2020年中国批发零售企业数变化

资料来源：根据国家统计局网站资料整理。

伴随中国商贸实力的增强和批发零售企业数量的持续增多，中国涌现出了一批实力强劲的贸易公司。在2021年全球前10名的贸易公司中，中国占据4家，分别是排在第4、第5、第9和第10位的中国中化集团公司、中粮集团有限公司、物产中大集团和厦门建发集团有限公司。当然，与国际上其他国家的商贸公司相比，中国商贸行业以中小零售企业为主，大型和连锁的企业占比不高，一定程度上影响了中国商贸行业在国际上的竞争力；同时，也是中国传统商贸会在电商兴起的冲击下出现倒闭潮的一个深层次根源。

二是国内物流行业实力有了大幅提升，但与国际大物流公司还存在较大差距。中国快递物流行业起步较晚，但2012年以来增长迅速，实力快速上升，根据中国物流与采购联合会发布的2021年度中国物流企业50强榜单，中国有23家物流企业的营业收入已经超过100亿元，其中有3家物流企业的营业收入超过千亿元，排在榜单的前三位。排名前十的中国物流企业累计物流收入达到了9732.97亿元，占全国总物流业务收入的71.63%，具有较高的集中度。2021年中国物流企业有两家进入全球最有价值的物流品牌榜前 10 位，分别排在第 8 和第 9 位，与美国、日本、德国等的物流企业还存在较大差距。为此，商务部等 9 部门在 2021 年 8 月联合印发了《商贸物流高质量发展专项行动计划（2021－2025 年)》，明确了在连锁商超、城乡配送、综合物流、国际货运代理、供应链服务、冷链物流等领域培育一批核心竞争力强、服务水平高、有品牌影响力的商贸物流骨干企业。

（二）对经济发展的贡献日益增强

2012 年至 2021 年，中国经济增长从高速向中高速转型，10 年期间保持 6.7% 的增长，经济总量快速扩展，GDP 由 2012 年的 53.9 万亿元增长到 2021 年的 114.37 万亿元，10 年间增长了 1 倍多；人均 GDP 则由 2012 年的 3.98 万元上升到 2021 年的 8.10 万元，2021 年中国的人均 GDP 首次超过了世界人均水平。伴随中国人均收入水平的提高，社会消费品零售总额呈现平稳增长，一直维持在占当年全国 GDP 比重的 39% 左右，成为驱动经济发展的一个稳定器，如图 7-3 所示。

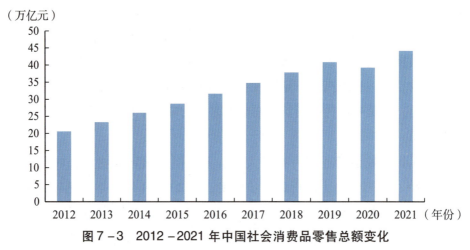

（万亿元）

图 7-3　2012-2021 年中国社会消费品零售总额变化

资料来源：根据国家统计局网站资料整理。

伴随中国经济的长期快速增长和人们收入水平的提升，社会主要矛盾已经转化为人民日益增长的美好生活需要和不平衡不充分的发展之间的矛盾，人们对消费商品的追求也随之发生变化，从 2017 年以来由价格型消费向品质型消费转换。此种转变，促成了大型电商平台加快跟全球著名品牌公司、大企业以及广大乡镇等合作，以顺应人们消费结构的转变，进而提升了消费支出对中国经济增长的贡献率。

从 2012 年以来，消费对中国经济增长的贡献率处于上升趋势。从 2016 年以来，除了 2020 年受新冠肺炎疫情的严重影响，消费对经济增长的贡献占比下降到 46.3%，其他年份都保持在 60% 以上，2021 年达到了 65.4%，已经成为进入新时代以来经济发展最稳定的贡献因素，如图 7 - 4 所示。而在消费部分的贡献构成中，商贸行业的占比又成为它最重要的组成部分，维持在服务业部分的 2/3 以上，是中国经济增长的"压舱石"。

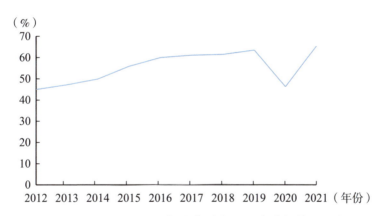

图 7 - 4　2012 - 2021 年消费对中国经济增长的贡献率

资料来源：根据国家统计局网站资料整理。

2020 年，面对百年不遇的新冠肺炎疫情的冲击，人们的消费习惯呈现出加快转变态势，线上渠道渐趋成为日常购物的主要方式，电商等商贸业态成为批发零售生态的重要组成部分。2021 年中国政府强化了对电商的顶层设计，在"十四五"规划纲要中，明确推动数字商务政策落地的要求，进一步促进了商贸行业新发展格局的形成。围绕网络消费，有效衔接电商扶贫和乡村振兴，推进国内大循环提质增效，并与扩大开放发展相连接，进一步促进国内国际双循环的畅通。

四、商贸发展渐趋规范

中共十八大报告明确指出"加强技术集成和商业模式创新"。在科技创新的驱动下，商贸新业态呈现出野蛮式发展，在带动商贸快速发展的同时，也引发了大量销售假货、欺诈、网上传销等问题，给商贸行业的进一步发展带来了许多负面影响。2015 年以来，为了规范和促进电商的发展，中国出台了一系列法律法规和政策文件，如表 7－1 所示。

表 7－1　　　　　2015－2021 年促进电商发展的相关政策文件

时间	文件
2015 年 11 月	《工商总局关于加强网络市场监管的意见》
2016 年 11 月	《"十三五"国家战略性新兴产业发展规划》
2016 年 12 月	《电子商务"十三五"发展规划》
2017 年 4 月	《微商行业规范》（征求意见稿）
2018 年 7 月	《社交电商经营规范》（征求意见稿）
2018 年 8 月	《中华人民共和国电子商务法》
2018 年 12 月	《市场监管总局关于做好电子商务经营者登记工作的意见》
2020 年 7 月	《关于支持新业态新模式健康发展 激活消费市场带动扩大就业的意见》
2021 年 3 月	《网络交易监督管理办法》
2021 年 8 月	《商贸物流高质量发展专项行动计划（2021－2025 年)》

资料来源：根据公开资料整理。

一方面，持续出台激励电商发展的政策措施，推进电商等商贸新业态的平稳发展。2013 年中央经济工作会议明确加强"商业模式创新、市场创新"；之后，在各年度的中央经济工作会议上明显加强了对商业贸易发展的政策指引，各部门按中央要求颁布了一系列激励措施。另一方面，根据电商等商贸活动发展过程中暴露出的问题，制定和颁布了一系列规范治理的措施以保障广大消费者的权益，维护正当经营的电商经营者权利。特别是 2018 年 8 月十三届全国人大常委会第五次会议通过的《中华人民共和国电子商务法》，在总则第一条中就明确了制定本法的目的是"为了保障电子商务各方主体的合法权益，规范电子商务行为，维护市场秩序，促进电子商务持续健康发展"。《中华人民共和国电子商务法》首次明确了电商的概念、电商经营者的范围、承担的法律责任、促进发展的措施、争议解决等问题，实现了以国家行业大法的形式来规范电商行业，在电商发展效能的治理上，做好电商行业的风险评估和线上安全保障，根治商贸发展中的风险，以此促进中国电商业态的健康、安全、平稳发展。

第二节　商贸物流服务业的创新

互联网的崛起，不但促进了传统商贸的触网和创新，更使商贸行业新业态不断涌现，此种格局也推动了物流行业的创新。2006 年快递业在中国兴起之后，2012 年以来在大数据、人工智能、物联网、云计算等信息技术的助推下，创新成为物流行业生存发展的核心理念。2021 年，"十四五"规划纲要明确提出"建设现代物流体系"的蓝图，助推中国由"物流大国"走向"物流强国"。

一、供应链物流

传统物流仅仅是产业链中的一个环节，本质上是 B2B 模式① （Business to Business），负责产品出厂后的包装、运输、装卸和仓储，无法跟前后两端联结起来，生产商的物流、销售商的物流或独立于生产商和销

---

① 　B2B 是指企业与企业之间通过专用网络进行数据信息的交换、传递，开展交易活动的商业模式。

售商的物流公司，都是各自独立完成相应的物流渠道服务。像京东、当当、淘宝等为代表的电商兴起以来，面对产品种类繁多、订单数量大、包裹规模小、每单运费少、拣选难度大、满足"最后一公里"带来的运送分散等现象，传统电商整车或零担运输等模式已经完全无法适应这一变化。在此条件下，现代物流应运而生，主动地利用互联网、物联网、大数据、云计算等信息技术，延伸到物流的前后两端，以此赋予物流新的内涵。供应链物流就是在融合前后两端的过程中被创新、发展出来的新业态。

2005 年以来，快递行业在全国的兴起顺应了电商等新业态的快速发展。随后，为了有效整合与经济活动相关的物流流程，协调运作生产、供应、销售、消费和物流之间的相关环节，供应链物流乘势而起，以实现综合性管理的战略机能。与传统物流不同，供应链物流是以物流活动为中心，协调供应领域的生产和进货计划、销售领域的客户服务和订货处理业务、金融领域的资金融通以及财务领域的库存控制等全产业链活动。

进入新时代以来，为了有效促进物流与前后两端的融合创新，打通物流体制、降低物流成本，中国政府先后出台一系列政策措施，以推进供应链物流的全方位、全渠道发展，如表 7－2 所示。

表 7－2　　2014－2021 年促进现代物流产业发展的政策和措施

时间	政策措施
2014 年 9 月	国务院印发《物流业发展中长期规划（2014－2020 年)》
2015 年 12 月	中央经济工作会议指出："要降低物流成本，推进流通体制改革"
2016 年 12 月	中央经济工作会议指出："降低物流成本"
2017 年 10 月	中共十九大明确加强"物流等基础设施网络建设"，在"现代供应链等领域培育新增长点、形成新动能"
2018 年 12 月	中央经济工作会议指出："加快 5G 商用步伐，加强人工智能、工业互联网、物联网等新型基础设施建设，加大城际交通、物流、市政基础设施等投资力度"

续表

时间	政策措施
2019 年 12 月	中央经济工作会议指出："降低企业物流等成本""加强冷链物流等建设"
2020 年 5 月	国务院办公厅转发《关于进一步降低物流成本的实施意见》，作为民生保障的物流行业更需抓紧机遇，加速推进降本增效、提高供应链弹性、促进产业链协同、加强与制造业联动等诸多变革
2020 年 8 月	国家发展改革委等 14 个部门和单位印发《推动物流业制造业深度融合创新发展实施方案》，进一步推动物流业制造业深度融合、创新发展，推进物流降本增效，促进制造业转型升级
2020 年 10 月	中共十九届五中全会明确"构建现代物流体系"的目标
2020 年 11 月	中央经济工作会议明确指出："产业链供应链安全稳定是构建新发展格局的基础"
2021 年 3 月	《中华人民共和国国民经济和社会发展第十四个五年规划和 2035 年远景目标纲要》，全面描绘了发展现代物流蓝图
2021 年 8 月	《商贸物流高质量发展专项行动计划（2021－2025 年）》，推动商贸物流高质量发展

资料来源：根据公开资料整理。

2020 年 8 月，国家发展改革委等 14 个部门和单位印发《推动物流业制造业深度融合创新发展实施方案》，从企业主体、设施设备、业务流程、标准规范、信息资源五个方面展开深度融合。2021 年在"十四五"规划纲要中，更是专列一节对"提升产业链供应链现代化水平"加以强调和说明，在其他章节还多次强调推进供应链融合创新发展。在政策措施的有效推动下，供应链物流获得了快速发展。一方面，物流本身加强了整合，形成了顺丰等大型、综合性的物流公司。毕竟，对于标准化、规模化程度很高的快递行业来说，行业集中度明显提升，头部企业规模优势壁垒已经显现出来，而非头部企业将面临被整合或被出清的发展危机，这是供应链物流发展的必然趋势。当然，随着政府对物流的规范化指引，发展会变得越来越规范。另一方面，供应链物流不但加强对制造业为主体的第二产业、农业、服务业的融合，而且还将与区域发展、国家战略等高度融合，以此形成一个全方位、全要素、全过程、全产业链之间相互融合的现代供应链物流体系。

二、智慧物流

智慧物流在本质上属于供应链物流的范畴，是在智慧供应链的基础上延伸出来的一个新业态。自 2009 年 IBM 提出通过感应器、RFID 标签、制动器、GPS 和其他设备及系统生成实时信息的"智慧供应链"概念后，智慧物流便由此衍生出来并日益为人们所接受。与供应链物流相比，它更加强调将物联网、传感网与现有的互联网融合起来，以精细、动态、科学管理的方式，实现物流的自动化、可视化、可控化、智能化、网络化，进而实现对资源利用的更有效提升，满足消费者的全新体验效果。

2015 年新零售在中国提出和兴起，它以物流为载体、实现线上与线下资源的有机融合，无疑给物流产业带来了巨大挑战。一些知名零售企业都规定了配送时间、保证商品品质，这就给物流行业带来了如何覆盖配送成本、准确配送时间等的严格要求。同时，与传统商贸和电商不同，新零售的整个供应链都是围绕消费者体验来打造的，而随着消费者由追求价格向追求品质的转变，他们的需求正在向个性化、定制化、小众化、即时化、迅捷化等方向转变，由此所带来的扁平化商业体系、海量订单，不仅需要更加强大的储运能力、更优化的调配协同能力，而且还需要对消费者数据收集、研究调查分析的能力。对传统物流来说，这些显然是难以满足的。在此背景下，具有大数据、云计算、移动互联网、人工智能等现代信息技术的智慧物流便应运而生。

智慧物流的兴起，通过自动化、人工智能、大数据、物联网等技术驱动的物流科技应用场景的落地，极好地化解了新零售中的困境。在物流配送线路、消费者的时效节点顺序、不同消费终端对最终单品的加工需求、层次、区域分布以及整个 POI[①]（Point of Interest）的推衍下，智能物流体系通过系统集合某一时段内的订单后，再通过智能调度并匹配给门店终端以及负责配送的骑手终端，从而保证能够筛选、串联出最佳的配货批次和流向，进而实现多单配送，达成最优的订单履约成本与消费者最佳的购物体验之间的有机结合，完全解决了线上订单量大、每单金额低、配送地域零散、时序不同而又需满足规定时间内实现"最后一公里"的配送问题。

★　2017 年 8 月 11 日在江苏南京市拍摄的智慧物流基地按订单全自动拣货的旋转系统。

　　流通业是国民经济的血脉系统，现代物流则是支撑流通业发展的核心基础。物联网等信息技术在智慧物流系统中的应用，实现了物流供应链从上游供应商企业到下游销售商再到消费者之间的全流程信息共享，推动了物流行业的质变。因智慧物流在中国物流行业，尤其是供应链中的重要地位，中国政府加强了对智慧物流发展的政策指引。2021 年实施的"十四五"规划纲要，明确指出要打造智慧物流体系，"构建基于 5G 的应用场景和产业生态，在智能交通、智慧物流、智慧能源、智慧医疗

① POI，泛指互联网电子地图中的点类数据，基本包含名称、地址、坐标、类别四个属性。

等重点领域开展试点示范。""深入推进服务业数字化转型，培育众包设计、智慧物流、新零售等新增长点。"显然，在智慧物流等现代物流体系的支撑下，通过对上下游的有机联结，极大地推动了中国市场体系的整合，加快国内大循环和国内国际双循环格局的形成，进一步驱动中国经济的平稳发展。

三、新型服务业的繁荣

伴随商贸物流新业态的不断涌现，搅动了中国商贸行业的发展格局，与此相关的新型服务业呈现出繁荣景象。

一是商贸新业态使中国成为全球最大的线上零售市场。从 2015 年至 2021 年间，实物商品网上零售额占社会消费品零售总额比例从 10.7% 上升到 24.9%；自 2013 年起，中国已经连续 9 年为全球最大的网络零售市场，网上零售额每月累计同比增速变化如图 7－5 所示。

图 7－5　2014 年 12 月至 2021 年 12 月网上零售额每月累计同比增速变化

资料来源：根据国家统计局网站资料整理。

网上零售额波动较大，除了 2020 年 1－2 月受新冠肺炎疫情影响呈现负增长外，其他月份均为正的增长，在此期间平均增长超过了 20%。网上零售额从 2014 年 12 月的 2.79 万亿元快速增加到 2021 年 12 月的 13.09 万亿元，增长了 4.69 倍，成为中国经济增长最重要的驱动力之一。

网上零售额的快速增长，也带动了网上用户规模的迅速拓展，特别是在新冠肺炎疫情的影响下，增速更快，从 2016 年的 4.67 亿户增加到了 2021 年 6 月的 8.12 亿户；社交电商人均网上消费数额增长较快，由 2016 年的 863 元上升到 2021 年的 3370 元，它的增长速度远远快于传统商贸，成为拉动商业贸易的一个强大驱动力。商贸新业态的持续涌现，改变了中国商贸的发展路径，也将为人们消费结构的转型升级铺垫良好的消费体验基础。

二是新型服务业新业态不断涌现，呈现"百花齐放"的繁荣格局。以信息技术为载体，生产性与生活性服务业呈现出全方位发展，各类新业态层出不穷。一方面，因科技革命而兴起的新型服务业新业态，如计算机和软件服务、移动通信服务、信息咨询服务、健康产业、生态产业、教育培训、会议展览、国际商务、现代物流业等的产生与发展，大大增强和丰富了中国新型服务业形态，拓展了服务业的范畴。另一方面，通过应用信息技术，从传统服务业改造和衍生而来的服务业形态，如现代金融业、中介服务业等给各种服务赋能，有机联结起生产、分配、消费各环节，加快人流、物流、信息流和资金流的运转。各类新型服务业的涌现，提升了中国服务业在三大产业中的比重，服务业成为社会经济发展的重要驱动力，如图 7-6 所示。

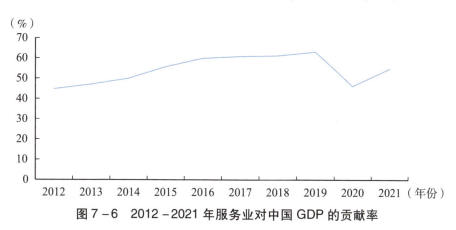

图 7-6 2012-2021 年服务业对中国 GDP 的贡献率

资料来源：根据国家统计局网站资料整理。

第三节　商贸物流新态势

以物流为媒介，把线上与线下资源有机融合起来，彻底改变了商业贸易发展的趋势，区域之间的差异日益缩小，国家之间的商品流通持续加快，形成了一个商贸物流通区域、联天下的全新格局。

一、商贸物流通区域

全国区域经济发展存在很大差异，在商贸物流新业态持续涌现的支撑下，区域之间的差距变得越来越小，初步形成商贸物流通区域的格局，全国性市场变得越来越紧密。

（一）支持并促进营造良好的营商环境

区域经济是商贸物流的需求来源和服务对象，商贸与物流要有大的发展和突破，首先要形成一个良好的营商环境。伴随中国政府持续不断地打造和完善各区域的营商环境，不但有力地推动了中国商贸物流的快速发展和创新浪潮的持续涌现，而且还为区域之间的差异缩小夯实了基础和创造了良好条件。

一是持续推进国内自由贸易试验区的建设，为商贸物流创新的发展创造了更好的服务。2013 年 11 月《中共中央关于全面深化改革若干重大问题的决定》明确指出："适应经济全球化新形势，必须推动对内对外开放相互促进、引进来和走出去更好结合，促进国际国内要素有序自由流动、资源高效配置、市场深度融合，加快培育参与和引领国际经济合作竞争新优势，以开放促改革。""建立中国上海自由贸易试验区是党中央在新形势下推进改革开放的重大举措，要切实建设好、管理好，为全面深化改革和扩大开放探索新途径、积累新经验。在推进现有试点基础上，选择若干具备条件地方发展自由贸易园（港）区。"① 根据该决定，国务院在 2013 年批准在上海成立自由贸易试验区，由此拉开国内设立自由贸易试验区的序幕。之后，在上海试点的基础上，加快国内其他符合条件的地区开展自贸区建设的步伐。截至 2021 年，已经在全国设立了 21 个自贸区，分布在华东、华南、华北、华中、东北、西南等地区，基本实现了对沿海省份的全覆盖，极大促进了国内商业贸易的发展，为国内各地区之间的商贸物流融合以及与海外的联结奠定了坚实的基础。

二是持续颁布商贸与物流发展的优惠政策和措施，促进商贸行业的良性发展，以此带动区域之间的一体化。中共十八大提出了市场在资源配置中的决定性作用，在中共十八届三中全会决议中则更加明确指出："建设统一开放、竞争有序的市场体系，是使市场在资源配置中起决定性作用的基础。必须加快形成企业自主经营、公平竞争，消费者自由选择、自主消费，商品和要素自由流动、平等交换的现代市场体系，着力清除市场壁垒，提高资源配置效率和公平性。要建立公平开放透明的市场规则，完善主要由市场决定价格的机制"。② 为有效发挥市场在资源配置中的决定性作用，就必须清除区域之间的障碍，建立一个开放、竞争有序的市场体系。2015 年中央经济工作会议明确指出了"要营造商品自由流动、平等交换的市场环境，破除市场壁垒和地方保护。"

为了加快区域之间的商贸物流协同发展，有效利用富裕地区资本下沉到落后、相对落后的地区。2016 年 11 月，《国务院办公厅关于推动实体零售创新转型的意见》明确提出，"支持商业设施富余地区的企业利

① 中共中央文献研究室编：《十八大以来重要文献选编》上，中央文献出版社 2014 年版，第 525 页。
② 《中国共产党第十八届中央委员会第三次全体会议公报》，人民出版社 2013 年版，第 9 – 10 页。

用资本、品牌和技术优势，由东部地区向中西部地区转移，由一、二线城市向三、四线城市延伸和下沉，形成区域竞争优势，培育新的增长点。支持商务、供销、邮政、新闻出版等领域龙头企业向农村延伸服务网络，鼓励发展一批集商品销售、物流配送、生活服务于一体的乡镇商贸中心，统筹城乡商业基础设施建设，实现以城带乡、城乡协同发展。"以资本为纽带，统筹推进区域与商贸物流的融合，打造一体化的商贸网络，有利于区域之间的资源流动。

为了推进商贸物流新动能的发展壮大，以促进它与区域之间的融合，培育发展新动能。2018 年中央经济工作会议明确指出了"要着力优化营商环境，深入推进'放管服'改革，促进新动能加快发展壮大。"2021年 8 月，在《商贸物流高质量发展专项行动计划（2021－2025 年）》中，明确"优化整合区域商贸物流设施布局，加强功能衔接互补，减少和避免重复建设，提高区域物流资源集中度和商贸物流总体运行效率。"在一系列优惠政策和措施的推动下，以粉丝经济、新零售和智慧物流为代表的新业态的兴起和快速发展，推进了它们与全国各个地区之间的融合创新。

（二）新零售商贸中心建设

随着区域之间营商环境的改进，分布在各个省份的核心城市展开了一场以新零售和智慧物流等为载体的商贸中心之争。与传统商贸中心不同，在智慧物流等支撑下的新零售，实现了线上与线下资源的创新性融合，增强了所在城市和地区的经济实力，迅速缩小了与领先城市之间的经济总量差距。比如将 2012 年与 2021 年全国经济总量排在前 10 位的城市进行对比，2021 年排名前列的城市都与以智慧物流为载体的新零售的崛起密切相关，如表 7－3 所示。

表7-3　　　　2012年和2021年全国经济总量排在

前10位的城市

单位：万亿元

2012年		2021年	
排名	城市	排名	城市
1	上海（19195.60）	1	上海（43214.85）
2	北京（16000.00）	2	北京（40269.60）
3	广州（12303.00）	3	深圳（30664.85）
4	深圳（11502.00）	4	广州（28231.97）
5	天津（11190.90）	5	重庆（27894.02）
6	苏州（10500.00）	6	苏州（22718.34）
7	重庆（10011.00）	7	成都（19916.89）
8	成都（7080.00）	8	杭州（18019.40）
9	杭州（7011.80）	9	武汉（17716.76）
10	无锡（6900.00）	10	南京（16355.33）

资料来源：根据公开资料整理。

十年期间，除了上海、北京、苏州排位没有发生变化外，其他的城市排位都出现了明显的变化。虽然造成这些变化的因素有很多，但从城市的定位来看，它们都在打造智慧城市，争夺新零售商贸中心的地位，以此成为信息技术时代的领先者。

以互联网为核心的信息技术在中国的发展，引起了服务业的变化，尤其是在商业模式上变化最为猛烈。杭州、深圳、北京、南京等城市抓住机遇，快速推动经济增长，缩小与领先城市之间的实力差距。进入新时代以来，经济发展动力转向创新驱动，由外贸为主向内需转变。抓住新零售的机遇是衡量一个城市未来发展的前瞻性问题，利用新零售促进新消费，最终驱动的是城市的整体经济发展和实力增强。自2016年新零售在全国各大城市兴起以来，就展开了建设新零售商贸中心的竞争。上海、北京、广州、深圳、杭州率先展开了新零售商贸中心的竞争，上海抓住机遇，采取一系列措施，在很短的时间内就在新零售之都竞争中取得了领先的地位，成为名副其实的新零售商贸中心。

伴随着北上广深杭等城市在新零售商贸中心建设上的激烈竞争，西安、武汉、苏州、成都、南京、福州等城市也快速加入新零售商贸中心的建设，2018 年在它们的《政府工作报告》中均有争取建设新零售商贸中心的目标，以此争夺新零售所带来的红利和机遇。城市是商业的空间载体，对新零售商贸中心的竞争本质上就是规划新消费时代的远景，把控未来的发展空间。

到 2021 年，新零售商贸中心的建设，已经由一、二线城市拓展到三、四线城市，成为新冠肺炎疫情冲击下推动经济稳定增长的重要驱动力和稳定器。同时，全国各大城市充分利用新零售商贸中心的争夺，快速促进了商贸物流与区域经济之间的融合创新，为商贸物流通区域奠定了良好的经济基础并建设了新的基础设施。

（三）商贸物流与区域发展的融合

"十四五"规划纲要提出"依托国内经济循环体系形成对全球要素资源的强大引力场。必须强化国内大循环的主导作用，以国际循环提升国内大循环效率和水平，实现国内国际双循环互促共进。"实现国内国际双循环，首先必须建立在国内大循环的基础之上；而要实现国内大循环，很大程度上需要借助信息技术赋能的商贸物流来融合区域发展，不断缩小各区域之间的差距，建立全国统一的大市场。

商贸物流赋能区域的融合创新，以此推动全国不同层次之间的区域融合。一是融合全国城市群。通过互联网和新零售的持续推进，全国一、二、三、四线城市之间的新基础设施等方面的建设差距已经大为缩小。按照不同城市群的需求特点，以物流为载体向前后两端创新融合，推动商贸物流设施网络协调发展，实现设施共建共享、网络互联互通、行业共管共治。统筹布局物流枢纽节点，优化配置物流资源，加快构建区域分拨、城市配送服务体系，提升城市群、都市圈的物流一体化组织服务效能，促进大中小城市和小城镇协调联动。二是联通区域发展战略地域。重点围绕京津冀、长江经济带、粤港澳大湾区、长江中游城市群、成渝双城经济圈等区域，不断强化物流布局，构建区域商贸网络，缩小彼此之间的隔阂。以此为基础，全面推进西部大开发、东北振兴、中部地区崛起、东部率先发展，以商贸物流方式推动解决各大区域协调发展中的不平衡等难题，进而实现区域之间的融合发展。三是贯通县乡村地区。加快完善县乡村三级商贸物流配送的网络，逐渐建立一批县域物流园区、公共配送中心、镇村级配送站和公共服务网点。在此基础上，进一步完善县乡到村的工业品、消费品向下融合"最后一公里"和农副产品向上融合"最初一公里"的双向商贸物流服务网。

以物流为载体，商贸为内核，从城市、重大区域到县乡村的融合，形成商贸物流通区域的格局，以此促进国内大循环的形成。

二、商贸物流联天下

中共十八大以来，中国经济由高速向中高速转型，"三驾马车"中的外贸对经济增长的驱动作用有所下降，但随着商贸物流在信息技术的支撑下实现转型升级，为中国对外商贸的发展打下了良好基础。对外贸易在2014年达到顶峰之后，呈现出下降趋势；2017年开始在新零售等商贸新业态的强劲推动下又明显恢复提升，特别是2020年以来新冠肺炎疫情在全球的肆虐，中国在疫情治理相对稳定的营商环境下，对外商贸呈现出快速发展趋势，进出口贸易额由2012年的24.42万亿元增加到2021年突破39.10万亿元，如图7-7所示。

受中美经贸摩擦、逆全球化、新冠肺炎疫情冲击等影响，中国对外贸易还能在10年内先后破5万亿美元、6万亿美元的关口，与中国坚持多边主义、扩大开放等政策密切相关，同时也与以商贸物流为载体的产业链、供应链的全球整合相关联。

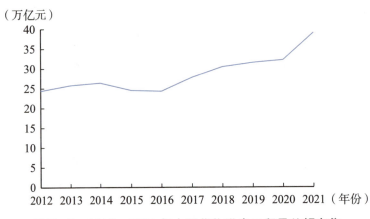

图7－7　2012－2021年中国货物进出口贸易总额变化

资料来源：根据国家统计局网站资料整理。

一是2013年提出的"一带一路"倡议推动了中国与沿线国家和地区之间的商贸物流的整合，起到了区域驱动整体的效果。"坚持世界贸易体制规则，坚持双边、多边、区域次区域开放合作，扩大同各国各地区利益汇合点，以周边为基础加快实施自由贸易区战略。改革市场准入、海关监管、检验检疫等管理体制，加快环境保护、投资保护、政府采购、电子商务等新议题谈判，形成面向全球的高标准自由贸易区网络。"① 为联通全球各大区域，习近平在2013年提出了"一带一路"倡议，用创新的方式共建"丝绸之路经济带"和"21世纪海上丝绸之路"。倡议一经提出，就得到了沿线各国和地区的高度认同，到2022年5月，已经有182个国家和国际组织签署了合作协议。

"一带一路"倡议沿线国家和地区经济比较落后，亟须巨额的交通等基础设施投资。中国顺应沿线国家（地区）的需求，推进和加大对沿线国家（地区）的基础设施和物流大通道的联通建设，国资、民营在内的中资企业纷纷加速对它们的物流业务布局及物流资源的投资与收并购步伐；在建设中不断创新合作模式，加强政策沟通、交通联通、贸易畅通、资金融

---

① 中共中央文献研究室编：《十八大以来重要文献选编》上，中央文献出版社2014年版，第526页。

通和民心相通等"五通"的融合创新，以点带面，从线到片，逐步形成一个区域大合作格局。从亚欧大陆到非洲、美洲、大洋洲，"一带一路"倡议建设已成为联通区域的机遇之路、繁荣之路。2020年新冠肺炎疫情肆虐全球之际，中国通过亚欧大陆桥源源不断地向沿线国家输送物资，助力抗疫和经济的复苏。到2021年，以物流为载体，商贸新业态联通沿线国家和地区的网络已经取得了很大进展，初步显现出共商共建共享的共赢格局。

二是物流链的全球整合，助推商业贸易在全球各国和地区之间更快地流通。传统商贸跨越国境，遇到通关，时间很长。通常中国商品经过邮局等快递系统到达欧洲、美洲等地的消费者手中，平均需要60天。2013年由某中国电商企业首次在俄罗斯发起的促销活动，仅一天之内便产生了17万个包裹，而俄罗斯邮政系统一天只能处理3万个包裹，引发了消费者的不满，由此促成了中国物流系统借助"互联网＋"来整合全球各国和地区物流系统的行动和机遇。

2013年5月中国企业以俄罗斯作为起点，率先开展了对海外物流业的改造。中国物流系统与全球各国的物流对接，借助"互联网＋"等方式构建起一个全球物流网络，极大缩短了中国商品走向全球的速度。同时，国内物流系统还与海外其他国家和地区的物流公司合作，或者在海外设立自提点等方式，初步形成了以中国物流系统为核心的全球物流网络的整合，并打造出以物流网络为载体的全新供应链系统，推动了中国商品走向世界、世界各国商品流入中国，大大缩短了中国或其他国家和地区的商品通达到消费者之间的时间。

中国物流企业从2017年起纷纷布局海外，在海外设立一系列数据基础设施，便于中国品牌走向世界，也使全球优质商品、知名品牌拥抱中国市场。2020年新冠肺炎疫情在全球暴发以来，中国物流系统再次以信息技术的发展为先导，加快打造一张72小时的全球物流网，形成一个物流为媒介、商贸联天下的全新格局。

为了在全球化中占据商贸物流的制高点，物流企业一方面加强与电商等商贸行业的合作，通过协同发展、融合创新，利用电商等的信息技术和业务资源优势为物流行业赋能，增强它们的基础物流服务能力，提升快递系统的服务水平。另一方面加强不同物流企业之间的合作，夯实"快递为本"的基础设施，打造高效的物流配送体系，并由此延伸到供应链、大物流领域。

三是以物流系统为载体，打造线上线下资源的优化配置，进而构建联通全球的商贸网络。"十四五"规划纲要提出，"加强国际航空货运能力建设，提升国际海运竞争力。优化国际物流通道，加快形成内外联通、安全高效的物流网络。"在商贸物流顶层设计的引领下，国际化成为领先物流企业保持业务持续增长的重要战略方向之一。在持续扩大开放和全球化浪潮的推进下，中国商贸物流企业借助海外仓储物流资产的投入、海外落地服务团队搭建、海外物流服务延伸等方式，逐步形成和完善全球供应链和物流基础网络，实现供应链、物流全球融合创新的发展目标。

三、网购和快递带来消费方式的变化

互联网的快速发展，催生了商贸物流等服务业新业态的不断涌现，网购、快递完全改变了人们的消费方式。在新冠肺炎疫情的冲击下，居家生活、在线办公和网上学习使网购成为全民的生活常态。

一是网购成为全民的消费方式。不仅上班族、学生党，就连爱逛菜市场的大爷大妈都在互联网的引领下，消费方式全面走向了网购。网购打破了时空限制，足不出户就可以买到心仪的商品，且不受任何时间限制，只要喜欢就可以下单购买，快递送货上门。网购不受实体店的约束，商品种类更加丰富，既可以是来自全球不同国家和地区的知名品牌、民族和地区特色的产品，也可以是来自国内任何一个有移动信号覆盖地区的商品、土特产。购物渠道的全新变化，大大降低了购物的成本，广大消费者在线下实体店感知全新体验的同时，享受着网购带来的技术红利。

二是网购开启了全新的生活方式。原来喜欢下班逛商场的年轻人开始

窝在沙发里从商场公众号的直播中下单，不会做饭的人看着网络视频就能学着做出世界各地的美食，而金融、医疗、旅游、休闲娱乐等每一个领域均可借助网络来满足消费者的需求。现在正在兴起的元宇宙则能使人们在现实与虚拟之间游移，网购完全打破了传统认知，打开了一个完全不同的生活方式。网购下的地球村，只要有网络和智能终端，在任何一个地方均可与世界上任何一个国家和地区之间建立联结，实现全面的经贸交往。

三是网购完全改变了商贸活动与消费者之间的关系。传统商贸以线下实体店为载体，具有坐等顾客的倾向；电商以线上导客为形式，通过"最后半公里"的物流效率和成本来快速满足顾客的需求；新零售则以物流为载体有效融合线上与线下的资源，打造全新的商贸生活圈。在网购形式的变化过程中，围绕消费者的体验构建起了线上与线下全渠道与即买即得的场景触发式购物，消费者在网购中的地位变得越来越凸显。与此同时，网购也改变了生产端，企业由以前的规模化、标准化向定制化、个性化转变，重新打造了产业的供应链，以迎合消费者追求高品质商品的需求。

中国经济
这十年

（2012—2022）

第八章

发展与安全
并重的金融

中共十八大以来，面对经济新常态下三期矛盾叠加，隐性风险凸显。为了守住不发生系统性风险的底线，中国在深化金融改革、扩大开放的顶层设计下，取得了飞跃发展，实力不断增强，开放步伐持续加大，金融风险得到有效抑制。在金融实践过程中渐趋形成了金融安全、金融创新、服务实体经济本质、普惠金融、金融开放、金融改革等创新理念，为全面建成小康社会、开启第二个百年奋斗目标等铺垫了坚实的金融基础。

第一节　金融实现飞跃发展

中共十八大以来，在党中央的坚强领导下，中国不但守住了不发生系统性金融风险的底线，而且金融实力得到全面增强，国有商业银行牢牢占据全球银行综合实力的前四位，保险业实力快速上升，平安保险（集团）股份有限公司跻身全球保险业综合实力的首位，金融市场规模稳步增长，金融质量大幅改善。银行业、保险业等的全球综合实力长期以西方国家占主导的状况开始被中国打破，金融业实现了由"大"向"强"的飞跃。

一、金融实力空前增强

2012年以来，中国金融业快速发展，到2021年，已经形成一个系统比较完整、门类比较齐全、较为适合中国的金融市场体系。通过金融的深化改革、扩大开放，在以我为主的渐进发展路径下，中国金融越来越顺应社会经济发展的需求，不盲从、不跟风、不迷信，走出了一条符合中国国情且快速可持续发展的金融前行之路。中国金融的实力空前增强，在国际金融业中的地位不断提高。

一是金融业资产迅速增长，规模位居世界前列。在间接融资为主的金融业结构中，银行业一直占据中国金融业的核心地位，其总资产变化如图8-1所示。在短短的10年期间，尽管经历了国际国内严峻形势的冲击，特别是2020年以来的新冠肺炎疫情影响，但银行业资产仍然增长了2.63倍，从2016年底以来规模超越欧元区后跃居全球第一。

（万亿元）

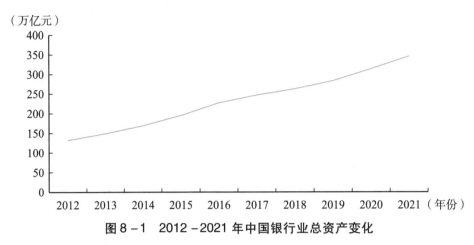

图 8 - 1　2012 - 2021 年中国银行业总资产变化

资料来源：根据中国银保监会网站资料整理。

保险业的总资产增长速度快于银行业，2012 年时资产总额为 6.89 万亿元，到 2021 年时达到了 24.90 万亿元，增长了 3.61 倍，如图 8 - 2 所示。保险市场规模自 2017 年超过日本以来，到 2021 年已经连续 4 年仅排在美国之后，居于全球第二。

（万亿元）

图 8 - 2　2012 - 2021 年中国保险业总资产变化

资料来源：根据中国银保监会网站资料整理。

证券市场上，上市公司数量、参与股市的主体、上市公司的市值、年成交额、债券发行数、债券市场余额等都有大幅提升和拓展，如表 8 - 1 所示。上市公司质量改善，投资者结构优化，反映出中国金融市场快速成长，实力不断增强的发展态势，目前中国已经成为全球第二大股票市场。

表8-1 2012-2021年中国债券市场和股票市场的发展

年份	债券只数 （只）	债券余额 （亿元）	沪深股市上市 公司数量 （家）	沪深股市上市 公司市值 （亿元）	沪深股市 年成交额 （亿元）
2012	5367	262818.92	2494	230357.62	743821.09
2013	7292	300005.81	2489	239077.19	414347.50
2014	11262	359886.88	2613	372546.96	403257.58
2015	19060	484863.98	2827	513304.20	856048.81
2016	29444	642450.79	3052	507685.88	1252344.49
2017	37177	747741.27	3485	567086.08	992565.81
2018	42693	857399.08	3584	434924.02	1497744.76
2019	49500	971060.10	3777	592934.57	2133016.32
2020	57065	1142723.06	4195	798086.23	2409960.38
2021	64554	1304189.57	4697	918180.93	2291892.85

注：年成交额统计口径为二级市场的现券交易，时间区间为每年1月1日至12月31日。
资料来源：根据Wind中国宏观（EDBC）数据库提供数据计算。

这十年，外汇市场主体日趋多元，基础设施更加完善，产品不断丰富，可交易货币由美元等少数货币币种逐步扩大到30余种。经过2015年"8·11汇改"[①]，形成了"收盘价＋一篮子货币"的定价机制，人民币汇率市场化迈出更加坚实的一步；2017年，人民币汇率形成机制中加入逆周期因子后，汇率形成机制更加完善。2022年2月末，中国外汇储备规模为3.21万亿美元，2006年以来持续成为全球最大的外汇储备国。

二是中国金融业的综合实力不断增强，位居世界前列。伴随中国金融业实力提升，治理机制日益完善，金融业市场化日益深化，在世界金融业

---

① "8·11汇改"是指2015年8月11日中国人民银行宣布调整人民币对美元汇率的中间价报价机制，做市商参考上日银行间外汇市场收盘汇率，向中国外汇交易中心提供中间价报价。

中的地位实现了飞跃性提升，呈现出由大变强的趋势，在世界金融业的排名榜中得到完全体现。

自 1995 年开始排名的《财富》世界 500 强排行榜，当年中国银行被列入，位居第 207 位；1999 年中国工商银行进入排行榜，位居第 160 位。之后，国有商业银行在排行榜中的地位不断上升，伴随四家国有商业银行股份制改造的完成和上市、交通银行在 2007 年纳入国有大型商业银行，到 2012 年时，它们在排行榜中的位置有了大幅提升，但仍与国外的大银行存在一定差距，如表 8－2 所示。排在中国工商银行之前的就有法国的巴黎银行（第 30 名）、西班牙的国家银行（第 44 名）、美国的美国银行（第 46 名）、英国的汇丰银行（第 53 名）。然而，到 2021 年时五家国有商业银行的实力已经大幅领先于全球各国的银行，中国工商银行则在排行榜银行类企业中持续蝉联全球最大的商业银行称号。

表 8－2　　　　　2012 年和 2021 年五家国有商业银行
《财富》世界 500 强排名及其营业收入

银行名称	2012 年		2021 年	
	排名位次（名）	营业收入（百万美元）	排名位次（名）	营业收入（百万美元）
中国工商银行	54	109039.6	20	182794.4
中国建设银行	77	89648.2	25	172000.2
中国农业银行	84	84802.7	29	153884.6
中国银行	93	80230.4	39	134045.6
交通银行	326	33871.6	137	67605.5

资料来源：根据公开资料整理。

在另一个银行业排行榜——英国《银行家》杂志世界 1000 家大银行核心资本的排名中，五家国有商业银行虽然一直排在全球大银行的前列，但在 2012 年之前都没有进入前 8 名。之后，随着中国银行业实力的增强，在世界各国银行业中的地位不断上升。在 2017 年的排名中，中国工商银行、中国建设银行、中国银行、中国农业银行、交通银行分别排在第1、第2、第4、第6、第11位；而到2021年时，除了交通银行变动不大外，中国工商银行、中国建设银行、中国农业银行、中国银行已经连续四年排在前四位，雄踞全球大银行的前列，跻身全球系统重要性银行名单。同时，进入该排名的中国银行越来越多，到2021年时已经有144家上榜，一级资本规模达到了2.98万亿美元，接近美国上榜银行一级资本规模1.58万亿美元的两倍。同时，根据金融稳定委员会公布的全球系统重要性银行名单，2012年时只有中国银行进入所属第一层级的名单，接受额外1%的资本缓冲要求；而到2016年，五家国有商业银行均被列入了全球系统重要性银行名单。

相对于银行业，中国保险业的排名上升更引人注目。在《财富》世界500强排名中，2012年时进入排行榜的仅有中国人寿、中国人保和平安保险三家，而排在最前列的中国人寿仅位居第129名，实力远远落后于德国的安联保险集团（第28名），也与中国工商银行（第54名）存在很大差距。到2021年时，平安保险已经完全超越了中国工商银行（第20名），位居第16名，成为全球最大营业收入的保险公司，如表8-3所示。同时，进入排行榜的中国保险公司已有平安保险、中国人寿、中国人保、太平洋保险、友邦保险、泰康保险、太平保险、新华人寿和中国再保险九家，显示出中国保险业在全球的强大实力。

表8-3　　　　　　　2012年和2021年中国保险公司
《财富》世界500强排名及其营业收入

保险公司名称	2012年		2021年	
	排名位次（名）	营业收入（百万美元）	排名位次（名）	营业收入（百万美元）
中国平安保险（集团）股份有限公司	242	42110.3	16	191509.4

续表

保险公司名称	2012 年		2021 年	
	排名位次（名）	营业收入（百万美元）	排名位次（名）	营业收入（百万美元）
中国人寿保险（集团）公司	129	67274.0	32	144589.1
中国人民保险集团股份有限公司	292	36549.1	90	84290.4
中国太平洋保险（集团）股份有限公司	尚未进入排行榜		158	61185.7

资料来源：根据公开资料整理。

在有利政策的引领下，经过对上市公司发行制度的改革、证券市场制度的完善，债券发行规则等的市场化和制度化，期货市场制度的进一步改进等，中国资本市场日益规范，整体实力也有了巨大提升。2012 年，上市公司的市值占 GDP 的比重达到了 35%，进入《财富》世界 500 强排行榜的中国企业（包括香港特区，但不包括台湾地区）有 73 家；到 2021 年时上市公司的市值占 GDP 的比重上升到了 80.44%，上市公司进入全球上市公司市值 100 强排行榜的达到了 14 家，总市值排在美国之后，位居第二位，进入《财富》世界 500 强排行榜的中国企业（包括香港特区，但不包括台湾地区）达 135 家，连续两年超越美国，位居排行榜首位；A 股市值突破了 91 万亿元规模[1]，进一步夯实了全球第二大股票市场的地位。债券市场持续增长，到 2020 年时存量规模突破 100 万亿元，超越日本成为全球第二大债券市场，彰显出了中国资本市场的强大实力。

二、货币政策不断完善

2012 年以来，在稳健的货币政策下，中国在保持币值稳定的条件下有

---

[1] 根据 Wind 中国宏观（EDBC）数据库提供数据计算。

效促进经济平稳增长。中间目标渐趋由 M0 绝对量、M1 增长率、M2 增长率和新增贷款数额等多目标结构收敛到 M2 增长率的单一目标，标志着中国货币政策在形成机制和实施机制上渐趋成熟。面对复杂的国内外形势变化，强化货币政策调控的灵活性与前瞻性，与财政政策有机结合，不断推进货币政策工具，特别是在对冲外汇占款、精准施策等过程中对调控结构、工具、方式和机制等进行大量创新，进而避免前期"大水漫灌"式调控的负面效应。2013 年以来，中国创立的常备借贷便利（SLF）、中期借贷便利（MLF）、抵押补充贷款（PSL）、公开市场短期流动性调节工具（SLO）等货币政策工具，在实践中渐趋形成了一个由长期、中期、短期等构成的多样化调控手段。它们针对性强，较好地满足了货币政策宏观调控的多元化需求，实现社会经济的可持续性发展。

"十三五"规划纲要提出，将继续推动货币政策由数量型为主向价格型为主转变。2016 年，中国推出了宏观审慎评估体系（MPA），在实践过程中把差别准备金动态调整和合意贷款管理机制纳入其中，由此形成了一个具有中国特色的"货币政策＋宏观审慎政策"的双支柱调控框架。在随后的互联网金融整顿、金融供给侧结构性改革、防范金融风险等工作中，中国人民银行都灵活使用了稳健的货币政策和积极的财政政策，快速抑制了金融风险。面对新冠肺炎疫情的冲击，中国人民银行有效利用货币政策，扶持中小微企业，避免经济剧烈震荡，对 2020 年经济的正增长起到了积极作用。

三、金融质量大幅改善

这十年期间，中国金融业虽然受诸多因素影响，不确定性增加、信息不对称性扩大，但在党和政府的坚强领导下，金融风险得到抑制，质量大幅改善，服务实体经济的能力增强。

一是金融发展的顶层设计思路日益明晰，为金融质量的提升奠定了制度化保障基础。伴随五年一次的全国金融工作会议常态化，在总结过去金融发展经验基础上，提出了今后五年的发展规划，降低了金融改革、金融发展中的不确定性，明确了金融业在其后一段时间内的发展方向，如表 8 – 4 所示。

表 8 – 4 　　　　　　　　　　中国金融改革顶层设计思路

改革时间节点	关键会议	顶层设计思路
2012 年	全国金融工作会议	加强和改进金融监管、指明金融工作的总体要求和主要原则、加大金融服务实体经济的力度，确保资金流向实体经济；坚决抑制经济"脱实向虚"、明确市场配置资源的改革方向，明确政府作用的边界和范围，扩大金融对外开放
2017 年	全国金融工作会议	加强金融监管、明确金融业发展的四项原则和三大任务、强调金融对实体经济的支持力度、加强党对金融工作的领导
	中共十九大、十九届三中全会	中共十九大报告明确，守住不发生系统性金融风险的底线；中共十九届三中全会确定了政府机构改革，为金融管理机构改革确立了方向

资料来源：根据公开资料整理。

　　配合中国金融中长期发展规划，每年年底召开的中央经济工作会议和 2013 年 4 月以来确定的经济形势分析则更进一步明晰了短期发展的顶层设计思路，起到了细化和修正的效果。从这十年中央经济工作会议公报来看，每次会议都在前一年的金融运行状况基础上，深入系统地研究了运行情况，把脉问题、判断方向、提出举措，定期对金融管理、金融政策、金融风险、金融服务实体经济等方面的内容进行审视，进而适时调整改革措施，无疑是非常恰当和具有前瞻性的，实现了市场在资源配置中的决定性作用，政府发挥出更有作为的效果。2012 年中央经济工作会议明确指出"金融领域存在潜在风险"，与实践中金融风险凸显一致，由此明晰了下一年金融的工作重点："要高度重视财政金融领域存在的风险隐患，坚决守住不发生系统性和区域性金融风险的底线。"之后历年的中央经济工作会议都在总结当年金融运行的基础上，明确了下一年的金融任务。显然，通过五年规划和年度发展计划、当年经济形势分析的有机结合，大大提升了中国金融发展的可预期性，降低了金融发展的不确定性，增强了金融改革和发展的效益，使金融质量改善得到了关键性制度保障。

二是金融风险在底线思维下呈现先升后降趋势。进入新时代以来，在三期矛盾叠加的条件下，各种隐性风险逐渐凸显，金融领域的风险有所上升。比如，占据金融核心地位的银行业不良贷款率呈现了小幅上升趋势，如图 8 – 3 所示。

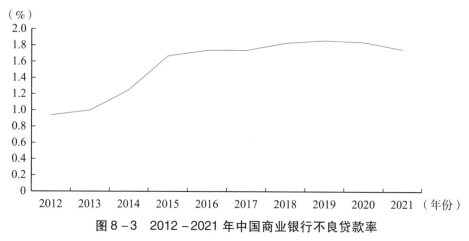

图 8 – 3　2012 –2021 年中国商业银行不良贷款率

资料来源：根据中国银保监会网站资料整理。

随着金融供给侧结构性改革，特别是去杠杆、互联网金融专项整治、资产管理乱象整顿等降风险措施的推进，2019 年以来金融风险开始下降，稳金融工作取得了明显成效。

三是金融资产质量得到改善，资本收益率维持在较高水平。从中国金融业的各个组成部分来看，金融资产质量得到了改善，维持较高的收益率水平。比如，银行业的资本充足率尽管有所波动，但整体上都呈现出上升趋势，远远超越了《巴塞尔协议Ⅲ》规定的要求，如图 8 – 4 所示。在国际银行业资产质量中，中国银行业开启了高质量发展的进程。

图 8－4　2012－2021 年中国银行业金融机构的资本充足率、资本利润率

资料来源：根据中国银保监会网站资料整理。

2014 年，中国颁布了《保险资产风险五级分类指引》，保险公司等在 2015 年按照五级分类逐步改进资产质量，资产规模、保险密度和深度、保费收入等均得以持续提升，到 2021 年时综合偿付能力充足率达到了 240%、核心偿付能力充足率为 227.3%，在 178 家保险公司中仅有 12 家存在一定的偿付能力不充足等问题，显示出保险业的整体质量处于较高水平，实现了由量向质的转变，在国际保险业中处于前列。资本市场在注册制改革快速推进、IPO 常规化等条件下，资产质量不断改进。

第二节　开展金融创新和维护金融安全

顺应社会主要矛盾的变化和经济发展的转型，金融行业渐趋由"摸着石头过河"向顶层设计转换，在服务实体经济的过程中逐步形成了一个具有中国特色的金融创新理念，指引金融业的平稳健康发展，展现出与西方国家进入工业革命以来周期性危机不同的、有风险但无危机的发展理念。

一、加强党对金融的全面领导

党中央高度重视对经济、金融工作的领导，坚持牢牢把握金融事业发展和前进的方向。2012 年以来的中央经济工作会议多次强调"加强党对经济工作的领导"，金融作为经济的重要组成部分，党也全面加强对它的领导。在 2017 年全国金融工作会议上，习近平明确指出："必须加强党对金融工作的领导……保障国家金融安全，促进经济和金融良性循环、健康发展。"①中共十九大报告中，习近平进一步强调："党政军民学，东西南北中，党是领导一切的。"② 在金融实践过程中，加强党对金融工作全面领导的理念也得到日益强化，起到了"把方向，管大局，保落实"的效果，实现了金融服务实体经济的本质，守住不发生系统性金融风险的底线。

一是国有独资或控股的金融业占据绝对地位，它们在各级党组织的领导下有序开展金融活动。从现有金融业的各个构成来看，国有金融部分都占据核心地位。如银行业，国有银行的总资产占据银行业总资产的 90% 以上。它们在各级党组织的领导下充分发挥市场在资源配置中的决定性作用的同时，更有效地发挥出了政府的有为作用，使金融业没有偏离服务实体经济的本质，也是中国金融业没有发生系统性或区域性金融危机的根本保证。新冠肺炎疫情发生以来，中国金融业在党的坚强领导下，不但有效提升了金融实力，还充分保障了社会经济的正增长，这是全球金融史上所未见的。究其根源，就在于党的领导下金融业在发挥媒介交易、配置资源、发现价格、管理风险等重要功能的同时，较好地满足了经济发展的要求，为战胜各种困难和挑战提供了坚强的组织保证。同时，在党的领导下，有效解决了部门之间、中央与地方之间的分歧，形成了强大的合力，确保了金融活动的明确方向和正确的发展道路。

---

① 《习近平谈治国理政》第二卷，外文出版社 2017 年版，第 278 页。
② 《习近平谈治国理政》第三卷，外文出版社 2020 年版，第 16 页。

二是主要金融产品、金融业务、金融创新、金融活动、金融市场的拓展等金融领域全链条均需在政府的审批、核准下才能正式进入日常运作之中。金融业是特许产业，必须遵行严格的准入条件和监管要求。从金融组织、金融市场的设立到金融业务、金融活动的开展，再到金融产品的产生、金融创新活动的展开等整个金融产业链，均需在党的领导下经过监管部门的论证和审核，以此确保金融活动的有序、稳定、可持续发展，避免西方周期性金融危机的发生，使中国金融业走上了有风险但无危机的发展之路。在金融深化改革过程中，需要在党的领导下改变政府行政部门对金融活动的过多干预，使金融发展在法治的框架下更有效地开展。

三是金融开放是在顶层设计下有序展开、逐步扩大。开放是市场的特征，金融业的开放是内外并举的。中国金融业的开放不是简单准入上的开放，还应是进出并行的开放。在党领导的渐进发展思路下，中国有序推进金融开放步伐，并根据中国经济发展的实际，持续不断地扩大对外开放的力度。2018年4月，习近平在博鳌亚洲论坛上宣布，要确保放宽银行、证券、保险行业外资持股比限制的重大措施落地，放宽外资金融机构设立限制，扩大外资金融机构在华业务范围，拓宽中外金融市场合作领域。[①] 对此，中国人民银行就进一步扩大金融业对外开放专门制定并宣布了时间表和具体措施。遵照党中央和国务院的要求，国务院、人民银行、银保监会、证监会等部门陆续出台一系列开放政策和措施，有效促进了中国金融业的对外开放。在党的坚强领导下，按照顶层设计思路，即使在国际形势严峻和新冠肺炎疫情冲击等因素影响下，中国金融业仍平稳发展、持续壮大，金融风险得到有效抑制。

显然，要始终不渝地坚持党对金融工作的全方位领导，以此指引新时代中国金融事业不断实现跨越发展。

---

① 《习近平谈治国理政》第三卷，外文出版社2020年版，第194页。

二、金融创新和金融监管

（一）开展金融创新

金融创新一直是中国金融业发展的重要驱动力，但是随着金融市场化的明确定位，创新已经贯穿到金融领域全链条之中。2013 年以来，中国金融创新浪潮迭起，既有单个金融领域内的创新，也有整个金融环节的创新，在此之中表现最为强劲的领域就是互联网金融①领域。它的快速发展，引发了中国金融业发展的创新浪潮，拓展了金融服务范畴，延伸了中国金融产业链，迅速提升了中国金融业的竞争能力。

缘起于发达国家的互联网金融，尽管很早就被引入国内，中国也相应设立了互联网金融的各个子模式，但直到 2013 年，中国的互联网金融才呈现出快速发展的态势。之后，通过"互联网＋金融"和"金融＋互联网"等方式，在短短十年的时间内就完全改变了中国金融业发展的格局。其间，通过互联网金融专项整治活动，金融创新活动越来越规范，而普惠金融体系的构建则在一定程度上减轻了"融资难、融资贵"的问题。同时，由互联网金融所引发的对现有金融体系的冲击，使原有金融业快速吸纳"互联网＋金融"方式创新所带来的诸多便利和优势，呈现出两者相互融合趋势，并衍生出大量降低服务成本、提升服务效率、覆盖金融盲区、防范金融风险的创新成果。最典型的就是银行等现代金融机构借助网络平台，创立了大量低息放贷渠道，而互联网金融公司、供应链金融和消费金融等的大规模设立和发展，大大推进了中国金融业的深入发展。到 2021 年，中国在互联网金融的信息技术应用领域和某些核心信息技术的创新上，如移动支付、科技信贷、区块链、线上投资等领域已经领先于国际水平。为此，以互联网金融领域驱动的金融创新趋势，必将使中国进入一个

---

① 互联网金融，范畴较广，目前谈到的科技金融、数字金融等都包含在其中。

"中国创造"常态化的金融创新发展新阶段。

（二）加强金融监管

有金融活动就必然有金融风险。习近平指出，维护金融安全，是关系我国经济社会发展全局的一件带有战略性、根本性的大事。[1] 要切实把维护金融安全作为治国理政的一件大事，在促进金融更好为实体经济服务、防范化解金融风险、深化金融改革过程中确保金融安全高效稳健运行。中国一直重视对金融风险的防范和监管，2012 年以来，不但在历年的中央经济工作会议、2017 年全国金融工作会议、中共十九大等会议上强调防范金融风险、守住不发生系统性金融风险的底线，实施有效化解金融风险的举措，而且还把金融安全上升到国家安全的战略高度上。

第一，制定系列防范金融风险的举措。2013 年以来，随着互联网金融的快速崛起和经济进入新常态，中国社会经济和金融领域所隐藏的风险逐步显露。为了避免区域性和系统性金融风险，中国人民银行在促进互联网金融合理发展的同时，在 2015 年 7 月与中国银监会、中国证监会、中国保监会等十部委共同发布《关于促进互联网金融健康发展的指导意见》。之后，加快了对互联网金融乱象的专项整治工作，在互联网金融的各个领域相继出台系列监管细则，网络借贷平台、虚拟货币等互联网金融领域的风险得到有效控制。

面对传统金融领域风险频发的现象，在 2017 年全国金融工作会议和中共十九大等会议上，中央政府都明确表明今后一段时间内在金融调控中要守住不发生系统性金融风险底线的要求。2018 年，直接把防范金融风险作为金融宏观调控的主线；同时，针对企业债务率、金融负债率等上升的态势，中央政府明确推进金融领域的供给侧结构性改革，在金融行业中深入推动"去杠杆"和"稳杠杆"的系列措施。一是坚持结构性"去杠

---

[1] 中共中央宣传部、国家发展和改革委员会编：《习近平经济思想学习纲要》，人民出版社、学习出版社 2022 年版，第 150 页。

杆”，加强对同业、理财、票据、信贷等业务的专项整治工作，使宏观杠杆率过快上升的势头得到有效遏制。二是出台资管新规并给予适当的过渡期，继续整顿金融乱象，从而使"影子银行"风险得到初步治理。三是专业、高效、稳妥处置重点金融机构风险，依法果断对包商银行实施接管，坚决打破刚性兑付，严肃市场纪律。四是有效应对外部冲击风险，保持金融市场稳定运行。五是及时补齐系统重要性金融机构、金融控股公司、金融基础设施、互联网金融、"影子银行"等领域监管制度短板。[①] 经过三年多的整治，中国金融风险得到有效治理，明显改善了金融资产质量，提升了金融安全水平。

第二，明确底线思维。防范金融风险，维护金融安全，渐趋构建和形成明晰的底线思维。2012 年中央经济工作会议就点明了金融领域存在明显的风险，随后几年的中央经济工作会议都要求防范不发生系统性或区域性金融风险。2017 年 4 月 25 日，习近平在中共中央政治局就维护国家金融安全进行的第四十次集体学习时强调："金融安全是国家安全的重要组成部分，是经济平稳健康发展的重要基础。维护金融安全，是关系我国经济社会发展全局的一件带有战略性、根本性的大事。金融活，经济活；金融稳，经济稳。必须充分认识金融在经济发展和社会生活中的重要地位和作用，切实把维护金融安全作为治国理政的一件大事，扎扎实实把金融工作做好。"[②] 防范金融风险是保障金融安全的最基本条件，而金融安全不仅仅是某一个领域的安全问题，已经上升为国家安全的高度。在 2017 年全国金融工作会议上，习近平在会上再次强调，"金融是国家重要的核心竞争力，金融安全是国家安全的重要组成部分，金融制度是经济社会发展中重要的基础性制度。"[③] 中共十九大报告中，习近平直接点明"守住不发生系统性金融风险底线"的重要性。2018 年，更是把防范化解金融风险列入了

[①] 易纲：《新中国成立 70 年金融事业取得辉煌成就》，载《中国金融》2019 年第 19 期。

[②] 中共中央党史和文献研究院编：《习近平关于总体国家安全观论述摘编》，中央文献出版社 2018 年版，第 95～96 页。

[③] 《习近平谈治国理政》第二卷，外文出版社 2017 年版，第 278 页。

必须根治的三大任务之一。2019 年，习近平在省部级主要领导干部坚持底线思维着力防范化解重大风险专题研讨班开班式上的讲话要点中清晰表明了"坚持底线思维，增强忧患意识，提高防控能力，着力防范化解重大风险，保持经济持续健康发展和社会大局稳定"。[①] "稳金融"成为六稳之一。显然，防范金融风险的意识已经上升到国家安全的高度，成为必须维护的底线思维。

第三，完善金融监管制度。构建完善金融监管制度，是遏制金融风险最重要的制度保障机制。2012 年以来，金融监管部门开始尝试在效率与风险防控中寻求平衡，以配合系统性金融风险的防范和规避分业监管的弊端。之后，随着金融风险的显现，金融监管部门加强法治体系建设。在 2017 年全国金融工作会议上，党中央决定设立国务院金融稳定发展委员会，以强化中国人民银行宏观审慎管理和系统性风险防范的职责，落实金融监管部门监管职责。在中共十九大报告中，习近平指出，要深化金融体制改革，增强金融服务实体经济的能力，健全金融监管体系，守住不发生系统性金融风险的底线。之后，为了避免金融监管上多部门之间的协调矛盾和监管空白，2018 年国家决定将银行业的监管部门和保险业的监管部门进行整合，组建中国银行保险监督管理委员会，这样，之前的"一行三会"就转变为"一委一行两会"的构架，由此不但为促进金融稳定提供了监管体制的保障，而且还为行为监管的转变奠定基础。同时，中国人民银行的金融监管权力得到加强，中国证监会也在 2020 年向商业银行发放券商牌照，使金融市场间的金融监管逐渐转向严格。显然，通过对金融监管制度的改进和完善，为金融安全提供了一个强有力的制度保障屏障。

三、培育并规制资本市场

2013 年以来，中国政府加大措施加快对资本市场的培育。其间，资本

---

① 《习近平谈治国理政》第三卷，外文出版社 2020 年版，第 219 页。

市场的发展尽管经历了像 2015 年股灾①等股市波动，以及在 2016 年 1 月 1 日至 7 日应对股灾的熔断机制②的尝试，但中国资本市场结构、功能等仍在日益完善。从 IPO 的日益常态化，2019 年 3 月科创板的创立及注册制的试点，到 2021 年 9 月北京证券交易所的成立，中国资本市场制度渐趋完善，多层次资本市场体系逐步形成。同时，从资本市场，特别是证券市场构成的各个部分在十年间的发展来看，大部分年份都处于增长趋势，说明中国资本市场发展的基本面长期向好，如表 8 – 5 所示。

表 8 – 5　　　　2012 – 2021 年中国证券市场各类指数波动情况　　单位：%

年份	上证综指	深证综指	沪深 300	深证成指	创业板指	上证 50	科创 50
2012	3.17	1.68	—	—	—	—	—
2013	– 6.75	20.03	– 7.65	– 10.91	82.73	– 15.23	—
2014	52.87	33.80	51.66	35.62	12.83	63.93	—
2015	9.41	63.15	5.58	14.98	84.41	– 6.23	—
2016	– 12.31	– 14.72	– 11.28	– 19.64	– 27.71	– 5.53	—
2017	6.56	– 3.54	21.78	8.48	– 10.67	25.08	—
2018	– 24.59	– 33.25	– 25.31	– 34.42	– 28.65	– 19.83	—
2019	22.30	35.89	36.07	44.08	43.79	33.58	—
2020	13.87	35.20	27.21	38.73	64.96	18.85	39.30
2021	4.80	8.62	– 5.20	2.67	12.02	– 10.06	0.37

资料来源：根据中国证监会网站资料整理。

　　针对资本市场上呈现的风险，监管部门加强了监管，将各类金融活

---

① 指 2015 年 6 月 12 日至 8 月 26 日发生的一场股灾，是 1990 年中国股市建立以来最严重的一场灾害。其间，上证综指从 6 月 12 日的 5178.9 点一路大跌到 8 月 26 日的 2850.37 点，53 个交易日下跌超 45%，沪深两市市值减少了 33 万亿元，给投资者带来了巨大冲击和严重伤害，并严重影响了中国资本市场的发展和改革。此次股灾，出现了个股大面积集中跌停、上市公司呈现集中停牌潮、交易总额快速下滑等前所未有的现象。

② 熔断机制是指当某一只个股、指数、期货价格的波动幅度触及规定的区间限度时，交易需暂停一段时间，或者交易可以继续进行，但价格幅度不能超过规定的限度区间。

动置于金融监管全覆盖之下，建立起必要的预警机制和应急机制。"规范和引导资本发展，为资本设置'红绿灯'，健全资本发展的法律制度，依法加强对资本的有效监管，加强反垄断和反不正当竞争监管执法。全面提升资本治理效能，健全事前引导、事中防范、事后监管相衔接的全链条资本治理体系。"[1]

四、央行数字货币

央行数字货币（Digital Currency Electronic Payment，简称 DCEP）是互联网金融创新的一个重要部分。自从比特币在 2008 年出现以来，有关数字货币的命题就引发了广泛关注，而脸书（Facebook）的 Libra 的发布给中国产生了巨大冲击和压力，由中国人民银行研究和推出法定数字货币迫在眉睫。它的研究和推出不但有利于中国支付行业的成长并掌握数字货币的规则、提高货币运行和监管效率，而且在数字资源争夺中还能占据有利形势，助力数字经济发展，提升普惠金融发展水平。央行数字货币是由中国人民银行来主导研究和发行的，是一种在流通中代替纸币功能的法定数字货币，具有无限法偿性，是一种任何机构、商家、个人都不能拒绝接受的法定货币。2014 年，时任中国人民银行行长周小川提出了对法定数字货币进行研究的初步设想；2017 年成立了数字货币研究所以加快推进数字货币的研究，上线数字货币，以适应信息技术发展所带来的机遇。中国人民银行把数字货币和电子支付工具结合起来，利用区块链等信息技术在主权数字货币的发展和研究上取得巨大突破，谋求以央行数字货币替代流通中纸币的目标。2020 年 4 月，中国农业银行对央行数字货币进行内测；同时在深圳、北京、苏州等地进行试点运行。到 2022 年，央行数字货币已经应用到了电商、公共服务、供应链金融场景等众多领域。当然，在实际运

---

[1] 中共中央宣传部、国家发展和改革委员会编：《习近平经济思想学习纲要》，人民出版社、学习出版社 2022 年版，第 85－86 页。

作中，中国人民银行采用"双层营运"的方式①推进央行数字货币的运行，极大便利了人们的支付。

与此同时，中国政府加强了对网络货币的管理，2017 年 9 月 4 日，中国人民银行联合中央网信办、工业和信息化部、工商总局、银监会、证监会以及保监会共同发布《关于防范代币发行融资风险的公告》，明确表示包括首次代币发行（ICO）进行融资活动的发行代币，在本质上都是一种未经批准的非法公开融资行为，要求马上停止各类代币发行融资活动，对于已经完成代币发行融资的组织和个人应当作出清退等安排。随着央行数字货币的渐趋推广，数字支付的日益普及，中国货币领域必将呈现出"无现金社会"或无纸化货币的发展趋势。

第三节 普惠金融高质量发展

为了有效化解中小微企业、农村和边远地区、城郊地区等特定行业和特定地区的金融服务不足等问题，缓解人民日益增长的金融服务需求与金融供给不平衡不充分之间的矛盾，2005 年普惠金融概念被引入中国，2013 年在中共十八届三中全会上首次将"发展普惠金融"确立为国家战略。经过十多年的实践与发展，中国逐步建立起一个涵括金融组织、金融市场等组成的普惠金融体系。

一、金融组织的普惠体系

按照党中央和国务院的要求，金融组织围绕中小微企业、"三农"、脱

---

① "双层营运"即商业银行在中央银行开户，按照百分之百全额缴纳准备金，个人和企业通过商业银行或其他金融机构开立数字钱包。

贫攻坚等重点，在政策引导、监管引领、指标考核、督导检查等指引下，逐步建立起一个线上与线下、存量建设与增量增设并行的全方位普惠金融组织体系，有效保障了不同地域、不同层次企业等多元化金融需求，极大提高了人民的获得感、幸福感。

（一）互联网金融普惠体系建设

互联网金融组织借助大数据、人工智能、云计算等信息技术手段，把"开放、平等、协作、共享"的互联网精神融入其中，使互联网金融的创新打破了时空限制。通过大数据、云计算等技术，降低了信息不对称程度和现有金融组织对财务报表、实物抵押等的依赖，使中小微企业、经济落后和边远地区等都能从互联网金融组织中获得必要的金融服务。在对信息技术等的使用中，互联网金融渐趋改变了现代金融依靠分支机构的交易方式，如机构呈现去物理化和业务脱媒，改变了民众的金融习惯，从而使互联网金融更加贴近于社会大众，真正呈现出对社会大众的包容，让需要金融服务的民众都能获得相应的金融服务。

2013 年以来，互联网金融快速发展，其业务范畴已经拓展到支付、保险、货币基金、信用服务、投资、信贷等全方位的金融领域，到 2021 年基本形成一个以互联网金融为载体的普惠金融网络体系。借助互联网金融普惠网络，大大拓展了金融获取渠道。如移动支付，只需要借助移动信号和智能手机或电脑，就能把偏远地区的人们与城市联系起来，使全国金融市场更加紧密。按照北京大学数字普惠金融指数，从 2012 年到 2020 年，发达地区与落后地区之间的金融使用差距已经大幅缩小，而这一成就很大程度上得益于以移动支付为主的互联网金融的推广。

（二）现有金融组织普惠金融事业的构建

为了全面推进普惠金融发展规划，2015 年国务院印发《推进普惠金融发展规划（2016－2020 年）》。随后，中国银监会办公厅颁布《关于 2016 年推进普惠金融发展工作的指导意见》，2017 年中国银监会等 11 个部门印发《大中型商业银行设立普惠金融事业部实施方案》，以有效引导不同层次的商业银行参与到普惠金融体系建设目标之中。按照这一方案，2017 年 6 月，四家国有商业银行率先建立了普惠金融事业部，并与四家互联网金融公司建立了战略合作，共同推动科技金融的发展，以推进普惠金融的深化。同时，不同资产规模、类型的银行不但纷纷借助互联网等信息科技手段，建立手机银行、网上银行等智能化网络，而且它们在收缩经济发达地区和城市的实体机构时增大了对农村等边远地区、落后地区的分支机构的建设，从而在短时间内实现了金融服务完全覆盖全国范围。

与此同时，保险业、证券业等也与银行业一样，借助信息科技手段，使民众、企业等主体利用智能手机或电脑和移动信号就能获得相应的服务，从而构建起一个广覆盖、可获得的普惠金融组织体系。

（三）民营银行的有序建立

随着中国经济社会的快速发展，原有金融机构已经难以满足社会资金的供需需求。为了缓解中小企业"融资难"的困境，2013 年 6 月 19 日，国务院常务会议明确鼓励民间资本开设民营银行，以引导信贷资金支持实体经济。7 月，国务院办公厅发布《关于金融支持经济结构调整和转型升级的指导意见》，提出尝试由民间资本发起设立风险自担的民营银行等金融机构的建议。在利好政策的推动和引导下，大批民营企业参与到筹设民营银行的行动之中。经过论证等预备工作，中国银监会通过指定的方式，允许 10 家公司进行试运行。2015 年，深圳前海微众银行、天津金城银行、温州民商银行、浙江网商银行以及上海华瑞银行 5 家民营银行先后获得了银行经营许可证。到 2021 年时，中国已经成立了 19 家民营银行，大大增强了中国民营银行的实力。

民营银行的相继成立，给中国企业、民众等带来了一种全新的体验。与传统银行不同，民营银行均由民营企业发起，公司治理结构较为完善，风控技术先进，施行差异化的市场定位和特色化的业务经营，采取先进的信息技术来支撑银行服务和全新的经营模式。为了加强民营银行之间的沟通和发展，2015 年 11 月，5 家民营银行在上海联合发布了《中国民营银行发展公约》，倡导普惠民生、差异发展、互利合作，共同推进社会经济的发展。

　　民营银行作为中国金融业的"毛细血管"，具有天然的普惠基因。开业后，利用各自的优势展开业务活动，业务获得发展，资产质量较高，安全性处于银行业的前列。比如，首批 5 家民营银行，自 2015 年开业以来，业务得到快速发展，到 2016 年全部实现盈利，资产总额达到了 1720.7 亿元，不良贷款率仅 0.58%，资本充足率 16.75%，远远优于同期的其他金融机构的相应部分。到 2017 年时，随着其他 8 家民营银行的开业，新开业的 8 家民营银行的总资产规模达到 1825.59 亿元，较 2016 年增长了 129.83%。[①] 它们的资产质量继续维持在所有金融机构的前列，在 2017 年不良贷款率为 0.53%，资本充足率 24.25%。到 2021 年时，民营银行不良贷款率有所上升，达到了 1.23%，但仍低于国内其他银行机构；资产利润率处于所有银行机构的首位；它们的资产规模虽然很小，仅有网商、微众两家资产规模超过 3000 亿元，但它们全新的经营方式却越来越顺应社会经济发展的趋势，微利经营的观念获得社会大众的广泛认同，给中国金融业的发展带来了明显的示范效应，推动着金融行业的创新浪潮，促使其他银行也加快利用信息技术，以提高金融效率、降低成本、扩大对中小微企业等的信贷支持。

二、金融市场的普惠体系

　　20 世纪 90 年代初成立的沪、深交易所以主板市场为主，为一级市场。2004 年，深圳交易所设立了中小企业板块，为一级市场向二级市场过渡做好了铺垫，亦为之后创业板创立积累经验，由此拉开了普惠金融市场体系

---

① 欧阳洁：《首批 5 家民营银行全部赢利　去年实现净利润 9.8 亿元》，载《人民日报》2017 年 12 月 26 日。

建设序幕。5 年后，中国证监会在深圳证券交易所正式建立创业板；2019 年，在上海证券交易所成立了科创板并推行注册制改革，中国资本市场上初步形成了一个多层次、交易产品多元化的资本市场体系。2021 年 2 月，中小板与深圳交易所主板市场合并。同年 9 月 2 日，习近平在 2021 年中国国际服务贸易交易会全球服务贸易峰会发表视频致辞时表示，要深化新三板改革，设立北京证券交易所，打造服务创新型中小企业主阵地。

　　2021 年 9 月 3 日，北京证券交易所在北京市市场监督管理局登记注册成立，成为继上交所、深交所之后的第三家全国性证券交易所，标志着中国初步形成了一个多层次的资本市场体系。北交所的设立完全是按照服务中小企业来定位的，必将全面构建起一套吻合创新型中小企业特征的，涵盖发行上市、交易、退市、持续监管等相对完善的基础制度安排，补充已有多层次资本市场上发展普惠金融板块的不足。利用北交所，中国培育一批具有创新特征的"专精特新"中小企业，以此在社会上形成一个创新创业热潮、合格机构投资者踊跃参与、中介机构归位尽责的良性金融市场生

★　2021 年 11 月 15 日，北京证券交易所揭牌暨开市仪式现场。

态环境，激励中小企业优秀创办者和经营者。如果说股市是经济波动的"晴雨表"，那么北交所就是中国中小企业成长的指挥棒。在北交所的牵引下，中国中小企业必将迎来一个发展的黄金期，一批批"专精特新"企业将迎难而出、在各个新兴行业和传统产业的转型和创新中凸显出来，为稳定经济增长、扩大就业和化解国际上"卡脖子"等问题夯实基础，也为化解中小企业"融资难"问题提供了一个全新的金融市场融资渠道。到2022年7月1日，北交所上市企业已经达到了100家，总市值为2093.62亿元，上市企业中隐含了大量的细化领域龙头和隐形冠军。

三、对小微企业的积极扶持

2013年以来，金融越来越紧密地服务实体经济，实体经济每年从金融体系中获得的融资增量呈现出持续增加态势，如图8－5所示。社会融资规模由2012年的15.76万亿元增加到2021年的31.40万亿元，增长近1倍，为经济增长提供了持续的资金支持。

（万亿元）

图8－5　2012－2021年中国社会融资规模增量变化

资料来源：根据国家统计局网站资料整理。

中小微企业在实体经济中占据重要位置，但由于它们处于成长初期，具有规模小、风险高等特性，深受融资难的影响。2013年以来，在党和政府的引领下，金融体系对小微企业的扶持越来越受重视，覆盖面大幅扩大，放贷金额有了快速提升。特别是 2018 年中国各级政府加大了普惠金融建设力度，中国银监会办公厅印发《关于 2018 年推动银行业小微企业金融服务高质量发展的通知》，在"两增""两控"[①] 下，银行业金融机构对小微企业的放贷额迅速上升，如表 8 - 6 所示。

表 8 - 6　　2015 - 2021 年中国银行业金融机构小微企业贷款情况

单位：万亿元

年份	金额
2015	23.46
2016	26.70
2017	30.74
2018	33.49
2019	11.67
2020	15.27
2021	19.10

　　注：1. 2018 年及之前为小微企业贷款情况，包括小型企业贷款余额、微型企业贷款余额、个体工商户贷款余额和小微企业主贷款余额。2. 自 2019 年开始，进一步聚焦小微企业中的相对薄弱群体，重点监测统计普惠型小微企业贷款，即单户授信贷款 1000 万元以下（含）小微企业贷款。自 2019 年改变对小微企业统计口径之后，不但对小微企业的贷款有了大幅增加，在 2021 年时余额达到 50 万亿元（2018 年及之前的统计口径），而且对单户授信贷款 1000 万元以下的小微企业贷款增加更为强劲，2021 年时余额为 19.1 万亿元。

　　资料来源：根据中国银保监会网站资料整理。

　　与此同时，互联网金融、民营银行和资本市场也加强了对中小微企业的扶持，到 2021 年时已经基本形成了一个涵括金融组织和金融市场构成的多层次普惠金融组织体系。

---

① "两增"即单户授信总额 1000 万元以下（含）小微企业贷款同比增速不低于各项贷款同比增速，有贷款余额的户数不低于上年同期水平；"两控"即合理控制小微企业贷款资产质量水平和贷款综合成本（包括利率和贷款相关的银行服务收费）水平。

第四节　金融开放

2013 年以来，虽然面临中美经贸摩擦、逆全球化和新冠肺炎疫情的冲击，但中国顺应经济社会发展的趋势，利用社会主义制度的优越性，高举多边主义旗帜，进一步加快了金融开放的步伐。

一、央行的对外交流与合作

2012 年以来，中国人民银行全方位展开了对外交流与合作的步伐。

第一，主动参与国际金融交流，积极加强与国际性、区域性金融组织合作，以提升中国金融的国际化水平、影响力和话语权。借助二十国集团、国际货币基金组织、国际清算银行、金融稳定理事会、金砖国家合作机制、多边开发机构、区域性合作机制等各类金融平台，全方位、多层次地参与全球经济治理与政策协调。

第二，加强与其他国家中央银行的联系与合作。到 2021 年，中国人民银行已经与美国、英国、德国、日本等所有发达国家的中央银行以及欧洲中央银行建立了紧密的双边交往关系；与俄罗斯、印度、南非、巴西等金砖国家，韩国、新加坡等新兴经济国家，以及大多数亚非拉发展中国家的中央银行也建立了稳定的双边交往机制。同时，还与欧盟、委内瑞拉、印度、俄罗斯、捷克等 50 多个国家或地区的中央银行签订了投资等方面的一系列协议，巩固和发展了彼此之间的合作关系，强化金融信息、技术等方面的交流。

第三，积极主动开展国际金融领域的合作。一是力争国际或区域性金融组织或机构的支持，扩大中国国际性融资渠道，比如，曾多次从世界银行、亚洲开发银行等国际性金融组织中获得优惠贷款。二是借鉴国外中央银行的先进经验，完善中国人民银行的制度建设。中国人民银行曾多次派遣人员到国际货币基金组织、世界银行等国际性金融组织以及其他国家的中央银行进行交流，就货币政策、经济热点、人才培养、制度建设、金融监管等方面进行深入系统探讨，以提升中央银行体系构建水平。三是积极参加或主办各种国际、区域经济金融会议或合作论坛。中国人民银行恢复在国际货币基金组织、世界银行等国际性金融组织的合法席位后，几乎参与了它们举办的所有活动。同时，中国还参与或主办 G20 峰会以及非洲开发银行等各类经济金融组织或合作论坛的会议。

第四，履行国际义务，促进国际金融合作。从国际社会获得大量资金支持的同时，中国根据社会经济发展程度，积极向亚洲开发银行、非洲开发银行、加勒比开发银行等区域性金融组织提供各类无偿贷款。2013 年习近平提出"一带一路"倡议以来，中国先后出资在北京设立丝路基金有限责任公司、亚洲基础设施投资银行等区域性金融机构以帮助沿线国家和地区建设各类基础设施。2017 年 5 月，在北京举办的"一带一路"高峰论坛期间，中国给丝路基金新增 1000 亿元人民币，为"一带一路"倡议建议的推进起到巨大的促进作用。

二、金融的扩大开放

中国金融的开放是全方位、持续推进的，"中国开放的大门不会关闭，只会越开越大！"[①] 一方面，国内不断放宽外资金融机构准入条件，持续吸引外资流入，到 2021 年基本放开了进入中国的限制；另一方面，国内金融机构加大了"走出去"的步伐，实现了对亚洲、欧洲、非洲、北美洲、南美洲和大洋洲的重要国家和地区的全覆盖，建立了中国金融开放网络。

---

① 《习近平谈治国理政》第三卷，外文出版社 2020 年版，第 194 页。

（一）中国金融的"走出去"

中国金融从金融组织"走出去"，到金融市场的"走出去"，至今基本实现全方位的对外交往格局，深度融入国际金融大环境之中。

一是银行国际化程度加深。2012年以来，中国银行国际化步伐日益深化，国际化进程取得了很大成就。在中国多层次银行体系中，国有商业银行一方面加快了在国外和中国港澳台地区铺设分支机构的进程，在"一带一路"沿线国家和地区中，5家国有商业银行的分支机构建设也得到快速推进，初步形成了一个覆盖全球的金融网络。

另一方面，国有商业银行也加快了对国外和中国港澳台地区金融机构等的兼并、控股和设立子公司的活动。中国银行最先开展海外并购，至今已经成为中国银行机构中国际化和多元化程度最高的银行。中国工商银行到2021年先后完成了16次海外并购，地区横跨欧美发达国家、南非、拉美等，成为中国国内银行业中并购次数最多的银行机构。中国建设银行以海外自设网点为主体推动全球化，到2022年海外机构已经涵盖了美洲、欧洲、亚洲、非洲、大洋洲的主要国家和地区，建立了36家境外子公司。中国农业银行则根据业务发展的实际情况分别于2011年12月和2014年9月在英国伦敦和俄罗斯莫斯科设立了全资子公司，以加强海外业务，特别是为"走出去"的中资企业和与中国密切联系的外资企业提供全方位服务。交通银行"走出去"相对晚于其他4家国有商业银行，2015年5月，收购巴西BBM Bank全部发行在外约80%股份，走上了海外并购布局的步伐，2021年6月，它已经设立了23家境外分（子）行及代表处。

股份制商业银行也随着资本实力增强不断走出国门，走向国际金融大舞台。到2021年时，除了恒丰银行尚未在中国港澳台地区以及国外设立分支机构，其他11家全国性股份制商业银行均在中国港澳台地区或国外开始筹建或设立分支机构，并与国外银行建立了代理行等关系，在"一带一路"倡议和金融开放中起到了越来越重要的作用。与此同时，股份制商业银行在海外并购中取得了一定的成效，大大加快了它们的国际化进程。

除了银行机构加快国际化步伐外，中国还主动到国外或与外国政府等一起合作设立银行机构。比如，2017 年 1 月 18 日，中资企业与吉布提共和国政府合作在吉布提市成立丝路国际银行，进一步深化了金融开放进程。

二是非银行类金融组织国际化步伐加快。保险、证券公司、信托、基金、金融租赁、企业集团财务公司、资产管理公司等组成的非银行类金融机构，随着中国经济国际化步伐加快也在不断推进国际化进程。2021 年时，大部分非银行类金融机构的国际化多停留在国外设立分支机构、机构在海外上市和对外投资领域，对外并购则较少。在多元化的非银行类金融机构国际化中，保险业的国际化最为典型，基本代表了此类组织国际化趋势。

中国保险业"走出去"的区域主要集中在中国港澳地区和新加坡等少数几个国家（地区），目前已经扩展到欧、美、日等发达国家和地区。中资保险公司在海外上市数量越来越多。2013 年 7 月，中国人民保险集团股份有限公司在香港联交所整体上市，加快了中国保险公司海外上市的步伐。

同时，中国保险公司在海外投资更加多元化。2013 年 7 月，平安保险以 2.6 亿英镑收购英国伦敦金融城地标建筑劳埃德大厦（Lloyd's Building），标志着中国保险资金首次投资海外不动产领域；2014 年 5 月，复星国际收购了葡萄牙最大保险集团旗下的 Fidelidade Multicare 及 Cares 各80% 的股份和投票权，后者占据葡萄牙国内 26% 的保险市场份额，由此大大推进了中国保险行业的全球化进程。到 2021 年，中国保险国际化步伐明显加快，已经成为国际保险市场上的一个重要力量，以更加理性的方式服务于中国经济的全球化。

三是金融市场国际化日益拓宽。金融市场的国际化在前期的基础上，不但放宽了外资金融组织参与中国金融市场业务，而且中国金融市场主体也越来越多地走出国门，国际化范畴越来越宽。

资本市场的国际化。伴随中国资本市场的快速发展和日益规范，资本市场的开放程度日益扩大。一方面，国内资本市场向海外开放程度加深。

除了合格境外投资者（QFII）等积极参与国内股市等活动，2013 年，中央政府重新启动受次贷危机影响而暂停的"港股直通车"，2014 年 11 月 14 日，中国证监会、财政部、税务总局联合发布了"沪港通"① 试点及 QFII 等参与的税收政策，17 日，中国证监会正式通过了"沪港通"的股票交易。2016 年 8 月，国务院批准《深港通实施方案》，9 月，深交所通过《深圳证券交易所深港通业务实施办法》，12 月，"深港通"② 正式开通，深化了对境外投资者关系管理体系和交易所本身的制度建设，提升了对境外投资者的全方位服务，加强了跨境监管合作。2017 年 6 月，明晟公司将 A 股纳入摩根士丹利资本国际公司（MMCI）指数，大大推进了中国资本市场的国际化程度。2017 年全国金融工作会议和中共十九大，均指出中国将更进一步扩大金融市场开放力度。2019 年 6 月 17 日，"沪伦通"③ 正式开通，由此基本形成了一个资本市场互联互通的国际化网络。

另一方面，国内机构、个人等也加快了"走出去"的步伐，积极参与到海外的资本市场活动之中。在促进各类机构投资者有序参与国内股市的同时，中国证监会也积极推进国内机构、个人等参与海外股市的活动。2007 年 2 月，中国银行发行了首款合格境内机构投资者（QDII）基金产品——中银美元；到 2021 年时，QDII 的投资活动已经覆盖了全球 50 个国家和地区，进一步拓展了中国资本市场国际化网络。

债券市场的国际化。伴随中国债券市场的逐步规范和持续发展，债券市场的国际化程度也日益提高，境外参与者不断增多，吸引了境外国家和地区来中国债券市场发行债券。2015 年 7 月，中国人民银行正式放开境外央行、国际金融机构和主权财富基金参与银行间债券市场的权利，由此加

---

① "沪港通"是"沪港股票市场交易互联互通机制"的简称，是指上交所和香港联交所建立技术连接，使两地投资者通过当地证券公司或经纪商买卖规定范围内的对方交易所上市的股票。

② "深港通"是"深港股票市场交易互联互通机制"的简称，是指深交所和香港联交所建立技术连接，使两地投资者通过当地证券公司或经纪商买卖规定范围内的对方交易所上市的股票。

③ "沪伦通"是"上交所与伦敦交易所互联互通机制"的简称，是指符合条件的两地上市公司，依照对方市场的法律法规，互相发行存托凭证并在对方市场上市交易。同时，通过存托凭证与基础证券之间的跨境转换机制安排，实现两地市场的互联互通。

快了境外投资者对中国债券的投资，到"北向通"① 开通前境外投资者已经持有中国债券约合 8500 亿元人民币。2017 年 5 月 16 日，中国人民银行与香港金融管理局联合公布了实施内地与香港债券市场之间互联互通的合作计划，即"债券通"。6 月 21 日，中国人民银行发布《内地与香港债券市场互联互通合作管理暂行办法》，中国人民银行上海总部、全国银行间同业拆借中心、银行间市场清算所股份有限公司、中央国债登记有限公司分别就备案指引、交易和结算规则发布了相应的细则。7 月 2 日，中国人民银行和香港金融管理局联合发布《中国人民银行、香港金融管理局联合公告——香港与内地债券市场互联互通合作上线的公告》。7 月 3 日，"债券通""北向通"正式上线运行。2021 年 9 月 24 日，"南向通"② 也正式推向市场，从而实现了内地与香港之间的双向互动。2021 年 5 月，国家开发银行以直接招标模式首次面向全球投资者成功发行 5 年期金融债券，为外资投资者参与中国债券一级市场提供了便利渠道，有利于完善债券市场机制，推动债券一级市场对外开放，提高债券融资效率。伴随债券市场国际化程度的深化，2019 年 4 月，彭博将中国的债券纳入彭博巴克莱全球综合债券指数；2021 年，中国国债又被正式纳入富时罗素全球政府债券指数（WGBI）。这样，中国债券已经被纳入全球三大国际债券指数，由此表明中国债券市场的开放程度得到了全面提升。2020 年 2 月，摩根大通将中国政府债券纳入摩根大通旗舰全球新兴市场政府债券指数系列。

（二）外资金融的"引进来"

2012 年以来，中国加大了对国外金融开放的力度，特别是中共十九大以来，对外开放步伐加快。2018 年 4 月，习近平在博鳌亚洲论坛宣布，中国将大幅放宽市场准入，相关措施落地"宜早不宜迟，宜快不宜慢"。随

---

① "北向通"是指中国香港特区及其他国家与地区的境外投资者，经由香港与内地基础设施机构之间在交易、托管、结算等方面互联互通的机制安排，投资于内地银行的债券市场。
② "南向通"是指内地机构投资者通过内地与香港基础服务机构连接，投资于香港债券市场的机制安排。

后，中国人民银行宣布了 11 条对外开放举措，中国银保监会、中国证监会则陆续推出 40 条具体开放措施。国务院金融稳定发展委员会办公室则再次公布新的 11 条金融开放措施，对银行理财子公司、资产管理、保险、证券、基金、期货、评级等领域大幅放宽准入条件或业务范围，由此加快了中国金融业的对外开放步伐。

一是外资金融组织的"引进来"。伴随中国对外开放政策的持续推进，中国对外资金融组织持续开放，限制措施越来越少。

外资银行的"引进来"。2012 年以来，受次贷危机、欧债危机等金融危机的影响，外资银行在华设立分支机构的速度渐趋放缓、业务萎缩。

之后，随着欧美发达经济体、新兴国家和发展中国家的经济复苏，外资在华设立分支机构的活动又有所恢复。2021 年时，外资银行在华营业机构数达到 930 家、资产达到了 3.75 万亿元人民币，数量和规模都有一定程度的增加，资产质量得到了较大程度的改善，资本充足率有了较大幅度提高，不良贷款率明显下降，如图 8－6 所示。

图 8－6　2013－2021 年中国外资银行的资产质量情况

资料来源：根据中国银保监会网站资料整理。

外资金融机构除了来华直接设立分支机构或建立独资银行和中外合资银行外，它们还直接参股中国的银行机构。为了弥补外资金融机构在华业务网点、人民币资金、客户信息等方面的不足，外资金融机构很早就与中国金融机构展开了合作。2017 年 12 月，经国务院批准，中国银监会宣布放宽对除民营银行以外的中资银行和金融资产管理公司的外资持股比例限制，第一次明确实施内外一致的股权投资比例规则，推进了外资金融机构在中国范围内的发展。2018 年，中国再次明确进一步放宽或取消银行、证券、基金管理、期货、金融资产管理公司等外资股比限制。

随着对外资金融机构入股中资银行的日益规范，对持股比例、业务范围、牌照数量等管制的不断放松，外资金融机构已经渗入了中国 6 家国有商业银行中的 5 家（除了中国农业银行），以及除招商银行以外的 11 家全国性股份制商业银行、大部分城市商业银行和农村商业银行，并积极参与设立村镇银行。2018 年以来，外资金融机构进入中国的速度有所降低，但在中国扩大开放的政策支撑下，它们在中国的发展存在巨大空间和机遇。

非银行类金融组织"引进来"。保险、证券、信托、财务公司、汽车金融公司、金融租赁公司、货币经纪公司等非银行类金融机构也逐步进入中国，通过设立、参股等方式开展相关金融业务，到 2021 年时，各类机构均在中国开设了机构，开展相关业务，而保险则在来华非银行类外资机构中影响较大。

2012 年以来，中国新设立的保险业务不断向外资保险公司开放。外资来华设立的保险公司越来越多，世界上知名的保险公司均在中国设立了相应的机构。2017 年，共有 16 个国家和地区的境外保险机构在中国设立 57 家外资保险机构，业务涵括了人身险、财产险、再保险等各个保险品种。2018 年 11 月，中国银保监会正式批准德国安联保险集团筹建安联（中国）保险控股有限公司，该公司成为中国首家外资保险控股公司，进一步推进了保险市场的开放程度。到 2021 年时，对外资保险基本放开了所有的准入门槛，外资保险业也成为中国保险市场中的一个重要的组成部分。

二是外资金融市场的"引进来"。金融市场的对外开放稍慢于金融组织的准入步伐，但其开放措施却越来越大，截至 2021 年，除了海外个人不能在国内发行股票和资本项目的准入稍有限制外，其他领域已经完全放开，准入程度已经远远超过了世界上绝大多数国家和地区。

2013 年，戴姆勒股份公司（Daimler AG）在银行间债券市场上发行 50 亿元人民币债务融资工具，标志着境外非金融机构进入人民币债券融资的渠道正式开通。2015 年，汇丰银行、中国银行（香港）有限公司获准在银行间债券市场上发行人民币债券，表明国际性商业银行成为银行间债券市场上的发行主体。加拿大 BC 省、韩国完成了 90 亿元的人民币债券注册，在银行间债券市场上的发行主体进一步扩展到了外国政府。2016 年，中国向所有境外金融机构开放了银行间债券市场；2021 年，为进一步便利境外投资者投资中国债券，国务院将它们投资境内债券市场取得的债券利息收入免征企业所得税和增值税政策的实施期限，延长至 2025 年。同年，境外各类发债主体累计在中国银行间债券市场上发行人民币债券规模已经超过了 4 万亿元。

与此同时，沪深股市与海外的合作也越来越紧密。正如前述"北向通""南向通""沪伦通"等渠道也相继开通，极大促进了外资金融市场主体参与中国股票市场的业务活动，初步形成了双向的金融市场开放局面。

三、积极推进人民币国际化

2011 年 8 月，人民币跨境贸易结算由 2009 年在上海、广州、深圳、珠海、东莞等地开展试点推广到全国 20 多个省份，直接推进了人民币国际化进程。2014 年中央经济工作会议明确提出要"稳步推进人民币国际化"。而随着中国经常贸易账户和人民币业务的全部放开，人民币国际化的进一步推进，很大程度需要依靠国内金融市场的发育和资本账户的开放程度。

随着国内金融市场的快速发展，资本项目的开放日益深入。按照内外一致、准入前国民待遇和负面清单的管理模式，加快促进金融业开放步伐。在此条件下，2015 年 11 月 30 日，国际货币基金组织批准人民币自

2016 年 10 月 1 日纳入特别提款权；2016 年 10 月 1 日，国际货币基金组织宣布纳入人民币的特别提款权（SDR）新货币篮子正式生效，人民币国际化步伐得到大幅拓展，在国际上的影响力不断上升。2017 年全国金融工作会议上，习近平明确指出："要深化人民币汇率形成机制改革，稳步推进人民币国际化，稳步实现资本项目可兑换。"[①] 2020 年，在党中央和国务院的部署下，"稳慎推进人民币国际化，更好发挥跨境人民币业务服务实体经济、促进贸易投资便利化的作用。人民币的支付货币功能进一步增强，投融资货币功能深化，储备货币功能上升，计价货币功能有新的突破，人民币国际化取得积极进展。"[②] 自此以来，人民币在国际支付的数额呈现出大幅上升趋势，到 2021 年 12 月，人民币国际支付全球排名自 2015 年 8 月以来首次超越日元，排在美元、欧元、英镑之后位居第四位；人民币在全球储备中的占比也一直上升，到 2021 年第四季度时已经连续上升 12 个季度。

中国人民币国际化起步晚，但进展迅速，已初步获得了国际金融市场的认可。今后，将在市场驱动与企业自主选择下，加快完善人民币跨境使用的政策支持体系与基础设施安排，进一步发展离岸人民币市场，以推进人民币的国际化进程。

---

① 《习近平谈治国理政》第二卷，外文出版社 2017 年版，第 281 页。
② 《2021 年人民币国际化报告》，中国人民银行网站，2021 年 9 月 18 日。

中国经济这十年

（2012-2022）

第九章

建立健全现代财税体制

中共十八大以来，以习近平同志为核心的党中央对中国特色社会主义财政建设作了多方面的探索，一个重大的变化是从党和国家战略全局出发看待财政发展，在中国式现代化新道路中确定财政发展的建设路径和功能定位。中共十八届三中全会确立了全面深化改革的总体目标，作出财政是国家治理的基础和重要支柱的重要判断，提出要完善立法、建立现代财政制度。中共十九大作出"加快建立现代财政制度"的部署，中共十九届四中全会提出"健全充分发挥中央和地方两个积极性体制机制"，中共十九届五中全会提出"建立现代财税金融体制"。从根本上说，建立现代财税体制是全面建设社会主义现代化国家的重要保障，是推进国家治理体系和治理能力现代化的应有之义，这充分说明国家对建立财政制度的目标路径越来越清晰。

第一节　积极的财政政策和改革预算管理

新时代的发展必须贯彻新发展理念，必须是高质量发展。围绕全面建成小康社会宏伟目标，中共十八大以来财政政策着力解决发展不平衡不充分问题，推动构建新发展格局和实现高质量发展。积极财政政策持续发力，减税降费力度加大，激发市场主体活力，确保经济安全运行，有效抵御各类风险。改革预算管理制度，加快建设现代财政制度，有助于转变发展方式、优化经济结构、转换增长动力，促进产业结构优化，保障国家重大战略任务实施，提升财政资源配置质量和效率，为高质量发展提供创新动力，加快构建现代化经济体系。

一、落实新发展理念的积极财政政策

2015 年 10 月，中共十八届五中全会通过《中共中央关于制定国民经济和社会发展第十三个五年规划的建议》提出创新、协调、绿色、开放、共享五大发展理念。中共十九届六中全会审议通过的《中共中央关于党的百年奋斗重大成就和历史经验的决议》指出："贯彻新发展理念是关系我国发展全局的一场深刻变革，不能简单以生产总值增长率论英雄，必须实现创新成为第一动力、协调成为内生特点、绿色成为普遍形态、开放成为必由之路、共享成为根本目的的高质量发展，推动经济发展质量变革、效率变革、动力变革。"[1] 新发展理念贯穿于积极财政政策制定执行的全过程。

（一）坚持创新发展，促进科技创新

高质量发展的根基是科技创新。依靠科技创新，才能不断拓展发展新

---

[1] 《中共中央关于党的百年奋斗重大成就和历史经验的决议》，人民出版社 2021 年版，第 34 页。

空间，塑造发展新优势。中共十九届五中全会提出："坚持创新在我国现代化建设全局中的核心地位，把科技自立自强作为国家发展的战略支撑"。积极的财政政策在促进科技创新方面要更加积极有为，强化国家战略科技力量，使科技资源配置更加高效，为国家科技创新体制机制建设提供有力保障，从而更好发挥新型举国体制优势，打好关键核心技术攻坚战；适当、灵活运用基金、补贴、税收优惠等政策，健全创新激励和保障机制，振兴实体经济，激发企业创新活力，发挥企业在科技创新中的主体作用；加强对创新基础条件和制度建设的支持力度，调动科技人才的积极性；不断提高财政资金使用质量和效益，充分发挥财政资金对科技创新的引导作用，带动构建活跃的创新生态体系。把科技自立自强作为国家发展的战略支撑，加强对基础研究、国家战略科技力量、关键核心技术攻关的支持，深化科研项目经费管理改革，运用税收等政策引导企业提高创新能力。

财政持续加大科技投入，创新完善政策机制。2012－2021年，全国一般公共预算科学技术支出共计7.07万亿元，重点支持集成电路、光伏发电、新能源汽车等领域，支持突破技术瓶颈和"卡脖子"问题，中国科技事业取得历史性成就、发生历史性变革。

创新财政资金管理机制，保障关键核心技术攻关，启动实施对量子通信与量子计算机、脑科学与类脑研究等"科技创新2030—重大项目"的支持。健全鼓励支持基础研究、原始创新的体制机制，强化财政对基础研究的支持，为自主创新提供源头动力。健全稳定支持和竞争性支持相协调的投入机制，加大对中央级科学事业单位基本运行、自主选题研究和科研条件建设等支持力度。综合运用多种方式支持国家科技创新基地建设，发挥对科技创新的支撑作用。突出对高水平人才队伍建设的支持，推动造就更多国际一流的科技领军人才和创新团队。支持符合条件的企业承担中央财政科技计划（专项、基金等）科研任务，引导企业加大研发投入，真正成为技术创新的主体。

（二）大力推动城乡区域协调发展，缩小区域经济差异

由于自然资源禀赋和经济发展程度等方面的不同，国家区域发展差异很大。财税政策在促进区域城乡协调发展等方面发挥着重要作用。

建立健全推动重大区域战略落实的长效机制。2021 年 9 月 2 日，财政部印发《关于全面推动长江经济带发展财税支持政策的方案》提出国家绿色发展基金等重点投向长江经济带。制定财税政策推动黄河流域生态保护和高质量发展。修订印发《东北振兴专项转移支付资金管理办法》，推动东北更快实现振兴。

财政助力区域高质量发展。制定更加精准的财税政策促进京津冀协同发展。财政在支持欠发达地区发展，上海浦东、深圳前海等先行区域发挥引领作用，横琴粤澳深度合作区发展以及推动浙江省探索创新打造共同富裕示范区等方面发挥积极作用。

提高特殊类型地区财政保障能力。加大对革命老区和原中央苏区的支持力度。完善民族地区转移支付分配管理办法。加大边境地区转移支付力度。扩大重点生态功能区转移支付覆盖范围，转移支付重点向财政收支矛盾突出的资源枯竭城市和独立工矿区、采煤沉陷区倾斜。

加快推进乡村振兴战略，因地制宜完善财政支农政策，促进新增公共资源向农村倾斜，推进农业农村现代化，增强农业农村发展活力，促使城乡协调发展。

（三）坚持绿色发展，加强生态文明建设

坚持资金投入同污染防治攻坚任务相匹配，大力支持建设天蓝、地绿、水清的美丽中国。2012 – 2021 年，全国财政节能环保支出从 2963.46 亿元增长到 6305.37 亿元，年均增长 8.8%，[1] 推动污染防治攻坚战取得关键进展，生态环境明显改善。推动生态环境明显改善，深入实施山水林田

---

① 曲哲涵：《财政对民生投入逐年增加》，载《人民日报》2021 年 7 月 31 日。

湖草生态保护修复工程试点。持续推进林业草原生态保护修复，全面加强生物多样性保护。引导黄河全流域开展横向生态补偿机制试点，带动沿黄各省区共抓大保护大治理。推动国家绿色发展基金挂牌运营，支持长江经济带沿线省市开展环境保护、能源资源节约利用等。加大对打好蓝天、碧水、净土保卫战的支持，完善生态补偿机制，出台促进长江经济带生态保护修复奖励政策，引导黄河全流域建立横向生态补偿机制试点，推动设立国家绿色发展基金，促进生态环境持续好转。

（四）坚持开放发展

中国经济已深度融入世界。中国货物进出口总额占 GDP 的比重已经超过 1/3，现在进口对工业的综合影响度超过 70%，连续十年稳居全球第二大进口市场，而且连续五年成为全球货物贸易的第一大国。[①] 中国在财税政策方面大力支持开放发展。

2010 年关税水平为 9.8%，2018 年先后四次实施大范围自主降税，2021 年中国进口关税总水平已降至 7.4%。关税税率逐步形成了原材料、中间品、制成品由低至高的合理结构，实现了从"高税率、窄税基"向"低税率、宽税基"的转变；税目设置根据科技、产业和贸易发展需要，遵循世界海关组织多边规则——《商品名称及编码协调制度》，定期修订转换税则税目，逐年调整完善本国税目。健全国务院关税税则委员会机制，系统谋划关税工作，丰富完善关税职能，采取措施使通关时间大大缩短。

对内、外资企业实行统一的企业所得税制度，为各类市场主体创造公平竞争的税收环境。从 2019 年起以公告方式公布当年进出口税则，为国内国际市场主体提供稳定政策预期。

另外，中国按入世承诺向世贸组织通报财政补贴政策，范围涵盖扶贫、研发、节能环保等领域，并就世贸组织成员关注的财政预算安排和税收优惠政策等问题，作出客观回应。

---

① 新华社中央新闻采访中心编：《2022 全国两会记者会实录》，人民出版社 2022 年版，第 21 页。

（五）推动共享发展

共享是中国特色社会主义的本质要求，它进一步回答了"为谁发展、靠谁发展、如何发展"的时代课题。

财政支持与群众利益息息相关的就业、收入、社保、食品安全、人口均衡发展等问题。加大对革命老区、民族地区、边疆地区、贫困地区的转移支付；推动义务教育均衡发展，逐步分类推进中等职业教育免除学杂费，率先从建档立卡的家庭经济困难学生开始实行普通高中免除学杂费；实施更加积极的就业政策，提高技术工人待遇；缩小收入差距，健全科学的工资水平决定机制、正常增长机制、支付保障机制；建立更加公平更可持续的社会保障制度；支持深化医药卫生体制改革，促进人口结构优化、质量提升的人力资本发展战略。在改革中建立和完善现代财政制度，促进全社会的共享发展，必须使财政资金公开透明，广大群众能有效参与到预算制定环节，提高财政资金绩效水平。充分运用税收手段，配合市场公平竞争制度建设，努力优化初次分配环境。在再分配领域，通过税收结构的改革调整逐步提高直接税所占比重，合理调节居民收入差距，对弱势群体加强救济、补助，促进共同富裕目标的逐步实现。

二、《中华人民共和国预算法》的修正

预算是财政的核心，政府预算体现国家的战略和政策，反映政府的活动范围和方向。现代预算制度是现代财政制度的基础，是国家治理体系的重要内容。《中华人民共和国预算法》（以下简称《预算法》）是中国特色社会主义法律体系中的一部重要法律，是财政领域的基本法律制度。

《预算法》自 1995 年实施以来，对于促进经济社会发展发挥了重要作用。但是经过近 20 年的发展，《预算法》中许多条款已经不能完全适应不断变化的实际情况，这主要表现在以下几个方面：（1）预算管理制度方面，完整性、科学性、预算执行的规范性和透明度不够；（2）税收制度方

面，税收在解决社会经济重大问题方面，如产能过剩、公平竞争、收入分配和生态环境等方面的功能弱化；（3）中央和地方财政体制方面，中央和地方财权与事权存在不平衡等问题；（4）转移支付制度方面，转移支付缺乏科学合理的规章制度，需要加以规范。另外，近年来财税部门在推进部门预算、预算管理、预算公开和转移支付等改革方面的一些成功经验也有必要用法律的形式确定下来。

修改《预算法》是深化预算制度改革、建立现代财政制度的必然要求，是推进预算管理科学化、现代化的迫切需要，是提高国家治理能力和推进国家治理体系现代化的重要保障。《预算法》的修改要坚持现代国家治理理念，从中国国情出发，并借鉴国外预算管理的有益经验，按照国家治理体系和治理能力现代化的要求，着力推进预算管理的科学化、民主化、法治化。

2014 年 8 月 31 日十二届全国人大常委会第十次会议通过《关于修改〈中华人民共和国预算法〉的决定》，对《预算法》进行了修正。该决定将《预算法》第一条修改为："为了规范政府收支行为，强化预算约束，加强对预算的管理和监督，建立健全全面规范、公开透明的预算制度，保障经济社会的健康发展，根据宪法，制定本法。"这与中共十八届三中全会《中共中央关于全面深化改革若干重大问题的决定》提出的"必须完善立法、明确事权、改革税制、稳定税负、透明预算、提高效率，建立现代财政制度，发挥中央和地方两个积极性"要求是相一致的。

修改后的《预算法》在以下几个方面有新规定：确立全口径预算体系，明确规定政府的全部收入和支出都应当纳入预算；预算包括一般公共预算、政府性基金预算、国有资本经营预算、社会保险基金预算四项内容；健全地方政府债务科学管理制度；规范财政转移支付系统；强调预算管理的法制化。修改后的《预算法》还规定，各级预算应当遵行统筹兼顾、勤俭节约、量力而行、讲求绩效和收支平衡的原则，各级政府应当建立跨年度预算平衡机制。这些修改为深化财税体制改革全局奠定了法律基础。

第一，修改后的《预算法》明确要求政府的全部收入和支出都应当纳入预算，预算外资金的存在失去了法律基础。同时，修改后的《预算法》建立了全口径预算体系，政府性基金预算、国有资本经营预算、社会保险基金预算由于具有不同的功能定位和收支属性，"专款专用"的特征明显。修改后的《预算法》构筑了在四本预算之间实现各类预算资金的有效衔接和统筹协调机制，发挥出全口径预算的整体性功能。

第二，修改后的《预算法》从法律层面对地方政府举债进行了规范，明确规定地方举债主体只能是省一级政府，并且只能采取发行地方政府债券的方式，筹措的资金只能用于公益性资本支出而不得用于经常性支出。举债规模需由全国人大或全国人大常委会批准。在修改后的《预算法》保障下，地方政府债务限额管理、预算管理、一般债务和专项债务管理、存量债务置换、建立风险预警和应急处置机制、常态化监督机制和问责机制等局部改革有序进行，最终形成了闭环式管理制度，既有利于防范和化解地方政府债务风险，也促进了积极有效地探索地方融资新模式，有利于促进地方经济社会可持续发展。

第三，修改后的《预算法》对财政转移支付提出了系统性、规范性要求，对包括财政转移支付的种类、原则和目标以及一般性转移支付、专项转移支付和相关管理制度等，均作了明确细致的规定。修改后的《预算法》将均衡地区间基本财力的一般性转移支付确定为财政转移支付的主体，并要求按照国务院规定的基本标准和计算方法编制预算。同时，规定市场竞争机制能够有效调节的事项不得设立专项转移支付，除上下级政府共同承担的事项外，上级政府不得要求下级政府承担配套资金。这有利于提高转移支付资金分配的效率与公平，规范政府转移支付行为，对于倒逼中央与地方事权和支出责任划分改革迈出实质性步伐意义重大。

第四，随着2015年1月1日《预算法》修改条款的正式施行，预算信息公开被正式纳入法制化轨道，制度化建设也进一步加快。修改后的《预算法》对预算信息的公开内容、公开时间、公开主体均作了明确具体的规定。2016年首次在中国政府网和财政部门户网站集中发布中央部门决算信息，制定地方预决算公开操作规程。[1] 充分依托互联网政务平台建设，多渠道推进预决算信息公开制度建设，包括利用门户网站、微信公众号、手机 App、电视、报刊年鉴等多种媒体渠道发布财政预决算信息。目前部门预决算和地方政府预决算账单都在规定时间公开，预算信息公开逐步成为常态。

国务院在 2014 年 9 月颁布了《关于深化预算管理制度改革的决定》，对预算管理和控制方式、跨年度预算平衡机制、权责发生制的政府综合财务报告制度、地方政府债务纳入预算管理、财政结转结余资金管理、预算绩效管理等方面的改革事项都作出了明确规定，这使得财政在经济新常态下健康可持续发展有了保障，为建立现代财政制度奠定了坚实基础。

根据实践发展的需要，2018 年 12 月 29 日，第十三届全国人民代表大会常务委员会第七次会议通过《关于修改〈中华人民共和国产品质量法〉等五部法律的决定》，对《预算法》进行了第二次修正。

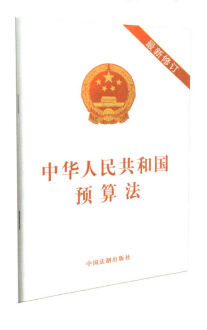

★ 2018 年 12 月 29 日，第十三届全国人民代表大会常务委员会第七次会议通过《关于修改〈中华人民共和国产品质量法〉等五部法律的决定》，对《中华人民共和国预算法》作出修改。

---

[1] 《关于 2016 年中央和地方预算执行情况与 2017 年中央和地方预算草案的报告》，财政部网站，2021 年 3 月 17 日。

三、全面实施预算绩效管理

全面实施预算绩效管理是加快建立现代财政制度、推进国家治理体系和治理能力现代化的关键一环。经过多年的探索，预算绩效管理取得了很大进展，有效推动了预算编制和执行水平的提升，对中国经济社会发展发挥了重要支持作用。但也要看到，预算绩效管理仍然存在一些突出问题，主要是：绩效理念尚未牢固树立，一些地方和部门存在重投入轻管理、重支出轻绩效的意识；绩效管理的广度和深度不足，尚未覆盖所有财政资金，一些领域财政资金低效无效、闲置沉淀、损失浪费的问题较为突出，克扣挪用、截留私分、虚报冒领的问题时有发生；绩效激励约束作用不强，绩效评价结果与预算安排和政策调整的挂钩机制尚未建立。

2018 年 9 月，中共中央、国务院颁布的《关于全面实施预算绩效管理的意见》指出，全面实施预算绩效管理是推进国家治理体系和治理能力现代化的内在要求，是深化财税体制改革、建立现代财政制度的重要内容，是优化财政资源配置、提升公共服务质量的关键举措。全面实施预算绩效管理是党中央、国务院作出的重大战略部署，是政府治理和预算管理的深刻变革。该意见明确了此后一段时期全面实施预算绩效管理的目标和方向，提出创新预算管理方式，更加注重结果导向、强调成本效益、硬化责任约束，力争用 3－5 年时间基本建成全方位、全过程、全覆盖的预算绩效管理体系，实现预算和绩效管理一体化，着力提高财政资源配置效率和使用效益，改变预算资金分配的固化格局，提高预算管理水平和政策实施效果，为经济社会发展提供有力保障。

全面实施预算绩效管理。紧紧围绕提升财政资金使用效益，将绩效理念和方法深度融入预算编制、执行和监督的全过程，构建事前事中事后绩效管理闭环系统。同时注重成本效益分析，关注支出结果和政策目标实现程度。2016 年中央部门项目支出绩效目标管理实现全覆盖，首次将重大项目的绩效目标及具体绩效指标同预算一并批复，对部分重大民生政策和重点专项支出开展绩效评价。部分中央部门预算绩效管理工作开展情况和项目绩效评价结果首次同部门决算一并向社会公开。绩效管理覆盖所有财政资金，体现权责对等原则。强化绩效目标管理，建立预算安排与绩效目标、资金使用效果挂钩的激励约束机制。加强绩效目标执行动态监控，不断推动绩效评价提质扩围，提升公共服务质量和水平。健全以绩效为导向的预算分配体系，加强事前绩效评估，严格绩效目标管理，提高绩效评价质量，健全预算安排与绩效结果挂钩的激励约束机制。

预算绩效管理要取得实效，财政部门的主观能动性发挥着关键作用。预算绩效管理成败的关键在于激励机制是否科学有效。激励机制的制定既要立足于现实，又要符合事物发展的规律，同时对财政传统历史也要予以考虑，以求在更大范围内达成共识。

第二节　税收制度的发展和完善

税收是国家财政收入的主要来源，是政府调控经济运行、调节收入分配的重要手段和工具。中共十八大以来，国家积极推进现代财税体制的建设，全面推行营业税改征增值税改革（以下简称营改增），健全直接税体系，逐步提高直接税比重，改进税收征管体制和办法，健全地方税收体系，致力于建立健全有利于高质量发展的税收制度体系，优化税制结构，提高税收征管效能。

一、全面推进营改增改革

推进营改增是税收体制改革的重要内容。由于对货物和服务分别征收增值税和营业税，造成增值税抵扣链条不完整，重复征税的问题就变得越来越突出。营改增就是要解决服务业和制造业税制不统一问题，打通增值税抵扣链条，消除重复征税，促进社会分工和协作，使中国的财税制度更加符合市场经济的发展要求，提高市场效率，促进市场公平。

2012年1月营改增改革试点在上海启动，随着试点逐步扩大，其后的几年时间里，中国完成了交通运输业、部分现代服务业、邮政业以及电信业等行业的相关改革。据统计，2012-2015年前期试点累计减税6412亿元。营改增试点以来，第三产业投资规模明显扩大，占全社会固定资产投资比重由2012年的52.6%提高到2015年的56.6%；第三产业增加值占GDP的比重也逐步提高，由2012年的45.5%逐年提高到2015年的50.5%，首次过半。[①]营改增实施的几年间取得了为社会减负、推动服务业发展、增加就业等多方面的良好效应。营改增引领着中国间接税制改革乃至整个税制改革，成为深化财税体制改革的起点。到2016年5月，营改增已经全面实施。

营改增在深化财税体制改革、促进企业发展方面发挥着重要作用，其在促进科学发展、推动经济结构调整和经济发展方式转变等方面具有重大战略意义。

营改增改变了中国过去对产业链上各道环节的重复征税状况，实现了设计、研发、生产、销售的全产业链抵扣，服务业和制造业之间的税负联系得以打通，不仅有效降低了企业税负，而且还鼓励企业增加固定资产投资和加大技术研发投入力度。降低企业成本是营改增带来的直接效果，推动服务业特别是研发等生产性服务业发展则是其更深层次的间接效果，对经济结构调整起到巨大的推动作用。在税制结构上，增值税取代营业税则更加彰显产业发展中的财税政策公平。

营改增实现了增值税由生产型向消费型的转型，让作为地方主要税种的营业税退出历史舞台，这体现了全面深化税制改革的决心，对地方税体系建设也是一个新的开始。营改增带来包括地方主体税种重建，分税制财

---

① 李丽辉、吴秋余：《全面实施营改增利国利民》，载《人民日报》2016年4月26日。

政体制深化改革，以及进一步理顺中央和地方财政关系等一系列重大变化，这对于提升国家治理能力和治理水平也具有重要意义。营改增完成后，增值税将覆盖所有货物和服务的全部环节，税收中性原则得以更好的体现，从而使中国整个税制更趋完善。

营改增有利于促进经济结构调整和发展方式的转变，有利于促进服务业特别是现代服务业的发展，有利于促进制造业主辅分离和转型升级，从而推动经济结构和产业结构的优化升级。从企业层面看，营改增强调和体现了税收中性原则，从而可以更好发挥市场对资源配置的决定性作用，增强企业发展活力，促进企业改进经营方式、提高管理水平，这将有利于企业的长远发展，提高经济增长的质量和效益。从财政层面看，营改增有利于财政体制的建设。按照试点方案，在试点期间，营改增后的收入仍然归属地方，暂不涉及财政体制的调整。随着营改增的全面完成，作为地方主体税种的营业税最终将被完全取代，这就要求我们必须加快地方税体系建设的步伐，按照中央和地方财力与事权相匹配的原则，推进财政体制改革，使之更加适应中国社会主义市场经济的要求。

二、改进税收征管办法

（一）国税地税的合并

2018年3月13日，十三届全国人大一次会议第四次全体会议《关于国务院机构改革方案的说明》第二点第十一条明确指出："改革国税地税征管体制。将省级和省级以下国税地税机构合并，具体承担所辖区域内的各项税收、非税收入征管等职责。国税地税机构合并后，实行以国家税务总局为主与省（区、市）人民政府双重领导管理体制。"2018年6月15日上午，在前期做好统一思想、顶层设计、动员部署等工作的基础上，按照党中央、国务院关于国税地税征管体制改革的决策部署，全国各省（自治区、直辖市）级以及计划单列市国税局、地税局合并且统一挂牌，标志着国税地税征管体制改革迈出关键一步。

国税地税征管体制改革带来多方面的积极效应。一是税收征管体系将变得更加优化高效统一。管理链条在国税地税合并后将大为精简，在实行以国家税务总局为主与省（区、市）人民政府双重领导管理体制后，税费收入的规范性和可操作性会显著增强。这必将为未来税费制度改革、统一政府收入体系、规范收入分配秩序创造条件，夯实国家治理现代化基础。二是有助于纳税人办税便利化的提升。国税地税合并，有望从根本上解决税收征收上的"两头跑""两头查"问题，维护纳税人和缴费人的合法权益，减轻办税和缴费负担，促进优化营商环境。三是有助于税收征管效率的全方位提升。国税地税合并之后，垂直管理体制将在很大程度上规避地税征收率低的问题，征收率的提升会缩小法定税率和实际税率的差异，同时明确企业对纳税程度的预期，也有利于未来减税政策能够落到实处。四是有助于新时代税收征管流程再造。国税地税征管体制改革，不只是国税地税机构的合并，也是税务部门领导体制、运行机制、管理方式、职能职责的一场深刻变革，更是执法和服务标准、业务流程等方面的集成创新。

国税地税机构合并有利于国家税务机构设立一套体系，统筹征收中央税、共享税与地方税，再按分税制规定分别划缴入库。随着税制改革向纵深迈进，税收征管体制改革的支撑能力需要逐渐加强。国税、地税两套税务机构合并改革，实际上是以问题为导向的税收征管体制改革，在新的历史条件下对于深化分税制改革具有重要意义。

（二）深化税收征管制度改革

2018 年 7 月，中共中央办公厅、国务院办公厅印发了《国税地税征管体制改革方案》。该改革方案明确了国税地税征管体制改革的指导思想、基本原则和主要目标，并就改革的主要任务及实施步骤、保障措施、组织实施等提出工作要求，通过改革逐步构建起优化高效统一的税收征管体系，降低征纳成本，提升征管效率。深化税收征管制度改革，就是要提高政府税收和非税收入规范化、协调化、法治化水平。分步推进建成全国统一的新一代智能化电子税务局，建设标准统一、数据集中的全国税收征管信息库，持续推进涉税信息共享平台建设，促进各部门信息共享，建成与国家治理体系和治理能力现代化相匹配的现代税收征管体制。

三、完善地方税体系

积极稳妥推进健全地方税体系改革。健全地方税体系是中共十八大以来一直强调的，是调动中央和地方两个积极性的重要内容。中共十八届三中全会把"完善地方税体系"列为深化税制改革的重要内容，健全地方税体系成为中共十九大后需重点突破的关键环节、重要领域和必然选择。

2016 年 5 月 1 日，全面实施营业税改征增值税。随着作为地方政府主体税种的营业税的消失，地方财政收支体系将面临极大的冲击。充实地方税种，完善地方税收体系成为一个急迫的任务。2015 年中共中央办公厅、国务院办公厅印发《深化国税、地税征管体制改革方案》，明确提出"建立健全地方税费收入体系"。从地方税体系与分税制度、预算制度改革关系看，地方税体系的健全与完善是财税体制改革的"牛鼻子"，是现代财政制度建立的重要内容。

中共十九大确定的财税体制改革的核心目标之一是健全地方税体系。一是完善地方税种。根据税种的特性合理确定地方税税种。继续拓展地方税的范围，完善地方税税种，使地方财政收入有稳定的来源。二是扩大地方税权。在中央统一立法和税种开征权的前提下，根据税种特点，通过立法授权，适当扩大地方税收管理权限，地方税收管理权限主要集中在省级。三是政府非税收入改革的推进。加快非税收入立法进程。深化清理收费改革，继续推进费改税，适当下放部分非税收入管理权限。

健全地方税体系，培育地方税源，对于增加地方收入、促进地方财权与事权相统一有着重要的意义。调整税制结构、健全地方税种是建立稳定、可持续的地方税体系的重要环节。培育地方主体税种，科学合理对地方税务赋权，理顺税费关系。按照中央与地方收入划分改革方案，后移消费税征收环节并稳步下划地方，结合消费税立法统筹研究推进改革。

四、税收政策支持社会经济发展

中共十八大以来，随着经济进入新常态，财税部门坚持新发展理念，加大减税降费力度，让利于市场主体，激发市场活力；完善宏观调控制度，使经济发展速度保持在合理区间运行。在降成本方面通过全方位地减税降费为企业降低成本，通过推进简政放权降低企业制度性交易成本。2015年6月底，国家税务总局公布的87项税务行政审批事项中，80项税务非行政许可审批项目已全部清理，仅保留7项行政许可。[①]

（一）实施减税降费政策支持社会经济发展

中共十八大以来，中国持续实施减税降费政策，运用财税政策，调控社会经济发展。经过持续清理规范，截至2018年底，中央设立的行政事业性收费由185项减少至49项，减少幅度超过73%，其中涉企收费由106项减少至31项，减少幅度超过70%；政府性基金由30项减少至21项，减少幅度为30%。[②]

2016年中央财政设立工业企业结构调整专项奖补资金，资金规模为两年1000亿元，资金拨付依据为重点产能过剩的钢铁煤炭行业化解产能目标任务和人员安置情况，当年拨付奖补资金307.1亿元。继续推进减税政策，降低企业税收成本。2016年2月20日，开始执行房地产契税新政，普遍降低房屋买卖契税税率，这是推动房地产市场去库存的重要举措。从2016年5月1日起全面推开营改增试点后，个人二手房交易税率由5%降低至4.76%，并将新增不动产纳入增值税抵扣范围，进一步推动了房地产市场去库存。2016年5月全面推行营改增以来，实现所有行业税收负担只

---

① 吴秋余：《税务总局所有非行政许可审批事项清理完毕》，载《人民日报》2015年6月2日。
② 刘昆：《适应新时代 落实新部署 聚力增效实施积极的财政政策》，载《时事报告（党委中心组学习）》2018年第6期。

减不增。从 2017 年 7 月 1 日起，增值税率由 4 档变 3 档。财政部、国家税务总局 2016 年 11 月发布《关于落实降低企业杠杆率税收支持政策的通知》，为企业降杠杆创造了良好的财税政策环境，该通知对企业在债务重组、兼并收购以及信贷资产证券化等方面给出了明确的税收优惠政策。

增值税作为我国第一大税种，占到全部税收收入的近四成。通过深化增值税改革，进一步完善增值税制度，更好地服务经济发展。降低增值税税率水平。2018 年将制造业等行业增值税税率从 17% 降至 16%，将交通运输、建筑、基础电信服务等行业及农产品等货物的增值税税率从 11% 降至 10%，调整后增值税税率分为 16%、10%、6% 三档。统一增值税小规模纳税人标准，将工业企业和商业企业小规模纳税人年销售额标准由 50 万元和 80 万元统一上调至 500 万元，并在一定时期内允许已登记为一般纳税人的企业转登记为小规模纳税人，让更多企业享受按较低征收率计税的优惠。退还部分企业留抵税额，对符合条件的先进制造业、现代服务业企业和电网企业，在一定时期内未抵扣完的进项税额予以一次性退还。[①]

2020 年为应对突发疫情的冲击，财政部门连续发布实施了 7 批 28 项减税降费政策，全年新增减税降费规模超过 2.6 万亿元，有力支持了各类市场主体复工复产复业，助推中国经济持续稳定恢复。2021 年进一步优化和落实减税降费政策：一是继续实施制度性减税政策，让政策叠加效应持续释放；二是分类调整阶段性的减税降费政策，保持对经济恢复的必要支持力度；三是出台新的结构性减税政策，强化小微企业税收优惠，支持制造业和科技创新；四是持续实施降费措施，继续阶段性降低失业保险、工伤保险费率。

---

① 刘昆：《适应新时代 落实新部署 聚力增效实施积极的财政政策》，载《时事报告（党委中心组学习）》2018 年第 6 期。

★ 2019 年 10 月 29 日，国家税务总局邯郸市税务局工作人员在一家生产企业调研税费政策落实情况。

（二）支持小微企业发展

小微企业在吸纳就业、激励创新、带动投资、促进消费等方面对社会经济发展发挥着多方面的作用。国家财税部门对支持小微企业做了多方面的相关规定。免征部分收费。2014 年 12 月 23 日，财政部、国家发展改革委发布《关于取消、停征和免征一批行政事业性收费的通知》，要求从 2015 年 1 月 1 日起，对小微企业免征组织机构代码证书收费等 42 项中央级设立的行政事业性收费。政府采购中规定中小微企业一定的占比。从 2016 年起，中央部门开始随决算向社会公开政府采购支出总体情况和面向中小微企业采购情况，包括政府采购支出总额及货物、工程和服务采购分项金额，政府采购合同授予中小微企业金额及授予中小微企业合同金额占政府采购支出金额的比重。比如，财政部 2019 年度政府采购支出总额 33509.75 万元，其中授予中小企业合同金额 32407.19 万元，占政府采购支出总额的 96.7%，其中授予小微企业合同金额 2739.43 万元，占政府采购支出总额的 8.2%①。调整小微企业认定标准。自 2019 年 1 月 1 日起，对于从事国家非限制和禁止行业，且同时符合年度应纳税所得额不超过 300 万元、从业人数不超过 300 人、资产总额不超过 5000 万元三个条件的企业，认定为小型微利企业。2018 年 7 月 11 日，财政部、税务总局发布《关于进一步扩大小型微利企业所得税优惠政策范围的通知》指出：自 2018 年 1 月 1 日至 2020 年 12 月 31 日，将小型微利企业的年应纳税所得额上限由 50 万元提高至 100 万元，对年应纳税所得额低于 100 万元（含 100 万元）的小型微利企业，其所得减按 50% 计入应纳税所得额，按 20% 的税率缴纳企业所得税。

（三）支持创新型企业发展

创新是引领发展的第一动力。习近平就创新发展发表了一系列重要讲话和论述，强调把创新摆在国家发展全局的核心位置。中共十八大以来，国家高度重视创新发展，对创新型企业给予了多方面的支持，其中比较重要的政策有以下几个方面。

2015 年 1 月 14 日，国务院总理李克强主持召开国务院常务会议，决定设立国家新兴产业创业投资引导基金，旨在重点支持起步阶段的创新型企业，助力创业创新和产业升级。

2016 年 5 月，国务院办公厅发布《关于建设大众创业万众创新示范基地的实施意见》指出，为在更大范围、更高层次、更深程度上推进大众创业万众创新，加快发展新经济、培育发展新动能、打造发展新引擎，建设一批双创示范基地、扶持一批双创支撑平台、突破一批阻碍双创发展的政策障碍、形成一批可复制可推广的双创模式和典型经验，重点围绕创业创新重点改革领域开展试点示范。财税支持方面的政策有：加大中央预算内投资、专项建设基金对示范基地支持力度。在示范基地内探索鼓励创业创

---

① 曲哲涵：《过紧日子 晒明白账》，载《人民日报》2020 年 7 月 19 日。

新的税收支持政策，对高新技术企业和科技型中小企业转化科技成果给予个人的股权奖励，递延至取得股权分红或转让股权时纳税。有限合伙制创业投资企业采取股权投资方式投资于未上市中小高新技术企业满 2 年的，该有限合伙制创业投资企业的法人合伙人可享受企业所得税优惠。居民企业转让 5 年以上非独占许可使用权取得的技术转让所得，可享受企业所得税优惠。

对创新型企业经营中的奖励措施，鼓励中小企业创新发展。为进一步激励中小企业加大研发投入，支持科技创新，2017 年 4 月 19 日，国务院常务会议决定，自 2017 年 1 月 1 日至 2019 年 12 月 31 日，将科技型中小企业研发费用税前加计扣除比例由 50% 提高至 75%。随后，财政部、税务总局、科技部发布《关于提高科技型中小企业研究开发费用税前加计扣除比例的通知》，落实国务院常务会议的决定，并将此加计扣除优惠政策扩大到所有企业。2018 年 6 月 25 日，财政部、税务总局、科技部发布《关于企业委托境外研究开发费用税前加计扣除有关政策问题的通知》，取消企业委托境外研发费用不得加计扣除限制，规定委托境外进行研发活动所发生的费用，按照费用实际发生额的 80% 计入委托方的委托境外研发费用。委托境外研发费用不超过境内符合条件的研发费用 2/3 的部分，可以按规定在企业所得税前加计扣除。2018 年 7 月，财政部、税务总局发布《关于延长高新技术企业和科技型中小企业亏损结转年限的通知》，决定将高新技术企业和科技型中小企业亏损结转年限由 5 年延长至 10 年。

（四）个人所得税法的修改

2018 年 8 月 31 日，十三届全国人大常委会第五次会议通过《关于修改〈中华人民共和国个人所得税法〉的决定》，将工资薪金所得、劳务报酬所得、稿酬所得、特许权使用费所得 4 项所得纳入综合征税范围，适用统一的超额累进税率；将个人所得税基本减除费用标准由每月 3500 元提高到每月 5000 元。据测算，修法后个税纳税人占城镇就业人员的比例将由 44% 降至 15%；扩大 3%、10%、20% 三档低税率级距，广大纳税人能够不同程度地享受到减税红利。月收入在 2 万元以下的纳税人税负可降低 50% 以上；围绕与人民群众生活密切相关的重点支出领域，设立子女教育、继续教育、大病医疗、住房贷款利息、住房租金、赡养老人 6 项专项附加扣除，进一步减轻纳税人负担，使税制更加公平。《中华人民共和国个人所得税法》的修改条款于 2019 年 1 月 1 日起全面施行。

2021 年以来，财政部精准实施减税降费，特别是支持制造业升级和中小微企业及个体工商户，如允许企业提前享受前三季度研发费用加计扣除等政策，帮助企业缓解困难、更好发展。在"十三五"期间累计减税降费超过 7.6 万亿元的基础上，2021 年又新增减税降费超 1 万亿元。[①] 特别是面对新冠肺炎疫情冲击，制定实施发行抗疫特别国债等一揽子政策举措，创造性设立并常态化实施财政资金直达机制，大幅提高政策效率。另外对于在经贸摩擦中受到影响的企业，财政部门制定协调解决企业在出口方面的问题、支持受影响企业内部转岗和技能培训等帮扶措施，帮助企业渡过难关。

第三节　中央和地方财政关系的调整

中央和地方财政关系是财政体制的核心内容，是现代国家治理的重要方面。中央对中央和地方财政关系高度重视，提出了建立权责清晰、财力协调、区域均衡的中央和地方财政关系，形成中央和地方财力与事权相匹配的财税体制，更好发挥中央和地方两个积极性。建立科学高效的转移支付制度，积极化解地方债务风险，推进现代财政体制建设。

---

① 刘昆：《在全国财政工作会议上的讲话（节选）》，载《中国财政》2022 年第 1 期。

一、央地财事平衡的新探索

2016 年 8 月，国务院印发《关于推进中央与地方财政事权和支出责任划分改革的指导意见》，对推进中央与地方财政事权和支出责任划分改革作出总体部署。该指导意见体现着权责对等的宗旨，明确了财政事权和支出责任划分改革的主要内容，提出分领域逐步推进改革的时间表。中共十九大报告强调指出："加快建立现代财政制度，建立权责清晰、财力协调、区域均衡的中央和地方财政关系。"中共十九届四中全会进一步要求："优化政府间事权和财权划分，建立权责清晰、财力协调、区域均衡的中央和地方财政关系，形成稳定的各级政府事权、支出责任和财力相适应的制度。""十四五"规划纲要重申了这一目标。

中央和地方财政关系一般来讲包括财权与事权划分和财政转移支付制度等方面。中央与地方财政体制科学合理能有效促进中央和地方各级政府分工协作、有序运转、有效履职，对于充分调动中央和地方两个积极性十分重要。

科学规范的中央和地方财政关系必须具有清晰的财政事权和支出责任划分、合理的财力配置和明确的目标导向，事关区域均衡发展和国家长治久安。当前和今后一个时期中央和地方财政关系的构建，权责清晰是前提，财力协调是保障，区域均衡是方向。要科学界定各级财政事权和支出责任，形成中央与地方合理的财力格局，在充分考虑地区间支出成本因素的基础上将常住人口人均财政支出差异控制在合理区间，加快推进基本公共服务均等化。

权责清晰，就是要形成中央领导、合理授权、依法规范、运转高效的财政事权和支出责任划分模式。在处理好政府和市场关系的基础上，按照体现基本公共服务受益范围、兼顾政府职能和行政效率、实现权责利相统一、激励地方政府主动作为等原则，加强与相关领域改革的协同，合理划分各领域中央与地方财政事权和支出责任，成熟一个、出台一个，逐步到位。及时总结改革成果和经验，适时制定修订相关法律、行政法规。同时，合理划分省以下各级政府财政事权和支出责任，适合哪一级政府处理的事务就交由哪一级政府办理并承担相应的支出责任，省级政府要加强统筹。

财力协调，就是要形成中央与地方合理的财力格局，为各级政府履行财政事权和支出责任提供有力保障。结合财政事权和支出责任划分、税收制度改革和税收政策调整，考虑税种属性，在保持中央和地方财力格局总体稳定的前提下，科学确定共享税中央和地方分享方式及比例，适当增加地方税种，形成以共享税为主、专享税为辅，共享税分享合理、专享税划分科学的具有中国特色的中央和地方收入划分体系。因地制宜、合理规范划分省以下政府间收入。同时，继续优化转移支付制度，扩大一般性转移支付规模，建立健全专项转移支付定期评估和退出机制，研究构建综合支持平台，加强转移支付对中央重大决策部署的保障。

区域均衡，就是要着力增强财政困难地区兜底能力，稳步提升区域间基本公共服务均等化水平。从人民群众最关心、最直接、最现实的主要基本公共服务事项入手，兼顾需要和可能，合理制定基本公共服务保障基础标准，并适时调整完善。根据东中西部地区财力差异状况、各项基本公共服务的属性，规范基本公共服务共同财政事权的支出责任分担方式。按照坚决兜住底线的要求，及时调整完善中央对地方一般性转移支付办法，提升转移支付促进基本公共服务均等化效果。省级政府要通过调整收入划分、加大转移支付力度，增强省以下政府基本公共服务保障能力。

财政政策是宏观调控的主要手段之一。充分发挥财政政策的作用，处理好中央和地方财政关系，对于充分调动中央和地方两个积极性十分重要。明确中央和地方政府事权与支出责任。适当上移并强化中央财政事权和支出责任，重点将涉及生产要素全国流动和市场统一的事务，以及跨区域外部性强的事务明确为中央财政事权，减少委托事务，加强中央直接履行的事权和支出责任；按照地方优先的原则，将涉及区域性公共产品和服务的事务明确为地方财政事权。合理确定中央和地方共同财政事权，由中央和地方按照规范的办法共同承担支出责任，进一步明晰中央和地方职责范围。

健全省以下财政体制。在考虑税种属性的基础上进一步理顺中央和地方收入划分，稳定地方预期。指导各地按照分税制原则科学确定地方各级政府收入划分。推进省以下财政事权和支出责任划分改革，适度加强省级政府在维护本地经济社会协调发展、防范化解债务风险等方面的责任。督促省级政府切实担负起保基本民生、保工资、保运转"三保"主体责任，加快完善省以下转移支付制度，推动财力向困难地区和基层倾斜，逐步建立基层"三保"长效保障机制。

中共十八届三中全会以来，结合全面推开营业税改征增值税改革，对中央和地方收入划分又作了一些重大调整。主要是实施增值税五五分享改革，将原属地方收入的营业税（目前已改为增值税）以及中央和地方按75∶25比例分享的增值税，统一调整为中央和地方按50∶50的比例分享。

二、完善转移支付制度

转移支付是各级政府之间通过一定的形式和途径转移财政资金，用以补充公共物品而提供无偿支出的活动，是中央和地方财政体制的重要部分，也是基本公共服务供给均等化的重要措施。

（一）原有转移支付制度存在的不足和改善

原有中央对地方专项转移支付名目繁多，资金多头下达分散使用，层层结存降低资金效益，基层财政配套困难，造成项目虚假、虚报，浪费财政资源。而专项审批权集中在中央，导致不少项目脱离实际，一些部门热衷于批项目，基层需要耗费大量人财物争项目，助长了"跑部钱进"的风气。转移支付存在的问题和不足突出表现在：受中央和地方事权与支出责任划分不清晰的影响，转移支付结构不够合理；一般性转移支付项目种类多、目标多元，均等化功能弱化；专项转移支付涉及领域过宽，分配使用不够科学；一些项目行政审批色彩较重，与简政放权改革的要求不符；地方配套压力较大，财政统筹能力较弱；转移支付管理漏洞较多、信息不够公开透明等。对上述问题，有必要通过深化改革和完善制度，尽快加以解决。①

2014 年修改的《预算法》明确规定，国家实行财政转移支付制度。财政转移支付应当规范、公平、公开，以推进地区间基本公共服务均等化为主要目标。财政转移支付以为均衡地区间基本财力、由下级政府统筹安排使用的一般性转移支付为主体。同时还规定，专项转移支付应当建立健全定期评估机制和退出机制，且市场竞争机制能够有效调节的事项不得设立专项转移支付。上级政府在安排专项转移支付时，不得要求下级政府承担配套资金，但上下级政府共同承担的事项除外。

为实现转移支付的改善，一般性的转移支付占比增加。一般性的转移支付主要是关系民生支出项目的转移支付，使得财政公共服务能力逐渐实现均等化。这些规定有利于优化转移支付结构，提高转移支付资金分配的科学性、公平性和公开性，有利于减少"跑部钱进"现象和中央部门对地方事权的不适当干预，也有利于地方统筹安排预算，提高地方预算编报的完整性。

2014 年 12 月 27 日国务院发布的《关于改革和完善中央对地方转移支付制度的意见》提出：在完善一般性转移支付制度的同时，着力清理、整合、规范专项转移支付，严格控制专项转移支付项目和资金规模，增强地方财政的统筹能力。

在一般性转移支付和专项转移支付基础上，为与财政事权和支出责任划分改革相衔接，2019 年新设共同财政事权转移支付，暂列一般性转移支付项下。中央财政为贯彻党中央、国务院决策部署，建立了特殊转移支付机制。纳入特殊转移支付机制管理的资金包括中央财政通过新增赤字 1 万亿元和抗疫特别国债 1 万亿元安排的预算资金。这部分资金属于一次性支

---

① 《国务院关于改革和完善中央对地方转移支付制度的意见》，中国政府网，2015 年 2 月 2 日。

出，在保持现行财政管理体制不变、地方保障主体责任不变、资金分配权限不变的前提下，按照"中央切块、省级细化、备案同意、快速直达"原则进行分配，确保资金直达市县基层、直接惠企利民，支持基层政府做好"六稳"工作，落实"六保"任务。

（二）转移支付制度体系不断优化

首先，转移支付力度不断加大。1994 年以来中央对地方转移支付规模有了非常大的增长，对于地方财力较弱的地区来讲，来自上级的转移支付对维持地方社会经济运转发挥了重要作用，同时大规模的转移支付对缩小地区间财力差异发挥了有效作用。2020 年中央对地方转移支付达到 8.33万亿元，比上年增加 8955 亿元，增长 12%，增量和增幅为近年来最高，并重点向中西部和困难地区倾斜，确保基层财力增长。[1] 2020 年中央财政建立特殊转移支付机制，大幅提高政策效率，通过改革建立"一竿子插到底"的财政资金直达机制，搭建监控系统，推动资金快速精准投放到终端，省级财政既当好"过路财神"又不当"甩手掌柜"，为基层保就业、保民生、保市场主体提供有力支撑。[2] 新增 2 万亿元财政资金直达市县基层，直达机制使得财政资金从中央落地市县基层仅需 20 天，大大提高了效率。截至 2020 年 12 月 29 日，已有 1.52 万亿元直达资金投入使用。2012–2021 年，中央对地方的转移支付从 4.54 万亿元增加到 8.34 万亿元，年均增幅为 7%。

其次，转移支付体系基本健全。总体上形成了以财政事权和支出责任划分为依据，以一般性转移支付为主体，共同财政事权转移支付和专项转移支付有效组合、协调配套、结构合理的转移支付体系。特别是设立共同财政事权转移支付，按照各地财力状况确定转移支付比例，既保障了相关领域政策有效落实，又体现了财力均等化的导向；既维持了中央和地方财

---

① 财政部：《关于 2020 年中央和地方预算执行情况与 2021 年中央和地方预算草案的报告》，财政部网站，2021 年 3 月 14 日。

② 刘昆：《在全国财政工作会议上的讲话（节选）》，载《中国财政》2021 年第 1 期。

力格局基本稳定、保护了东部地区增加收入的积极性，又促进了区域协调发展，基本达到了多方面满意的目标。

最后，专项转移支付制度逐步完善。分税制改革以来，专项转移支付的作用总体上是积极有效的。但专项转移支付项目多，立项随意性强，部门自由裁量权大，负面反映也不少。近年来，财政部门调整专项转移支付的使用范围和方向，并压减不符合上述目标的专项转移支付项目，效果逐步显现。从实践情况看，支持打好三大攻坚战，进一步加大对山水林田湖草生态保护修复、黑臭水体治理以及雄安新区建设、海南全面深化改革开放、东北振兴等方面的投入力度，集中财力解决重点地区的突出问题，取得了显著成效。增强基层公共服务保障能力，根据财政事权属性，厘清各类转移支付的功能定位，加大对财力薄弱地区的支持力度，健全转移支付定期评估机制。结合落实政策需要与财力可能，合理安排共同财政事权转移支付和专项转移支付规模，重点加强对基本民生、脱贫攻坚、污染防治、基层"三保"等重点领域的资金保障，支持地方落实中央重大决策部署。完善地区间支出成本差异体系，转移支付资金分配与政府提供公共服务的成本相衔接，加大常住人口因素的权重，增强资金分配的科学性、合理性。提升专项转移支付使用效率，完善专项转移支付定期评估和退出机制。

三、加强地方债务管理

从债务现状看，政府债务问题越来越成为影响未来财政稳定和经济安全的重要因素。从 2009 年起至 2021 年的大部分时间中国都在推行积极的财政政策，在促进国民经济健康平稳发展的同时，也使得财政赤字不断扩大，债务规模有不断扩张的趋势。《中共中央关于制定国民经济和社会发展第十四个五年规划和二〇三五年远景目标的建议》作出了"健全政府债务管理制度"的规划，其工作重点是：依法构建管理规范、责任清晰、公开透明、风险可控的地方政府举债融资机制；强化地方政府隐性债务风险防范；健全政府债务信息公开机制，促进形成市场化、法治化融资自律约束机制。

（一）地方债务情况及相关风险

政府债务管理制度是现代财税体制的重要内容。地方政府债务余额规模较大，到 2021 年末，中央财政国债余额 232697.29 亿元，控制在全国人大批准的债务余额限额 240508.35 亿元以内；地方政府债务余额 304700.31 亿元，包括一般债务余额 137708.64 亿元、专项债务余额 166991.67 亿元，控制在全国人大批准的债务余额限额 332774.3 亿元以内。① 地方政府债务在全国人大批准的债务余额限额内，地方债务风险爆发的可能性不大。鉴于国内外宏观经济环境的变化，以及经济下行压力，有的地方政府财税增长乏力，而政府支出的大部分项目却是刚性支出，一些地方债务问题突出的地方政府面临着潜在的债务风险。

债务付息支出占一般公共预算支出比重不断上升，增速远超支出总额增速。2017 年、2018 年和 2019 年分别超出当年支出总额增速 16 个百分点、10 个百分点和 4.5 个百分点。2020 年 1 – 11 月份，债务付息支出同比增长 16.1%，超出支出总额增速 15.4 个百分点。"十四五"时期，多数省市的债务可持续性堪忧，粗略计算，大约 1/4 的省级财政 50% 以上的财政收入将用于债务的还本付息。省级以下的各级政府由于财政收支不平衡问题比较严重，债务问题更为突出。地方政府债务问题，不仅影响了地方政府公共服务供给能力，而且累积了财政金融风险。

（二）化解地方债务的两个重大步骤

一是地方债置换改革。2015 年 1 月 1 日《预算法》修改条款施行后，开始以债务置换的方式处理 2014 年底地方政府负有偿还责任的存量债务 14.34 万亿元，2015 年地方政府置换债务 3.2 万亿元，2016 年地方政府置

---

① 财政部：《关于 2021 年中央和地方预算执行情况与 2022 年中央和地方预算草案的报告》，财政部网站，2022 年 3 月 14 日。

换债务 5 万亿元，2017 年地方政府置换债务略超 3 万亿元。地方存量债务成本经过近三年时间的改革后已经从 10% 左右降至 3.5% 左右，为地方政府每年节省利息 2000 亿元，[①] 一定程度上缓解了地方政府债务集中还款的压力。同时，地方政府融资模式也开始向市场化、规范化和透明化模式转变。

二是推进政府和社会资本合作（PPP）改革。中国 PPP 模式的制度化改革自中共十八大以来提上议事日程，正逐渐形成由法律法规、管理机构、操作指引、标准化工具和专业培训构成的 PPP 政策框架，地方财政长期健康可持续的融资渠道正逐渐拓宽。2014 年至 2020 年 11 月末，累计入库项目 9954 个、投资额 15.3 万亿元；累计签约落地项目 6920 个、投资额 11.0 万亿元，落地率 69.5%；累计开工建设项目 4188 个、投资额 6.4 万亿元，开工率 60.5%。[②] PPP 改革扩大了地方政府融资的途径，一定程度上缓解了地方财政的压力，对地方债务问题的解决也提供了一项有效的方案。

（三）加强对地方债务的管理

2013 年财政部门在基本摸清地方政府性债务底数的情况下，对债务高风险地区进行了风险提示，促进加强债务管理和风险防控。将土地储备机构融资纳入地方政府性债务统一管理，实行年度可融资规模控制。严格控制地方政府债务增量，明确"谁负债，谁偿债"的偿债主体责任，终身问责，倒查责任。要把地方债治理纳入法治化轨道，对政府举债的规模、结构、期限等进行科学界定。完善地方政府一般债务和专项债务预算管理制度，2016 年首次在预算草案中全面反映地方政府债务情况，主动接受监督。开展地方政府债务风险评估和预警并向有关部门和地方政府通报结果，督促高风险地区多渠道筹集资金化解债务风险。

---

① 　闫坤、于树一：《十八大以来我国财税体制改革回顾与展望》，载《中国财政》2017 年第 20 期。
② 　财政部：《全国 PPP 综合信息平台管理库累计入库项目达 9954 个》，载《中国财经报》2021 年 1 月 5 日。

防范化解地方政府隐性债务风险。完善常态化监控机制，全面加强项目财政承受能力论证和预算评审，涉及财政支出的全部依法纳入预算管理。强化国有企事业单位监管，依法健全地方政府及其部门向企事业单位拨款机制，严禁地方政府以企业债务形式增加隐性债务。开发性、政策性金融机构等必须审慎合规经营，严禁向地方政府违规提供融资或配合地方政府变相举债。清理规范地方融资平台公司，剥离其政府融资职能。健全市场化、法治化的债务违约处置机制，坚决防止风险累积形成系统性风险。通过督查审计问责机制，严格落实政府举债终身问责制和债务问题倒查机制。

建立完善的官员考核体系和地方政府债务管理责任制，将债务率、偿债率、利息负担率等政府债务相关指标纳入政绩考核体系，责任落实到人、终身追责。强化政府负债和预算的硬约束，加强外部市场约束，健全风险监测预警和早期干预机制，防止地方政府债务风险积累和扩大。硬化预算约束是化解地方债务风险的关键。完善地方政府债券"市场化"的发行和交易机制，发挥律师、审计、信用评级等中介机构的作用。健全地方政府债务风险预警和应急处置机制，提高风险识别、评估、管理能力，掌握好"借、用、还"三个环节以及债务资金"谁来用、怎么用、用在哪"等问题。

完善政府债券发行管理机制。优化国债和地方政府债券品种结构和期限结构。持续推动国债市场健康发展和对外开放，健全及时反映市场供求关系的国债收益率曲线，更好发挥国债利率的市场定价基准作用。健全政府债务信息公开机制，促进形成市场化、法治化融资自律约束机制。完善债务常态化监控机制，强化政策协同，实施联合监管，地方政府隐性债务风险得到缓释。更加注重风险管控，合理平衡促发展和防风险的关系，科学安排政府债务规模，政府总体杠杆率保持基本稳定。

政府债务管理体制机制逐步完善。根据社会经济发展要求，合理确定政府债务规模。依法构建管理规范、责任清晰、公开透明、风险可控的地方政府举债融资机制。做到地方政府一般债务限额与税收等一般公共预算收入相匹配，专项债务限额与政府性基金预算收入及项目收益相匹配。健全地方政府债务风险评估指标体系，科学评估地方政府偿债能力，建立风险评估预警机制。

"十四五"时期，政府债务管理制度进一步健全，既有效发挥政府债务融资的积极作用，又坚决防范化解风险，增强财政可持续性。完善政府债务管理体制机制，控制地方债务风险。根据财政政策逆周期调节的需要以及财政可持续的要求，合理确定政府债务规模。深化财税体制改革，在建立起财权与事权相统一的财政分配体制基础上，建立严格的地方财政预算监管体制，是地方政府债务问题得以解决的根本举措。

第四节　充分发挥财政在高质量发展和普惠民生中的作用

财政作为宏观调控的重要手段，对于社会经济发展的稳定发挥着基础作用。财政政策具有优化资源配置、推进结构调整的优势，涉及社会再生产的各个环节，在构建新发展格局，实现高质量发展等方面具有重要作用。2012 年以来，中国连续十年实施积极的财政政策，根据社会经济发展态势，运用包括财政手段在内的多种手段，加大对经济的调节力度，这对于经济健康平稳运行，改善民生，调节收入分配以及促进公共服务均等化等都发挥了重要作用，对于实现经济高质量发展发挥了关键作用。

一、财政收支总量和结构的变化

随着社会经济的发展，国家财政收支规模不断扩大，收支结构不断优化。十年间，全国一般公共预算收入从 2012 年的 117209.75 亿元增长到了

2021 年的 202538.88 亿元，增长了 72.8%，年均增长 7% 以上。①

　　2012 年以来中国多年实施积极的财政政策，积极财政政策的内涵也随着社会经济形势等变化而发生变化。在实施大规模减税降费政策情况下，国家的财政收入仍然保持了较为平衡的增长。2021 年全国一般公共预算收入 202538.88 亿元，为预算的 102.5%，比 2020 年增长 10.7%，如图 9 - 1 所示。2021 年全国一般公共预算支出 246321.50 亿元，完成预算的 98.5%，比 2020 年增长 0.3%。财政收支规模的扩大，既是实施积极财政政策的结果，也是进一步实施积极财政政策的基础。同时，国家财政收支规模的扩大也为高质量发展奠定了坚实的财政基础。

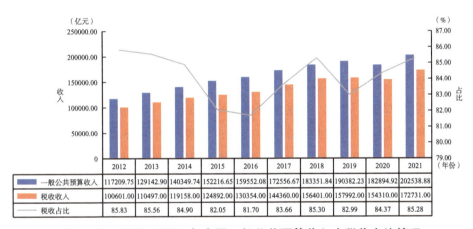

（亿元）	2012	2013	2014	2015	2016	2017	2018	2019	2020	2021
一般公共预算收入	117209.75	129142.90	140349.74	152216.65	159552.08	172556.67	183351.84	190382.23	182894.92	202538.88
税收收入	100601.00	110497.00	119158.00	124892.00	130354.00	144360.00	156401.00	157992.00	154310.00	172731.00
税收占比	85.83	85.56	84.90	82.05	81.70	83.66	85.30	82.99	84.37	85.28

图 9 - 1　2012 - 2021 年全国一般公共预算收入中税收占比情况

资料来源：根据 2012 - 2021 年财政预决算报告整理。

　　财政收入主要来自税收和其他收入，税收来自企业和个人的经济行为，其占比可以反映财政收入的质量。2012 年以来税收增长显著，税收占一般公共预算收入的比重一直保持在 80% 以上的水平。2014 年由于经济下行压力较大，工业生产、消费、投资、企业利润等指标增幅均不同程度回落，增值税、企业所得税等主体税种收入增幅相应放缓。在现行税制下，随着经济增速放缓和工业生产者出厂价格指数持续下降，财政收入增

———————————

① 　根据 2012 - 2021 年财政预决算报告整理。

速大幅回落，中低速增长趋势明显，非税收入占比偏高。其中2015年、2016年非税收入增长迅速，主要来源于部分金融机构及中央企业上缴利润增加。2017年后减税降费政策力度进一步加大。全面推开营改增试点后，增值税抵扣链条不断完善，企业对新税制的适应性逐渐增强，抵扣充分，减税效应开始明显，形成了一定程度的减收。随着减税降费深化，市场活力开始增加，制造业、小微企业压力明显缓解。

中国现阶段主要税收收入项目有增值税、企业所得税、个人所得税、国内消费税、进口货物增值税、消费税等。

2012年国内增值税19678.47亿元，完成预算的97.2%，主要是工业增加值增幅和价格涨幅较低；国内消费税7872.14亿元，完成预算的102.2%；进口货物增值税、消费税14796.41亿元，完成预算的99.7%；关税2782.74亿元，完成预算的103.4%；企业所得税12082.18亿元，完成预算的108.7%，主要是汇算清缴2011年企业所得税收入超过预计；个人所得税3492.61亿元，完成预算的102.7%；出口货物退增值税、消费税10428.88亿元，完成预算的104.8%；非税收入2848.78亿元，完成预算的100.8%。[①] 2021年中国国内增值税63519亿元，同比增长11.8%；国内消费税13881亿元，同比增长15.4%；企业所得税42041亿元，同比增长15.4%；个人所得税13993亿元，同比增长21%；进口货物增值税、消费税17316亿元，同比增长19.1%；关税2806亿元，同比增长9.4%。[②] 从税收结构来看，国内增值税和企业所得税是国家财政收入的主体税种，这两者之和占税收收入的比重从2012年的46%左右增加到2021年的60%以上。

2012年以来的十年，中国实施积极的财政政策，在财税领域不断深化改革，着力用政府收入的"减法"来换取企业效益的"加法"和市场活力的"乘法"，为稳定经济、优化结构注入了强劲动力。通过营改增和减

[①] 财政部：《关于2012年中央和地方预算执行情况与2013年中央和地方预算草案的报告——2013年3月5日在第十二届全国人民代表大会第一次会议上》，载《人民日报》2013年3月20日。
[②] 国库司：《2021年财政收支情况》，财政部网站，2022年1月29日。

税降费等方面政策措施的不断推出，中国的宏观税负水平是呈下降趋势的。按国际可比口径计算，中国宏观税负水平从 2016 年的 28.1% 降至 2021 年的 25.4%，税收占国内生产总值比重从 17.5% 降至 15.1%，处于世界较低水平。

财政赤字是财政支出总量超过财政收入总量的部分，一定时期内财政赤字与同期国内生产总值之间的比例关系就是赤字率。改革开放以来，中国财政赤字率始终保持在较低的水平，2016 年、2017 年赤字率均为 2.9%，2018 年赤字率为 2.6%。随着减税降费等政策的实施，国家财政收支不平衡的局面有所扩大，2017 年后面临经济下行压力增大，中央提出适当提高赤字率，赤字规模有所扩大。2020 年财政赤字有较大增加是由于中央为保证疫情下经济的平稳运行、社会稳定与人民安全，发行了 10000 亿元的特别国债，赤字率也攀升到了 3.6% 以上。总体上看，政府的财政赤字是不断增加的，赤字规模也从 2012 年的 8000 亿元增长到了 2021 年的 35700 亿元，如图 9 - 2 所示。

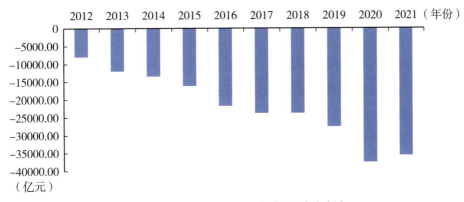

图 9 - 2 2012 - 2021 年全国财政赤字

资料来源：根据 2012 - 2021 年财政预决算报告整理。

二、持续保障和改善民生

中国经济正处在转变发展方式、优化经济结构、转换增长动力的攻关期，中共十八大以来，财政对民生的投入逐年增加，使改革发展成果更多更公平惠及全体人民。财政部门在加强基本民生保障的同时，更加注重民生政策措施的有效性和可持续性，推进民生支出清单管理，确保民生支出与经济发展相协调、与财力状况相匹配，不断把民生红利落到实处，让民生保障延伸到未来。

（一）推进脱贫攻坚与乡村振兴的有效衔接

聚焦剩余贫困县和贫困人口，精准落实帮扶措施。中央财政专项扶贫资金"十三五"期间年均增长 25.9%，推动如期打赢脱贫攻坚战。中央财政专项扶贫资金连续第五年增加 200 亿元，2020 年达到 1461 亿元，并向受新冠肺炎疫情影响较重地区、挂牌督战地区倾斜。2020 年，一次性增加综合性财力补助资金 300 亿元，支持地方脱贫攻坚补短板。加大对产业扶贫、就业扶贫的支持，着力解决"两不愁三保障"突出问题。2016－2020年，中央财政累计安排补助地方专项扶贫资金 5305 亿元。资金分配上，聚焦"三区三州"① 深度贫困地区。2018－2020 年，中央财政专项扶贫资金累计新增安排"三区三州"436.8 亿元，并要求"三区三州"所属省份切实优化资金投向结构，加大对"三区三州"的倾斜力度，要保障好"三区三州"等深度贫困地区脱贫攻坚的需要。2012－2020 年，中央财政专项扶贫资金投入 6896 亿元，2021 年安排中央财政衔接推进乡村振兴补助资金 1561 亿元，精准落实帮扶措施。

完善农业补贴制度。大力支持构建现代农业产业体系、生产体系、经营体系，坚决守牢粮食安全防线，强化粮食能源安全保障。增加对产粮大县奖励，完善玉米、大豆生产者补贴和稻谷补贴政策。2020 年支持新建高标准农田 8000 万亩，实施东北黑土地保护性耕作 4000 万亩。支持统筹做好粮食库存消化和库存投放，优化储备结构。扩大生猪养殖临时贷款贴息补助范围，促进生猪稳产保供。2012－2021 年，全国一般公共预算农林水

---

① "三区三州"指西藏、四省藏区、南疆四地州和四川凉山州、云南怒江州、甘肃临夏州。

支出从 1.2 万亿元增加到 2.5 万亿元，年均增长 8.5%，中央财政对补足农村短板问题的投入力度不断加大。

（二）支持教育文化发展

稳定教育投入，优化投入结构。教育公平是社会公平的重要基础，财政部门已建立起覆盖所有教育阶段、形式多样、功能完备的学生资助政策体系。统一全国义务教育生均公用经费基准定额，将中西部地区标准提高到与东部地区一致。支持深入实施义务教育薄弱环节改善与能力提升工作，基本消除城镇"大班额"。支持地方公办民办并举扩大普惠性学前教育资源，巩固完善幼儿资助制度。加快推进高中阶段教育普及攻坚，促进职业教育高质量发展，加大对中西部高校的支持力度。

支持乡村教育发展，《乡村教师支持计划（2015－2020 年）》于 2015 年 4 月 1 日由中央深化改革领导小组第十一次会议审议通过，6 月 1 日由国务院办公厅印发给全国，该计划旨在支持乡村教育特别是中西部乡村教育发展。

财政教育投入得到保障，中共十八大以来国家财政性教育经费支出占国内生产总值比例持续保持在 4% 以上。[①] 支持文化事业和文化产业繁荣发展，满足人民精神文化需求。强化基层公共文化服务，支持 5 万余家博物馆、图书馆等公共文化设施免费开放。增强财政保障精神文化服务的能力，支持人民群众广泛开展文化创新活动，推动文化产业持续健康发展，提升人民群众思想道德素质、科学文化素质和身心健康素质，满足人民对美好生活的新期待。

（三）建立多层次社会保障体系

围绕改善收入和财富分配格局，助力加快健全覆盖全民、统筹城乡、公平统一、可持续的多层次社会保障体系，促进和保障居民就业、养老、

---

① 刘昆：《党领导财政工作的重大成就和历史经验》，载《学习时报》2021 年 11 月 8 日。

教育、居住、医疗等民生事业发展。把按劳分配和按生产要素分配结合起来，不断提高财政税收、社会保障、转移支付制度的调节力度和精准性，完善直接税制度并适当提高直接税比重，优化收入分配制度。

拓宽就业相关资金保障渠道，支持就业创业扶持政策落实。加大失业保险稳岗返还和创业担保贷款贴息政策力度，加大措施保障企业正常经营，树立保企业就是保就业的理念。扩大失业保险保障范围，加强失业人员基本生活保障和再就业服务。

提高社会保障水平，加强社会保障制度建设，建立基本养老保险基金中央调剂制度，划转国有资本充实社保基金，基本养老、基本医疗、社会救助、优抚等标准逐步提高。2020 年居民医保、基本公共卫生服务经费人均财政补助标准分别提高到每人每年 550 元、74 元。按照 5% 左右的幅度调整退休人员基本养老金水平，城乡居民基础养老金最低标准提高到 93 元。企业职工基本养老保险基金中央调剂比例进一步提高至 4%，22 个中西部和老工业基地省份净受益 1768.45 亿元。保障养老金按时足额发放，实现企业养老保险基金省级统收统支。提高优抚对象等人员抚恤和生活补助标准。中央层面划转部分国有资本充实社保基金工作全面完成，共划转 93 家中央企业和金融机构国有资本总额 1.68 万亿元。

2014 年国务院决定将新型农村社会养老保险和城镇居民社会养老保险整合为城乡居民基本养老保险制度，从 2014 年 7 月 1 日起，按月人均增加 15 元调整城乡居民基本养老保险基础养老金标准。[1] 2018 年开始建立养老保险基金中央调剂制度。中央调剂基金规模不断增大，一定程度上缓解了困难地区的收支平衡压力。稳步有序推进基本养老金全国统筹，同时健全机制，综合考虑物价、工资增长等因素，合理确定养老金待遇调整水平。截至 2020 年底，企业退休人员基本养老金平均每人每月 2800 余元，是 2013 年的 1.5 倍；城乡居民基本养老金平均每人每月 170 元，是 2013 年

---

[1] 《关于 2014 年中央和地方预算执行情况与 2015 年中央和地方预算草案的报告》，财政部网站，2015 年 3 月 17 日。

的 2.1 倍；全国城市、农村低保平均标准分别比 2012 年底提高 348 元和 325 元；2013 - 2020 年，城乡居民医保财政补助标准从每人每年 280 元提高到 550 元；[1] 我国养老保险基金整体上收大于支、运行平稳，能够保障退休人员基本养老金按时足额发放，到 2020 年底累计结余 4.5 万亿元，财政部门持续加大民生投入力度，优化支出结构，筑牢民生保障网。

2016 - 2020 年，财政用于教育、社保就业、卫生健康等方面支出平均增长 6.7%、10.8% 和 9.9%，中央财政专项扶贫资金年均增长 21.9%，基本养老、城乡低保等保障水平逐年提高，居民医保人均财政补助稳步增加。2012 - 2021 年，全国一般公共预算中，教育支出从 2.12 万亿元增长到 3.82 万亿元，社会保障和就业支出从 1.26 万亿元增长到 3.44 万亿元，卫生健康支出从 8058 亿元增长到 18659 亿元，人民群众的获得感、幸福感、安全感大大增强。

（四）促进共同富裕

共同富裕是社会主义的本质要求，是中国式现代化的重要特征，是人民群众的共同期盼。中共十九届五中全会提出，到 2035 年实现"人民生活更加美好，人的全面发展、全体人民共同富裕取得更为明显的实质性进展。"[2] 共同富裕已经列入国家总体发展规划之中，财政作为政府调控社会经济的重要手段，在这方面可以大有作为，财政可以发挥自身在促进经济发展，调节收入分配等方面的职能作用，并以此促进共同富裕、增进人民福祉。推动完善以市场为基础的初次分配制度，提高劳动报酬在初次分配中的比重，多渠道增加城乡居民财产性收入。进一步规范收入分配秩序，改善收入和财富分配格局。履行好政府再分配调节职能，加大税收、社会保障、转移支付等调节力度和精准性，合理调节城乡、区域、不同群体间

---

[1] 曲哲涵、葛孟超：《财政高质量发展护航国计民生》，载《人民日报（海外版）》2021 年 6 月 19 日。

[2] 《中共中央关于制定国民经济和社会发展第十四个五年规划和二〇三五年远景目标的建议》，人民出版社 2020 年版，第 5 页。

分配关系，缩小收入分配差距。增强社会保障待遇和服务的公平性、可及性，支持发挥慈善等第三次分配作用。

三、改善二次分配调节居民收入

二次分配是国家基于公平正义的分配，对第一次分配的不足可以进行弥补。2021 年 8 月 17 日中央财经委员会第十次会议提出"加大税收、社保、转移支付等调节力度并提高精准性"，这意味着国家会加大国民收入的二次分配力度，也就是通过税收等手段调节来提高二次分配的绩效。

中共十八大以来，中国基尼系数整体呈波动下降态势，但仍然超过0.4 的国际警戒线数值水平，表明贫富差距很大，这是中国发展的短板与不足。过大的贫富差距不利于中国经济的可持续发展，也是和社会主义的本质要求相违背的，而产生过大贫富差距的一个重要原因在于二次分配调节力度不够。缩小城乡居民收入差距，增加二次分配的力度和公平性，推进普惠性、基础性、兜底性民生建设，加快城乡、区域、人群基本公共服务均等化。

四、公共服务供给的均等化

基本公共服务是指由政府主导、保障全体公民生存和发展基本需要、与经济社会发展水平相适应的公共服务。全体公民能公平可及地获得大致均等的基本公共服务是基本公共服务均等化的核心要义，其本质是保障人民群众得到基本公共服务的机会，促进机会均等。政府的重要职责之一是保障公民享有基本公共服务的基本权利。推进基本公共服务均等化，是全面建成小康社会的应有之义，对于促进社会公平正义、增进人民福祉、增强全体人民在共建共享发展中的获得感、实现中华民族伟大复兴的中国梦，都具有十分重要的意义。

基本公共服务还存在不均等现象，主要表现在：城乡之间基本公共服务供给不均等；区域之间基本公共服务供给差异大；社会成员之间享有的基本公共服务不均等。推进基本公共服务均等化是一项长期艰巨的任务。"十三五"时期，按照中央脱贫攻坚目标，必须重点确保贫困地区基本公共服务主要领域指标接近全国平均水平，达到 2020 年基本公共服务均等化总体实现的目标。

推进基本公共服务均等化，充分发挥财政在促进社会公平方面的作用，加强对基本公共服务的财政支持，抓住公共教育、就业创业、社会保险、医疗卫生、社会服务、住房保障、公共文化体育、优抚安置、残疾人服务等重点环节，建立健全基本公共服务标准体系，促进基本公共服务覆盖全体人民。完善财政转移支付支持欠发达地区的机制，推动城乡区域基本公共服务制度统一、质量水平有效衔接，逐步实现基本公共服务均等化，在此基础上不断提升基本公共服务质量。

提升基本公共服务供给区域均等化水平。区域经济发展的不平衡是中国所面临的重要问题，而导致区域间服务供给不均等的因素很多，如经济发达程度、财政支出结构等。中共十九大报告中提出：实施区域协调发展战略，建立更加有效的区域协调发展新机制。但是当前中国区域之间公共服务还有着相当大的差距，东部地区平均公共服务支出远高于中部地区和西部地区。为了使区域发展更加协调，国家在财政资金分配中，应重点向中西部等财政困难地区倾斜，增强这些地方的财政保障能力，促进基本公共服务区域间的均等化。

科学的财税体制是优化资源配置、维护市场统一、促进社会公平、实现国家长治久安的制度保障。2012 年以来的十年时间，是中国现代财政制度建立和不断发展的十年，十年间，财税体制领域的一系列重大改革措施陆续出台，一系列法律规定逐步建立，国家财政收支规模不断扩大，收支结构不断优化，一方面化解了财政风险，另一方面为更长远的发展奠定了坚实的制度体系基础，现代财税体制的框架日益清晰。

（2012—2022）

第十章

加强区域城乡
协调发展

中国幅员辽阔、人口及资源分布不均衡，区域发展不协调长期困扰中国经济发展，当前已经成为中国社会主要矛盾的重要表现之一。中共十八大以来，"协调"逐步成为引领中国发展全局的五大发展理念之一。中共十九届五中全会强调，更好促进发达地区和欠发达地区、东中西部和东北地区共同发展。新时代以习近平同志为核心的党中央与时俱进、科学决策，在区域协调发展方面采取了一系列重大创新性举措，区域协调发展取得了重大进展。

第一节 开创区域经济统筹协调发展的新格局

新时代中国充分发挥中央统筹协调的作用，突破行政区划对经济区的束缚，在尊重经济规律的基础上进行了新的区域发展战略部署，逐步形成了科学的区域体系。在中央统筹下，中国积极发挥各地比较优势，促进各类生产要素合理高效集聚、充分自由流动，错位竞争，差异发展，形成区域经济发展的新空间，重塑区域经济地理的新格局。区域发展不协调这一长期困扰中国经济发展的难题得到逐步改善，区域协调发展进入了新局面。

一、区域协调发展战略的新布局

中共十八大以来，以习近平同志为核心的党中央审时度势、内外统筹，在原有"西部大开发""振兴东北老工业基地""中部崛起""东部沿海率先发展"的区域布局基础上，又先后提出了推进"一带一路"倡议、京津冀协同发展和长江经济带发展三大战略，形成了区域布局新格局，为区域协调发展创造了良好的条件。

贯穿亚欧非大陆的"一带一路"倡议是新时代党中央、国务院统筹国内国际两个大局作出的重大战略部署，不仅为中国创造了开放的新格局，也为区域协调发展创造了新的条件。"一带一路"倡议同西部大开发、东北全面振兴、中部地区崛起、东部率先发展、边疆民族地区发展等实现深度结合，让中国开放空间从沿海、沿江向内陆、沿边延伸，有效促进中国发展相对落后的中西部地区、东北地区在更大范围、更高层次上开放，形成陆海内外联动、东西双向互济的开放格局。"一带一路"倡议对于国内各大区域作出了具体的安排："西北、东北地区。发挥新疆独特的区位优势和向西开放重要窗口作用，深化与中亚、南亚、西亚等国家交流合作，形成丝绸之路经济带上重要的交通枢纽、商贸物流和文化科教中心，打造丝绸之路经济带核心区。""西南地区。发挥广西与东盟国家陆海相邻的独特优势，加快北部湾经济区和珠江－西江经济带开放发展，构建面向东盟区域的国际通道，打造西南、中南地区开放发展新的战略支点，形成21世纪海上丝绸之路与丝绸之路经济带有机衔接的重要门户。""沿海和港澳台地区。利用长三角、珠三角、海峡西岸、环渤海等经济区开放程度高、经济实力强、辐射带动作用大的优势，加快推进中国（上海）自由贸易试验区建设，支持福建建设21世纪海上丝绸之路核心区。"① 习近平指出："东中西部地区都有很好的发展机遇，特别是西部一些地区，过去是边缘地区，而一旦同周边国家实现了互联互通，就会成为辐射中心，发展机遇很大。"② 在"一带一路"倡议下，中国政府积极与世界其他国家政府展开合作，原本处于对外开放末梢的内地可以享受更多的"开放红利"，获得了更多的发展机会。

京津冀协同发展战略是新时代党中央、国务院实现区域经济协调发展的另一个重要布局。京津冀区域位于华北平原北部，包括北京、天津两个直辖市以及河北省全境。2013年末，区域内总人口10861万，占全国总人口的7.98%，生产总值62172.16亿元，占全国国内生产总值的10.93%。但在京津冀内部，存在着巨大的发展差距，2005年亚洲开发银行所做的《河北省经济发展战略研究》报告中更是指出，"河北省与京津接壤的3798个贫困村、32个贫困县形成了'环京津贫困带'，贫困人口达到272.6万"。③ 2014年习近平提出："北京、天津、河北人口加起来有1亿多，土地面积有21.6万平方公里，京津冀地缘相接、人缘相亲，地域一

---

① 《推动共建丝绸之路经济带和21世纪海上丝绸之路的愿景与行动》，人民出版社2015年版，第16－18页。

② 中共中央文献研究室编：《习近平关于社会主义经济建设论述摘编》，中央文献出版社2017年版，第260页。

③ 薄文广、陈飞：《京津冀协同发展：挑战与困境》，载《南开学报（哲学社会科学版）》2015年第1期。

体、文化一脉，历史渊源深厚、交往半径相宜，完全能够相互融合、协同发展。"[①] 2015 年中央政治局会议审议通过《京津冀协同发展规划纲要》。在京津冀协同规划中，对京津冀三地功能定位进行了规划。北京市："全国政治中心、文化中心、国际交往中心、科技创新中心"；天津市："全国先进制造研发基地、北方国际航运核心区、金融创新运营示范区、改革开放先行区"；河北省："全国现代商贸物流重要基地、产业转型升级试验区、新型城镇化与城乡统筹示范区、京津冀生态环境支撑区。"并提出了京津冀协同发展将以"一核、双城、三轴、四区、多节点"为骨架进行空间布局。"一核"即指北京；"双城"是指北京、天津，这是京津冀协同发展的主要引擎，要进一步强化京津联动，全方位拓展合作广度和深度，加快实现同城化发展，共同发挥高端引领和辐射带动作用；"三轴"指的是京津、京保石、京唐秦三个产业发展带和城镇聚集轴，这是支撑京津冀协同发展的主体框架；"四区"分别是中部核心功能区、东部滨海发展区、南部功能拓展区和西北部生态涵养区，每个功能区都有明确的空间范围和发展重点；"多节点"包括石家庄、唐山、保定、邯郸等区域性中心城市和张家口、承德、廊坊、秦皇岛、沧州、邢台、衡水等节点城市，重点是提高其城市综合承载能力和服务能力，有序推动产业和人口聚集。[②]

推动长江经济带发展是以习近平同志为核心的党中央作出的重大决策，是关系国家全局的重大战略。长江不仅是中华民族的母亲河，也是中华民族走向复兴的重要支撑。长江经济带横跨中国东中西三大区域，覆盖 11 个省市，面积占全国的 21%。长江经济带是中国经济的重要区域，2021 年长江经济带人口占全国比重为 43.1%，生产总值占全国比重为 46.6%，具有独特发展优势和巨大发展潜力，如图 10-1 所示。习近平在推动长江

---

① 蔡之兵著：《区域协调发展下的空间重构模式研究：以京津冀为例》，人民出版社 2021 年版，第106 页。

② 《京津冀协同发展领导小组办公室负责人就京津冀协同发展有关问题答记者问》，中国政府网，2015 年 8 月 23 日。

经济带发展座谈会上强调指出，推动长江经济带发展是关系国家发展全局的重大战略，要努力把长江经济带建设成为生态更优美、交通更顺畅、经济更协调、市场更统一、机制更科学的黄金经济带。[①]"十三五"规划纲要明确提出，坚持生态优先、绿色发展的战略定位，把修复长江生态环境放在首要位置，推动长江上中下游协同发展、东中西部互动合作，建设成为我国生态文明建设的先行示范带、创新驱动带、协调发展带。

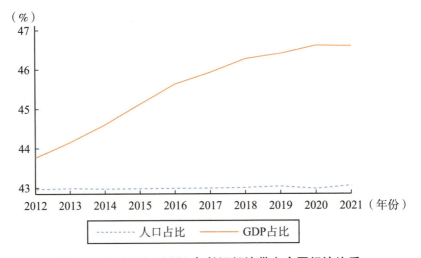

图 10-1　2012-2021 年长江经济带占全国经济比重

注：长江经济带包括上海、江苏、浙江、安徽、江西、湖北、湖南、重庆、四川、云南、贵州等 11 个省市，本图按照这 11 个省市进行计算。
资料来源：根据国家统计局网站资料整理。

作为重大国家战略发展区域的长江经济带的定位是具有全球影响力的内河经济带。发挥长江黄金水道的独特作用，构建现代化综合交通运输体系，推动沿江产业结构优化升级，打造世界级产业集群，培育具有国际竞争力的城市群，使长江经济带成为充分体现国家综合经济实力、积极参与国际竞争与合作的内河经济带。长江经济带还应当是东中西互动合作的协调发展带。立足长江上中下游地区的比较优势，统筹人口分布、经济布局

---

① 习近平：《在深入推动长江经济带发展座谈会上的讲话》，载《人民日报》2018 年 6 月 14 日。

与资源环境承载能力，发挥长江三角洲地区的辐射引领作用，促进中上游地区有序承接产业转移，提高要素配置效率，激发内生发展活力，使长江经济带成为推动我国区域协调发展的示范带。此外，长江经济带是沿海沿江沿边全面推进的对内对外开放带。用好海陆双向开放的区位资源，创新开放模式，促进优势互补，培育内陆开放高地，加快同周边国家和地区基础设施互联互通，加强与丝绸之路经济带、海上丝绸之路的衔接互动，使长江经济带成为横贯东中西、连接南北方的开放合作走廊。长江经济带应建成生态文明建设的先行示范带。①

习近平强调，黄河流域生态保护和高质量发展是重大国家战略，要共同抓好大保护，协同推进大治理，着力加强生态保护治理、保障黄河长治久安、促进全流域高质量发展、改善人民群众生活、保护传承弘扬黄河文化，让黄河成为造福人民的幸福河。为深入贯彻习近平重要讲话和指示批示精神，中共中央、国务院 2021 年印发《黄河流域生态保护和高质量发展规划纲要》。规划范围为黄河干支流流经的青海、四川、甘肃、宁夏、内蒙古、山西、陕西、河南、山东九省区相关县级行政区，构建黄河流域生态保护"一带五区多点"空间布局。"一带"，是指以黄河干流和主要河湖为骨架，连通青藏高原、黄土高原、北方防沙带和黄河口海岸带的沿黄河生态带。"五区"，是指以三江源、秦岭、祁连山、六盘山、若尔盖等重点生态功能区为主的水源涵养区，以内蒙古高原南缘、宁夏中部等为主的荒漠化防治区，以青海东部、陇中陇东、陕北、晋西北、宁夏南部黄土高原为主的水土保持区，以渭河、汾河、涑水河、乌梁素海为主的重点河湖水污染防治区，以黄河三角洲湿地为主的河口生态保护区。"多点"，是指藏羚羊、雪豹、野牦牛、土著鱼类、鸟类等重要野生动物栖息地和珍稀植物分布区。该规划纲要还强调要构建形成黄河流域"一轴两区五极"的发展动力格局，促进地区间要素合理流动和高效集聚。"一轴"，是指依托新亚欧大陆桥国际大通道，串联上中下游和新型城市群，以先进制造业为

---

① 《国务院关于依托黄金水道推动长江经济带发展的指导意见》，中国政府网，2014 年 9 月 25 日。

主导，以创新为主要动能的现代化经济廊道，是黄河流域参与全国及国际经济分工的主体。"两区"，是指以黄淮海平原、汾渭平原、河套平原为主要载体的粮食主产区和以山西、鄂尔多斯盆地为主的能源富集区，加快农业、能源现代化发展。"五极"，是指山东半岛城市群、中原城市群、关中平原城市群、黄河"几"字弯都市圈和兰州－西宁城市群等，是区域经济发展增长极和黄河流域人口、生产力布局的主要载体。[①]

在新的区域发展战略下，中国形成沿海沿江沿线经济带为主的纵向横向经济轴带，塑造要素有序自由流动、主体功能约束有效、基本公共服务均等、资源环境可承载的区域协调发展新格局。新时代在践行创新、协调、绿色、开放、共享的新发展理念的基础上，中国遵循经济规律，打破了原有区域格局，资源空间配置进一步优化升级，区域经济增长新引擎逐步形成。

二、城市群都市圈建设取得新突破

国际经验表明，城市群是推动区域高质量发展的核心引擎。推动城市群建设是新时代实现区域协调发展的重要举措。新时代中央政府在立足市场的基础上，加强顶层设计，强调中心城市的带动作用，引导形成城市群内部优势互补的新格局。"十三五"规划纲要提出，要规划建设 19 个国家级城市群[②]，形成带动全国经济社会发展的龙头和重要增长极。2018 年 11 月 18 日，中共中央、国务院发布《关于建立更加有效的区域协调发展

[①] 《中共中央 国务院印发〈黄河流域生态保护和高质量发展规划纲要〉》，中国政府网，2021 年 10 月 8 日。

[②] 京津冀城市群：北京、天津、石家庄；长三角城市群：上海、南京、杭州、苏州、合肥；珠三角城市群：广州、深圳、佛山、珠海；山东半岛城市群：济南、青岛；海峡西岸城市群：福州、厦门；哈长城市群：哈尔滨、长春；辽南城市群：沈阳、大连；中原城市群：郑州；长江中游城市群：武汉、南昌、长沙；成渝地区城市群：成都、重庆；关中平原城市群：西安；北部湾城市群：南宁、海口；晋中城市群：太原；呼包鄂榆城市群：呼和浩特；黔中城市群：贵阳；滇中城市群：昆明；兰州－西宁城市群：兰州、西宁；宁夏沿黄城市群：银川；天山北坡城市群：乌鲁木齐。中共十八大以来，以习近平同志为核心的党中央对于事关中国经济社会发展全局的京津冀城市群发展高度重视，始终关心并指导京津冀城市群发展规划编制工作。

新机制的意见》，明确指出，未来将以京津冀城市群、长三角城市群、粤港澳大湾区、成渝城市群、长江中游城市群、中原城市群、关中平原城市群等城市群推动国家重大区域战略融合发展，建立以中心城市引领城市群发展、城市群带动区域发展新模式，推动区域板块之间融合互动发展。[①]

培育发展现代化都市圈是提升城市群一体化发展水平的重要抓手，南京、福州、成都、长株潭、西安等都市圈也已获批。中心城市将更好发挥辐射作用，带动周边城市协调发展。

（一）京津冀城市群建设取得重要突破

京津冀城市群是中国北方最大的城市群，也是新时代中国经济增长的重要引擎。为促进京津冀城市群的发展，2014 年，国务院成立京津冀协同发展领导小组以及相应的办公室。2015 年 4 月，习近平主持中央政治局会议，审议通过《京津冀协同发展规划纲要》，并相继出台京津冀交通、生态、产业等 12 个专项规划和一系列政策意见，形成目标一致、层次明确、互相衔接的协同发展规划体系。2016 年 2 月，全国第一个跨省市的区域"十三五"规划——《"十三五"时期京津冀国民经济和社会发展规划》印发实施，明确了京津冀城市群未来五年的发展路径。

习近平要求京津冀把交通一体化作为先行领域加以推进。"轨道上的京津冀"成为京津冀城市群的重要抓手。2019 年 9 月 26 日，京雄城际铁路北京西至大兴机场段率先开通运营，2020 年底已实现全线开通运营。2019 年 12 月 30 日，京张高铁正式开通运营。联通北京和天津的京津、京沪、京滨、津兴四条高铁格局加快形成。公路交通进展顺利。截至 2019 年 10 月，京津冀三地城际高速公路的断头路已全部打通。环首都"一小时交通圈"逐步扩大，京津冀核心区 1 小时交通圈、相邻城市间 1.5 小时交通圈基本形成。[②]

---

① 《中共中央　国务院关于建立更加有效的区域协调发展新机制的意见》，中国政府网，2018 年 11 月 29 日。
② 韩保江主编：《中国经济高质量发展报告（2021）》，社会科学文献出版社 2021 年版，第 208 页。

新时代高质量发展阶段中蓬勃发展起来的京津冀城市群，走的是一条内涵集约发展的新路子。疏解北京非首都核心功能是京津冀城市群发展的重要抓手。针对疏解搬迁企业，优化税收服务，简化迁移手续；设立京津冀协同发展基金，提供各种金融支持；建立跨区域科技资源服务平台等措施，有力推动了非首都功能向津冀的疏解。截至 2020 年底，中关村企业在津冀两地设立分支机构累计超 8600 家，北京流向津冀的技术合同成交额累计超 1410 亿元。唐山曹妃甸协同发展示范区累计签约北京项目 129 个，其中北京金隅集团在曹妃甸落户项目累计 11 个。北京现代第四工厂在沧州投产。北京·沧州渤海新区生物医药产业园吸引 79 家北京医药企业的医药项目落户。2020 年，北京地区在津投资 1262.27 亿元，占天津市利用内资比重达到 43.1%；滨海—中关村科技园新增注册企业 666 家，宝坻京津中关村科技城新增注册企业 210 家。①

2017 年 4 月 1 日，中共中央、国务院发出设立河北雄安新区的通知。2017 年 10 月 18 日，习近平在中共十九大报告中指出，要"以疏解北京非首都功能为'牛鼻子'推动京津冀协同发展，高起点规划、高标准建设雄安新区。"② 进一步体现了党中央对雄安新区规划建设的高度重视和坚定决心。2018 年 4 月 21 日，经中共中央、国务院批准的《河北雄安新区规划纲要》颁布。雄安新区作为北京非首都功能集中承载地之一，重点是承接来自北京的非首都功能和部分人口的转移，目的在于通过集中疏解北京的非首都功能，探索人口经济密集地区优化开发的新路径，优化调整京津冀的城市布局和空间结构，培育区域创新发展的新引擎。③ 雄安新区正打造优质承接环境，优先布局公共服务设施，完善配套条件。在集聚创新要素资源、高起点布局高端高新产业方面，截至 2019 年 8 月，先后有 20 余家央企、40 余家金融机构、100 余家知名企业落户雄安新区，登记进驻雄安

① 韩保江主编：《中国经济高质量发展报告（2021）》，社会科学文献出版社 2021 年版，第 211 页。
② 中共中央党史和文献研究院编：《十九大以来重要文献选编》上，中央文献出版社 2019 年版，第 23 页。
③ 陈璐主编：《京津冀协同发展报告（2018）》，社会科学文献出版社 2017 年版，第 232 页。

新区的企业达3069家，首批入驻市民服务中心的26家高端高新企业中约90%来自北京。伴随雄安新区的逐步建设发展，城市功能趋于完善，雄安新区交通网络便捷高效，现代化基础设施系统完备，创新体系基本形成，高端高新产业引领发展，优质公共服务体系基本形成。[1]

★ 2017年，雄安新区设立。图为2021年7月1日拍摄的京雄城际铁路雄安站。

（二）粤港澳大湾区打造世界级城市群

粤港澳大湾区处在内外循环结合点，是新时代中国着力打造世界级城市群的重要举措。粤港澳大湾区有着得天独厚的地理位置条件。它向北连通中部城市群，向南联系东南亚地区，向东紧贴海峡西岸经济带，向西连接环北部湾经济区。对内有泛珠三角区域为广阔发展腹地，对外能够支撑"一带一路"建设。[2] 通过深化粤港澳合作，可以积极推动各类生产要素高

---

① 张贵等著：《京津冀经济社会发展报告（2019）》，社会科学文献出版社2020年版，第173页。

② 郭跃文、袁俊主编：《粤港澳大湾区建设报告（2019）》，社会科学文献出版社2019年版，第5页。

效便捷流动，促进产业转型升级和培育新产业成长的生态环境。

2019 年 2 月，中共中央、国务院印发《粤港澳大湾区发展规划纲要》。粤港澳大湾区包含着广东省的 9 个城市和香港、澳门，形成"9＋2"的城市格局，约 5.6 万平方公里的土地，聚集着近 7000 万人口。其中，广州和深圳是两个人口超过 1000 万人的大型城市。中央、广东省及珠三角九市政府相继出台政策，为促进大湾区生产要素顺利流动提供政策支持。这些政策主要包括：为平衡内地与港澳个人所得税差异，给在大湾区工作的境外（含港澳台，下同）高端人才和紧缺人才予以补贴，财政部和税务总局印发了《关于粤港澳大湾区个人所得税优惠政策的通知》；为促进科技创新要素在大湾区内顺利流动，广东省政府印发了《关于进一步促进科技创新的若干政策措施》。[①] 新时代通过不断改革创新，进一步深化拓展粤港澳大湾区城市之间的协调合作，加快推动创新要素合理流动和科技资源开放共享，积极推动两地创新要素无缝对接和合理流动，助力实现粤港澳大湾区城市群的高质量发展。

粤港澳大湾区生产要素高度集聚，具备成为国际科技创新中心的基础条件。通过加强区域技术协作，加强科技成果的原始创新与转化，占领新一轮科技革命的制高点是粤港澳大湾区城市群建设的重要特点。例如，博林智谷—香港科技大学—博智林联合研究院博智林机器人实验中心是由香港科技大学、佛山顺德区政府、碧桂园集团三方联手搭建的大湾区智能制造科技创新平台示范项目。项目占地约 10 平方公里，1.3 万平方米的实验中心已于 2018 年 7 月正式启动投入使用。项目总投资 800 亿元到机器人产业，打造国际化的机器人科技研发高地、粤港澳机器人孵化与示范高地、世界知名机器人制造与应用高地、高质量的产城人融合发展高地。重点发展建筑机器人、建筑新材料应用、智慧建筑大数据和机器人通用技术。向上游集成系统化解决方案，向下加快核心关键技术攻关。实现全产

---

① 林吉双、孙波、陈和著：《粤港澳大湾区服务经济合作与发展》，社会科学文献出版社 2019 年版，第 5 页。

业链布局，率先实现核心零部件全国产化、核心技术全自主知识产权。[①]

中央在部署粤港澳大湾区的同时，也推动了深圳先行示范区的建设。2019 年 8 月，以习近平同志为核心的党中央作出支持深圳建设中国特色社会主义先行示范区的重大决策。《中共中央　国务院关于支持深圳建设中国特色社会主义先行示范区的意见》明确提出，到 2035 年，深圳高质量发展成为全国典范，城市综合经济竞争力世界领先，建成具有全球影响力的创新创业创意之都，成为中国建设社会主义现代化强国的城市范例。深圳市积极推动战略性新兴产业高质量发展。布局 5G、人工智能、4K/8K 超高清视频、集成电路、生物医药等产业，按照"五个一"工作机制，对集成电路、机器人等关键产业链实施"一链一案"大力扶持，对重点高新技术企业实施"一企一策""一企一专班"精准服务。大力推动总部经济发展，推动京东集团、美团、字节跳动等 11 个总部项目落户，2020 年全年新核定总部企业 42 家，累计达 224 家。全年新增国家级高新技术企业2700 多家，总量超过 1.7 万家，位居全国第二。[②]

（三）成渝地区双城经济圈蓬勃发展

成渝地区自古就具有重要经济影响，享有"天府之国"等美誉，是西部地区综合竞争力最强的区域。2020 年 1 月 3 日，习近平在中央财经委员会第六次会议上作出了推动成渝地区双城经济圈建设的战略部署，并提出了把成渝地区建设成为在西部高质量发展的重要增长极，具有全国影响力的重要经济中心、科技创新中心、改革开放新高地、高品质生活宜居地的"一极两中心两地"战略定位，并指出成渝地区双城经济圈建设是一项系统工程，要加强顶层设计和统筹协调，突出中心城市带动作用，强化要素市场化配置，牢固树立一体化发展理念，做到统一谋划、一体部署、相互协作、共同实施，唱好"双城记"。[③] 成渝地区双城经济圈建设，是构建以

①　郭跃文、袁俊主编：《粤港澳大湾区建设报告（2019）》，社会科学文献出版社 2019 年版，第 170 页。
②　钟旋辉主编：《广东发展报告（2020）》，社会科学文献出版社 2020 年版，第 314 页。
③　张波主编：《重庆经济社会发展报告（2021）》，社会科学文献出版社 2021 年版，第 426 页。

国内大循环为主体、国内国际双循环相互促进的新发展格局下，实现区域协同发展的又一重大举措。

推动成渝地区双城经济圈建设写入国家"十四五"规划纲要和2021年《政府工作报告》。中共中央、国务院出台《国家综合立体交通网规划纲要》，将成渝地区双城经济圈、京津冀、长三角、粤港澳大湾区"四极"列为国际性综合交通枢纽集群。国务院批准同意重庆与北京、上海、广州、天津率先开展国家消费中心城市培育建设。2021年6月，国家发展改革委、交通运输部印发《成渝地区双城经济圈综合交通运输发展规划》。国家发展改革委等四部委批复成渝地区全国一体化大数据中心国家枢纽节点启动建设。工业和信息化部函复支持两江新区创建国家级车联网先导区，为全国第四个、西部第一个；批复支持重庆和四川建设成渝地区工业互联网一体化发展示范区。[①] 2021年10月，中共中央、国务院印发《成渝地区双城经济圈建设规划纲要》。该纲要提出：唱好"双城记"，共建经济圈，合力打造区域协作的高水平样板，在推进新时代西部大开发中发挥支撑作用，在共建"一带一路"中发挥带动作用，在推进长江经济带绿色发展中发挥示范作用。2021年推动实施川渝合作共建重大项目67个，总投资1.57万亿元，年度计划投资1030.9亿元[②]，涉及基础设施、现代产业、科技创新、文化旅游和公共服务等领域。

三、区域一体化取得新进展

中共十九届四中全会提出："充分发挥市场在资源配置中的决定性作用，更好发挥政府作用"。[③] 新时代政府积极打破区域壁垒，加快区域市场一体化进程，实现工业区域协同发展。

---

① 刘嗣方主编：《重庆经济社会发展报告（2022）》，社会科学文献出版社2022年版，第344页。
② 重庆市发展和改革委员会：《关于重庆市2021年国民经济和社会发展计划执行情况及2022年计划草案的报告》，载《重庆日报》2022年3月9日。
③ 《中国共产党第十九届中央委员会第四次全体会议文件汇编》，人民出版社2019年版，第10页。

长三角在区域一体化发展中走在了全国前列，发挥了重要的示范作用。2018 年 11 月 5 日，习近平在首届中国国际进口博览会上宣布，支持长江三角洲区域一体化发展并将其上升为国家战略。2018 年习近平又对推动长三角一体化发展作出重要指示，明确"更高质量一体化发展"的目标要求以及上海进一步发挥龙头带动作用，苏浙皖各扬所长的推进路径。2019 年 5 月 13 日，中共中央政治局会议审议通过《长江三角洲区域一体化发展规划纲要》，明确指出，长三角一体化发展的战略定位是"一极三区一高地"，就是要把长三角建设成为全国发展强劲活跃增长极、全国高质量发展样板区、率先基本实现现代化引领区、区域一体化发展示范区和新时代改革开放新高地。①

长三角地区基础设施一体化有效推动了区域一体化。长三角地区高速公路、跨江跨海大桥、高铁等交通重大基础设施已形成较高密度的网络布局，并在重大项目推动下形成了较好的一体化基础。特别是高铁网建设进一步提升区域同城化程度。2018 年沪苏浙皖四省市加快了基础设施互联互通建设，共同签署了《长三角地区打通省际断头路合作框架协议》，第一批重点推进 17 个省际断头路项目，部分项目已完成。沪苏浙皖四地省界主线收费站计划于 2019 年底全部撤销。嘉兴至上海松江的首条跨省域城际轨道进入开工建设阶段。长三角地区港航协同发展持续推进，《关于协同推进长三角港航一体化发展六大行动方案》确立了一体化六大行动 13 项主要任务。电力一体化也取得了较快发展，在以上海青浦、江苏吴江、浙江嘉善为主体的示范区内，开展长三角 10 千伏跨省配电网互联互通建设工作试点。嘉善—青浦 10 千伏线路联络线已经开工建设，于 2019 年 9 月完工。2018 年 11 月，全国首个跨省 5G 视频通话在上海、苏州、杭州、合肥四城实现互联，由三省一市 5G 联盟共同参与组建的"长三角 5G 创新发展联盟"揭牌成立，并发布了《长三角 5G 协同发展白皮书》。②

---

① 俞世裕主编：《2019 年迈向国家战略的长三角》，社会科学文献出版社 2020 年版，第 17－18 页。

② 王振、刘亮主编：《长三角地区经济发展报告（2020－2021）》，社会科学文献出版社 2022 年版，第 235－236 页。

长三角地区市场经济活跃，新时代长三角地区进一步打破区域壁垒推动市场一体化。长三角在促进商品流通自由化与消费市场一体化的同时，也使生产要素与中间品可以自由地流通，有效促进区域间产业结构的均衡分布，分工合作。长三角快递时效同城化又是区域产业一体化的基础。长三角交通条件便利，交通运输体系完善，江浙沪快递运行效率全国领先。2018年，长三角重点企业快递48小时准时率超过96%，基本实现隔日达；八成以上的快递在长三角能够实现次日达。长三角从快递服务时效来说，已经实现了同城一体化。长三角快递"低价、优质、便捷、高效"吸引了大量电商企业将发货地选择在此，规模集中后，许多企业选择直接在本地进行生产。在长三角一体化的推动下，上海成为产品展销地和出口地，着力打造总部经济全球枢纽；江浙成为产品生产地和发货地，即江苏是现代制造业基地，浙江则发展商品贸易和国际贸易。由此，区域间分工逐步形成，货源辐射和通达能力更具优势。[①] 长三角一体化还有效推动了区域内产业链内部分工。例如，吉利汽车总部设在杭州，发动机由上海华普和宁波的吉利动力提供，操控和制动系统主要集中在苏州、无锡，变速箱在宁波，内饰车灯则主要由温州和镇江供应，生产基地和供应链遍布整个长三角，体现了长三角各城市之间紧密的产业联系。除了订单采购和设立异地子公司外，知识溢出、数字赋能、品牌输出、共享员工等逐渐成为跨区域产业协同的新方式。以浙江大学的知识溢出为例，2021年浙江大学大约有200项专利以转让、合作等方式与国内其他企业或科研院所共享，其中长三角地区承接了3/4的专利溢出。[②]

创新是长三角区域一体化发展的不竭动力。在长三角建设科技创新共同体，打造世界级科创中心，将推动长三角高质量一体化发展，还可以辐射带动整个长江经济带高质量发展。《长江三角洲区域一体化发展规划纲

---

① 上海研究院项目组编：《中国国际进口博览会发展研究报告 No. 2》，社会科学文献出版社2020年版，第141页。

② 明文彪：《长三角一体化展现新作为——2021年长三角一体化亮点盘点》，载《浙江经济》2021年第12期。

要》明确提出，"建立 G60 科创走廊等一批跨区域合作平台"，标志着 G60 科创走廊从秉持新发展理念的基层生动实践，上升为长三角一体化发展国家战略的重要平台。九城市协同制定《关于支持长三角 G60 科创走廊以头部企业为引领推动产业链跨区域协同合作的实施意见》，引导和鼓励头部企业跨区域发展，加快产业链协同供给、大中小企业抱团发展，先后集聚头部企业 1470 多家，2020 年产值超 3.2 万亿元。特别是在深化与中国商飞、中芯国际、腾讯长三角超算中心等重点企业产业链合作上成果丰硕。半年内为大飞机装机设备领域输送潜在和合格供应商增幅达 30%；在大飞机特殊工艺材料领域，实现了九城市"从 0 到 1""从 1 到 N"的突破，16 家企业 41 种产品完成供应对接；一周内为中芯国际搭建 80 余家产业链合作企业储备库，面向松江等城市企业开展 5 轮现场考察活动；为腾讯成立 400 余家企业库，开启"腾讯 G60 行"活动，先后开展松江首站、苏州站、合肥站要素对接活动，九城市越来越多的企业成为"腾讯合伙人"。九城市常态化轮值举办 G60 人才峰会，出台互认互通人才 18 条政策。组建了长三角 G60 科创走廊专家咨询委员会，聚集国家级人才 1000 余人，院士专家工作站 547 个，博士后流动站 771 个；打造"G60 科创云"要素对接平台并开设"九城纳贤"云招聘专区，聚焦战略性新兴产业，实现 176 所高校与九城市 10 万余个中高端用工需求无缝对接。①

2021 年 7 月 15 日，《中共中央 国务院关于支持浦东新区高水平改革开放打造社会主义现代化建设引领区的意见》正式公布。该意见提出了全力做强创新引擎，打造自主创新新高地；加强改革系统集成，激活高质量发展新动力；深入推进高水平制度型开放，增创国际合作和竞争新优势；增强全球资源配置能力，服务构建新发展格局；提高城市治理现代化水平，开创人民城市建设新局面；提高供给质量，依托强大国内市场优势促

① 国务院参事室长江经济带发展研究中心、中国宏观经济研究院主编：《长江经济带高质量发展研究报告（2020 - 2021）》，社会科学文献出版社 2021 年版，第 316 - 319 页。

进内需提质扩容；树牢风险防范意识，统筹发展和安全七大举措。[①] 浦东高水平改革开放，为更好利用国内国际两个市场两种资源提供重要通道，构建国内大循环的中心节点和国内国际双循环的战略链接，将进一步在长三角一体化发展中更好地发挥龙头辐射作用。

第二节 区域协调发展机制的新探索

中共十八大以来，各地区各部门围绕促进区域协调发展与正确处理政府和市场关系，立足中国区域发展差异较大、互补性较强的国情，充分发挥社会主义"一盘棋"的制度优势，在建立健全区域合作机制、区域互助机制、区际利益补偿机制等方面进行积极探索并取得许多成效。

一、深化区域合作机制

中国是一个大国，各区域存在较大差异，区域之间实现合作涉及不同行政主体之间的协调，需要打破地方利益的藩篱。新时代在中央政府引导下，各区域之间的合作机制不断建立完善，各区域因地制宜、发挥比较优势，在合作中实现多赢，有效缩小了区域差距。

经济发展水平较高的长三角地区，区域之间的合作也走在全国的前列。例如，张江长三角科技城位于上海市金山区枫泾镇与浙江省平湖市新埭镇的交界处，跨上海、浙江两省市，在规划之初就得到了两地政府的大力支持。政府对新城开发建设实施统一领导、统一规划、统一管理。2013年以张江高新区管委会、金山区政府、平湖市政府为支持，组建张江长三

---

① 《〈中共中央 国务院关于支持浦东新区高水平改革开放打造社会主义现代化建设引领区的意见〉发布》，中国政府网，2021 年 7 月 15 日。

角科技城领导小组。领导小组主要承担经济和社会双重功能，制定建设规划、项目布局，协调各方关系。在张江国家自主创新示范区管理委员会的授权下，上海市张江科技园发展有限公司成立，按照市场化运作模式，负责园区开发、园区运营和园区金融。总规划面积87平方公里，其中浙江平湖市境内45平方公里，上海枫泾镇境内42平方公里。张江平湖园区土地资源、劳动资源价格都低于上海，平湖园区以半导体、机器人为主导产业，引进了许多投资强度大、技术含量高、发展前景好的优质项目。2018年，张江平湖园区累计从上海引进项目20个，总投资31亿元；培育国家高新技术企业20家，省科技型中小企业70家，建成省级重点企业设计院1家、省级企业研发（技术）中心4家、省级工业设计中心1家；园区R&D经费支出1.17亿元，占比达2.97%，高新技术企业增加值占规模以上工业增加值比重达35.9%，比上年增长18.6%。[1]

长江中游中心城市在长江经济带战略的推动下，也加强了区域之间的合作。2015年以来，长江中游地区各地认真落实《长江中游城市群发展规划》《长江中游区域市场发展规划（2017 - 2020年)》等，在基础设施互联互通、产业协同发展、市场一体、旅游合作、跨省电子评标、住房公积金异地互认互贷、看病就医异地医保即时结算、工伤保险异地互认、通关一体化等多个合作事项方面取得了新突破。[2]例如在2019年，武汉市联合长沙、合肥、南昌三市共同举办长江中游城市群省会城市第六次协调会、第七届会商会，共同签署《长江中游城市群省会城市高质量协同发展行动方案》《长江中游城市群省会城市科技合作协议》《长江中游城市群建设2020年合作重点事项》《长江中游城市群省会城市与观察员城市合作重点事项》《长三角与长江中游城市群合作联动机制框架协议》等重要合作协议，重点推进长江大保护、国家级新区、交通、信用体系、科技、展会、智慧城市、检验检测等12个方面的合作事项，推广旅游、公积金、医疗、

---

① 刘珂主编：《中国产业新城发展报告（2020)》，社会科学文献出版社2021年版，第283、288页。
② 秦尊文主编：《长江中游城市群发展报告（2020)》，社会科学文献出版社2021年版，第41页。

工商 4 个方面的合作事项。①

★ 2021 年 1 月 10 日，船舶有序行驶在长江三峡五级船闸上游引航道。长江经济带覆盖沿江 11 个省市，它的发展推动了陆海联动、东西互济，成为畅通中国国内大循环和国内国际双循环的主动脉。

东北地区与东部地区建立对口合作关系是新时代推动区域协调发展的重要举措。2016 年国务院出台《关于深入推进实施新一轮东北振兴战略加快推动东北地区经济企稳向好若干重要举措的意见》，部署"组织辽宁、吉林、黑龙江三省与江苏、浙江、广东三省，沈阳、大连、长春、哈尔滨四市与北京、上海、天津、深圳四市建立对口合作机制"。此次东北地区与东部地区的合作是在中央政府的直接领导下，通过地方政府间进行充分商议和协调，制订具体的实施方案，由中央政府印发实施。这项制度本着互利共赢的精神，将东部地区先进的发展理念和经验与东北地区发展的需求相结合，破解制约东北发展的体制机制难题，加快推进供给侧结构性改

---

① 《武汉年鉴（2020）》，武汉年鉴社 2020 年版，第 55 页。

革，为全面振兴东北提供助力。

在东北地区与东部地区对口合作的战略安排下，辽宁和江苏两省推进沙钢集团参与东北特钢等三家公司破产重组工作，双方已签订框架协议并完成保证金支付。截至 2017 年底，200 家江苏企业与辽宁省 12 个重点石化产业园以及华晨汽车集团，分别开展苏辽产业对口合作对接，并签署了"江苏天赐福生物工程有限公司整体搬迁项目投资协议"等 11 个苏辽产业对口合作投资协议，总投资逾百亿元。吉林和浙江两省成功举办对口合作经贸交流会，两省签约一批重点合作项目。双方签约项目 73 个，总投资796 亿元，其中开工项目 27 个，到位资金 35 亿元，涵盖汽车、石化、农产品加工、医药健康、绿色农业、现代服务业等多个领域。2017 年，广东省与黑龙江省共签署对口合作项目近 200 个，涉及金额 2000 余亿元，包括粮食、农业、医药、文化等领域。珠海金融投资控股集团等企业与黑龙江省达成投资意向并签署合作框架协议。还有一批对口合作特色展示项目落地运营，如黑河市辰兴商控与广东珠海农业控股集团合作的"俄罗斯黑河特色商品体验馆"，展示了俄罗斯以及黑河特色产品 400 余种，为珠海与黑河市对口合作提供了平台窗口。[①]

二、优化区域互助机制

区域互助机制是社会主义优越性的重要体现，在中央或省级政府指导协调下，通过发达地区支援欠发达地区，可以加快实现区域协同发展。新时代中国区域间的互助不但更好地发挥政府作用，而且越来越注重市场的力量，更加注重对欠发达地区内生动力的培养，有效推动了落后地区的发展。

新时期中国进一步完善了包括对口协作、对口支援、对口合作等在内的区域间互助机制，为促进落后地区加快发展和发挥区域比较优势，缩小

---

① 朱宇主编：《中国东北地区发展报告（2018）》，社会科学文献出版社 2019 年版，第 166－167 页。

区域发展差距，最终实现共同富裕起到积极作用。2013 年是对口帮扶贵州工作的新起点，2013 年明确在原帮扶城市的基础上，增加上海、广州、杭州、苏州，实现 8 个东部发达城市"一对一"帮扶贵州 8 个市（州），并明确要求先期开展 2013 – 2015 年帮扶工作，而后以 5 年为期编制规划并实施。对口帮扶贵州工作，在更大范围、以更大力度实施和推进。① 为推动遵义发展，2013 年"上海对口帮扶与合作交流办公室"正式成立。② 上海对遵义的帮扶进入了新的阶段。联合利华（中国）投资有限公司与遵义市人民政府签订关于桂花、生态茶叶的开发合作协议，由沪遵两地合作制订共建 10 万亩经雨林联盟认证茶园的实施方案，建设可持续发展茶园基地，并逐步实施；合作培育优质茶叶供应商，并于 2018 年联合发布立顿"遵义红"茶品牌，举办"贤·善茶庄"、上海丰庄茶城"遵义馆"等系列活动，让遵义茶迈出了走向世界的重要一步。上海市商务委员会与贵州茅台酒厂（集团）有限责任公司签订了关于建立战略合作机制共同促进酒类流通发展框架协议，加强统筹规划、健全标准规范、强化互通共享，以白酒行业龙头"茅台"为酒类追溯体系建设示范试点，加快推进覆盖全国、先进适用的酒类追溯体系建设。③

作为经济发达的广州地区，在对口扶贫中也发挥了重要作用。围绕黔货出山、粤客游黔、粤资投黔的扶贫协作模式，广州利用自身市场、资金、技术及贵州的旅游、生态资源，实现两地资源互补，把毕节、黔南建设成为珠三角乃至粤港澳大湾区绿色农副产品供应地、生态休闲旅游目的地、承接产业转移的集聚地。广州先进的理念和庞大的消费市场与毕节、黔南农特产品销售实现完美对接，积极推动黔货出山。广州帮扶引进毕节、黔南的农业龙头企业投资建设种植养殖基地和加工厂，与当地农户签订种植养殖协议，形成规模化、标准化、产业化生产。广州将毕节的苗

① 王朝新、宋明主编：《贵州农村扶贫开发报告（2016 – 2017）》，社会科学文献出版社 2021 年版，第 28 页。
② 王兴骥主编：《贵州社会发展报告（2019）》，社会科学文献出版社 2019 年版，第 46 页。
③ 王兴骥主编：《贵州社会发展报告（2019）》，社会科学文献出版社 2019 年版，第 49 – 50 页。

绣、蜡染和黔南的刺梨、鸡蛋、茶叶等非遗产品、农特产品等打造为地标性产品，加强品牌建设，提高知名度。除了发展线下、线上交易模式，广州各区为结对县设立黔货分销中心及展销窗口。2018 年 9 月，黔南 3 个基地成为粤港澳大湾区"菜篮子"生产基地。2016－2018 年，共销售毕节、黔南绿色农特产品 27 亿元，带动 11.01 万户建档立卡贫困户增收。2018年至 2019 年 4 月，通过消费扶贫的"广州模式"，广州市场帮助毕节、黔南累计销售绿色农特产品 16.43 万吨，共 12.25 亿元。2019 年上半年，广州市场销售两地绿色农特产品 5.67 亿元。毕节、黔南成为珠三角绿色农特产品的供应地。①

新时期，中国还积极发挥支援方和受援方的比较优势，实现互利双赢、共同发展。江苏省对口支援新疆克州前方指挥部谋划推动采用"飞地经济"模式建设克州江苏产业园，在阿图什市划拨两块土地，供偏远的阿合奇县、乌恰县建设飞地工业园区，为无锡支援阿合奇县、常州支援乌恰县发展释放活力。截至 2021 年 8 月，已完成园区管委会、平台运营公司组建及先导区规划编制，实施克州产业合作及产业引导项目，组织开展招商活动 50 余场，整合昆山、无锡、常州共同建设集约型、生态型、文化型园区工业，引进落地企业 4 家，总投资额 7.1 亿元。②

在新的区域布局下，推动基本公共服务区域合作是新时代的重要举措。北京医疗资源丰富，不仅在京津冀，乃至全国都走在前列。新时代，北京在京津冀医疗资源协同发展中发挥了引领作用。河北的雄安宣武医院由北京市委、市政府主导建设，北京宣武医院提供办医支持，北京建工负责施工。项目于 2019 年 9 月 20 日开工，占地面积 13.17 公顷，总建筑面积 12.2 万平方米。建成后将成为拥有 600 个床位的独立运行三级甲等医院，承担医疗、教学、科研、预防、保健、康复等多重任务，为雄安新区

---

① 张强、何镜清、涂成林主编：《2020 年中国广州社会形势分析与预测》，社会科学文献出版社 2020年版，第 331－332 页。
② 沈佳暄、梅剑飞：《关山咫尺，"苏"写万里一家亲——江苏对口支援新疆工作不断取得新突破》，载《新华日报》2021 年 8 月 13 日。

及周边居民提供高水准、全方位的优质医疗服务。[1] 2016 年首都医科大学附属北京胸科医院与天津市海河医院、河北省胸科医院，共同成立"京津冀结核病协作中心"，联手打造京津冀最强"抗结核战队"，三地将实现结核病防治医疗资源共享，解决无法跟踪患者、异地就诊不便等问题。[2] 京津冀教育领域的协作在新时代也稳步推进。北京已有 6 个区，与津冀 8 个市、县开展了深度校际交流合作。北京市西城区与河北省保定市、北京市海淀区与河北省张家口市政府间签署了教育合作协议；北京市大兴区、天津市北辰区与河北省廊坊市政府间联合成立了三区市教育联盟，采取学校联盟、结对帮扶、开办分校等方式开展跨区域合作，整体提升学校管理水平。[3]

　　长三角地区区域间基本公共服务的合作也取得了较大进展。例如，苏州、普陀、嘉兴、芜湖共同成立的"长三角一体化四地教育联盟"，按照"一个中心、遍地开花"的模式，以示范区为中心，加快构建教育一体化发展机制。[4] "长三角城市群医院协同发展战略联盟"成员已覆盖长三角 26 个城市的 137 家医院，并先后成立 20 个专科联盟，发布涉及 228 家县级医院的《长三角医院协同发展战略联盟县级医院专科建设调研报告》，并与腾讯公司合作，探索长三角地区"互联网 + 医联体"新型工作模式。[5] 长三角各地的医院通过加入"长三角城市群医院协同发展战略联盟"积极与上海同级别三甲医院进行交流合作，盘活长三角医疗服务各要素，逐步形成一二三级医院分工协作的医联体运行模式，推动供给侧的改革和区域

---

[1] 《雄安宣武医院封顶 智慧医疗样板奠基》，光明网，2021 年 8 月 10 日。

[2] 中共北京市委党史研究室编：《北京市推进京津冀协同发展战略大事记（2014.2 - 2018.2）》，中共党史出版社 2018 年版，第 102 - 103 页。

[3] 方中雄、桑锦龙主编：《京津冀教育发展报告（2018 - 2019）》，社会科学文献出版社 2019 年版，第 149 页。

[4] 朱民：《大力推进区域基本公共服务衔接共享》，载《群众》2021 年第 10 期。

[5] 王振、刘亮主编：《长三角地区经济发展报告（2020 - 2021）》，社会科学文献出版社 2021 年版，第 237 页。

医疗资源的最优配置。[①] 地区间基本公共服务协作的不断深入有效促进了区域一体化。

区域间的基本公共服务衔接在这一时期也有了新进展。例如，京津冀协同发展步入快车道，异地就医现象越来越普遍，但各地区基本公共服务衔接存在的问题，带来了许多不便。例如，各地区医保的不统一，使得许多人不得不承受往返报销的奔波之苦。这一难题在京津冀协同发展的战略推动下，得到了较好的解决。2016 年，京津冀与国家异地就医结算平台成功对接。2017 年 1 月，京津冀异地就医即时报销试点正式启动，在河北省三河市燕郊镇居住的北京市参保人员，在河北燕达医院就医可持北京市医保卡直接结算。截至 2018 年 4 月 30 日，京津冀跨省异地就医住院医疗费用直接结算定点医疗机构达到 1115 家。其中，北京 673 家、天津 170 家、河北 272 家。有跨省异地就医需求的参保人员，可从名单中选择定点医疗机构就医，实现跨省异地就医住院医疗费用直接结算。同时，京津冀地区还在试行跨省异地就医门诊费用直接结算。[②]

三、健全区际利益补偿机制

由于中国各地区发展水平、资源禀赋之间存在较大的差异，如何进行区域间的利益补偿也是新时代探索的重要问题。2018 年 11 月 18 日，中共中央、国务院印发《关于建立更加有效的区域协调发展新机制的意见》，提出了完善多元化横向生态补偿机制、建立粮食主产区与主销区之间利益补偿机制、健全资源输出地与输入地之间利益补偿机制等要求。新时代发展按照"谁开发谁保护，谁受益谁补偿"的原则，生态补偿机制取得了较为突出的成效。在市场经济条件下，立足不同区域的自然禀赋，以经济手段为主调节相关者利益关系的制度安排，在绿色发展中推

① 贾德清、叶林：《长三角区域一体化背景下的医疗卫生体制改革研究：整体性治理的视角》，载《中共福建省委党校（福建行政学院）学报》2020 年第 4 期。
② 韩保江主编：《中国经济高质量发展报告（2020）》，社会科学文献出版社 2020 年版，第 145 页。

动区域经济协调。

截至 2019 年底，中国已有安徽、浙江、广东、福建、广西、江西、河北、天津、云南、贵州、四川、北京、湖南、重庆、江苏 15 个省（区、市）参与开展了 10 个跨省（区、市）流域生态补偿试点。中国还积极推进皖浙新安江流域、闽粤汀江—韩江流域、桂粤九洲江流域、赣粤东江流域、津冀引滦入津、云贵川赤水河等跨区流域生态补偿机制试点，为统筹推进全流域协同共治打下坚实基础。

新安江上游隶属安徽省，下游是浙江省重要的饮用水源地，也是长三角地区重要的备用水源地。2012 年启动全国首个跨省流域生态补偿机制，首轮试点期限为 2012－2014 年，皖浙两省政府签订《新安江流域水环境补偿协议》，补偿方式以政府补偿为主导。第二轮试点期限为 2015－2017 年，签订《关于新安江流域上下游横向生态补偿的协议》。2017 年，设置新安江绿色发展基金，逐步建立市场化生态补偿机制。根据生态环境部环境规划院 2018 年 4 月编制的《新安江流域上下游横向生态补偿试点绩效评估报告（2012－2017）》，试点实施以来，新安江上游水质为优，连年达到补偿标准，并带动下游水质与上游水质变化趋势保持一致。新安江上下游坚持实行最严格的环境保护制度，实现了生态、经济、社会效益多赢。因此，2018 年 10 月，继续签订第三轮生态补偿协议，浙皖两省每年各出资 2 亿元，设立新安江流域上下游横向生态补偿资金，并积极争取中央财政资金，同时延续流域跨省界断面水质考核。[①]

2016 年 4 月，《国务院办公厅关于健全生态保护补偿机制的意见》明确在江西广东东江开展跨地区生态保护补偿试点；同年 10 月，江西省人民政府、广东省人民政府签订的《东江流域上下游横向生态补偿协议》正式发布，明确了两省生态补偿方案的有关细节。该协议通过后，截至 2018 年 8 月，东江流域开展生态环保和治理工程项目 79 个，总投资 18.88 亿

---

① 周冯琦、胡静主编：《上海资源环境发展报告（2020）》，社会科学文献出版社 2020 年版，第 240－241 页。

元，其中财政资金15亿元，包括中央财政资金9亿元、江西省级财政资金2亿元、广东省级财政资金2亿元。通过大力实施东江流域上下游横向生态补偿，东江源生态环保和治理成效初显，东江流域江西省出境水质均达到或优于《地表水环境质量标准》Ⅲ类水质标准要求，达标率100%。[①]赤水河是全国首例3个省份共同建立机制的流域，为全国多省间流域横向生态保护补偿机制的建设积累了宝贵经验。2018年2月，云南、贵州与四川三省共同签署《赤水河流域横向生态保护补偿协议》，协议明确三地以1∶5∶4的比例，共同出资2亿元建立专项补偿基金，用于赤水河流域的生态环境保护。[②]赤水河流域补偿机制还带动当地企业加大生态环境保护投入，通过政企联动开展生态保护补偿，丰富了补偿形式。2018－2020年，赤水河流域各个断面的水质均达到了补偿协议的标准，流入长江的水，水质稳定在Ⅱ类水平，流域水环境质量不断改善。当地相关行业企业收入稳步增长，一些企业实现了转型发展，部分地区发展生态经济还有力助推了脱贫攻坚，实现了生态效益、经济效益和社会效益的共赢。[③]

2018年12月，自然资源部、国家发展改革委等九部门联合印发《建立市场化、多元化生态保护补偿机制行动计划》，进一步明确了建立市场化、多元化生态保护补偿机制的九个重点任务，中国生态保护补偿机制的政策框架基本建立并不断完善。建立多元化和市场化的生态补偿机制成为当前及未来很长一段时期内的发展趋势和重点。[④]2021年4月，财政部等四部门联合发布了《支持长江全流域建立横向生态保护补偿机制的实施方案》，通过横向生态补偿机制，上下游遵循"保护责任共担、流域环境共治、生态效益共享"的原则，使得保护自然资源、提供良好的生态产品得到合理补偿，推动了区域之间的协调、绿色发展。

---

① 李金惠主编：《中国环境管理发展报告（2019）》，社会科学文献出版社2020年版，第275－276页。
② 李金惠主编：《中国环境管理发展报告（2019）》，社会科学文献出版社2020年版，第277页。
③ 《全面推动长江经济带发展的财税支持措施国务院政策例行吹风会》，中国政府网，2021年9月1日。
④ 张晓涛、李向军编著：《北京财经发展报告（2019－2020）》，社会科学文献出版社2019年版，第315页。

第三节　协调城乡发展与城镇化快速推进

中共十八大提出城镇化质量明显提高的战略目标后，以人为核心的新型城镇化成为拉动中国经济发展的引擎、缩小城乡差距的途径。新时代中国还出台了一系列促进城乡协调发展的政策措施，城乡融合发展不断取得新进展。

一、促进城乡协调发展的政策和措施

城乡发展一体化是实施农村和城市地区统筹发展，不断缩小城乡发展差距，最终形成相互渗透、相互促进、共同发展的良好局面，实现经济发展均衡和社会公平的重要前提和手段。中共十八大以来，中国不断推出促进城乡协同发展的政策与措施，城乡差距得到有效缩小。

为促进城乡协同发展，中国加快了基础设施建设。截至 2020 年 9 月底，"十三五"期间中央已累计投入资金 4254 亿元，带动全社会完成农村公路投资 2.14 万亿元。特别加大对"三区三州"等深度贫困地区支持力度。截至 2020 年底，全国农村公路总里程达到 420 万公里，占公路总里程的 83.8%；解决了 246 个乡镇 3.3 万个建制村通硬化路难题，新增 1121 个乡镇 3.35 万个建制村通客车。以县城为中心、乡镇为节点、村组为网点的农村公路交通网络初步形成，农民出行难成为历史。①

中共十八大以来，国家不断加大对农村教育、卫生等方面的投入，提高农村社会保障水平，推进了城乡基本公共服务融合发展。"十三五"时

---

① 孙若风、宋晓龙、王冰主编：《中国乡村振兴发展报告（2021）》，社会科学文献出版社 2022 年版，第 221 页。

期，中央财政累计安排超过 9000 亿元，加快推进义务教育均衡发展和城乡一体化。投入专项资金 5877 亿元保障农村义务教育经费，安排 1639 亿元支持全面改善贫困地区义务教育薄弱学校基本办学条件。2020 年，约 1.54 亿名城乡义务教育学生免除学杂费并获得免费教科书，约 2500 万名家庭经济困难学生获得生活补助，落实农村义务教育学生营养改善计划，1400 万名进城务工农民工随迁子女实现了"两免一补"和生均公用经费基准定额资金可携带，促进外出农民工子女基本实现自主选择在本地或务工地接受义务教育。深入实施"农村义务教育阶段学校教师特设岗位计划"，支持贫困地区优化乡村教师队伍结构，到 2020 年底，中西部地区特岗教师在岗人数突破 27 万人。①

各地也积极采取措施，推动城乡协作发展。2021 年 5 月 17 日，中共陕西省委组织部等三部门印发《百名科技特派员助力百村振兴行动实施方案》，组织科技特派员以成果入股、技术入股、资金入股等形式与村级经营主体建立利益共同体，驻村开展科技成果转移转化，发展壮大特色产业，推动产业提质增效。② 河南省也积极推进先进技术和人才下乡。不断开展新型职业农民培训，畅通智力、技术、管理下乡通道，每年培育新型职业农民 20 万人，总数突破 100 万人。推动科技成果下乡转化，累计推广农业新技术 3400 余项。优化服务环境和条件，截至 2019 年 8 月，已累计有 130 多万熟悉市场需求、掌握生产技能、积累经营经验的外出务工人员返乡创业。③

二、城乡融合发展的新进展

中共十八大以来，中国城乡关系发展又进入一个新的发展阶段。中共十

---

① 孙若风、宋晓龙、王冰主编：《中国乡村振兴发展报告（2021）》，社会科学文献出版社 2022 年版，第 222 – 223 页。

② 司晓宏、白宽犁、于宁锴主编：《陕西乡村振兴研究报告（2022）》，社会科学文献出版社 2022 年版，第 65 – 66 页。

③ 王世炎主编：《2020 年河南经济形势分析与预测》，社会科学文献出版社 2020 年版，第 168 页。

八大报告中明确提出，"城乡发展一体化是解决'三农'问题的根本途径"，要"加快完善城乡发展一体化体制机制"。中共十八届三中全会进一步作出"形成以工促农、以城带乡、工农互惠、城乡一体的新型工农城乡关系"的重要论断，"城乡一体化"正式上升为国家战略，在此阶段，要实现从单向城乡一体化向双向城乡一体化的转变逐渐成为共识。中共十九大正式提出"建立健全城乡融合发展体制机制和政策体系"。[①] 中共十九届五中全会进一步提出，要"全面实施乡村振兴战略，强化以工补农、以城带乡，推动形成工农互促、城乡互补、协调发展、共同繁荣的新型工农城乡关系，加快农业农村现代化"，并特别强调要"健全城乡融合发展机制，推动城乡要素平等交换、双向流动，增强农业农村发展活力。"[②] 经济发展这十年来，中国从城乡一体化逐步升级为城乡融合发展，并且不断取得新成效。城乡差距不断缩小，2012年城市人均收入是农村的2.88倍，城市人均消费是农村的2.57倍；2021年二者分别下降为2.5倍与1.9倍，如图10-2所示。

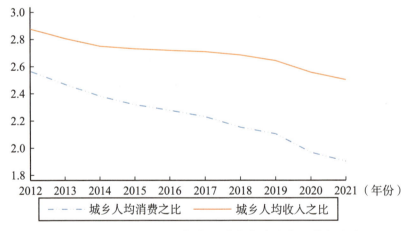

图10-2　2012-2021年中国城乡人均消费、收入之比

资料来源：根据国家统计局网站资料整理。

---

① 蔡宇超、张杰：《迈向城乡融合：改革开放以来国内城乡一体化理论研究述评》，载《农业经济与科技》2021年第8期。

② 陈伟雄、吴武林：《中国共产党推动城乡协调发展的百年历程、基本经验与时代进路》，载《经济研究参考》2021年第22期。

中共十八大以来，上海认真落实党中央决策部署，结合自身实际，农村农业工作聚焦重点，城乡融合发展进入全面提升期。上海加大城乡统筹力度。加快郊区新城和新农村建设分类推进新城建设，启动新一轮城市总体规划编制，强化规划管理。制订实施城乡一体化发展三年行动计划，分类推进新城建设，发展高端特色产业，加强公用设施配套，强化公共服务，改善生态环境，促进新城综合多元发展。提升松江、嘉定、南汇新城综合功能，促进南桥、青浦新城加快发展，支持金山、崇明新城优化发展。建成一批重大基础设施项目，轨道交通 11 号线二期和 12 号线、16 号线部分投入运营。上海还坚持城市建设重心和公共资源配置向郊区倾斜，加快转变农村生产生活方式，进一步缩小城乡发展差距。推进以人为核心的高质量新型城镇化。上海还积极开展粮食生产功能区建设，抓好"菜园子""菜篮子"工程，提高 50 万亩常年菜田生产水平，强化西郊国际等农产品交易中心功能，增加绿色优质农产品供给。[1]

广东省积极打破城乡之间要素配置的体制机制障碍，通过新经济形态推动城乡融合发展。2020 年 4 月 28 日，国内首笔"畜禽活体抵押贷款"在广东清远市正式发放，这是区块链技术在农村金融实践中的一次开创性运用，在国内生物资产金融化方面迈出了关键一步。区块链技术使生猪从幼崽养殖到最后销售的每个环节所生成的信息均能数字化、透明化、信息化和可视化，进而客观上使银行等金融机构、担保公司、养猪场（户）、猪肉加工厂、销售商、消费者、卫生检疫部门等均能"观察"到生猪养殖、销售的每个环节、每个细节，准确得到生猪的种别、产量（规模）和质量信息。银行、担保公司、客户不仅可以按时间链正向考察、研判生猪养殖和销售的全过程，也能反向溯源，追踪市场上所售生猪的"前世今生"，从而打通了猪肉市场的供求阻梗，提升了猪农征信水平，激活了信贷供求市场，使担保机构愿意为猪农提供担保，银行愿意为猪农提供信

① 邹磊等著：《中国改革开放的上海实践：1978 – 2018》，社会科学文献出版社 2018 年版，第 111 – 112 页。

贷。由于生猪质量可验、食品安全可靠，市场对猪农的信任度提高，客观上生猪养殖的市场风险大大降低甚至消除了。通过使用"真知码畜禽身份"，缔结"养殖户＋银行＋担保机构＋屠宰＋销售"的综合性合约，实现了"区块链＋征信＋识别技术＋金融"的典型应用，既发挥了政府的组织动员能力，也利用广东省农村信用社联合社在全省农村的客群优势、服务优势和品牌优势，实现了"生猪活体抵押贷款业务"的快速覆盖，使广东生猪养殖业在新冠肺炎疫情还未得到完全控制的情况下即能得到信贷支持，确保了养殖户生产经营的"安全性"和"连续性"。[①]

三、城镇化的快速推进

中共十八大以来，在全面贯彻落实创新、协调、绿色、开放、共享的新发展理念下，中国全面深入推进以人为核心的新型城镇化建设。2012年，中共十八大提出走中国特色新型城镇化道路，中国城镇化开始进入以人为本、规模和质量并重的新阶段。2013年11月，中共十八届三中全会提出"推进以人为核心的城镇化，推动大中小城市和小城镇协调发展、产业和城镇融合发展，促进城镇化和新农村建设协调推进"。中央城镇化工作会议于2013年12月12日至13日在北京举行，会议提出了推进城镇化的主要任务。在这次会议上习近平明确提出："解决好人的问题是推进新型城镇化的关键，城镇化最基本的趋势是农村富余劳动力和农村人口向城镇转移。"[②] 2013年底召开的中央农村工作会议，提出到2020年"三个1亿"的目标，即解决约1亿进城常住的农业转移人口落户城镇、约1亿人口的城镇棚户区和城中村改造、约1亿人口在中西部地区的城镇化。2014年3月，中共中央、国务院印发《国家新型城镇化规划（2014－2020年)》，明确指出走"以人为本、四化同步、优化布局、生态文明、文化传

---

① 郭跃文、顾幸伟主编：《广东城乡融合发展报告（2021）》，社会科学文献出版社2021年版，第13－14页。

② 中共中央文献研究室编：《十八大以来重要文献选编》上，中央文献出版社2014年版，第593页。

承的中国特色新型城镇化道路"。2014 年 12 月，中国公布了首批 62 个地区和 2 个城镇的新型城镇化试点。

中共十九大进一步深化了新型城镇化的政策内涵，强调要"以城市群为主体构建大中小城市和小城镇协调发展的城镇格局"。国家发展改革委制定的《2019 年新型城镇化建设重点任务》则全面取消了城区常住人口在 100 万－300 万人的 Ⅱ 型大城市的落户限制；全面放开城区常住人口在 300 万－500 万人的 Ⅰ 型大城市的落户条件。《2021 年新型城镇化和城乡融合发展重点任务》提出在 2019 年的基础上强调落实全面取消城区常住人口在 300 万人以下城市的落户限制政策。[①] 中国城镇化取得较快推进，2012 年城镇化率为 53.1%，2021 年上升为 64.7%，如图 10－3 所示。

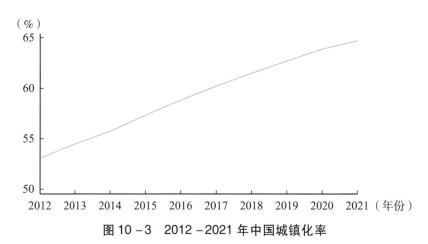

图 10－3 2012－2021 年中国城镇化率

资料来源：根据国家统计局网站资料整理。

易地扶贫搬迁加快了西部地区城镇化速度。"十三五"期间，国家实施《全国"十三五"易地扶贫搬迁规划》，对居住在"一方水土养不起一方人"地区的近千万贫困人口实施搬迁。"十三五"期间，全国筹集各方面资金约 6000 亿元，建成集中安置区约 3.5 万个，其中城镇安置区 5000多个，农村安置点约 3 万个，共建设安置住房 266 万余套。每个安置点都

---

① 韩保江主编：《中国经济高质量发展报告（2021）》，社会科学文献出版社 2021 年版，第 335 页。

配套新建或改扩建中小学和幼儿园、医院和社区卫生服务中心、养老服务设施和文化活动场所，共有 960 多万建档立卡贫困人口乔迁新居。为实现"搬得出、稳得住、逐步能致富"的目标，积极帮助搬迁群众发展产业，实现就业，有劳动能力的 460 多万贫困人口实现非农就业。[①]

各地城镇化也因地制宜地取得了新突破。福建晋江推进新型城镇化成效显著。每个年满 16 周岁，拟在晋江居住 30 日以上的人，就可以在"市、镇、村、企"四级流动人口服务管理站办理居住证，持居住证就可享受医疗互助、义务教育等 30 项市民化待遇。2014 年福建晋江又推出市民化积分优待管理政策，每年提供 1000 个优惠购房资格、1000 个公办起始学位。深化户籍制度改革，降低城市落户门槛。全面放开落户限制，实行"无房也可落户""先落户后管理"政策，大大降低外来人口落户门槛。通过购房、投资经商、人才引进、院校毕业、常住人口、先进模范这 6 种途径，基本实现了"零门槛"；居住满一年即可落户，实现了无房也可落户。同时，围绕解决"户口落哪里"问题，在规模以上企业或镇村所在地建立"集体户"。推动公办学校向外来务工人员子女零门槛开放，外地学生与本地学生享有同等入学权益，实现义务教育全覆盖，率先在福建全省实行公办高中和中职学校免学费，率先在福建全省实行新农合跨省异地结报。晋江以"人的城镇化"为核心，做到了常住人口同城同待遇，实现"保障全覆盖，待遇均等化"，推动外来人口变"新晋江人"，使外来人口"进得来、留得住、融得入"，大大增强了"新晋江人"的归属感和认同感，走出了一条富有特色的外来人口市民化道路。[②]

居民社会保障水平的高低也是衡量城镇化水平的一个重要因素。全国参加城镇职工基本养老保险人数由 2012 年的 30427 万人上升为 2021 年的

① 孙若风、宋晓龙、王冰主编：《中国乡村振兴发展报告（2021）》，社会科学文献出版社 2022 年版，第 219 页。

② 王春光、杨典、肖林等著：《县域现代化的"晋江经验"》，社会科学文献出版社 2019 年版，第 93－95 页。

48074 万人，增加了 17647 万人，增幅为 58%；全国参加失业保险人数由 2012 年的 15225 万人上升为 2021 年的 22958 万人，增加了 7733 万人，增幅达 50.8%；全国参加工伤保险人数由 2012 年的 19010 万人上升为 2021 年的 28287 万人，增加了 9277 万人，增幅达 48.8%。[①]

2022 年 4 月 22 日，中宣部举行首场"中国这十年"系列主题新闻发布会。针对户籍制度改革，公安部副部长刘钊介绍，2014 年以来，全国有 1.3 亿农业转移人口成为城镇居民，全国户籍人口城镇化率由 2013 年的 35.93% 提高到 2021 年的 46.7%，户口迁移政策普遍放开放宽，中西部地区除省会（首府）市外，基本实现了城镇落户零门槛。2022 年 6 月 21 日，国家发展改革委发布《关于印发"十四五"新型城镇化实施方案的通知》。《"十四五"新型城镇化实施方案》中提出，到 2025 年，全国常住人口城镇化率稳步提高，户籍人口城镇化率明显提高，户籍人口城镇化率与常住人口城镇化率差距明显缩小。农业转移人口市民化质量显著提升，城镇基本公共服务覆盖全部未落户常住人口。"两横三纵"城镇化战略格局全面形成，城市群承载人口和经济的能力明显增强，重点都市圈建设取得明显进展，轨道上的京津冀、长三角、粤港澳大湾区基本建成。

---

① 《2021 年度人力资源和社会保障事业发展统计公报》，人力资源社会保障部网站，2022 年 6 月 7 日；《2012 年度人力资源和社会保障事业发展统计公报》，人力资源社会保障部网站，2013 年 6 月 3 日。

中国经济这十年

（2012—2022）

第十一章

贯彻生态文明
建设新理念

建设生态文明是中华民族永续发展的千年大计。坚持绿色发展是发展观的一场深刻革命。中共十八大将生态文明建设纳入中国特色社会主义事业"五位一体"总体布局，十八届五中全会把"绿色发展理念"上升为"五大发展理念"之一。在习近平生态文明思想指引下，中国共产党以前所未有的力度抓生态文明建设，全党全国推动绿色发展的自觉性和主动性显著增强。中国坚定不移走以生态优先、绿色发展为导向的高质量发展新路子，正确处理生态保护和经济发展的关系，积极探索"绿水青山"转化为"金山银山"的新路径，把生态效益更好转化为经济效益、社会效益，更好地满足了人民群众对美好生活的向往，绿色发展迈上新台阶。

第一节　绿水青山就是金山银山

改革开放以后，党日益重视生态环境保护。同时，生态文明建设仍然是一个明显短板，资源环境约束趋紧、生态系统退化等问题越来越突出，特别是各类环境污染、生态破坏呈高发态势，成为国土之伤、民生之痛。如果不抓紧扭转生态环境恶化趋势，必将付出极其沉重的代价。

中共十八大以来，中共中央强调生态文明建设是关系中华民族永续发展的根本大计，保护生态环境就是保护生产力，改善生态环境就是发展生产力，决不以牺牲环境为代价换取一时的经济增长。坚持"绿水青山就是金山银山"的理念，坚持山水林田湖草沙一体化保护和系统治理，像保护眼睛一样保护生态环境，像对待生命一样对待生态环境，构建生态文明制度体系，提高生态环境治理现代化水平，坚决打好污染防治攻坚战，更加自觉地推进绿色发展、循环发展、低碳发展，坚持走生产发展、生活富裕、生态良好的文明发展道路，为人民创造良好生产生活环境。

一、贯彻"绿水青山就是金山银山"理念

在工业化的实践进程中，在生态环境和经济发展的关系上，无论是发展中国家，还是发达国家，一般是先污染后治理，即便是治理生态环境，生态环境保护与经济发展也难以有机统一起来。改变这种状态，需要从理念上进行突破。

绿水青山就是金山银山理念深入人心。2005 年 8 月 15 日，时任中共浙江省委书记的习近平到安吉县天荒坪镇余村考察时指出，我们过去讲既要绿水青山，又要金山银山，实际上绿水青山就是金山银山。9 天后，习近平在《浙江日报》的"之江新语"专栏发表《绿水青山也是金山银

山》的评论。2013 年 9 月 7 日，习近平在哈萨克斯坦纳扎尔巴耶夫大学演讲后回答学生们关于环境保护的问题时强调，我们既要绿水青山，也要金山银山。宁要绿水青山，不要金山银山，而且绿水青山就是金山银山。[①]2014 年 3 月 7 日，习近平在参加十二届全国人大二次会议贵州代表团审议时指出，绿水青山和金山银山决不是对立的，关键在人，关键在思路。保护生态环境就是保护生产力，改善生态环境就是发展生产力。让绿水青山充分发挥经济社会效益，不是要把它破坏了，而是要把它保护得更好。[②]2015 年 4 月，"绿水青山就是金山银山"理念写进中共中央、国务院印发的《关于加快推进生态文明建设的意见》。该意见指出，要充分认识加快推进生态文明建设的极端重要性和紧迫性，切实增强责任感和使命感，牢固树立尊重自然、顺应自然、保护自然的理念，坚持绿水青山就是金山银山，动员全党、全社会积极行动、深入持久地推进生态文明建设，加快形成人与自然和谐发展的现代化建设新格局，开创社会主义生态文明新时代。2016 年 9 月 3 日，习近平在二十国集团工商峰会开幕式上的主旨演讲中指出，在新的起点上，我们将坚定不移推动绿色发展，谋求更佳质量效益。2018 年 5 月，习近平在全国生态环境保护大会上指出，绿水青山既是自然财富、生态财富，又是社会财富、经济财富。保护生态环境就是保护自然价值和增值自然资本，就是保护经济社会发展潜力和后劲，使绿水青山持续发挥生态效益和经济社会效益。[③] 2019 年 4 月 28 日，习近平在 2019 年中国北京世界园艺博览会开幕式上的讲话中指出："我们应该追求绿色发展繁荣。绿色是大自然的底色。我一直讲，绿水青山就是金山银山，改善生态环境就是发展生产力。良好生态本身蕴含着无穷的经济价值，能够

---

① 杜尚泽、丁伟、黄文帝：《弘扬人民友谊 共同建设"丝绸之路经济带"》，载《人民日报》2013 年 9 月 8 日。

② 中共中央文献研究室编：《习近平关于社会主义生态文明建设论述摘编》，中央文献出版社 2017 年版，第 23 页。

③ 中共中央党史和文献研究院编：《十九大以来重要文献选编》上，中央文献出版社 2019 年版，第 450 页。

源源不断创造综合效益，实现经济社会可持续发展。"① 中共十九届五中全会提出，坚持绿水青山就是金山银山理念，坚持尊重自然、顺应自然、保护自然，坚持节约优先、保护优先、自然恢复为主，守住自然生态安全边界。深入实施可持续发展战略，完善生态文明领域统筹协调机制，构建生态文明体系，促进经济社会发展全面绿色转型，建设人与自然和谐共生的现代化。绿水青山就是金山银山，是重要的发展理念，也是推进现代化建设的重大原则。绿水青山就是金山银山，阐述了经济发展和生态环境保护的关系，揭示了保护生态环境就是保护生产力、改善生态环境就是发展生产力的道理，指明了实现发展和保护协同共生的新路径。中共十八大以来，绿水青山就是金山银山理念深入人心，深刻影响着经济社会的发展理念、发展思路、发展方式。

把生态文明建设纳入"五位一体"总体布局。中共十八大报告提出，要坚持以经济建设为中心，以科学发展为主题，全面推进经济建设、政治建设、文化建设、社会建设、生态文明建设，实现以人为本、全面协调可持续的科学发展。2013 年 5 月 24 日，中共中央政治局以大力推进生态文明建设为题进行集体学习。习近平在主持学习时提出了努力走向社会主义生态文明新时代的命题。《关于加快推进生态文明建设的意见》强调，坚持以人为本、依法推进，坚持节约资源和保护环境的基本国策，把生态文明建设放在突出的战略位置，融入经济建设、政治建设、文化建设、社会建设各方面和全过程，协同推进新型工业化、信息化、城镇化、农业现代化和绿色化，以健全生态文明制度体系为重点，优化国土空间开发格局，全面促进资源节约利用，加大自然生态系统和环境保护力度，大力推进绿色发展、循环发展、低碳发展，弘扬生态文化，倡导绿色生活，加快建设美丽中国，使蓝天常在、青山常在、绿水常在，实现中华民族永续发展。

---

① 习近平：《共谋绿色生活，共建美丽家园——在二〇一九年中国北京世界园艺博览会开幕式上的讲话》，载《人民日报》2019 年 4 月 29 日。

★ 为子孙后代留下美丽家园。上图为浙江省湖州市安吉县天荒坪镇余村 20 世纪 80 年代的资料照片，下图为 2018 年 4 月 24 日，游客在整修一新的余村游览。

把绿色作为新发展理念的一大理念。中共十八届五中全会提出创新、协调、绿色、开放、共享的发展理念。《中共中央关于制定国民经济和社会发展第十三个五年规划的建议》进一步提高绿色指标在"十三五"规划全部指标中的权重，把保障人民健康和改善环境质量作为更具约束性的硬指标。其中第五部分明确坚持绿色发展，着力改善生态环境，对促进人与自然和谐共生、加快建设主体功能区、推动低碳循环发展、全面节约和高效利用资源、加大环境治理力度、筑牢生态安全屏障六个方面作出规划。2016 年习近平在省部级主要领导干部学习贯彻中共十八届五中全会精神专题研讨班上指出，绿色发展，就其要义来讲，是要解决好人与自然和谐共生问题。人类发展活动必须尊重自然、顺应自然、保护自然，否则就会遭到大自然的报复，这个规律谁也无法抗拒。生态环境没有替代品，用之不觉，失之难存。各级领导干部对保护生态环境务必坚定信念，坚决摒弃损害甚至破坏生态环境的发展模式和做法，决不能再以牺牲生态环境为代价换取一时一地的经济增长。要坚定推进绿色发展，推动自然资本大量增值，让良好生态环境成为人民生活的增长点、成为展现我国良好形象的发力点，让老百姓呼吸上新鲜的空气、喝上干净的水、吃上放心的食物、生活在宜居的环境中、切实感受到经济发展带来的实实在在的环境效益，让中华大地天更蓝、山更绿、水更清、环境更优美，走向生态文明新时代。①

二、构建生态文明制度体系

2013 年 5 月 24 日，习近平主持十八届中共中央政治局第六次集体学习时指出："只有实行最严格的制度、最严密的法治，才能为生态文明建设提供可靠保障。"② 中共十八大以来，将生态文明制度作为中国特色社会主义制度的重要方面和有机组成部分之一，加快建立系统完整的生态文明

---

① 中共中央党史和文献研究院编：《十八大以来重要文献选编》下，中央文献出版社 2018 年版，第 162、164、165 页。
② 《习近平谈治国理政》第一卷，外文出版社 2018 年版，第 210 页。

制度体系，国家生态环境治理体系和治理能力现代化水平显著提升。

完善环境保护法律制度，以法治推进生态环境保护。2014年4月，十二届全国人大常委会第八次会议通过修订后的《中华人民共和国环境保护法》。该法从2015年开始实施，在打击环境违法犯罪方面力度空前，因而被称为"史上最严"环境保护法。2015年8月，十二届全国人大常委会第十六次会议通过新修订的《中华人民共和国大气污染防治法》。3年后，十三届全国人大常委会第六次会议通过了对《中华人民共和国大气污染防治法》的修正，加大了对大气保护的力度。从2018年1月1日起，《中华人民共和国环境保护税法》施行，在全国范围对大气污染物、水污染物、固体废物和噪声四大类污染物、共计117种主要污染因子进行征税，标志着中国有了首个以环境保护为目标的税种。十三届全国人大常委会第五次会议于2018年8月通过《中华人民共和国土壤污染防治法》，以保护和改善生态环境，防治土壤污染，保障公众健康，推动土壤资源永续利用，推进生态文明建设，促进经济社会可持续发展。

推进垃圾分类。2016年12月，习近平主持召开中央财经领导小组第十四次会议，研究普遍推行垃圾分类制度，强调要加快建立分类投放、分类收集、分类运输、分类处理的垃圾处理系统，形成以法治为基础、政府推动、全民参与、城乡统筹、因地制宜的垃圾分类制度，努力提高垃圾分类制度覆盖范围。2019年习近平强调，推行垃圾分类，关键是要加强科学管理、形成长效机制、推动习惯养成。要开展广泛的教育引导工作，让更多人行动起来，培养垃圾分类的好习惯，全社会人人动手，一起来为改善生活环境作努力，一起来为绿色发展、可持续发展作贡献。[1] 中国垃圾分类制度加速推行，垃圾分类工作由点到面逐步启动，成效呈现。

---

[1] 《培养垃圾分类的好习惯 为改善生活环境作努力 为绿色发展可持续发展作贡献》，载《光明日报》2019年6月4日。

★　2021 年 1 月 14 日，在重庆市北碚区博物馆垃圾分类可回收物智能投放点，市民在投放垃圾。

生态文明制度体系加快形成。中共十八届三中全会审议通过的《中共中央关于全面深化改革若干重大问题的决定》第十四部分"加快生态文明制度建设"，对建立系统完整的生态文明制度体系作出部署。2014 年 1 月 22 日，中央全面深化改革领导小组召开第一次会议，决定将经济体制和生态文明体制改革专项小组作为中央全面深化改革领导小组下设 6 个专项小组之一。根据中共十八届三中全会部署，生态文明制度建设加快推进。2015 年 9 月，中共中央、国务院印发的《生态文明体制改革总体方案》，明确实施自然资源资产产权制度、国土空间开发保护制度、空间规划体系、资源总量管理和全面节约制度、资源有偿使用和生态补偿制度、环境治理体系、环境治理和生态保护市场体系、生态文明绩效评价考核和责任追究制度 8 个方面的改革。中央全面深化改革领导小组在第十四次会议和第三十八次会议分别审议通过了《环境保护督察方案（试行)》和《生态环境损害赔偿制度改革方案》，中共中央办公厅、国务院办公厅印发了

《开展领导干部自然资源资产离任审计试点方案》《党政领导干部生态环境损害责任追究办法（试行）》，国务院办公厅印发了《生态环境监测网络建设方案》《编制自然资源资产负债表试点方案》《关于健全生态保护补偿机制的意见》等系列配套方案。2022年4月19日，习近平主持召开中央全面深化改革委员会第二十五次会议，审议通过《关于建立健全领导干部自然资源资产离任审计评价指标体系的意见》。会议指出，要贯彻依法依规、客观公正、科学认定、权责一致、终身追责的原则，着力构建科学、规范、合理的审计评价指标体系，推动领导干部切实履行自然资源资产管理和生态环境保护责任。建立领导干部自然资源资产离任审计制度，从2015年开展试点，到2017年全面推开，在严格生态文明制度执行方面形成强有力的制度约束。2015年8月，随着《环境保护督察方案（试行）》的实施，环保督察常态化。为统筹对环保督察工作的领导，中共中央办公厅、国务院办公厅于2019年6月印发《中央生态环境保护督察工作规定》，明确中央实行生态环境保护督察制度，设立专职督察机构，对省、自治区、直辖市党委和政府、国务院有关部门以及有关中央企业等组织开展生态环境保护督察。中共中央办公厅、国务院办公厅于2016－2021年先后印发《关于全面推行河长制的意见》《关于在湖泊实施湖长制的指导意见》《关于全面推行林长制的意见》，提出实行河长制、湖长制、林长制，全面建立河长体系、湖长体系、林长体系，构建责任明确、协调有序、监管严格、保护有力的河湖管理保护机制和林草保护管理机制。河长制、湖长制、林长制实施以来，各地积极探索各具特色的制度模式，如江苏全面推行"双河长制"，探索流域治理新思路；河南全面推行"河长＋检察长"制，开启生态治河新模式；湖南长沙打通河湖"毛细血管"，推行小微水体生态治理模式；河北加强河长制信息管理平台建设，探索"互联网＋河长制湖长制"管理新模式；内蒙古构建五级林（草）长制体系，统筹山水林田湖草沙系统治理；上海实行清单化管理，以"林长制"促进"林长治"等。全国最早探索河长制的浙江省长兴县，曾经的喷水织机全部迁入工业园区，取而代之的是一批生态旅游、休闲养生等绿色低碳项目在河边湖畔落户，河湖变得明澈秀美。

坚持和完善生态文明制度体系。在中共十八大以来生态文明制度建设全面推进的基础上，中共十九届四中全会把生态治理体系和治理能力建设摆到更加突出的位置，在全会通过的《中共中央关于坚持和完善中国特色社会主义制度 推进国家治理体系和治理能力现代化若干重大问题的决定》第十部分"坚持和完善生态文明制度体系，促进人与自然和谐共生"，从四个方面对生态文明建设领域基础性制度体系进行了系统设计。一是实行最严格的生态环境保护制度；二是全面建立资源高效利用制度；三是健全生态保护和修复制度；四是严明生态环境保护责任制度。中共十九届四中全会对生态文明制度体系从上述四个方面进行明确，形成一个环环相扣、逻辑贯通、系统完备的制度体系，巩固和深化了解决体制性障碍、机制性梗阻、政策性创新方面取得的改革成果，是生态文明建设、生态环境保护实践和理论创新的集成性重大成果。把中央审议推行的若干生态环境监测等改革任务拓展深化凝练为生态环境监测和评价制度，把以往多项党委政府责任制度和规范性文件要求明确为目标评价考核、约束性指标管理和政府监管责任。[1]

提高生态环境治理现代化水平。2021 年 4 月 30 日，习近平主持中共中央政治局就新形势下加强我国生态文明建设进行第二十九次集体学习时指出，要提高生态环境治理体系和治理能力现代化水平，健全党委领导、政府主导、企业主体、社会组织和公众共同参与的环境治理体系，构建一体谋划、一体部署、一体推进、一体考核的制度机制。[2] 2021 年 8 月 30 日，习近平主持召开中央全面深化改革委员会第二十一次会议，审议通过《关于深入打好污染防治攻坚战的意见》。11 月，中共中央、国务院印发《关于深入打好污染防治攻坚战的意见》，从七个方面明确了提高生态环境治理现代化水平的重点任务。一是全面强化生态环境法治保障，在法治轨

---

① 吴舜泽：《生态文明制度建设的里程碑》，载《学习时报》2020 年 3 月 13 日。
② 《保持生态文明建设战略定力 努力建设人与自然和谐共生的现代化》，载《人民日报》2021 年 5 月 2 日。

道上推进生态环境治理；二是健全生态环境经济政策，实施有利于绿色发展的政策措施；三是完善生态环境资金投入机制，把生态环境资金投入作为基础性、战略性投入予以重点保障；四是实施环境基础设施补短板行动，构建一体化的环境基础设施体系；五是提升生态环境监管执法效能，加强全过程监管；六是建立完善现代化生态环境监测体系，实现环境质量、生态质量、污染源监测全覆盖；七是构建服务型科技创新体系，加强生态环境科技成果转化服务。

三、打赢污染防治攻坚战

清新的空气、清洁的水体、洁净的土壤是群众关切、社会关注，也是发展之基、治污之要。改革开放以后，中国在取得令人自豪和骄傲的经济社会发展历史性成就的同时，也积累了生态环境问题，成为制约发展的明显短板，也成为人民群众反映强烈的突出问题。进入新时代，针对生态环境是全面建成小康社会的突出短板，中共中央带领全国人民坚决向污染宣战，深入实施大气、水、土壤污染防治三大行动计划，坚决打好蓝天、碧水、净土保卫战取得了重大进展。

中共十九大报告把污染防治作为决胜全面建成小康社会的三大攻坚战之一，要求着力解决突出环境问题，确保实现全面建成小康社会的环境目标。2018 年 6 月 16 日，中共中央、国务院印发《关于全面加强生态环境保护 坚决打好污染防治攻坚战的意见》，提出必须加大力度、加快治理、加紧攻坚，打好标志性的重大战役，为人民创造良好生产生活环境。在即将开启全面建设社会主义现代化国家新征程之际，中共十九届五中全会提出，深入打好污染防治攻坚战。2021 年 11 月，中共中央、国务院印发《关于深入打好污染防治攻坚战的意见》，明确到 2025 年生态环境持续改善，到 2035 年广泛形成绿色生产生活方式，碳排放达峰后稳中有降，生态环境根本好转，美丽中国建设目标基本实现。从"十三五"时期坚决打好污染防治攻坚战，到"十四五"时期深入打好污染防治攻坚战，这一由

"坚决"到"深入"之变，意味着污染防治触及的矛盾问题层次更深、领域更广，要求也更高。进入新发展阶段，深入打好污染防治攻坚战还有很大空间，需要着力解决污染防治工作中存在的思想认识不够深、治理能力不够强、改善水平不够高、工作成效不够稳、治理范围不够广等不足和短板，推动在重点区域、重点领域、关键指标上实现新突破。

打好蓝天保卫战。中国在实现经济高速增长的同时，大气污染形势严峻，以可吸入颗粒物（PM10）、细颗粒物（PM2.5）为特征污染物的区域性大气环境问题日益突出，损害人民群众身体健康，影响社会和谐稳定。2013 年，"雾霾"成为年度关键词，全国雾霾天数达 52 年来之最，平均雾霾天数达 29.9 天。为切实改善空气质量，国务院于 2013 年 9 月印发了《大气污染防治行动计划》，明确了 10 项措施。在实施《大气污染防治行动计划》取得成效的基础上，根据中共十九大的部署，2018 年 6 月 27 日，国务院印发《打赢蓝天保卫战三年行动计划》。大气污染防治行动计划实施以来，坚持源头防控，推动产业、能源、运输和用地结构优化调整，推进重点行业、重点领域深度治理，强化区域联防联控，全国大气环境质量得到改善，圆满完成"十三五"时期空气质量改善目标。2013－2020 年，首批实施新空气质量标准的 74 个城市 PM2.5 浓度下降 48.6%，优良天数比率上升 17.9 个百分点，重污染天数下降八成以上，中国仅用 7 年左右时间走过了发达国家十几年甚至 30 年的空气治理进程。尽管中国大气环境呈现持续快速改善态势，但与人民群众对蓝天白云、繁星闪烁的期盼，与美丽中国建设目标相比还有一定差距。在开启全面建设社会主义现代化国家新征程之际，《中共中央　国务院关于深入打好污染防治攻坚战的意见》以更高标准对打好蓝天保卫战作出部署：聚焦秋冬季细颗粒物（PM2.5）污染，加大重点区域、重点行业结构调整和污染治理力度，着力打好重污染天气消除攻坚战；聚焦夏秋季臭氧污染，大力推进挥发性有机物和氮氧化物协同减排，着力打好臭氧污染防治攻坚战；深入实施清洁柴油车（机）行动，加快大宗货物和中长途货物运输"公转铁""公转水"，持续打好柴油货车污染治理攻坚战；加强大气面源和噪声污染治理，加快解决群众关心的突出噪声问题。中国空气质量改善取得历史性成就，从"雾霾重重"到"蓝天常在"，2021 年全国优良天数比例与 2015 年相比提高 6.3 个百分点，意味着每个城市平均增加 23 个蓝天。

打好碧水保卫战。在经济快速发展过程中，一些地区水环境质量差、水生态受损重、环境隐患多等问题十分突出，影响和损害群众健康，不利于经济社会持续发展。工业废水的排放量巨大，仅 2011 年就达到 230.9 亿吨，对自然环境和人类生存发展造成严重影响。进入新时代，加强水污染防治，着力推进碧水保卫战。2015 年 4 月，国务院印发《水污染防治行动计划》，共计十条，简称"水十条"。这项计划注重发挥市场机制的决定性作用、科技的支撑作用和法规标准的引领作用，加快推进水环境质量改善。2018 年 5 月 7 日，生态环境部联合住房城乡建设部启动 2018 年城市黑臭水体整治环境保护专项行动。水污染防治行动计划实施以来，全国水环境质量持续改善。2013－2020 年，全国 I－Ⅲ类水体比例上升至 83.4%，劣 V 类水体比例下降至 0.6%，城市集中式饮用水水源水质优良比例达到 96%，地级及以上城市建成区黑臭水体消除比例达到 98.2%，清水绿岸、鱼翔浅底景象增多。在开启全面建设社会主义现代化国家新征程之际，《中共中央 国务院关于深入打好污染防治攻坚战的意见》以更高标准对打好碧水保卫战作出部署：统筹好上下游、左右岸、干支流、城市和乡村，持续打好城市黑臭水体治理攻坚战；推动长江全流域按单元精细化管控，持续打好长江保护修复攻坚战；全面落实以水定城、以水定地、以水定人、以水定产要求，着力打好黄河生态保护治理攻坚战；巩固提升饮用水安全保障水平，保障南水北调等重大输水工程水质安全；巩固深化渤海综合治理成果、实施长江口—杭州湾、珠江口邻近海域污染防治行动，着力打好重点海域综合治理攻坚战；强化陆域海域污染协同治理，建成一批具有全国示范价值的美丽河湖、美丽海湾。

打好净土保卫战。针对中国土壤环境总体状况堪忧，部分地区污染较为严重，是全面建成小康社会的突出短板之一的问题，国务院于 2016 年 5 月 28 日印发《土壤污染防治行动计划》，以切实加强土壤污染防治，逐步改善土壤环境质量。2018 年 12 月 29 日，国务院办公厅印发《"无废城市"建设试点工作方案》强调，要坚持绿色低碳循环发展，以大宗工业固体废物、主要农业废弃物、生活垃圾和建筑垃圾、危险废物为重点，实现源头大幅减量、充分资源化利用和安全处置。土壤污染防治行动计划实施以来，《土壤污染防治行动计划》确定的受污染耕地安全利用率和污染地块安全利用率"双 90%"目标任务顺利完成（2013－2020 年全国受污染耕地安全利用率达到 90% 左右，污染地块安全利用率达到 93% 以上），土壤污染加重趋势初步遏制，土壤污染风险基本管控，土壤环境质量总体保持稳定，土壤安全利用水平稳定提升。2013－2018 年，水土流失治理稳步推进，全国累计新增水土流失治理面积 32.9 万平方公里。根据 2018 年水土流失动态监测成果，全国水土流失面积 273.69 万平方公里。与第一次全国水利普查（2011 年）相比，全国水土流失面积减少 21.23 万平方公里。在开启全面建设社会主义现代化国家新征程之际，《中共中央　国务院关于深入打好污染防治攻坚战的意见》以更高标准对打好净土保卫战作出部署：改善农村人居环境，强化农业面源污染治理，持续打好农业农村污染治理攻坚战；深入推进农用地土壤污染防治和安全利用，保障农产品质量安全；有效管控建设用地土壤污染风险，保障人居环境健康；稳步推进"无废城市"建设，推进城市固体废物精细化管理；加强新污染物治理，强化源头准入和环境风险管控；强化地下水污染协同防治，实施水土环境风险协同防控。

第二节　坚持绿色可持续发展

绿色低碳循环发展注重发展过程中的资源能源节约与循环利用、减少温室气体的排放等，以期用最少的能源资源消耗和最低程度的生态环境破坏，来实现经济和社会的全面可持续发展。积极应对气候变化、推进绿色低碳可持续发展已成为全球共识和大势所趋。习近平指出，绿色循环低碳发展，是当今时代科技革命和产业变革的方向，是最有前途的发展领域。[①]中共十八大以来，面对传统粗放的发展模式带来的资源约束趋紧、环境恶化等问题，中国坚持和贯彻新发展理念，通过加强绿色低碳发展体制机制建设以及建立健全绿色低碳发展的产业体系和能源体系，努力走出了一条具有中国特色的绿色可持续发展道路。

一、压缩并淘汰"三高"产能

要加快转变经济发展方式，根本改善生态环境状况，必须改变过多依赖增加物质资源消耗、过多依赖规模粗放扩张、过多依赖高能耗高排放产业的发展模式。2016 年，国务院印发的《"十三五"生态环境保护规划》指出，"十三五"时期，要加快推进燃煤电厂超低排放和节能改造，限期淘汰 2000 万千瓦落后产能和不符合相关强制性标准要求的机组。2016 年，国家发展改革委、国家能源局又相继发布了《关于进一步做好煤电行业淘汰落后产能工作的通知》《关于促进我国煤电有序发展的通知》，对煤电行业的落后产能设定了淘汰标准，强调要加大淘汰落后产能力度，要求各地区要尽快制定本地区"十三五"时期煤电淘汰落后产能计划，并落实到具体企业和机组。2019 年，国家发展改革委、国家能源局下发《关于深入推进供给侧结构性改革 进一步淘汰煤电落后产能 促进煤电行业优化升级的意见》，提出七类需实施淘汰关停的燃煤机组，并鼓励各地在国家明确淘汰关停标准的基础上，进一步加大煤电落后产能淘汰力度。

"十三五"期间，全国煤炭去产能目标任务超额完成。截至 2020 年底，全国累计退出煤矿约 5500 处，退出落后煤炭产能 10 亿吨/年以上。各地围绕控增淘劣、提质增效、转型升级、低碳发展的目标，把供给侧结构性改革作为工业行业实现高质量发展的主线，在化解落后产能、转变经济

---

① 《习近平谈治国理政》第二卷，外文出版社 2017 年版，第 198 页。

发展方式方面取得显著成效。据统计，"十三五"时期，贵州关闭退出煤矿 477 处，淘汰落后产能 7426 万吨/年；云南钢铁、水泥、电解铝、平板玻璃等重点行业落后产能已全部淘汰退出；宁夏淘汰落后产能煤电机组 59.2 万千瓦。"十三五"期间，通过关闭退出落后产能和小煤矿，全国煤矿机械化水平大幅提高，煤矿数字化智能化绿色化转型全面提速，大型煤炭企业采煤机械化程度达到 98.86%，全国建成 400 多个智能化开采工作面，全国煤矿年人均工效由 925 吨提高到 2600 吨以上，增长 181%。2021 年，为继续加强各地煤电行业淘汰落后产能的监管工作，国家能源局印发《2021 年能源监管重点任务清单》的通知，提出要对"十三五"期间开展过煤电淘汰落后产能工作的相关省份启动煤电淘汰落后产能工作专项监管。主要监管内容为："十三五"期间煤电淘汰落后产能工作情况；截至 2020 年底重点区域 30 万千瓦以上热电联产电厂供热半径 15 公里范围内落后燃煤小热电关停整合工作完成情况等。2021 年全国万元 GDP 能耗比上年下降 2.7%，万元 GDP 二氧化碳排放下降 3.8%。[①]

二、积极开发新能源

中国是世界上最大的能源消费国，要推进绿色低碳转型，主要途径就是在推动化石燃料高效清洁利用的同时，大力推动可再生能源规模化开发利用，提高能源结构中新能源的占比。2015 年 10 月，中共十八届五中全会提出了推动建设清洁低碳、安全高效的现代能源体系等相关举措。2018 年 5 月，习近平在全国生态环境保护大会上强调，绿色发展是构建高质量现代化经济体系的必然要求，是解决污染问题的根本之策。全面推进绿色发展的重点是调整经济结构和能源结构。

"十三五"时期，《关于推进绿色小水电发展的指导意见》《关于试行

---

① 国家统计局：《中华人民共和国 2021 年国民经济和社会发展统计公报》，载《人民日报》2022 年 3 月 1 日。

可再生能源绿色电力证书核发及自愿认购交易制度的通知》《可再生能源发展"十三五"规划实施的指导意见》《完善生物质发电项目建设运行的实施方案》等一系列文件相继出台，中国以推动高质量发展为主题，以深化供给侧结构性改革为主线，全面推进能源消费方式变革，构建多元清洁的能源供应体系，可再生能源开发利用取得明显成效。

可持续能源开发利用规模稳居世界第一，为能源绿色低碳转型提供了强大支撑。一是发电装机实现快速增长。截至 2021 年底，中国可再生能源发电装机总规模达到 10.6 亿千瓦，占总装机的比重达到 44.8%，比 2015 年底实现翻番。其中水电 3.91 亿千瓦，风电 3.28 亿千瓦，太阳能发电 3.06 亿千瓦，生物质发电 3798 万千瓦，均稳居全球首位。2022 年 1－5 月，中国可再生能源发电新增装机 4349 万千瓦，占全国发电新增装机的 82.1%，已成为中国发电新增装机的主体。二是利用水平持续提升。2021 年，中国可再生能源发电量达到 2.48 万亿千瓦时，占全社会用电量的比重达到 29.8%。2022 年 1－5 月，中国可再生能源发电量达到 1.06 万亿千瓦时，同比增长 16.8%，约占全社会用电量的 31.5%。

可再生能源的开发利用对减污降碳以及生态修复发挥了积极作用。2021 年，中国可再生能源开发利用规模相当于 7.53 亿吨标准煤，减少二氧化碳、二氧化硫、氮氧化物排放量分别约达 20.7 亿吨、40 万吨与 45 万吨。中国积极推进城乡有机废弃物等生物质能清洁利用，促进人居环境改善。2020 年全国生物质发电替代约 7000 万吨标准煤，减排二氧化碳约 15000 万吨、二氧化硫 570 万吨、氮氧化物 300 万吨。中国还积极探索沙漠治理、光伏发电、种养殖相结合的光伏治沙模式，推动光伏开发与生态修复相结合。

可再生能源的开发利用对贫困地区发展贡献了绿色力量。中国积极实施可再生能源独立供电工程，累计让上百万无电群众用上绿色电力。2020 年，全国累计建成 2636 万千瓦光伏扶贫电站，惠及近 6 万个贫困村、415 万贫困户，每年可产生发电收益约 180 亿元，相应安置公益岗位 125 万个。村级光伏扶贫电站资产确权给村集体，平均每个村每年可稳定增收 20 万元以上。"光伏＋产业"持续较快发展，农光互补、畜光互补等新模式广泛推广，增加了贫困村和贫困户的收入。

完备的可再生能源技术产业体系建设取得明显成效。中国水电领域具备全球最大的百万千瓦水轮机组自主设计制造能力，特高坝和大型地下洞室设计施工能力均居世界领先水平。低风速风电技术位居世界前列，国内风电装机90%以上采用国产风机，10兆瓦海上风机开始试验运行。光伏发电技术多次刷新电池转换效率世界纪录，光伏产业占据全球主导地位，光伏组件全球排名前十的企业中中国占据7家。

★　晒出"双碳"新答卷！国家生态文明试验区里"碳"变化。图为贵州省威宁县平箐光伏电站和大海子风电场。

中国积极推进国家级可再生能源示范区建设取得明显进展。河北省张家口市地处华北平原与内蒙古高原的连接区域，有丰富的可再生能源优势。2015年，国务院批复同意《河北省张家口市可再生能源示范区发展规划》，目标是将示范区建设成为可再生能源电力市场化改革试验区、可再生能源国际先进技术应用引领产业发展先导区，为中国可再生能源健康快速发展提供可复制、可推广的成功经验。截至 2020 年底，张家口市可再生能源消费量占终端能源消费比例已达到 30% 以上，处于全国领先水平；全市可再生能源装机规模达到 2003.185 万千瓦，其中风电装机规模达到了 1380.615 万千瓦、光伏装机 614.57 万千瓦、生物质发电装机 6.5 万千瓦、光热发电装机 1.5 万千瓦。示范区还集中导入国际、国内创新资源和创新力量，不断探索新技术示范应用。

可再生能源的国际合作加速了全球能源绿色转型进程。中国水电业务遍及全球多个国家和地区，光伏产业为全球市场供应了超过 70% 的组件。可再生能源在中国市场的广泛应用，有力促进和加快了可再生能源成本下降，进一步推动了世界各国可再生能源开发利用。中国在"一带一路"沿线国家和地区可再生能源项目投资额持续增长，在帮助欠发达国家和地区推广应用先进绿色能源技术方面发挥了积极作用。

"十四五"时期，中国进入新发展阶段，在"碳达峰、碳中和"背景下，可再生能源迎来新的发展机遇。2022 年 1 月 29 日，国家发展改革委、国家能源局印发《"十四五"现代能源体系规划》，明确到 2025 年，非化石能源消费比重提高到 20% 左右，非化石能源发电量比重达到 39% 左右，电气化水平持续提升，电能占终端用能比重达到 30% 左右；到 2035 年，中国能源高质量发展取得决定性进展，基本建成现代能源体系。能源安全保障能力大幅提升，绿色生产和消费模式广泛形成，非化石能源消费比重在 2030 年达到 25% 的基础上进一步大幅提高，可再生能源发电成为主体电源，新型电力系统建设取得实质性成效，碳排放总量达峰后稳中有降。① 2022 年 3 月 23 日，国家发展改革委、国家能源局联合印发的《氢能产业发展中长期规划（2021-2035 年）》公布，这是中国首个氢能产业的中长期规划。这一规划明确了"氢能是未来国家能源体系的重要组成部分"的战略地位。规划明确的目标是：到 2025 年，基本掌握核心技术和制造工

---

① 陆娅楠：《到二〇二五年原油年产量回升并稳定在两亿吨水平》，载《人民日报》2022 年 3 月 23 日。

艺，燃料电池车辆保有量约 5 万辆，部署建设一批加氢站，可再生能源制氢量达到 10 万吨/年至 20 万吨/年，实现二氧化碳减排 100 万吨/年至 200 万吨/年。到 2030 年，形成较为完备的氢能产业技术创新体系、清洁能源制氢及供应体系，有力支撑碳达峰目标实现。到 2035 年，构建多元氢能应用生态，可再生能源制氢在终端能源消费中的比例明显提升。[①]

三、大力推进低碳经济发展

面对严峻的气候变化问题，从高耗能、高污染的传统经济发展模式转变到以低能耗、低污染为基础的低碳经济模式已成为全球共识和大势所趋。为加快转变经济发展方式，促进碳强度下降目标的完成，中共十八大以来，中国实施了推进化石能源清洁高效利用、全面推行清洁生产、加快战略性新兴产业发展、加快节能低碳技术和节能产品推广工作、推进建筑节能和绿色建筑发展、发展绿色金融、开展低碳发展试点示范等战略举措，大力推进了低碳经济发展。

大力推进化石能源清洁高效利用是促进绿色低碳经济发展的重要途径之一。煤炭是中国能源消费的主体，尽管近年来随着中国能源结构调整，煤炭消费比重呈下降趋势，但由于能源资源禀赋的制约，以煤电为主的能源结构不会发生根本改变，在低碳经济发展的背景下，煤电行业必须实现清洁、高效、高质量发展。中共十八大以来，中国坚持创新技术和产业发展模式，持续提高煤电先进超低排放、节能技术和装备的研发应用力度，促进煤电提质增效，提升了煤电核心竞争力，实现了煤电行业绿色科学、清洁高效发展。截至 2020 年底，中国已经实施超低排放改造的煤电机组约 9 亿千瓦，全国约 6.2 亿吨粗钢产能正在进行超低排放改造，京津冀及周边地区、汾渭平原推进清洁取暖，已经完成约 2500 万户，中国已建成

---

① 国家发展改革委、国家能源局：《氢能产业发展中长期规划（2021－2035 年）》，国家发展改革委网站，2022 年 3 月 23 日。

全球最大的清洁煤电供应体系。

全面推行清洁生产。中共十八大以来，中国认真落实《中华人民共和国清洁生产促进法》，陆续发布了《清洁生产评价指标体系编制通则》（试行稿）、《清洁生产审核办法》、《清洁生产审核评估与验收指南》以及钢铁、水泥等45个行业的清洁生产评价指标体系，为推进清洁生产提供了制度保障。工业和信息化部还先后发布了钢铁、建材、石化、化工、有色等35个重点行业的清洁生产技术推行方案，涵盖310项行业关键共性技术，指导重点行业清洁生产技术改造。在中央财政资金支持下，各地区组织实施了300余项清洁生产技术示范，一批行业关键技术取得了产业化突破。据初步测算，2014—2018年，全国工业企业清洁生产项目累计削减化学需氧量产生量15.4万吨、二氧化硫产生量69.3万吨、氮氧化物产生量66.7万吨、氨氮产生量3.5万吨，节水45.6亿吨，推动了节能节水减排目标的实现。

加快战略性新兴产业发展。中共十八大以来，中国政府陆续印发了《关于加快发展节能环保产业的意见》《"十三五"国家战略性新兴产业发展规划》《战略性新兴产业重点产品和服务指导目录》《关于扩大战略性新兴产业投资 培育壮大新增长点增长极的指导意见》等文件，在相关政策指导和重点行业、企业持续快速增长的带动下，中国战略性新兴产业稳步增长，促进了低耗能、低排放的绿色低碳产业体系的形成。据统计，2020年，中国战略性新兴产业增加值占GDP比重为11.7%，比2014年提高4.1个百分点。2012—2021年，高技术制造业、装备制造业增加值占规模以上工业增加值比重分别从9.4%和28%提高到15.1%和32.4%。2016年以来，中国战略性新兴产业增加值增速始终高于全部工业增加值增速，如2016—2019年，节能环保产业主营业务收入年均增长达13.2%。"十三五"时期，新能源汽车年销量年均增长率达28%。2021年，新能源汽车产业产销量分别达到354.5万辆和352.1万辆，同比均增长1.6倍，连续7年位居全球第一。

加快节能低碳技术和节能产品推广工作。中共十八大以来，《节能低碳技术推广管理暂行办法》《国家重点节能低碳技术推广目录》《通信行业节能技术指导目录》等文件相继出台，大力推进了重点行业电机系统节能改造及内燃机节能减排技术、新产品的推广应用。中国还实施了节能产品惠民工程，推广使用高效节能空调、节能汽车、高效电机、绿色照明产品等节能产品；定期调整发布节能产品政府采购清单和环境标志产品政府采购清单，对清单产品实行强制采购和优先采购支持政策。2020 年中国节能环保产品政府采购规模占同类产品政府采购规模的比例达到 85% 以上，有效推动了相关产业发展，对社会绿色消费起到了积极引领作用。

加快建筑节能与绿色建筑发展。中共十八大以来，《"十二五"绿色建筑和绿色生态城区发展规划》《建筑节能与绿色建筑发展"十三五"规划》《住房城乡建设科技创新"十三五"专项规划》《绿色建筑评价标准》等文件相继出台，积极推进建筑节能工作。"十三五"期间，中国累计建设完成超低、近零能耗建筑面积近 0.1 亿平方米，完成既有居住建筑节能改造面积 5.14 亿平方米、公共建筑节能改造面积 1.85 亿平方米，城镇建筑可再生能源替代率达到 6%。为进一步推进"十四五"建筑节能与绿色建筑发展，2022 年 3 月，住房和城乡建设部印发《"十四五"建筑节能与绿色建筑发展规划》，提出到 2025 年，要完成既有建筑节能改造面积 3.5 亿平方米以上，建设超低能耗、近零能耗建筑 0.5 亿平方米以上，装配式建筑占当年城镇新建建筑的比例达到 30%，全国新增建筑太阳能光伏装机容量 0.5 亿千瓦以上，地热能建筑应用面积 1 亿平方米以上，城镇建筑可再生能源替代率达到 8%，建筑能耗中电力消费比例超过 55% 等目标。

加快形成绿色低碳交通运输方式促进低碳经济发展。发展绿色交通是有效减少汽车燃料消耗和废气排放，促进低碳经济发展和改善城市环境的有效方式。"十二五"期间，交通运输部印发《加快推进绿色循环低碳交通运输发展指导意见》等文件。交通运输部开展天然气动力车船试点，实施燃料消耗量限值标准和发布燃料消耗量达标车型，开展甩挂运输推荐车型等；科技部组织开展"十城千辆"节能新能源汽车示范推广应用工程；民航节能减排实施 1200 余项目。2015 年与 2005 年相比，营运车辆和营运船舶单位运输周转量二氧化碳排放分别下降15.9%和20%，民航运输吨公里油耗及二氧化碳排放均下降13.5%。2017年，交通运输部印发《推进交通运输生态文明建设实施方案》《关于全面深入推进绿色交通发展的意见》，明确了2020年绿色交通发展目标和重点任务。交通运输部分三批确定87个城市开展国家公交都市示范工程建设；中国民航局印发《民航节能减排"十三五"规划》。"十三五"时期，中国绿色交通稳步推进，新能源汽车占全球总量一半以上，营运货车、营运船舶二氧化碳排放强度分别下降8.4%和7.1%左右。为进一步促进"十四五"时期绿色交通发展，2022年1月，国务院印发《"十四五"现代综合交通运输体系发展规划》，明确提出，到2025年，综合交通运输基本实现一体化融合发展，智能化、绿色化取得实质性突破，综合能力、服务品质、运行效率和整体效益显著提升，交通运输发展向世界一流水平迈进。

发展绿色金融助力绿色低碳经济发展。2016年，"十三五"规划纲要正式提出要"建立绿色金融体系"，中国人民银行联合七部委还出台了《关于构建绿色金融体系的指导意见》，为绿色金融的发展给出了顶层设计。2021年，《国务院关于加快建立健全绿色低碳循环发展经济体系的指导意见》提出要发展绿色信贷和绿色直接融资，统一绿色债券标准，发展绿色保险，支持符合条件的绿色产业企业上市融资。近年来，在绿色信贷发展方面，《中国银监会办公厅关于绿色信贷工作的意见》《绿色信贷统计制度》《绿色信贷实施情况关键评价指标》等文件相继出台，绿色信贷政策不断深化和丰富，加大了对低碳经济的支持力度。中国银保监会提供的数据显示，截至2020年末，中国21家主要银行绿色信贷余额超过11万亿元，绿色交通、可再生能源和节能环保项目的贷款余额及增幅规模位居前列。在绿色债券发展方面，《中国证监会关于支持绿色债券发展的指导意见》《非金融企业绿色债务融资工具业务指引》《绿色债券支持项目目录（2021年版）》等文件陆续出台，促进了中国绿色债券市场的蓬勃发展。2020年末，中国累计发行绿色债券约1.2万亿元，规模仅次于美国，位居世界第二。绿色债券在支持实体企业绿色转型升级方面发挥了积极作用。

据初步测算，每年绿色债券募集资金投向的项目可节约标准煤 5000 万吨左右，相当于减排二氧化碳 1 亿吨以上。

加快推进低碳经济发展试点示范工作。自从 2010 年国家发展改革委确定了在广东、辽宁、湖北等 5 省 8 市首次开展低碳经济试点工作以来，2012 年 11 月，国家发展改革委确定了包括北京、上海、海南与石家庄等 29 个省区和城市成为中国第二批低碳试点省市。2017 年 1 月，国家发展改革委又确定在 45 个城市（区、县）开展第三批低碳城市试点，至此，低碳省市（区、县）试点总数达到 87 个。在低碳省区和低碳城市试点方面，各试点地区加快建立了以低碳为特征的工业、建筑、交通、能源体系，加强了温室气体排放核算和清单编制基础能力建设，倡导了绿色低碳的生活方式和消费模式。在低碳工业园区建设试点方面，各试点园区积极探索适合中国国情的工业园区低碳管理模式，提高可再生能源消费占比，加快钢铁、建材、有色、石化和化工等重点用能行业低碳化改造，培育了一批低碳型企业。

四、循环经济的新发展

随着工业化和城镇化进程的加快，经济发展与资源环境之间的矛盾日益突出。推动"资源—产品—污染排放"的传统经济模式向"资源—产品—再生资源"的循环经济模式转变，是提高资源利用效率、解决资源环境瓶颈约束的重要措施和促进绿色可持续发展的有效途径。

"十二五"期间，中国发布了《2015 年循环经济推进计划》等文件，大力推进循环经济发展。国家发展改革委会同相关部门共确定了 49 个国家"城市矿产"示范基地，100 个园区循环化改造示范试点，100 个餐厨废弃物资源化利用和无害化处理试点城市，101 个国家循环经济示范城市（县），28 个国家循环经济教育示范基地。国家发展改革委联合工业和信息化部等部门开展了第二批再制造试点和产品"以旧换再"推广试点工作，共确定 28 家企业作为再制造试点，10 家企业作为产品

"以旧换再"推广试点。工业和信息化部发布 5 批《再制造产品目录》，促进再制造产品推广应用。据统计，以 2005 年为基期计算，2013 年中国循环经济发展指数达到 137.6，平均每年提高 4 个点，循环经济发展取得成效的同时也有力地促进了单位 GDP 能耗和碳排放强度的下降。据测算，"十二五"期间，中国资源产出率提高了 16.4%，单位 GDP 二氧化碳排放量下降了 20%，累计实现节能 8.6 亿吨标准煤（相当于减少二氧化碳排放 19.3 亿吨）。

2017 年，中国陆续印发了《循环经济发展评价指标体系（2017 年版）》《循环发展引领行动》等文件，对"十三五"期间循环经济发展工作作出整体部署。2017 年，国家发展改革委、财政部、住房城乡建设部印发《关于推进资源循环利用基地建设的指导意见》，提出到 2020 年，在全国范围内布局建设 50 个左右资源循环利用基地，基地服务区域的废弃物资源化利用率提高 30% 以上，要探索形成一批与城市绿色发展相适应的废弃物处理模式，为城市绿色循环发展提供保障。据统计，"十三五"期间，国家园区循环化改造持续发力，截至 2018 年底，已有 7 批共计 129 家园区被批准为国家循环化改造示范试点园区。2018 年，国家批复了成都市长安静脉产业园等 50 家资源循环利用基地实施方案，并对其中的公共设施建设给予中央预算内投资支持。方案强调，在基地建设期内，可按照中央预算内投资生态文明建设专项管理暂行办法申请补助。

发展循环经济是中国经济社会发展的一项重大战略。"十三五"时期以来，中国循环经济发展取得积极成效。2020 年主要资源产出率比 2015 年提高了约 26%。2020 年农作物秸秆综合利用率达 86% 以上；大宗固废综合利用率达 56%；建筑垃圾综合利用率达 50%；废纸利用量约 5490 万吨；废钢利用量约 2.6 亿吨，替代 62% 品位铁精矿约 4.1 亿吨；再生有色金属产量 1450 万吨，占国内十种有色金属总产量的 23.5%，其中再生铜、再生铝和再生铅产量分别为 325 万吨、740 万吨、240 万吨。资源循环利用已成为保障中国资源安全的重要途径。

"十四五"时期，中国进入新发展阶段，开启全面建设社会主义现代化国家新征程。大力发展循环经济，推进资源节约集约利用，构建资源循环型产业体系和废旧物资循环利用体系，对实现绿色可持续发展，推动实现碳达峰、碳中和，促进生态文明建设具有重大意义。2021 年，国家发展改革委印发了《"十四五"循环经济发展规划》，提出要坚持节约资源和保护环境的基本国策，遵循"减量化、再利用、资源化"原则，着力建设资源循环型产业体系，加快构建废旧物资循环利用体系，深化农业循环经济发展，全面提高资源利用效率，提升再生资源利用水平，建立健全绿色低碳循环发展经济体系，为经济社会可持续发展提供资源保障。该规划还全面部署了城市废旧物资循环利用体系建设、园区循环化发展、大宗固废综合利用示范、建筑垃圾资源化利用示范、循环经济关键技术与装备创新五大重点工程建设任务，启动了再制造产业高质量发展、废弃电器电子产品回收利用、汽车使用全生命周期管理、塑料污染全链条治理、快递包装绿色转型、废旧动力电池循环利用六大重点行动计划，为"十四五"时期促进循环经济高质量发展提供了行动指南。

第三节　积极参与和推进全球绿色发展

生态文明是人类文明发展的历史趋势，保护生态环境是全球面临的共同挑战和共同责任。中国秉持人类命运共同体理念，坚持多边主义，深度参与全球环境治理，切实履行气候变化、生物多样性等环境公约，大力推进绿色"一带一路"建设，构筑尊崇自然、绿色发展的生态体系，积极应对气候变化，保护生物多样性，建设清洁美丽世界，构建地球生命共同体，为全球可持续发展提供中国智慧、中国方案，成为全球生态文明建设的重要参与者、贡献者、引领者。

一、倡导共谋全球生态文明建设之路

2013 年 7 月 18 日，习近平在致生态文明贵阳国际论坛 2013 年年会的贺信中强调："保护生态环境，应对气候变化，维护能源资源安全，是全球面临的共同挑战。中国将继续承担应尽的国际义务，同世界各国深入开展生态文明领域的交流合作，推动成果分享，携手共建生态良好的地球美好家园。"① 2015 年 9 月，习近平在第七十届联合国大会一般性辩论时的讲话中提出："国际社会应该携手同行，共谋全球生态文明建设之路"。② 2016 年 9 月，中国作为 2016 年二十国集团主席国，推动二十国集团制定《二十国集团落实 2030 年可持续发展议程行动计划》，得到国际社会的高度评价。2019 年 4 月 29 日至 10 月 9 日在北京延庆举行的"2019 年中国北京世界园艺博览会"，以"绿色生活，美丽家园"为主题，旨在倡导人们尊重自然、融入自然、追求美好生活。共有约 110 个国家和国际组织参展。这片园区所阐释的绿色发展理念传导至世界各地。习近平在开幕式上的讲话中指出："我们应该追求携手合作应对。建设美丽家园是人类的共同梦想。面对生态环境挑战，人类是一荣俱荣、一损俱损的命运共同体，没有哪个国家能独善其身。唯有携手合作，我们才能有效应对气候变化、海洋污染、生物保护等全球性环境问题，实现联合国 2030 年可持续发展目标。只有并肩同行，才能让绿色发展理念深入人心、全球生态文明之路行稳致远。""中国愿同各国一道，共同建设美丽地球家园，共同构建人类命运共同体。"③ 2020 年 9 月 22 日，习近平在第七十五届联合国大会一般性辩论上指出，人类需要一场自我革命，加快形成绿色发展方式和生活方式，建设生态文明和美丽地球。各国要树立创新、协调、绿色、开放、共

---

① 《习近平谈治国理政》第一卷，外文出版社 2018 年版，第 212 页。
② 《习近平谈治国理政》第二卷，外文出版社 2017 年版，第 525 页。
③ 习近平：《共谋绿色生活，共建美丽家园——在二○一九年中国北京世界园艺博览会开幕式上的讲话》，载《人民日报》2019 年 4 月 29 日。

享的新发展理念，抓住新一轮科技革命和产业变革的历史性机遇，推动疫情后世界经济"绿色复苏"，汇聚起可持续发展的强大合力。①

二、积极推进全球环境治理合作

2014 年 11 月 16 日，习近平在澳大利亚布里斯班举行的二十国集团领导人第九次峰会第二阶段会议上发表的讲话中宣布，根据二十国集团在数据透明度方面的共识，中方将定期发布石油库存数据。中国将设立气候变化南南合作基金，帮助其他发展中国家应对气候变化。2015 年 11 月 30 日，习近平在气候变化巴黎大会开幕式上发表题为《携手构建合作共赢、公平合理的气候变化治理机制》的重要讲话中强调，各方要展现诚意、坚定信心、齐心协力，推动建立公平有效的全球应对气候变化机制，实现更高水平全球可持续发展，构建合作共赢的国际关系。2016 年 4 月，中国发布《落实 2030 年可持续发展议程中方立场文件》，该文件也作为第七十届联合国大会文件向各会员国分发。9 月 3 日，中国向联合国交存气候变化《巴黎协定》批准文书。9 月 19 日，李克强在纽约联合国总部主持召开"可持续发展目标：共同努力改造我们的世界——中国主张"座谈会，并率先发布了《中国落实 2030 年可持续发展议程国别方案》。2017 年 10 月，中共十九大报告提出要积极参与全球环境治理，落实减排承诺，为全球生态安全作出贡献。中国批准了加入 30 多项与生态环境有关的多边公约或议定书，在全球环境治理中的引领作用日益凸显。2018 年，中国积极参加《巴黎协定》实施细则谈判，推动联合国卡托维兹气候变化大会达成一揽子全面、平衡、有力度的成果。2021 年 4 月 22 日，习近平在"领导人气候峰会"上的讲话指出，气候变化带给人类的挑战是现实的、严峻的、长远的。面对全球环境治理前所未有的困难，国际社会要以前所未有的雄心和行动，坚持人与自然和谐共生，坚持绿色发展，坚持系统治理，坚持以

---

① 习近平：《在第七十五届联合国大会一般性辩论上的讲话》，载《人民日报》2020 年 9 月 23 日。

人为本，坚持多边主义，坚持共同但有区别的责任原则，携手合作，不要相互指责；持之以恒，不要朝令夕改；重信守诺，不要言而无信；共同为推进全球环境治理而努力。2021 年 4 月 30 日，习近平主持十九届中共中央政治局第二十九次集体学习时指出，要积极推动全球可持续发展，秉持人类命运共同体理念，积极参与全球环境治理，为全球提供更多公共产品，展现我国负责任大国形象。要加强南南合作以及同周边国家的合作，为发展中国家提供力所能及的资金、技术支持，帮助提高环境治理能力，共同打造绿色"一带一路"。要坚持共同但有区别的责任原则、公平原则和各自能力原则，坚定维护多边主义，坚决维护我国发展利益。2021 年 10 月 12 日，习近平以视频方式出席在昆明举行的《生物多样性公约》第十五次缔约方大会领导人峰会并发表主旨讲话。习近平指出，我们要尊重自然、顺应自然、保护自然，构建人与自然和谐共生的地球家园。我们要加快形成绿色发展方式，促进经济发展和环境保护双赢，构建经济与环境协同共进的地球家园。面对恢复经济和保护环境的双重任务，我们要加强团结、共克时艰，让发展成果、良好生态更多更公平惠及各国人民，构建世界各国共同发展的地球家园。① 2021 年 10 月 15 日，联合国《生物多样性公约》缔约方大会第十五次会议（COP15）第一阶段会议在昆明闭幕。这次大会进行了一般议程，举办了高级别会议（包括领导人峰会、部长级会议）、生态文明论坛。其中，高级别会议正式通过"昆明宣言"。宣言承诺，确保制定、通过和实施一个有效的"2020 年后全球生物多样性框架"，以扭转当前生物多样性丧失趋势并确保最迟在 2030 年使生物多样性走上恢复之路，进而全面实现人与自然和谐共生的 2050 年愿景。中国成功举办大会，有力推动了全球生物多样性治理进程。

统筹国内国际两个大局，以全球视野加快推进生态文明建设。2015 年3 月，国家发展改革委、外交部、商务部联合发布《推动共建丝绸之路经

---

① 习近平：《共同构建地球生命共同体——在〈生物多样性公约〉第十五次缔约方大会领导人峰会上的主旨讲话》，载《人民日报》2021 年 10 月 13 日。

济带和 21 世纪海上丝绸之路的愿景与行动》，强调在投资贸易中突出生态文明理念，加强生态环境、生物多样性和应对气候变化合作，共建绿色丝绸之路。中央有关部门建立了工作领导机制，出台落实"一带一路"规划的实施意见，生态环保等一批专项规划编制工作已经启动。2015 年，中共中央、国务院印发的《关于加快推进生态文明建设的意见》指出，广泛开展国际合作。统筹国内国际两个大局，以全球视野加快推进生态文明建设，树立负责任大国形象，把绿色发展转化为新的综合国力、综合影响力和国际竞争新优势。发扬包容互鉴、合作共赢的精神，加强与世界各国在生态文明领域的对话交流和务实合作，引进先进技术装备和管理经验，促进全球生态安全。加强南南合作，开展绿色援助，对其他发展中国家提供支持和帮助。中国建成了发展中国家最大的环境空气质量监测网。

中国积极倡导并推动将绿色生态理念贯穿于共建"一带一路"。中国与联合国环境规划署签署了关于建设绿色"一带一路"的谅解备忘录，与30 多个沿线国家签署了生态环境保护的合作协议。建设绿色丝绸之路已成为落实联合国 2030 年可持续发展议程的重要路径，2017 年中国同联合国环境署等国际机构一道发起建立"一带一路"绿色发展国际联盟。中国在2016 年担任二十国集团主席国期间，首次把绿色金融议题引入二十国集团议程，成立绿色金融研究小组，提交了《二十国集团绿色金融综合报告》。中国积极实施"绿色丝路使者计划"，以加强"一带一路"沿线国家环境管理人员和专业技术人才的互动与交流，提升沿线国家的环保意识和环境管理水平。中国发布《关于推进绿色"一带一路"建设的指导意见》《"一带一路"生态环境保护合作规划》等文件，推动落实共建"一带一路"的绿色责任和绿色标准。①

中国作为负责任的发展中大国，与世界各国共谋全球生态文明建设，深度参与全球环境治理，为全球可持续发展提供中国智慧、中国方案，成

---

① 推进"一带一路"建设工作领导小组办公室：《共建"一带一路"倡议：进展、贡献与展望》，载《人民日报》2019 年 4 月 23 日。

为全球生态文明建设的重要参与者、贡献者、引领者。中国 2018 年碳排放量比 2005 年下降 45.8%，提前实现对国际社会的承诺目标。中国的绿色不断增加，从"沙进人退"到"绿进沙退"，提前实现了联合国 2030 年可持续发展议程中关于制止和扭转土地退化的目标。美国航天局卫星数据表明，全球从 2000 年到 2017 年新增的绿化面积中，约 1/4 来自中国，贡献比例居全球首位。

三、稳步推进碳达峰和碳中和

2014 年 9 月，国家发展改革委发布《国家应对气候变化规划（2014－2020 年)》，把减缓和适应气候变化要求融入经济社会发展各方面和全过程，以加快构建中国特色的绿色低碳发展模式。2015 年 11 月 30 日，习近平在气候变化巴黎大会开幕式上发表题为《携手构建合作共赢、公平合理的气候变化治理机制》的重要讲话中庄严承诺，中国在"国家自主贡献"中提出将于 2030 年左右使二氧化碳排放达到峰值并争取尽早实现。[1] 2020 年 9 月 22 日，习近平在第七十五届联合国大会一般性辩论上指出，中国将努力争取 2060 年前实现碳中和。[2] 在 2021 年 9 月召开的第七十六届联合国大会上，中国承诺，今后不再新建境外煤电项目，大力支持发展中国家的能源绿色低碳发展。2021 年 9 月，《中共中央 国务院关于完整准确全面贯彻新发展理念做好碳达峰碳中和工作的意见》指出，实现碳达峰、碳中和，是以习近平同志为核心的党中央统筹国内国际两个大局作出的重大战略决策，是着力解决资源环境约束突出问题、实现中华民族永续发展的必然选择，是构建人类命运共同体的庄严承诺。2022 年 1 月 24 日，中共中央政治局就努力实现碳达峰碳中和目标进行第三十六次集体学习。习近平在主持学习时强调，实现碳达峰碳中和，是贯彻新发展理念、构建

---

① 中共中央文献研究室编：《习近平关于社会主义生态文明建设论述摘编》，中央文献出版社 2017 年版，第 135 页。

② 习近平：《在第七十五届联合国大会一般性辩论上的讲话》，载《人民日报》2020 年 9 月 23 日。

新发展格局、推动高质量发展的内在要求，是党中央统筹国内国际两个大局作出的重大战略决策。[①] 2021 年 12 月，国务院印发《"十四五"节能减排综合工作方案》，明确到 2025 年全国单位国内生产总值能源消耗比 2020 年下降 13.5%，能源消费总量得到合理控制，化学需氧量、氨氮、氮氧化物、挥发性有机物排放总量比 2020 年分别下降 8%、8%、10% 以上、10% 以上。节能减排政策机制更加健全，重点行业能源利用效率和主要污染物排放控制水平基本达到国际先进水平，经济社会发展绿色转型取得显著成效。该方案明确从八个方面健全政策机制：一是优化完善能耗双控制度；二是健全污染物排放总量控制制度；三是坚决遏制高耗能高排放项目盲目发展；四是健全法规标准；五是完善经济政策；六是完善市场化机制；七是加强统计监测能力建设；八是壮大节能减排人才队伍。该方案指出，完善实施能源消费强度和总量双控、主要污染物排放总量控制制度，组织实施节能减排重点工程，进一步健全节能减排政策机制，推动能源利用效率大幅提高、主要污染物排放总量持续减少，实现节能降碳减污协同增效、生态环境质量持续改善，确保完成"十四五"节能减排目标，为实现碳达峰、碳中和目标奠定坚实基础。[②] 2022 年 3 月 5 日，习近平参加十三届全国人大五次会议内蒙古代表团审议时指出，富煤贫油少气是我国的国情，以煤为主的能源结构短期内难以根本改变。实现"双碳"目标，必须立足国情，坚持稳中求进、逐步实现，不能脱离实际、急于求成，搞运动式"降碳"、踩"急刹车"。中共十八大以来，中国建立健全绿色低碳循环发展经济体系，持续推动产业结构和能源结构调整，启动全国碳市场交易，宣布不再新建境外煤电项目，加快构建"双碳"政策体系，积极参与气候变化国际谈判，展现了负责任大国的担当。

在加强碳汇方面，中国也走在前列。截至 2021 年 12 月 23 日，全国碳市场碳排放配额累计成交量为 1.79 亿吨，累计成交额达 76.61 亿元。碳交

[①] 《深入分析推进碳达峰碳中和工作面临的形势任务 扎扎实实把党中央决策部署落到实处》，载《人民日报》2022 年 1 月 26 日。

[②] 《国务院印发〈"十四五"节能减排综合工作方案〉》，载《人民日报》2022 年 1 月 25 日。

易作为碳排放指标调剂的市场手段，既有利于植树造林、增强碳汇，也有助于控制碳排放总量，引导资金、技术、人才等资源要素流向绿色低碳发展领域。在中国浙江、福建、陕西、江西等地区，权益主体通过"生态银行"等平台的集中收储和转让机制，将所得的碳汇指标在碳交易场所公开挂牌交易，将"绿水青山"的生态服务价值转化为"金山银山"的经济效益。在碳交易越来越国际化的今天，广大发展中国家积极开展生态建设、加强生态修复，有望在经济效益与生态效益两方面实现双赢。①

---

① 常纪文：《碳达峰碳中和的中国担当》，载《光明日报》2022年2月18日。

（2012—2022）

中国经济这十年

第十二章

消除贫困和共享
发展成果

"治国之道，富民为始。"增进民生福祉是经济发展的根本目的，发展为了人民，这是中国特色社会主义政治经济学的根本立场。贫困问题是世界性难题，作为一个农业人口占多数的发展中大国，中国的贫困问题由来已久。让中华民族摆脱贫困落后、实现共同富裕，是一代代中国共产党人矢志不渝的奋斗目标。进入新时代，党中央坚持以人民为中心，把人民对美好生活的向往作为奋斗目标，把增进民生福祉作为发展的根本目的，坚决打赢脱贫攻坚战，扎实推进共同富裕。统筹发展与安全两件大事，在高质量发展中不断保障和改善民生，大力促进各项社会事业发展，建设更高水平的平安中国，让改革发展成果更多更公平惠及全体人民。

第一节　创造人类减贫史上的奇迹

摆脱贫困，是中国人民孜孜以求的梦想，也是实现中华民族伟大复兴中国梦的重要内容。消除贫困、改善民生、逐步实现共同富裕，是中国特色社会主义的本质要求，是中国共产党的重要历史使命。为了如期实现全面建成小康社会奋斗目标，中国共产党组织实施了人类历史上规模最大、力度最强的脱贫攻坚战。

一、全体人民的小康

小康是中华民族自古以来不懈追求的梦想。《诗经》里"民亦劳止，汔可小康"的诗句，《礼记·礼运》描绘了"小康"理想社会状态，反映了中国先人对美好生活的向往和追求。中国共产党从成立之日起，就坚持把为中国人民谋幸福、为中华民族谋复兴作为初心使命，团结带领人民持续推进小康社会建设，实现了人民生活从温饱不足到总体小康、奔向全面小康的历史性跨越。

全面建成小康社会是实现中华民族伟大复兴中国梦的关键一步。2012年11月，中共十八大确立了"两个一百年"的奋斗目标，在中国共产党成立一百年时全面建成小康社会，在新中国成立一百年时建成富强民主文明和谐的社会主义现代化国家。① 到2020年全面建成小康社会，是"两个一百年"奋斗目标的第一个百年奋斗目标，是中国共产党向人民、向历史作出的庄严承诺，是十四亿多中国人民的共同期盼。

全面建成小康社会，强调的不仅是"小康"，更重要、更难做到的是

---

① 中共中央文献研究室编：《十八大以来重要文献选编》上，中央文献出版社2014年版，第13页。

"全面"。"小康"讲的是发展水平，"全面"讲的是发展的平衡性、协调性、可持续性。全面小康，是惠及全体人民的小康。没有全民小康，就没有全面小康。全面小康的路上，一个都不能少。全面小康，是城乡区域共同发展的小康。新中国成立以来特别是改革开放以来，我们党带领人民持续向贫困宣战，实施大规模扶贫开发行动，使贫困人口大幅减少，贫困群众生活水平显著提高，贫困地区面貌发生根本变化，中国人民生活水平总体上发生很大变化。同时，由于中国还处在社会主义初级阶段，还有为数不少的困难群众。截至 2012 年底，现行扶贫标准下尚有 9899 万农村贫困人口，贫困发生率为 10.2%。[①] 农村特别是贫困地区，是全面小康最大的短板。

中共十八大召开后不久，党中央就突出强调，"小康不小康，关键看老乡，关键看贫困的老乡能不能脱贫"，承诺"决不能落下一个贫困地区、一个贫困群众"，拉开了新时代脱贫攻坚的序幕。2012 年 12 月，习近平当选总书记后不久，就选择地处集中连片特困地区的河北省阜平县，进村入户看真贫。面对贫困地区经济社会发展现状，习近平指出："全面建成小康社会，最艰巨最繁重的任务在农村、特别是在贫困地区。没有农村的小康，特别是没有贫困地区的小康，就没有全面建成小康社会。"[②] 2013 年 2 月，习近平在中共十八届二中全会第二次全体会议上强调："贫穷不是社会主义。如果贫困地区长期贫困，面貌长期得不到改变，群众生活长期得不到明显提高，那就没有体现我国社会主义制度的优越性，那也不是社会主义。"[③]

进入新时代，到了需要一鼓作气向全面建成小康社会目标冲刺的关键时刻。以习近平同志为核心的党中央，坚持以人民为中心的发展思想，把脱贫攻坚摆到治国理政重要位置，把脱贫攻坚作为全面建成小康社会的底线任务，组织开展了声势浩大的脱贫攻坚人民战争。

---

① 习近平：《在打好精准脱贫攻坚战座谈会上的讲话》，载《求是》2020 年第 9 期。
② 《习近平谈治国理政》第一卷，外文出版社 2018 年版，第 189 页。
③ 中共中央党史和文献研究院编：《习近平扶贫论述摘编》，中央文献出版社 2018 年版，第 5 页。

二、贯彻实施精准扶贫

中共十八大后，2013 年 11 月，习近平在湖南湘西土家族苗族自治州十八洞村调研，首次提出"精准扶贫"理念，强调要"实事求是、因地制宜、分类指导、精准扶贫"。党中央加大扶贫投入，创新扶贫方式，扶贫开发工作呈现新局面。脱贫攻坚贵在精准，重在精准，成败之举在于精准。开对"药方子"，因人因地施策、因贫困原因施策、因贫困类型施策，做到对症下药、靶向治疗，才能拔掉"穷根子"，中国扶贫方式发生重大转变。

2015 年 10 月，中共十八届五中全会审议通过的《中共中央关于制定国民经济和社会发展第十三个五年规划的建议》，从实现全面建成小康社会奋斗目标出发，明确到 2020 年我国现行标准下农村贫困人口实现脱贫，贫困县全部摘帽，解决区域性整体贫困。这次全会把扶贫攻坚改成了脱贫攻坚，并明确了 2020 年的时间节点一定要兑现脱贫的承诺。

2015 年 11 月，中央扶贫开发工作会议召开，提出实现脱贫攻坚目标的总体要求，重点解决"扶持谁""谁来扶""怎么扶""如何退"等关键性问题，实行扶持对象、项目安排、资金使用、措施到户、因村派人、脱贫成效"六个精准"，实行发展生产、易地搬迁、生态补偿、发展教育、社会保障兜底"五个一批"，发出打赢脱贫攻坚战的总攻令。中共中央、国务院发布《关于打赢脱贫攻坚战的决定》，确保到 2020 年农村贫困人口实现脱贫，稳定实现"两不愁、三保障"（农村贫困人口不愁吃、不愁穿，义务教育、基本医疗和住房安全有保障），实现贫困地区农民人均可支配收入增长幅度高于全国平均水平，基本公共服务主要领域指标接近全国平均水平。自此，中华大地上吹响了脱贫攻坚啃硬骨头、攻坚拔寨的冲锋号。

为打赢这场战役，党和政府动员了规模空前的人力、物力、财力，作出了周密的规划部署，采取了许多具有原创性、独特性的重大举措。根据

"中央统筹、省负总责、市县抓落实"的扶贫管理体制，构建各负其责、合力攻坚的责任体系。2016 年 7 月，中共中央办公厅、国务院办公厅出台《省级党委和政府扶贫开发工作成效考核办法》，中西部 22 个省份党政主要负责同志向中央签署脱贫攻坚责任书、立下军令状。截至 2017 年 10 月，中共中央、国务院出台扶贫文件 5 个，中共中央办公厅、国务院办公厅出台扶贫文件 20 个，中央和国家机关各部门出台政策文件或实施方案 227 个，各地也相继出台和完善脱贫攻坚系列文件，逐步建立健全脱贫攻坚政策体系。中央巡视工作把脱贫攻坚作为巡视的重要内容，国务院扶贫办设立 12317 扶贫监督举报电话，把各方面的监督结果运用到考核评估和督查巡查中。[1]

截至 2017 年末，农村贫困人口从 2012 年末的 9899 万人降至 3046 万人，累计减少 6853 万人，六千多万贫困人口稳定脱贫，贫困发生率从 2012 年末的 10.2% 下降到 2017 年底的 3.1%[2]，脱贫攻坚战取得决定性进展。

三、打赢脱贫攻坚战

2017 年 10 月，中共十九大结合"两个一百年"奋斗目标，对决胜全面建成小康社会、开启全面建设社会主义现代化国家新征程作出战略部署和安排，向全党全国人民发出坚决打赢脱贫攻坚战的动员令。大会将打好精准脱贫攻坚战作为全面建成小康社会的三大攻坚战之一，动员全党全国全社会力量，重点攻克深度贫困地区脱贫任务，做到脱真贫、真脱贫。

从脱贫攻坚任务看，还有 3000 万左右的农村贫困人口需要脱贫，其中因病、因残致贫比例居高不下，在剩余 3 年时间内完成脱贫目标，任务十分艰巨。特别是"三区三州"等深度贫困地区，不仅贫困发生率高、贫

---

[1] 中共国务院扶贫办党组：《脱贫攻坚砥砺奋进的五年》，载《人民日报》2017 年 10 月 17 日。
[2] 习近平：《在打好精准脱贫攻坚战座谈会上的讲话》，载《求是》2020 年第 9 期。

困程度深，而且基础条件薄弱、致贫原因复杂、发展严重滞后、公共服务不足，脱贫难度更大。

为确保到 2020 年贫困地区和贫困群众同全国一道进入全面小康社会，党中央把脱贫攻坚作为全面建成小康社会的底线任务和标志性指标，组织实施了人类历史上规模最大、力度最强的脱贫攻坚战。2018 年 6 月，中共中央、国务院制定《关于打赢脱贫攻坚战三年行动的指导意见》，提出打赢脱贫攻坚战三年行动的总体要求与方案，即集中力量支持深度贫困地区脱贫攻坚；强化到村到户到人精准帮扶举措，加快补齐贫困地区基础设施短板，加强精准脱贫攻坚行动支撑保障，动员全社会力量参与脱贫攻坚，夯实精准扶贫精准脱贫基础性工作，加强和改善党对脱贫攻坚工作的领导。

习近平高度重视消除贫困问题，50 多次调研扶贫工作，足迹遍布全国 14 个集中连片特困地区，坚持看真贫，坚持了解真扶贫、扶真贫、脱真贫的实际情况，先后在陕西、贵州、宁夏、山西、四川等地主持召开 7 次脱贫攻坚座谈会。为高质量地完成脱贫攻坚目标任务，2020 年 1 月，中共中央、国务院下发《关于抓好"三农"领域重点工作确保如期实现全面小康的意见》，对收官之年的脱贫攻坚重点工作进行了部署。如期实现脱贫攻坚目标任务充满挑战，加上新冠肺炎疫情的影响，增加了打赢脱贫攻坚战的难度。

2020 年 3 月，在抗击新冠肺炎疫情的关键时刻，习近平出席决战决胜脱贫攻坚座谈会并发表讲话，深入分析脱贫攻坚战面临的困难和挑战，深刻阐明打赢脱贫攻坚战具备的有利条件，明确提出统筹推进疫情防控和脱贫攻坚的重点任务和重大举措。为有力确保取得脱贫攻坚战的最后胜利，动员全党全国全社会力量，建立中央统筹、省负总责、市县乡抓落实的工作机制，强化党政一把手负总责的责任制，五级书记抓扶贫。脱贫攻坚期内保持贫困县党政正职稳定，全国累计选派 300 多万县级以上机关、国有企业事业单位干部参加驻村帮扶，形成"专项扶贫、行业扶贫、社会扶贫"的"三位一体"大扶贫格局。注重扶贫同扶志、扶智相结合，深入实施东西部扶贫协作，重点攻克深度贫困地区脱贫任务。在党中央的坚强领导下，全社会积极参与，广大党员发挥先锋模范作用，精准扶贫、精准脱贫，扶真贫、真扶贫、真脱贫。

四、解决困扰千年的绝对贫困

经过 8 年奋斗，这场举全党全国之力的脱贫攻坚战取得决定性胜利。2021 年 2 月 25 日，全国脱贫攻坚总结表彰大会在北京举行，习近平庄严宣告："我国脱贫攻坚战取得了全面胜利，现行标准下 9899 万农村贫困人口全部脱贫，832 个贫困县全部摘帽，12.8 万个贫困村全部出列，区域性整体贫困得到解决，完成了消除绝对贫困的艰巨任务，创造了又一个彪炳史册的人间奇迹！"① 伟大事业孕育伟大精神，脱贫攻坚伟大斗争锻造形成了"上下同心、尽锐出战、精准务实、开拓创新、攻坚克难、不负人民"的脱贫攻坚精神。在脱贫攻坚工作中，数百万扶贫干部同贫困群众想在一起、过在一起、干在一起，35 年坚守太行山的"新愚公"李保国、用实干兑现"水过不去、拿命来铺"誓言的黄大发等同志，就是他们中的杰出代表。

打赢脱贫攻坚战，为实现全面建成小康社会目标任务作出了关键性贡献。中共十八大以来，平均每年 1000 多万人脱贫，相当于一个中等国家的人口脱贫。贫困人口收入水平显著提高，全部实现"两不愁、三保障"，脱贫群众不愁吃、不愁穿，义务教育、基本医疗、住房安全有保障，饮水安全也都有了保障。无论是雪域高原、戈壁沙漠，还是悬崖绝壁、大石山区，脱贫攻坚的阳光照耀到了每一个角落，无数人的命运因此而改变，无数人的梦想因此而实现，无数人的幸福因此而成就。

---

① 习近平：《在全国脱贫攻坚总结表彰大会上的讲话》，载《人民日报》2021 年 2 月 26 日。

★　河北省阜平县坐落于八百里太行深处，人称"九山半水半分田"，曾是国家级贫困县。中共十八大以来，随着脱贫攻坚的深入推进，阜平县发生了翻天覆地的变化。图为2019 年 8 月拍摄的河北省阜平县顾家台村村貌。

　　脱贫地区经济社会发展大踏步赶上来，整体面貌发生历史性巨变。贫困地区发展步伐显著加快，经济实力不断增强，基础设施建设突飞猛进，社会事业长足进步，行路难、吃水难、用电难、通信难、上学难、就医难等问题得到历史性解决，脱贫地区处处呈现山乡巨变、山河锦绣的时代画卷。28 个人口较少民族全部整族脱贫，一些新中国成立后"一步跨千年"进入社会主义社会的"直过民族"，又实现了从贫穷落后到全面小康的第二次历史性跨越。所有深度贫困地区的最后堡垒被全部攻克，在中华大地上如期建成了惠及全体人民的小康社会。

　　打赢脱贫攻坚战，为人类减贫事业作出历史性贡献，为全球减贫治理提供了中国智慧和中国方案。西方发达国家用了几百年至今也没能完全消除绝对贫困问题，而中国仅仅用几十年就历史性解决了，提前 10 年实现联合国 2030 年可持续发展议程确定的减贫目标，向世界有力证明中国共产党领导和中国特色社会主义制度的优越性。

第二节　统筹疫情防控和经济社会发展

2020 年，新冠肺炎疫情肆虐全球。这是百年来全球发生的最严重的传染病大流行，也是新中国遭遇的传播速度最快、感染范围最广、防控难度最大的重大突发公共卫生事件。

一、打响疫情防控的人民战争

病毒突袭而至，疫情来势汹汹，人民生命安全和身体健康面临严重威胁。党中央统筹全局、果断决策，坚持把人民生命安全和身体健康放在第一位，第一时间实施集中统一领导。习近平把疫情防控作为头等大事来抓，亲自指挥、亲自部署，提出坚定信心、同舟共济、科学防治、精准施策的总要求，明确了坚决遏制疫情蔓延势头、坚决打赢疫情防控阻击战的总目标。从农历大年初一起，中央政治局常委会、中央政治局召开 21 次会议研究决策，提出坚定信心、同舟共济、科学防治、精准施策的总要求，明确坚决遏制疫情蔓延势头、坚决打赢疫情防控阻击战的总目标。党中央周密部署武汉保卫战、湖北保卫战，成立中央应对疫情工作领导小组，派出中央指导组，建立国务院联防联控机制，因时因势制定重大战略策略，带领全党全军全国各族人民迅速打响疫情防控的人民战争、总体战、阻击战。

武汉和湖北是疫情防控阻击战的主战场，武汉胜则湖北胜、湖北胜则全国胜。2020 年 1 月 22 日下午，习近平审时度势，果断作出决策，要求立即对湖北省、武汉市人员流动和对外通道实行严格封闭的交通管控，给一座千万人口的城市按下"暂停键"，及时有效切断了病毒大范围传播的途径。一方有难，八方支援，举全国之力实施规模空前生命大救援，广大医务人员白衣为甲、逆行出征，54 万名湖北省医务人员同病毒短兵相接，346 支国家医疗队、4 万多名医务人员毅然奔赴前线。全国 4 万多名建设者和几千台机械设备云集武汉，仅用 10 多天时间先后建成火神山和雷神山医院，大规模改建 16 座方舱医院，迅速开辟 600 多个集中隔离点。人民解放军派出 4000 多名医务人员支援湖北，空军出动运输机紧急运送医疗物资，19 个省份对口支援湖北省除武汉以外的 16 个市州。红色党旗，绿色军装，白衣战袍，传递胜利希望。这场新中国成立以来规模最大的医疗支援行动，有力地保障了湖北省的防疫和救治。湖北人民自觉服从疫情防控大局需要，主动投身疫情防控斗争，为阻断疫情蔓延、为全国抗疫争取了战略主动。

全党全军全国各族人民上下同心、全力以赴，采取最全面、最严格、最彻底的防控举措，构筑起疫情防控的钢铁长城。各级党委和政府、各部门各单位各方面闻令而动，迅速形成统一指挥、全面部署、立体防控的战略布局。各行各业扛起责任，国有企业、公立医院勇挑重担。3900 多万名党员、干部战斗在抗疫一线，460 多万个基层党组织冲锋陷阵，1300 多万名党员参加志愿服务，400 多万名社区工作者在全国 65 万个城乡社区日夜值守，人民解放军指战员、武警部队官兵、公安民警奋勇当先，广大科研人员奋力攻关；各类民营企业、民办医院、慈善机构、养老院、福利院等积极出力，数百万快递员冒疫奔忙，180 万名环卫工人起早贪黑，新闻工作者深入一线，千千万万志愿者默默奉献。

经过艰苦卓绝的斗争，中国用一个多月的时间初步遏制了疫情蔓延势头，用两个月左右的时间将本土每日新增病例控制在个位数以内，用三个月左右的时间取得了武汉保卫战、湖北保卫战的决定性成果，进而又接连打了几场局部地区聚集性疫情歼灭战，夺取了全国抗疫斗争重大战略成果。2020 年 9 月 8 日，全国抗击新冠肺炎疫情表彰大会在北京举行。习近平强调，在这场同严重疫情的殊死较量中，中国人民和中华民族以敢于斗争、敢于胜利的大无畏气概，铸就了"生命至上、举国同心、舍生忘死、尊重科学、命运与共"的伟大抗疫精神。从大战中总结经验教训，从大考中汲取智慧力量，伟大抗疫精神为有效应对危机、化解风险挑战、进行具有许多新的历史特点的伟大斗争提供了强大精神动力。

二、率先恢复经济社会发展

经济社会是一个动态循环系统，不能长时间停摆。新冠肺炎疫情不可避免会对经济社会造成较大冲击，这是一次危机，也是一次大考。全国总体防控策略及时调整为"外防输入、内防反弹"，推动防控工作由应急性超常规防控向常态化防控转变。在确保疫情防控到位的前提下，推动非疫情防控重点地区企事业单位复工复产，恢复生产生活秩序，关系到为疫情防控提供有力物质保障，关系到民生保障和社会稳定，关系到中国对外开放和世界经济稳定。

2020 年 2 月 23 日，在疫情防控的关键时刻，一场"史无前例"的会议——统筹推进新冠肺炎疫情防控和经济社会发展工作部署会议召开。习近平在会议上指出："综合起来看，我国经济长期向好的基本面没有改变，疫情的冲击是短期的、总体上是可控的，只要我们变压力为动力、善于化危为机，有序恢复生产生活秩序，强化'六稳'举措，加大政策调节力度，把我国发展的巨大潜力和强大动能充分释放出来，就能够实现今年经济社会发展目标任务。"[①] 通过电视电话会的形式，全国 17 万名县团级以上干部，从最高领导人到"一线总指挥"，将任务一竿子插到底，中国共产党超强的领导力、组织力、动员力、执行力令世人惊叹。

2020 年是脱贫攻坚战最后一年，疫情对减贫进程产生影响，必须采取有效措施，将疫情的影响降到最低。3 月 6 日，习近平在决战决胜脱贫攻

---

① 习近平：《在统筹推进新冠肺炎疫情防控和经济社会发展工作部署会议上的讲话》，人民出版社 2020 年版，第 17 页。

坚座谈会上指出，要落实分区分级精准防控策略。疫情严重的地区，在重点搞好疫情防控的同时，可以创新工作方式，统筹推进疫情防控和脱贫攻坚。没有疫情或疫情较轻的地区，要集中精力加快推进脱贫攻坚。4月17日，中央政治局会议提出，在加大"六稳"工作力度的同时，全面落实"六保"任务，即保居民就业、保基本民生、保市场主体、保粮食能源安全、保产业链供应链稳定、保基层运转。做好"六稳"工作、落实"六保"任务，稳住了经济基本盘，为渡过难关赢得了时间、创造了条件，为应对各种风险挑战提供了重要保证。

中国疫情防控进入常态化阶段，但国外疫情仍然持续严峻。党中央及时将全国总体防控策略调整为"外防输入、内防反弹"，坚持"动态清零"总方针，推动防控工作由应急性超常规防控向常态化防控转变。外防输入成为疫情防控的重点，新组建的国家移民管理局严密加强口岸边境管控，全力构筑外防输入坚固防线，有效将国外疫情挡在国门之外。

党中央、国务院还制定一系列纾困惠企政策，出台多项强化就业优先、促进投资消费、稳定外贸外资、稳定产业链供应链等措施，促进新业态发展，推动交通运输、餐饮商超、文化旅游等各行各业有序恢复，实施支持湖北发展一揽子政策，分批分次复学复课。在一系列政策作用下，2020年中国经济二季度增速转负为正，三季度延续转正态势，复苏更为强劲，前三季度累计实现正增长，在全球率先复苏，成为疫情发生以来全球唯一实现正增长的主要经济体，在疫情防控和经济恢复上都走在了世界前列。2020年，中国率先控制新冠肺炎疫情，率先复工复产，率先实现经济增长由负转正，充分彰显中国经济的强劲韧性。2021年，中国落实常态化防控措施，因时因势不断调整防控措施，疫苗全程接种覆盖率超过85%，及时有效处置局部地区聚集性疫情，中国经济发展和疫情防控保持全球领先地位，实现了"两个领先"，维护了正常的生产生活秩序。两年多来，病毒频繁变异，形势不断演变。2022年，全球疫情仍处于高位，本土聚集性疫情呈现点多、面广、频发的特点。中国坚持"动态清零"总方针，常态化精准防控和局部应急处置有机结合，统筹常态化精准防控和应急处置，不断优化疫情防控举措，提高科学精准防控水平，发现一起就扑灭一起，迅速有效处置局部聚集性疫情，用最小的代价实现最大的防控效果，最大限度减少疫情对经济社会发展的影响。疫情要防住、经济要稳住、发展要安全，中国统筹经济发展和疫情防控取得世界上最好的成果。

三、构建人类卫生健康共同体

人类文明史也是一部同疾病和灾难的斗争史。病毒没有国界，疫病不分种族。面对来势汹汹的新冠肺炎疫情，中国提出"打造人类卫生健康共同体"的主张，开展了大规模的全球人道主义行动，推进疫情防控国际合作，汇聚起同疫情斗争的磅礴之力。

在应对全球新冠肺炎疫情中，国际社会进一步深化了人类是一个休戚与共的命运共同体的认识。2020 年 3 月 26 日，习近平出席以视频方式举行的二十国集团领导人应对新冠肺炎特别峰会，倡议有效开展国际联防联控，坚决打好新冠肺炎疫情防控全球阻击战，呼吁加强宏观经济政策协调、防止世界经济陷入衰退。5 月 18 日，第 73 届世界卫生大会视频会议召开，习近平宣布，中国将在两年内提供 20 亿美元国际援助，用于支持受疫情影响的国家特别是发展中国家抗疫斗争以及经济社会恢复发展。中国新冠肺炎疫苗研发完成并投入使用后，将作为全球公共产品，为实现疫苗在发展中国家的可及性和可担负性作出中国贡献。中国以"云外交"引领团结抗疫，共同佑护各国人民生命和健康，共同佑护人类共同的地球家园。

新冠肺炎疫情加速了国际格局调整，世界进入动荡变革期。国际社会正在经历多边和单边、开放和封闭、合作和对抗的重大考验。"世界怎么了，我们怎么办"成为时代之问。2021 年 5 月，习近平以视频方式出席全球健康峰会并发表讲话，就提高应对重大突发公共卫生事件能力和水平提出五点意见，强调要坚定不移推进抗疫国际合作，共同推动构建人类卫生健康共同体，共同守护人类健康美好未来。针对国际上出现的"甩锅"推责、污名化和疫情政治化行径，中国基于事实有力回击，得到国际上有理性、有良知者的支持。中国提出构建创新、活力、联动、包容的世界经济，为解决人类社会面临的种种全球性挑战提供了中国方案。新冠肺炎疫情发生后，横贯亚欧大陆的中欧班列，成为驰援各国的一条"生命通道"。2020 年，中欧班列开行累计 1.24 万列、发送 113.5 万标箱，成为助力"一带一路"沿线各国抗疫的"钢铁驼队"。

中国推进疫情防控国际合作，支持世界卫生组织发挥全球抗疫领导作用，向应对疫情能力薄弱的国家和地区提供帮助，发挥全球抗疫物资最大供应国作用，推动构建人类卫生健康共同体。中国本着公开、透明、负责任的态度，及时向世界卫生组织及相关国家和地区组织通报疫情信息，第一时间发布新冠病毒基因序列等信息，毫无保留同各方分享防控和救治经验，尽己所能为有需要的国家提供了大量支持和帮助。2021年，中国发布"可供对外出口的新冠病毒疫苗产品清单"，不仅践行承诺向国际社会提供疫苗超 20 亿剂，还向 154 个国家和国际组织提供抗疫物资援助，为各国疫情防控提供了坚实的物质支撑。据不完全统计，截至2021 年 10 月底，中国还向 34 个国家派出了 37 支医疗专家组，组织开展了近千场技术指导，与各国分享抗疫经验。中国在开展国际抗疫合作中主张，用好疫苗这个有力武器，确保疫苗公平分配，加快推进接种速度，弥合国际"免疫鸿沟"。

2022 年 1 月，习近平在北京出席 2022 年世界经济论坛视频会议并发表演讲，介绍了中国对国际抗疫合作的重要贡献，更向世界展现出中国将继续务实有力地开展国际抗疫合作的决心，号召坚定信心、勇毅前行，共创后疫情时代美好世界。中国言必信、行必果，用实际行动践行承诺、展现担当。[1] 新冠肺炎疫情暴发以来，中国率先复工复产，有效填补全球供需缺口，为稳定全球产业链供应链、保障国际供给、平抑全球通胀作出积

---

[1] 《习近平出席 2022 年世界经济论坛视频会议并发表演讲——强调要在历史前进的逻辑中前进 在时代发展的潮流中发展 坚定信心 勇毅前行 共创后疫情时代美好世界》，载《人民日报》2022年 1 月 18 日。

极贡献。中国继续拓展同世界各国的互利互惠合作，继续推进经济全球化，坚定维护多边贸易体制，维护全球产业链供应链安全畅通运转，共同推动世界经济早日重现繁荣。

第三节　体现效率促进公平的收入分配体系

在发展经济的基础上不断提高人民生活水平，是党和国家一切工作的根本目的。以习近平同志为核心的党中央坚持以人民为中心的发展思想，始终把实现好、维护好、发展好最广大人民的根本利益作为一切工作的出发点和落脚点，实施就业优先战略，建设体现效率促进公平的收入分配体系，推动创造高品质生活。

一、推动实现更加充分、更高质量的就业

就业是最大的民生工程、民心工程、根基工程，是提高居民收入的前提。在经济下行压力增大的情况下，面对结构性就业压力，党和国家把稳就业摆在突出位置，深入实施就业优先战略和更加积极的就业政策，推动实现更加充分、更高质量的就业。中共十八届三中全会提出健全促进就业创业体制机制，建立经济发展和扩大就业的联动机制，健全政府促进就业责任制度，消除城乡、行业、身份、性别等一切影响平等就业的制度障碍和就业歧视。2015年4月，国务院印发《关于进一步做好新形势下就业创业工作的意见》，部署进一步促进就业鼓励创业，以稳就业惠民生促进经济社会平稳健康发展，提出了深入实施就业优先战略、积极推进创业带动就业、统筹推进高校毕业生等重点群体就业和加强就业创业服务和职业培训四个方面的政策措施。国家又先后出台《"十三五"促进就业规划》《关于做好当前和今后一段时期就业创业工作的意见》等一系列文件，

大力实施就业优先战略和更加积极的就业政策，推动就业工作呈现新局面。中共十九大在继续强调要坚持就业优先战略和积极就业政策的同时，把实现更高质量和更充分就业摆到了更突出的位置，把破除妨碍劳动力、人才社会性流动的体制弊端作为重要任务，使劳动力就业之路更广阔、更顺畅。

就业是最大的民生，关系老百姓的饭碗，是天大的事，必须下大力气解决。党和政府加快推进公共就业服务体系建设，实施"互联网＋公共服务"，整合人力资源市场，加快发展人力资源服务业，提升公共就业服务能力，进一步提高劳动力市场供需匹配效率。实施职业培训行动计划，开展企业新型学徒制培训试点，为劳动者提供职业培训补贴，全面提升劳动者素质。重点做好高校毕业生等青年群体、农民工、城镇困难人员、退役军人就业工作，尤其针对供给侧结构性改革可能导致的下岗失业问题，国家于 2016 年划拨 1000 亿元"去产能稳就业"专项奖补资金，平稳有序做好过剩产能职工安置工作。通过劳务协作试点、技能脱贫、创建就业扶贫车间等多种形式，促进农村贫困劳动力转移就业。通过破除妨碍劳动力、人才社会性流动的体制机制弊端，完善政府、工会、企业共同参与的协商协调机制，构建和谐劳动关系，使人人都有通过辛勤劳动实现自身发展的机会。

就业结构不断优化，第三产业已经成为吸纳就业最多的产业，就业人数不断增加。城镇就业人员比重不断提高，2014 年，城镇就业人员数量首次超过乡村，城乡就业格局发生了历史性转变。中西部地区劳动力就近就地就业和返乡创业趋势明显，区域就业格局更加合理。各级党委和政府不断健全劳动关系协调和矛盾调处机制，坚决防止和纠正就业歧视，建立解决农民工工资拖欠长效机制，推动全社会共同构建和谐劳动关系。

就业优先战略稳定了全社会就业形势，实现了就业形势总体稳定、稳中向好。这十年就业规模持续扩大，全国就业人员总量保持平稳增长，城镇新增就业人数年均超过 1300 万人，城镇登记失业率保持在较低水平。尽管受到新冠肺炎疫情冲击，2020 年、2021 年全年城镇新增就业分别达到 1186 万人、1269 万人，对于中国这样一个处于经济转型期的人口大国，这些成绩极为难得。

二、促进收入分配更合理、更有序

收入分配制度是经济社会发展中一项带有根本性、基础性的制度安排，是社会主义市场经济体制的重要基石。收入分配是民生之源，是改善民生、实现发展成果由人民共享最重要最直接的方式。改革开放以来，按劳分配为主体、多种分配方式并存的分配制度基本确立，以税收、社会保障、转移支付为主要手段的再分配调节框架初步形成，城乡居民人均实际收入平均每十年翻一番，家庭财产稳定增加，人民生活水平显著提高。同时，收入分配领域仍存在一些亟待解决的突出问题，城乡区域发展差距和居民收入分配差距依然较大，部分群众生活比较困难。在中国已经进入全面建成小康社会的决定性阶段，必须继续深化收入分配制度改革，实现发展成果由人民共享，为全面建成小康社会奠定扎实基础。

中共十八大提出，要千方百计增加居民收入，深化收入分配制度改革，实现发展成果由人民共享。2013 年 2 月，国务院批转国家发展改革委等部门《关于深化收入分配制度改革的若干意见》，提出城乡居民人均实际收入 2020 年比 2010 年翻一番、收入分配差距逐步缩小、收入分配秩序明显改善、收入分配格局趋于合理等目标。2020 年 10 月，中共十九届五中全会进一步规范收入分配秩序，坚持按劳分配为主体、多种分配方式并存，提高劳动报酬在初次分配中的比重，履行好政府再分配调节职能，发挥慈善等第三次分配作用，发展完善慈善事业，改善收入和财富分配格局。

围绕目标，国家出台了一系列政策措施，促进收入分配更合理、更有序。坚持按劳分配原则，努力拓宽居民劳动收入和财产性收入渠道，完善按要素分配的体制机制，履行好政府再分配调节职能，缩小收入分配差距。鼓励勤劳守法致富，扩大中等收入群体，增加低收入者收入，调节过高收入，取缔非法收入，缩小收入分配差距，促进收入分配更合理、更有序。通过改革完善收入分配制度，实现了居民收入和经济发展同步增长，劳动报酬和劳动生产率同步提高。稳定农村土地承包关系并保持长久不变，实施农村集体土地所有权、承包权、经营权"三权分置"，赋予农民对承包地占有、使用、收益、流转及经营权融资担保权能，保障农户宅基地用益物权，增加农民财产性收入，赋予农民更多财产权利。

中共十八大以来，居民收入增速持续超过经济增速，农村居民人均可支配收入增速持续超过城镇居民，中等收入群体持续扩大。随着农村外出务工的增加，农村居民工资性收入增长较快。从 2012 年到 2021 年，全国居民人均可支配收入从 16510 元增长到 35128 元，居民收入基尼系数由 0.474 降低到 0.466。2021 年，城乡居民人均可支配收入之比为 2.50，比 2012 年下降 0.33。居民收入与经济增长基本同步，2021 年全国居民人均可支配收入 35128 元，比上年实际增长 8.1%，快于人均国内生产总值增速。其中，脱贫县居民收入快速增长，快于全国农村居民人均可支配收入的增速。全国居民初步实现工资增长与劳动生产率提高基本同步，劳动报酬在初次分配中的比重稳步提高，行业、地区、群体工资差距逐步缩小，中国已形成超过 4 亿人并快速增长的世界最大规模的中等收入群体。

三、创造人民高品质美好生活

中国的发展是以人民为中心的发展，如果发展不能回应人民的期待，不能让群众得到实际利益，这样的发展就失去了意义，也不可能持续。伴随着收入的不断增加，居民消费水平持续提高，消费结构升级趋势明显。全国恩格尔系数明显下降，从 2012 年的 33.0% 下降至 2019 年的 28.2%。其中城镇居民恩格尔系数从 2012 年的 32.0% 下降至 2019 年的 27.6%，农村居民恩格尔系数从 2012 年的 35.9% 下降至 2019 年的 30.0%，按照联合国的标准，我国人民生活已经进入相当殷实富足阶段。2021 年，全国居民人均服务性消费支出达到 10645 元，占居民人均消费支出的比重为

44.2%。居民食品消费质量全面改善，更趋营养型高品质。耐用品消费不断升级换代，2021年每百户家庭拥有汽车超过37辆，比2012年翻了一倍还多。坚持"房子是用来住的、不是用来炒的"定位，国家对房地产业健康发展的持续引导，居民居住条件显著改善。这十年，城镇棚户区改造3961万套，惠及9000多万居民。老旧小区改造惠及2000多万户，1.8亿左右的农村人口成为城镇常住人口，享受更高质量的城市生活。2020年，城镇居民和农村居民人均住房建筑面积分别达39.9平方米和49.6平方米，住房条件、居住环境和居住质量不断改善。

高品质生活的根基，系于全面建成小康社会进程中经济发展、科技进步、创新发展的强有力推进。以创新为第一动力，中国进入高质量发展阶段。现代基础设施网络持续完善，信息畅通、公路成网、铁路密布、大桥巍峨，"五纵五横"综合运输大通道基本贯通，天涯成咫尺，天堑变通途。中国已建成世界上最现代化的铁路网和最发达的高铁网。四通八达的交通网络深刻影响了城市格局、人口布局和经济版图，深刻改变了人们的生活圈、工作圈。从短途的城市周边游，周末的国内游，到长假的国内游、出境游，越来越多的人加入了旅游的行列，2019年全年国内游客超过60亿人次。"来一场说走就走的旅行""世界这么大，我想去看看"成为流行语。

互联网快速普及，人工智能加快应用，互联网基础设施建设加速推进，移动通信从4G演进到5G，实现网络、产业、应用全球领先。中国网民数量、网络零售交易额、电子信息产品制造规模已居全球第一，建成全球最大规模光纤和移动通信网络。网络覆盖越来越广、资费越来越低、网速越来越快，随时随地可以一键互联、一"网"打尽，信息高速路畅通了人民幸福路。宽带网络"村村通"，快递物流"路路畅"，农村电商激活大市场。2021年，快递业务量突破1000亿件，占全球一半以上，中国快递业保持强劲增长，规模稳居世界首位。云计算、大数据、物联网、移动互联网、人工智能等新一代信息技术广泛深入应用，移动支付、共享出行、工业互联、智慧城市等数字经济加快推进，为发展注入新动能，为社会带来深刻变革。云经济、宅经济、数字经济，新技术新产品新业态加速涌现，极大地重塑着人们的生活方式。

四、扎实推进共同富裕

消除贫困、改善民生、实现共同富裕是社会主义的本质要求，是中国共产党的重要使命和矢志不渝的奋斗目标，追求共同富裕贯穿于中国式现代化新道路形成和拓展的整个历史进程中。习近平强调："我们追求的发展是造福人民的发展，我们追求的富裕是全体人民共同富裕。"① 改革发展搞得成功不成功，最终的判断标准是人民是不是共同享受到了改革发展成果。扎实推动共同富裕，是新时代的历史使命。中共十八大以来，始终朝着实现共同富裕的目标不懈努力。

2013 年 11 月，中共十八届三中全会通过的《中共中央关于全面深化改革若干重大问题的决定》明确规定，改革收入分配制度，促进共同富裕。中共十九大明确提出，新时代"是全国各族人民团结奋斗、不断创造美好生活、逐步实现全体人民共同富裕的时代"，到 2035 年"全体人民共同富裕迈出坚实步伐"，本世纪中叶"全体人民共同富裕基本实现"。新时代"两步走"战略安排中，"共同富裕"是鲜明标识。全面建成小康社会取得伟大历史性成就，特别是决战脱贫攻坚取得全面胜利，为新发展阶段推动共同富裕奠定了坚实基础。

乘势而上开启全面建设社会主义现代化国家新征程，中国共产党把促进全体人民共同富裕摆在更加重要的位置。习近平指出："实现共同富裕不仅是经济问题，而且是关系党的执政基础的重大政治问题。我们决不能允许贫富差距越来越大、穷者愈穷富者愈富，决不能在富的人和穷的人之间出现一道不可逾越的鸿沟。"② 2020 年 10 月，中共十九届五中全会明确

---

① 全国干部培训教材编审指导委员会组织编写：《改善民生和创新社会治理》，人民出版社、党建读物出版社 2019 年版，第 2 页。
② 习近平：《把握新发展阶段，贯彻新发展理念，构建新发展格局》，载《求是》2021 年第 9 期。

中国式现代化是全体人民共同富裕的现代化，并将全体人民共同富裕取得更为明显的实质性进展、扎实推动共同富裕等列入 2035 年基本实现社会主义现代化远景目标。

★　近年来，浙江省嘉兴市嘉善县走出了一条城乡深度融合推动共同富裕的实践路子。图为 2021 年 7 月 21 日拍摄的浙江省嘉兴市嘉善县姚庄镇横港村。

　　实现共同富裕不仅仅是一个口号，而是看得见、摸得着、真实可感的事实。这项工作不能等，要统筹考虑需要和可能，按照经济社会发展规律循序渐进。2021 年 3 月，十三届全国人大四次会议批准"十四五"规划纲要，制定了全面建设社会主义现代化国家新征程的宏伟蓝图，对扎实推进共同富裕作了具体部署。在实现现代化过程中不断地、逐步地解决好共同富裕问题，统筹做好就业、收入分配、教育、社保、医疗、住房、养老、扶幼等各方面工作，更加注重向农村、基层、欠发达地区倾斜，向困难群众倾斜。

　　由于中国发展不平衡不充分问题仍然突出，城乡区域发展和收入分配差距较大，各地区推动共同富裕的基础和条件不尽相同。促进全体人民共同富裕是一项长期艰巨的任务，需要选取部分地区先行先试、作出示范。2021 年 5 月 20 日，中共中央、国务院发布《关于支持浙江高质量发展建设共同富裕示范区的意见》，明确发展目标，到 2025 年，浙江省推动高质量发展建设共同富裕示范区取得明显实质性进展；到 2035 年，浙江省高质量发展取得更大成就，基本实现共同富裕。通过实践进一步丰富共同富裕的思想内涵，探索破解新时代社会主要矛盾的有效途径，为全国推动共同富裕提供省域范例。

第四节　在高质量发展中改善和保障民生

民生是人民幸福之基、社会和谐之本。经济发展是民生改善的物质基础，离开经济发展空谈改善民生是无源之水、无本之木。增进民生福祉是发展的根本目的，经济的发展是增进民生福祉的前提和根本保障。进入新时代，高质量发展为保障和改善民生打下了坚实的物质基础，推动在更高水平上实现幼有所育、学有所教、劳有所得、病有所医、老有所养、住有所居、弱有所扶，让人民有更多、更直接、更实在的获得感、幸福感、安全感。

一、办好人民满意的教育

百年大计，教育为本，教育寄托着亿万家庭对美好生活的期盼。中共十九大指出，建设教育强国是中华民族伟大复兴的基础工程，必须把教育事业放在优先位置，深化教育改革，加快教育现代化，办好人民满意的教育。2018 年 9 月，习近平在全国教育大会上强调，要坚持中国特色社会主义教育发展道路，培养德智体美劳全面发展的社会主义建设者和接班人。党中央紧扣落实立德树人根本任务，深化教育改革，努力构建德智体美劳全面培养的教育体系。

把教育事业放在优先位置，教育的财政投入规模空前，从2012年起，国家财政性教育经费支出占当年国内生产总值比例连续保持在4%以上。2012年至2019年，全国公共财政教育支出稳步增加，由21165亿元增至40047亿元。随着4%成果的持续巩固，用于义务教育的国家财政性教育经费2019年达到21119亿元，首次超过2万亿元，占国家财政性教育经费的比例达到53%。

为落实全面建成小康社会要求，促进义务教育事业持续健康发展，2016年7月，国务院印发《关于统筹推进县域内城乡义务教育一体化改革发展的若干意见》，要求深化义务教育治理结构、教师管理和保障机制改革，构建与常住人口增长趋势和空间布局相适应的城乡义务教育学校布局建设机制，完善义务教育治理体系，提升义务教育治理能力现代化水平。到2019年3月，占全国总县数92.7%的2717个县实现义务教育基本均衡发展。

国家财政性教育经费的使用，始终坚持进一步向薄弱环节和贫困地区倾斜，持续支持地方优化义务教育资源配置，缩小城乡、区域间差距，推进教育领域基本公共服务均等化。2011年开始，实施农村义务教育学生营养改善计划，2018年营养改善计划已实现国家扶贫开发县全覆盖，受益学生3700多万人。2014年，"全面改善贫困地区义务教育薄弱学校基本办学条件"工程项目启动，惠及全国2600多个县近22万所义务教育学校。建立覆盖学前教育至研究生教育的全学段学生资助政策体系，普惠性幼儿园覆盖率达到87.78%，全国所有县级单位实现义务教育基本均衡发展。覆盖全学段的学生资助体系全面建立，困难群体受教育权利得到更好保障，脱贫家庭失学辍学学生实现动态清零。各级政府不断扩大优质教育资源覆盖面，努力解决人民群众反映强烈的"择校热""入园难"问题，外来务工人员随迁子女80%以上在流入地公办学校就学。

这十年，农村地区、边疆民族地区、革命老区、脱贫地区教育水平得到了历史性提高，区域城乡校际差距明显缩小。基础教育巩固发展，义务教育普及程度超过了高收入国家的平均水平，学期教育毛入学率大幅提升到 88.1%，高等教育进入普及化阶段。2021 年，各级各类学校在校生 2.91 亿人，各级教育普及程度均达到或超过中高收入国家平均水平，总体发展水平已跃居世界中上行列。教师队伍建设大为加强，覆盖大中小学完整的师德建设制度体系加快建立。2021 年劳动年龄人口平均受教育的年限达到 10.9 年。网络化、数字化、个性化、终身化的学习体系加快构建，"人人皆学、处处能学、时时可学"的学习型社会正在形成，学习逐渐成为人们的日常习惯和生活方式。

经过不懈努力，中国已建立起世界上规模最大的教育体系，各级教育普及程度均达到或超过中高收入国家平均水平。中国的教育，畅通了向上流动的通道，改变了无数人的命运，实现了无数人的梦想，让人们拥有了更多人生出彩的机会。

二、推进基本公共服务均等化

改革开放 40 多年来，中国基本公共服务体系取得了长足进步，公共服务设施实现了较高程度的覆盖，较好地保障了人民群众的基本权益。但同时也需要看到，中国基本公共服务体系覆盖质量不高、服务水平和效能不足的问题依然突出，与人民群众日益增长的美好生活需要仍然存在一些差距。中国优质公共服务资源主要集中在东部地区、城市地区，拉大了城乡、区域之间的公共服务差距。

新时代，中国公共服务面临着从数量向质量、从规模向结构、从"有没有"向"好不好"的转变。中共十八大把"基本公共服务均等化总体实现"纳入全面建成小康社会的目标里。中共十九大进一步要求"加快推进基本公共服务均等化"，在 2035 年基本实现现代化的目标中明确提出"公共服务均等化基本实现"。国家紧紧围绕更好保障和改善民生、促进社会公平正义，深化社会体制改革，一系列积极的举措逐步推动基本公共服务均等化的进程，建立更广覆盖、更高质量、更加均衡的公共服务体系。

2012 年和 2017 年，国务院先后印发《国家基本公共服务体系"十二五"规划》和《"十三五"推进基本公共服务均等化规划》，分门别类地规定了公共服务均等化的主要目标，以及各项制度的重点任务和保障措施等具体内容。2018 年 2 月，国务院对基本公共服务的支出责任、基础标准、分担方式、转移支付方式等作出明确规定与规范。

在各级政府的主导下，从解决人民群众最关心最直接最现实的利益问题入手，以普惠性、保基本、均等化、可持续为方向，健全国家基本公共服务制度，完善服务项目和基本标准，强化公共资源投入保障，提高共建能力和共享水平。国家进一步建立健全人口监测预测体系，优化城乡公共服务资源的空间布局，推进城乡之间、区域之间公共服务的优质均衡，积极拓展公共服务数字化应用场景，努力打造公共服务优质共享的均衡图景。

随着文化事业和文化产业繁荣发展，公共文化服务设施加快普及，使人们的精神生活日益丰富多彩。2017 年 3 月，《中华人民共和国公共文化服务保障法》施行，实现了人民群众基本文化权益的法律保障。到 2021 年末，全国公共图书馆、博物馆数量分别达 3217 个和 3671 个，电视节目综合人口覆盖率达 99.7%。公共文化服务设施全部免费开放，基本实现了"县有公共图书馆、文化馆，乡有综合文化站"的建设目标。文艺创作、文艺活动、文艺惠民等方面作出积极贡献、取得丰硕成果，越来越多人享受到更加优质、便捷、个性化的公共文化服务。

2021 年 3 月，《国家基本公共服务标准（2021 年版）》正式印发，涵盖了幼有所育、学有所教、劳有所得、病有所医、老有所养、住有所居、弱有所扶"七有"，以及优军服务保障、文体服务保障"两个保障"，共 9 个方面、22 大类、80 个服务项目。通过建立基本公共服务标准，对各级政府形成一种制度化的约束，使区域内大致按统一标准提供服务和保障，让全体居民都能公平可及地获得大致均等的基本公共服务，逐步缩小城乡差距、区域差距。大病保险制度、社会救助制度、养老托育服务等一系列关系人民群众基本生活保障的重大制度安排逐步建立健全，以国家基本公共服务标准为基础的基本公共服务标准体系逐步形成。

三、健全多层次社会保障体系

社会保障是民生之依，发挥着社会稳定器的作用。中共十八大以来，中央把社会保障体系建设摆在更加突出的位置，坚持全覆盖、保基本、多层次、可持续的方针，不断深化社会保障制度改革，推动社会保障体系建设进入快车道。

积极应对人口老龄化上升为国家战略，全面建立统一的城乡居民基本养老保险制度，推进机关事业单位养老保险制度改革，建立企业职工基本养老保险基金中央调剂制度，启动养老保险基金投资运营，增强制度的公平性和可持续性。2014 年 2 月，城镇居民基本养老保险制度和新型农村基本养老保险制度合并实施，促进城乡协调发展。从 2015 年 10 月起，机关事业单位实行社会统筹与个人账户相结合的基本养老保险制度，实行与企业同样的社会统筹与个人账户结合的基本制度模式。企业职工基本养老保险基金中央调剂制度建立，更好发挥养老保险互助共济作用。居家社区机构相协调、医养康养相结合的养老服务体系加快建立，多数城市社区初步形成助餐、助医、助洁等为主体的"一刻钟"居家养老服务圈。越来越多的农村社区建起村级幸福院、日间照料中心等养老服务设施，城乡普惠型养老服务、互助型养老进一步发展。

进一步织密织牢医疗保障网，医疗保障制度更加健全。国务院办公厅 2015 年印发《关于全面实施城乡居民大病保险的意见》，将这项从 2012 年开始试点的制度向全国推开，大病保险支付比例达到 50% 以上，进一步织密织牢医疗保障网。2016 年 1 月，国务院印发《关于整合城乡居民基本医疗保险制度的意见》，整合城镇居民基本医疗保险和新型农村合作医疗两项制度，建立统一的城乡居民基本医疗保险制度。2019 年，国务院办公厅印发《关于全面推进生育保险和职工基本医疗保险合并实施的意见》，将生育保险基金并入职工基本医疗保险基金。

　　中国还大力推进全民参保计划，降低社会保险费率，划转部分国有资本充实社保基金，积极发展养老、托幼、助残等福利事业。人民群众不分城乡、地域、性别、职业，在面对年老、疾病、失业、工伤、残疾、贫困等风险时都有了相应的制度保障。2016年，国务院还印发了《关于进一步健全特困人员救助供养制度的意见》，不断筑牢民生保障底线。这十年中国已基本建成以社会保险为主体，包括社会救助、社会福利、社会优抚等制度在内，覆盖城乡居民的多层次的、功能完备的社会保障体系，保障标准也随着经济发展逐步提升。

　　2021年末，全国基本养老、失业、工伤保险参保人数分别达到102872万人、22958万人、28284万人，基本医疗保险覆盖超过136424万人，如表12－1所示。生育保险依法覆盖所有用工单位及职工。住房保障力度不断加大，累计建设各类保障性住房和棚改安置房8000多万套，帮助2亿多困难群众改善住房条件，低保、低收入住房困难家庭基本实现应保尽保，中等偏下收入家庭住房条件有效改善。残疾人权益保障更加有力，8500万残疾人同步迈入小康。儿童福利和未成年人保护体系不断完善，有力保障了儿童健康和全面发展。

表12－1　　　　　2012－2021年全国社会保障基本情况　　　　单位：万人

年份	基本养老保险	基本医疗保险	失业保险	工伤保险	生育保险
2012	78796	53641	15225	19010	15429
2013	81968	57073	16417	19917	16392
2014	84232	59747	17043	20639	17039
2015	85833	66582	17326	21433	17771
2016	88777	74392	18089	21889	18451
2017	91548	117681	18784	22724	19300
2018	94240	134452	19643	23868	20435
2019	96748	135436	20543	25474	21432

续表

年份	基本养老保险	基本医疗保险	失业保险	工伤保险	生育保险
2020	99882	136101	21689	26770	23546
2021	102872	136424	22958	28284	23851

资料来源：根据国家统计局网站资料整理。

社会保障网织密织牢，为人民创造美好生活奠定了坚实基础。经过不懈努力，中国已建成世界上规模最大的社会保障体系，人类发展指数进入"高人类发展水平"阶段，正向全覆盖、保基本、多层次、可持续的社会保障目标迈进。

四、全面推进健康中国建设

人民健康是民族昌盛和国家富强的重要标志，没有全民健康，就没有全面小康。2015 年 10 月，中共十八届五中全会提出"推进健康中国建设"。2016 年 8 月，习近平在全国卫生与健康大会上强调，要把人民健康放在优先发展的战略地位，加快推进健康中国建设，努力全方位、全周期保障人民健康，提出"以基层为重点，以改革创新为动力，预防为主，中西医并重，把健康融入所有政策，人民共建共享"的卫生与健康工作方针。① 同年 10 月，中共中央、国务院印发《"健康中国 2030"规划纲要》，确定了"三步走"的战略目标，即到 2020 年，建立覆盖城乡居民的中国特色基本医疗卫生制度，主要健康指标居于中高收入国家前列；到 2030 年，促进全民健康的制度体系更加完善，主要健康指标进入高收入国家行列；到 2050 年，建成与社会主义现代化国家相适应的健康国家。2017年，中共十九大明确实施健康中国战略，承诺为人民提供全方位全周期健康服务。随后提出一系列规划纲要，中共十九届五中全会进一步要求，全

---

① 中共中央文献研究室编：《习近平关于社会主义社会建设论述摘编》，中央文献出版社 2017 年版，第 101 页。

面推进健康中国建设。

根据健康中国战略方针和部署，医药卫生体制改革坚持医疗、医保、医药"三医"联动，坚持防治结合、联防联控、群防群控，不断推进疾病治疗向健康管理转变。加快推进公立医院综合改革，推进药品和医疗服务价格改革，全面实施城乡居民大病保险，积极建设分级诊疗制度，优化完善药品生产流通使用政策。为了解决好群众看病难、看病贵问题，医药卫生体制改革攻坚克难，中国特色基本医疗卫生制度框架基本建立：稳步实施分级诊疗，扎实推进医联体建设和县域综合医改，全面推动社区医院建设，大力提升基层医疗卫生水平；全面推开公立医院综合改革，全部取消药品和耗材加成，坚决破除以药补医机制。国家组织药品集中招标采购从试点到制度化常态化，推进医保按疾病诊断相关分组付费和按病种分值付费试点，有效减轻了群众看病用药负担。2015—2019 年，中国主要健康指标总体上优于中高收入国家平均水平；个人卫生支出占卫生总费用比重从29.3% 降至 28.4%，为 21 世纪以来最低水平。这十年，中国人均预期寿命从 75.4 岁提高到 77.9 岁，位于中高收入国家前列，全生命周期健康保障更加有力。

全民健身战略深入实施，全民健身公共服务体系更加完善。2021 年底，全国共有体育场地 397.1 万个，体育场地面积 34.1 亿平方米，人均体育场地面积 2.41 平方米，分别比 2013 年增长 134.3%、71.2% 和 65.1%。北京冬奥会、冬残奥会的筹办举办推动了我国冰雪运动跨越式发展，"三亿人参与冰雪运动"的目标成为现实，全国冰雪运动参与人数达到 3.46亿人，居民参与率达到 24.56%。冰雪运动跨过山海关，走进全国各地，开启了中国乃至全球冰雪运动新时代。《2020 年全民健身活动状况调查公报》显示，参加体育锻炼人数比例持续增长，城乡和地区差异缩小，2020年，中国 7 岁及以上居民中经常参加体育锻炼人数比例为 37.2%，比 2014年增加 3.3 个百分点。城乡居民健身水平持续提升，体育健身个性化、层次化、体验化的需求得到进一步满足。"政府—社会—市场"在公共体育服务质量提升中得到良性互动，全民健身公共服务体系逐步完善，全民健身工作成效显著。

★　在"带动3亿人参与冰雪运动"目标引领下，各地开展形式多样、老少皆宜的冰雪活动，点燃人们的运动热情。2022年2月18日，在新疆维吾尔自治区乌鲁木齐人民公园，不少家长带着孩子走进冰雪场尽享冰雪运动乐趣。

2022年3月，中共中央办公厅、国务院办公厅印发《关于构建更高水平的全民健身公共服务体系的意见》，提出两个阶段性目标：到2025年更高水平的全民健身公共服务体系基本建立，到2035年与社会主义现代化国家相适应的全民健身公共服务体系全面建立。

第五节　创造社会长期稳定的奇迹

中共十八大以来，党中央着眼于国家长治久安、人民安居乐业，统筹发展和安全两件大事，把平安中国建设置于中国特色社会主义事业发展全局中谋划推进。平安中国建设体制机制逐步完善，风险防控整体水平稳步提高，法律法规制度不断健全，影响国家安全和社会稳定突出问题得到有效解决，社会治理社会化、法治化、智能化、专业化水平大幅度提升，人民获得感、幸福感、安全感更加充实、更有保障、更可持续，人民安居乐业、社会安定有序，续写了社会长期稳定奇迹。

一、统筹发展和安全两件大事

统筹发展和安全，增强忧患意识，做到居安思危，是中国共产党治国理政的一个重大原则。当今世界正经历百年未有之大变局，国际形势风云变幻，国内社会深刻变化，社会矛盾多发叠加，国家安全面临许多新的问题。中共十八届三中全会决定成立中央国家安全委员会，统筹协调涉及国家安全的重大事项。2014 年 4 月 15 日，习近平主持召开中央国家安全委员会第一次会议，提出了"总体国家安全观"，强调以人民安全为宗旨，以政治安全为根本，以经济安全为基础，以军事、文化、社会安全为保障，以促进国际安全为依托。[①] 党中央对事关国家安全和发展、事关社会大局稳定的重大风险挑战进行了深入分析研判，提出应对之策，初步构建了国家安全体系主体框架，形成了国家安全理论体系，完善了国家安全战略体系，建立了国家安全工作协调机制。

2018 年 7 月，中央政治局会议提出做好"六稳"工作的要求，即做好稳就业、稳金融、稳外贸、稳外资、稳投资、稳预期工作，以稳定宏观经济大局，增强应对复杂局面和各种挑战的底气。同年 12 月，中央经济工作会议进一步提出"巩固、增强、提升、畅通"八字方针，为进一步坚持以供给侧结构性改革为主线不动摇、推动高质量发展指明了方向。

办好发展和安全两件大事，关系到实现中华民族伟大复兴中国梦这一

---

① 中共中央党史和文献研究院编：《习近平关于总体国家安全观论述摘编》，中央文献出版社 2018 年版，第 4 页。

宏伟目标。坚持底线思维，增强忧患意识，着力防范化解重大风险，是习近平新时代中国特色社会主义思想的重要内容。2019年1月21日，习近平在省部级主要领导干部坚持底线思维着力防范化解重大风险专题研讨班开班式上，对防范化解政治、意识形态、经济、科技、社会、外部环境、党的建设等领域重大风险作出深刻分析，提出明确要求。习近平强调，面对波谲云诡的国际形势、复杂敏感的周边环境、艰巨繁重的改革发展稳定任务，必须始终保持高度警惕，既要高度警惕"黑天鹅"事件，也要防范"灰犀牛"事件；既要有防范风险的先手，也要有应对和化解风险挑战的高招；既要打好防范和抵御风险的有准备之战，也要打好化险为夷、转危为机的战略主动战。①

2020年7月30日，中央政治局会议对于高质量发展阶段的目标定位，由原来的"四个更"拓展为"五个更"，在"更高质量、更有效率、更加公平、更可持续"的基础上添加了"更为安全"。同年10月，中共十九届五中全会进一步强调，要统筹国内国际两个大局，办好发展安全两件大事，注重防范化解重大风险挑战，实现发展质量、结构、规模、速度、效益、安全相统一。统筹发展和安全首次被纳入"十四五"时期中国经济社会发展的指导思想，突出了国家安全在党和国家工作大局中的重要地位。

二、建设更高水平的平安中国

平安，民生所盼、发展之基，是人民幸福安康的基本要求。平安中国建设，关系人民群众的获得感、幸福感、安全感，是实现社会主义现代化的基本前提和基础。2012年11月，中共十八大将社会管理和民生并列为社会建设的重要内容，提出在改善民生和创新管理中加强社会建设，加强和创新社会管理。

2013年11月，中共十八届三中全会通过《中共中央关于全面深化改

---

① 《习近平谈治国理政》第三卷，外文出版社2020年版，第219页。

革若干重大问题的决定》，首次提出创新社会治理，要求最大限度地增加和谐因素，增强社会发展活力，提高社会治理水平，全面推进平安中国建设。从社会管理到社会治理，一字之差，体现的是系统治理、依法治理、源头治理、综合施策。创新社会治理体制是完善和发展中国特色社会主义制度、推进国家治理体系和治理能力现代化的重要内容，是全面深化改革的重要内容。2015 年 10 月，中共十八届五中全会通过《中共中央关于制定国民经济和社会发展第十三个五年规划的建议》，提出加强和创新社会治理，建设平安中国，完善社会治理体制，推进社会治理精细化，构建全民共建共享的社会治理格局。

2017 年 10 月，中共十九大提出要不断满足人民日益增长的美好生活需要，不断促进公平正义，形成有效的社会治理、良好的社会秩序，使人民获得感、幸福感、安全感更加充实、更有保障、更可持续。大会进一步提出打造共建共治共享的社会治理格局，提出到 2035 年"基本形成现代社会治理格局，社会充满活力又和谐有序"的目标。打造共建共治共享的社会治理格局，是完善和发展中国特色社会主义制度、推进国家治理体系和治理能力现代化的重要内容。

社会治理是国家治理的重要方面，必须加强和创新社会治理，保持社会稳定、维护国家安全。2019 年 11 月，中共十九届四中全会提出，坚持和完善共建共治共享的社会治理制度，完善党委领导、政府负责、民主协商、社会协同、公众参与、法治保障、科技支撑的社会治理体系，建设人人有责、人人尽责、人人享有的社会治理共同体，确保人民安居乐业、社会安定有序，建设更高水平的平安中国。[①] 这是社会治理理念、方式和目标的一次重大创新，是推进国家治理体系和治理能力现代化的必然要求。2020 年 4 月，党中央决定成立平安中国建设协调小组，从更宽领域、更高层次谋划推进平安中国建设，努力创造让人民群众安业、安居、安康、安心的良好社会环境。同年 10 月，中共十九届五中全会作出"统筹发展和

---

① 《中国共产党第十九届中央委员会第四次全体会议文件汇编》，人民出版社 2019 年版，第 49 页。

安全，建设更高水平的平安中国"的重要部署，就加强国家安全体系和能力建设、确保国家经济安全、保障人民生命安全和维护社会稳定与安全等提出了系列要求，体现了中共中央统筹发展和安全两件大事的战略考虑，将推动中国实现发展质量、结构、规模、速度、效益、安全的有机统一。

三、共建共治共享社会治理

中共十八大以来，以体制创新为关键，加强和创新社会治理，不断开辟新时代平安中国建设新境界。习近平指出："社会治理是一门科学，管得太死，一潭死水不行；管得太松，波涛汹涌也不行。"[①] 国家高度重视社会治理问题，坚定不移走中国特色社会主义社会治理之路，坚持系统治理、依法治理、综合治理、源头治理，把党的领导和社会主义制度优势转化为社会治理优势，不断完善中国特色社会主义社会治理体系，基本建成党委领导、政府负责、社会协同、公众参与、法治保障、科技支撑的社会治理体制，初步形成共建共治共享的社会治理格局。

推广自治、法治、德治相融合的基层治理模式。各地将网格化管理与协商民主建设相结合，畅通民主渠道，开展基层协商，推进城乡社会协商制度化、规范化和程序化。各地还立足自身人文特色，完善乡规民约等行为准则，大力开展乡风、家风建设，传承向上、向善美德。2016年12月，第一届全国文明家庭表彰大会举行，推动形成爱国爱家、相亲相爱、向上向善、共建共享的社会主义家庭文明新风尚，以千千万万家庭的好家风支撑起全社会的好风气。2016年5月，国务院印发《关于建立完善守信联合激励和失信联合惩戒制度加快推进社会诚信建设的指导意见》。同年9月，中共中央办公厅、国务院办公厅印发《关于加快推进失信被执行人信用监督、警示和惩戒机制建设的意见》，在全社会倡

---

① 中共中央文献研究室编：《习近平关于社会主义社会建设论述摘编》，中央文献出版社2017年版，第125页。

导和深入实施诚信建设。

健全基层党组织领导的基层群众自治机制。2018 年 7 月，中共中央办公厅印发《关于党的基层组织任期的意见》，将村和社区党的委员会、总支部委员会、支部委员会每届任期统一调整为 5 年。相应的，2018 年 12 月，修改后的《中华人民共和国村民委员会组织法》和《中华人民共和国城市居民委员会组织法》将村委会、居委会任期由 3 年改为 5 年，与村和社区的基层党组织任期保持一致。许多地方实现了居委会、村委会主任与党的基层组织书记"一肩挑"，更好地发挥基层党组织的战斗堡垒作用和党员在社会治理中的先锋模范作用。

推动社会治理重心向基层下移，积极推进市域社会治理现代化试点，健全党组织领导的自治、法治、德治相结合的城乡基层治理体系，把更多资源、服务、管理下放到基层，更好提供精准化、精细化服务。加强基层网格化服务管理，综合运用大数据、人工智能等先进技术，打造起全方位、立体化的社会治安防控体系，全社会公共安全风险预测预警预防能力大幅提高。坚持和发展新时代"枫桥经验"，加强新形势下重大决策社会稳定风险评估机制建设，完善信访制度，健全社会矛盾纠纷多元预防调处化解综合机制，把重大矛盾风险防范化解在市域，把小矛盾小问题化解在基层，把大量纠纷解决在诉讼之前。2020 年，社会矛盾总量出现历史性拐点，全国法院受理的诉讼案件总数、民事诉讼案件数在持续增长 15 年之后首次实现"双下降"，全国信访总量明显下降。在经济转轨、社会转型过程中，走出了一条中国特色社会主义社会治理之路。

四、完善健全公共安全体系

为有效应对影响社会安全稳定的突出问题，各地区各有关部门贯彻党中央决策部署，扎实开展平安中国建设，加强社会治安防控体系建设。2014 年 1 月，习近平在中央政法工作会议上强调："平安是老百姓解决温饱后的第一需求，是极重要的民生，也是最基本的发展环境。"①

2015 年 4 月，中共中央办公厅、国务院办公厅印发《关于加强社会治安防控体系建设的意见》，强调要形成党委领导、政府主导、综治协调、各部门齐抓共管、社会力量积极参与的社会治安防控体系建设工作格局，全方位提出社会治安防控体系建设具体措施。根据该意见要求，各地区各部门完善立体化社会治安防控体系，健全社会治安防控运行机制，编织社会治安防控网，提升社会治安防控体系建设法治化、社会化、信息化水平，增强社会治安整体防控能力，依法严密防范和惩治各类违法犯罪活动，全面推进平安中国建设。

公安机关不断提高依法打击犯罪能力，重点打击涉黄涉赌犯罪、食品药品犯罪、拐卖妇女儿童犯罪、环境污染犯罪、经济犯罪等群众深恶痛绝的犯罪行为，破获了一大批群众反映强烈的犯罪案件。针对新型网络犯罪，各部门多措并举，重拳出击，坚决遏制电信诈骗、套路贷等新型网络犯罪上升势头。2018 年 1 月，中共中央、国务院发出《关于开展扫黑除恶专项斗争的通知》，针对涉黑涉恶问题新动向，把专项治理和系统治理、综合治理、依法治理、源头治理结合起来，把打击黑恶势力犯罪和反腐败、基层"拍蝇"结合起来，把扫黑除恶和加强基层组织建设结合起来，对黑恶势力"保护伞"一律一查到底、绝不姑息，彻底铲除黑恶势力滋生的土壤。截至 2020 年底，全国共打掉涉黑组织 3644 个、涉恶犯罪集团 11675 个，查处涉黑涉恶腐败和保护伞问题 8.97 万起、立案处理 11.59 万人，彻底打击了黑恶势力的嚣张气焰，黑恶犯罪得到了根本遏制。全国刑事立案总量已实现五年连降，八类主要刑事案件和查处治安案件数量实现六年连降；我国每 10 万人中命案数为 0.56，是命案发案率最低的国家之一；每 10 万人中刑事案件数为 339，是刑事犯罪率最低的国家之一；持枪、爆炸案件连续多年下降，是枪爆犯罪最少的国家之一。②

---

① 中共中央文献研究室编：《习近平关于社会主义社会建设论述摘编》，中央文献出版社 2017 年版，第 148 页。

② 郭声琨：《建设更高水平的平安中国》，载《人民日报》2021 年 12 月 2 日。

安全生产是关系人民群众生命财产安全的大事。2015年5月，习近平指出，确保安全生产应该作为发展的一条红线。2016年12月，中共中央、国务院印发《关于推进安全生产领域改革发展的意见》，提出坚守"发展决不能以牺牲安全为代价"这条不可逾越的红线，规定"党政同责、一岗双责、齐抓共管、失职追责"的安全生产责任体系，实行重大安全风险"一票否决"。按照意见要求，相关法律法规加快制定修订，监管执法持续完善加强，安全生产预防及应急专项资金设立运行，"红线意识"在全社会更加牢固地树立起来。这是扎实统筹发展和安全的十年，单位国内生产总值生产安全事故死亡人数下降了83.8%，防范化解重大风险攻坚战取得重要阶段性成果，人民群众的生命安全得到了更好保护。

一系列关于建设平安中国、创新社会治理的新观点新论断新思想，实现了治理理念、方式、目标上的深刻转变。建设平安中国，确保人民安居乐业、社会安定有序、国家长治久安。党领导人民仅用几十年时间就走完发达国家几百年走过的工业化历程，创造了经济快速发展和社会长期稳定两大奇迹。2021年，人民群众对平安建设的满意度达98.62%。中国成为世界上最安全的国家之一，平安中国成为一张亮丽的国家名片。[①]

---

① 吕忠梅：《让平安中国的名片更加亮丽》，载《人民日报》2022年4月7日。

中国经济这十年

（2012—2022）

第十三章

扩大对外开放与合作共赢

中共十八大以来，以习近平同志为核心的党中央统筹中华民族伟大复兴战略全局和世界百年未有之大变局，创造性地提出推动经济全球化健康发展的重要思想，倡导构建人类命运共同体，积极发展全球伙伴关系，参与全球经济治理体系改革和建设，不仅成为世界经济增长的稳定器和动力源，也成为世界贸易格局、世界投资格局、世界经济版图的塑造者。中国推进合作共赢的经济全球化，维护以世界贸易组织为基石的多边贸易体制，货物贸易大国地位更加稳固，外贸新业态新模式已成为推动外贸转型升级和高质量发展的新动能，对外经济援助展现大国担当、取得新的重大成就，促进了全球产业链供应链畅通稳定。推动共建"一带一路"和对外直接投资高质量发展，与东道国合作共赢效果显著，为世界经济增长开辟了新空间。以共建"一带一路"为引领，实施更加积极主动的开放战略，构筑高水平对外开放新优势，推动完善外商投资准入负面清单，全球引资大国地位更加稳固，引资规模和质量"双提升"，全方位高水平开放型经济加快形成，为世界经济复苏和增长增添新动力。

第一节 应对百年未有之大变局

时代之变叠加世纪疫情，世界经济动能趋弱、复苏乏力，亟需新的理念与行动引领人类发展的航向。以习近平同志为核心的党中央统筹把握中华民族伟大复兴战略全局和世界百年未有之大变局，创造性提出了推动构建人类命运共同体的倡议和主张，积极推进国际经济多边合作，参与全球经济治理体系改革和建设，为世界经济复苏注入强大动能，为人类社会应对百年大变局提供了中国方案。

一、世界处于百年未有之大变局

2017 年底，习近平在驻外使节工作会议上明确指出："放眼世界，我们面对的是百年未有之大变局。"[①] 这是中国共产党对新时代国际格局、全球治理体系、国际力量变化作出的战略思考和科学判断。世界百年未有之大变局给中国崛起和中华民族伟大复兴带来重大机遇。同时，中国崛起和中华民族伟大复兴也对大变局中世界向着和平、合作、平等、共建人类命运共同体的方向发展起到极其重要的作用。

开拓中国特色大国外交新局面。中共十九大以来，面对保护主义抬头、单边霸凌逆流，中国支持全球化进程，坚守自由贸易体制，维护多边主义规则，不断释放扩大开放的明确信号，坚定地站在历史前进的正确一边。持续推动构建人类命运共同体。新冠肺炎疫情暴发后，中国踊跃支持全球抗疫，用实际行动推动构建人类卫生健康共同体，国际社会进一步深化了人类是一个休戚与共的命运共同体的认识。践行多边主义。2020 年，

---

① 《习近平谈治国理政》第三卷，外文出版社 2020 年版，第 42 页。

中国提出《全球数据安全倡议》，倡导全球数字治理应秉持多边主义、兼顾安全发展、坚守公平正义。2021 年，习近平在世界经济论坛"达沃斯议程"对话会上强调，让多边主义火炬照亮人类前行之路，向着构建人类命运共同体不断迈进。2021 年 9 月 21 日，习近平在北京以视频方式出席第七十六届联合国大会一般性辩论并发表题为《坚定信心 共克时艰 共建更加美好的世界》的重要讲话，强调"我们必须完善全球治理，践行真正的多边主义。"①

推动建设新型国际关系，积极打造全方位、多层次、立体化的全球伙伴关系网络，不断完善全方位外交布局。到 2019 年 9 月，中国与 180 个国家建立了正式外交关系。中国已经与 100 多个国家、地区和地区组织建立了不同形式的伙伴关系，实现了对大国、周边和发展中国家伙伴关系的全覆盖，"朋友圈"遍布全球。2021 年，习近平同外国领导人和国际组织负责人会晤通话 79 次，视频主持和出席重要外事活动 40 起，推进了多双边关系发展。

成功应对美国挑起的贸易战。近年来，美国通过单边主义方式发起大规模贸易战、科技战、投资战，企图通过利益敲诈、战略遏制、模式打压来遏制中国发展。中国采取有力反制措施，开展有理有利有节斗争，坚持通过对话协商解决争议，捍卫国家正当利益，捍卫自由贸易和多边体制，捍卫各国人民共同利益。正如《关于中美经贸摩擦的事实与中方立场》白皮书里指出的，"对中美两国来说，合作是唯一正确的选择，共赢才能通向更好的未来。中国的立场是明确的、一贯的、坚定的。"② 只要美方放弃挑起贸易战的错误立场和行动，坚持平等相待和信守诺言，中方愿意通过平等谈判回应彼此关切，挖掘双边经贸合作潜力，建立双边经贸合作机制性安排，推动双边经贸合作稳定发展。2018 年 12 月以来，中美两国元首先后在 G20 阿根廷峰会、G20 大阪峰会等场合开展会晤，达成双方合作的

---

① 习近平：《坚定信心 共克时艰 共建更加美好的世界》，人民出版社 2021 年版，第 6 页。
② 中华人民共和国国务院新闻办公室著：《关于中美经贸摩擦的事实与中方立场》，人民出版社 2018 年版，第 86 页。

原则和方向。2019 年 12 月，中美第一阶段经贸协议文本达成一致，在知识产权、技术转让、食品和农产品、金融服务、汇率和透明度、扩大贸易、双边评估和争端解决等方面双方达成一致，美国履行分阶段取消对华产品加征关税的相关承诺，实现加征关税由升到降的转变。除了政治交涉、谈判磋商、法律抗辩等手段以外，中国启动了反制裁措施。2021 年 6 月，第十三届全国人民代表大会常务委员会第二十九次会议通过《中华人民共和国反外国制裁法》，《全国人民代表大会常务委员会关于修改〈中华人民共和国反垄断法〉的决定》已由第十三届全国人民代表大会常务委员会第三十五次会议于 2022 年 6 月 24 日通过。

中国共产党不断加强同各国政党的交流对话。2017 年 11 月，中国共产党与世界政党高层对话会召开，主题是"构建人类命运共同体、共同建设美好世界：政党的责任"，有 120 多个国家、近 300 个政党和政治组织的领导人聚首北京"论道"。这是新时代政党外交一大亮点。2021 年 7 月，中国共产党与世界政党领导人峰会以视频连线方式举行。此次峰会以"为人民谋幸福：政党的责任"为主题，是中国共产党迄今主办的规格最高、规模最大的全球性政党峰会。习近平出席峰会并发表题为《加强政党合作共谋人民幸福》的主旨讲话。他强调，政党作为推动人类进步的重要力量，要锚定正确的前进方向，担起为人民谋幸福、为人类谋进步的历史责任。中国共产党愿同各国政党一起努力，始终不渝做世界和平的建设者、全球发展的贡献者、国际秩序的维护者。

二、推动构建人类命运共同体

世界大变局与世纪疫情交织叠加、相互影响，世界人民对和平发展合作共赢的期待更加强烈。中共十九届六中全会通过的《中共中央关于党的百年奋斗重大成就和历史经验的决议》指出，"构建人类命运共同体成为引领时代潮流和人类前进方向的鲜明旗帜"。2021 年以来，习近平在庆祝中国共产党成立 100 周年大会上发表重要讲话，出席中国主办的博鳌亚洲论坛 2021 年年会、中国共产党与世界政党领导人峰会、《生物多样性公约》第十五次缔约方大会领导人峰会、第二届联合国全球可持续交通大会、中华人民共和国恢复联合国合法席位50周年纪念会议、第四届中国国际进口博览会，以及世界经济论坛"达沃斯议程"对话会、领导人气候峰会、全球健康峰会、亚太经合组织第二十八次领导人非正式会议、第七十六届联合国大会一般性辩论、上海合作组织成员国元首理事会第二十一次会议、金砖国家领导人第十三次会晤、二十国集团领导人第十六次峰会等重大多边活动并发表重要讲话，就坚持多边主义、携手共克疫情、实现经济复苏、应对气候变化等全面深入阐述中国主张中国方案，有力回应了国际社会普遍关心的安全和发展等重大问题，深刻宣示了我们党推动构建人类命运共同体的坚定意志和不懈追求，充分彰显了大国大党领袖对世界大势的深刻洞察和对人类命运的深厚情怀，赢得各方高度赞誉。中国特色社会主义进入新时代，实现中华民族伟大复兴进入了不可逆转的历史进程，中国共产党人坚持把中国人民的利益同世界人民的利益统一起来，致力于同各国携手推动构建人类命运共同体，为解决人类当前所面临的重大问题，建设持久和平、普遍安全、共同繁荣、开放包容、清洁美丽的世界，贡献更多中国智慧、中国方案、中国力量，推动历史车轮向着光明的前途前进。

倡导构建新型国际关系、构建人类命运共同体。2013年3月23日，习近平在俄罗斯莫斯科国际关系学院发表演讲指出，这个世界，各国相互联系、相互依存的程度空前加深，人类生活在同一个地球村里，生活在历史和现实交汇的同一个时空里，越来越成为你中有我、我中有你的命运共同体。2014年5月，习近平在亚洲相互协作与信任措施会议第四次峰会上提出，要倡导共同、综合、合作、可持续的亚洲安全观。同年11月，习近平在中央外事工作会议上强调，要推动建立以合作共赢为核心的新型国际关系，坚持互利共赢的开放战略，把合作共赢理念体现到政治、经济、安全、文化等对外合作的方方面面。习近平在博鳌亚洲论坛2015年年会上发表《迈向命运共同体 开创亚洲新未来》的主旨演讲，提出通过迈向亚洲命运共同体，推动建设人类命运共同体。2015年10月12日，中共中央政治局就全球治理格局和全球治理体制进行第二十七次集体学习。习近平在主持学习时指出，经济全球化深入发展，把世界各国利益和命运更加紧密地联系在一起，形成了你中有我、我中有你的利益共同体。[①]习近平在博鳌亚洲论坛 2022 年年会开幕式上发表题为《携手迎接挑战，合作开创未来》的主旨演讲，提出全球安全倡议，强调人类是休戚与共的命运共同体。这是自 2013 年以来，习近平第 5 次出席博鳌亚洲论坛年会并发表主旨演讲。十年间，不论是亲赴现场还是通过视频方式发表演讲，习近平始终立足亚洲、放眼世界，为推动各国实现和平发展、合作共赢指引方向，为人类共创美好未来凝聚力量。

提出构建新型国际关系、构建人类命运共同体的中国方案。2015 年 9 月 28 日，习近平在联合国总部出席第七十届联合国大会一般性辩论时，发表题为《携手构建合作共赢新伙伴 同心打造人类命运共同体》的演讲。习近平全面阐述了以合作共赢为核心的新型国际关系理念，提出了打造人类命运共同体"五位一体"的总路径和总布局：倡导建立平等相待、互商互谅的伙伴关系；营造公道正义、共建共享的安全格局；谋求开放创新、包容互惠的发展前景；促进和而不同、兼收并蓄的文明交流；构筑尊崇自然、绿色发展的生态体系。2017 年 1 月 18 日，习近平在日内瓦出席"共商共筑人类命运共同体"高级别会议并发表主旨演讲，主张共同推进构建人类命运共同体伟大进程，坚持对话协商、共建共享、合作共赢、交流互鉴、绿色低碳，建设一个持久和平、普遍安全、共同繁荣、开放包容、清洁美丽的世界。2021 年 12 月 5 日，习近平向"2021 从都国际论坛"开幕式发表视频致辞，提出中国支持多边主义的决心不会改变，将坚定维护多边主义的核心价值和基本原则，为推动全球合作发展指明了方向。

中国所倡导的人类命运共同体理念，是对国际秩序观的创新和发展，提出了国际关系新愿景，被越来越多的国家所接受。国际社会普遍认同构

---

① 《推动全球治理体制更加公正更加合理 为我国发展和世界和平创造有利条件》，载《人民日报》2015 年 10 月 14 日。

建人类命运共同体、摒弃丛林法则、不搞强权独霸、超越零和博弈，开辟一条合作共赢、共建共享的文明发展新道路。2017年2月10日，构建人类命运共同体理念首次载入联合国决议，3月17日首次载入联合国安理会决议，3月23日首次载入联合国人权理事会决议。构建人类命运共同体思想正日益凸显其时代价值，显示出强大的国际影响力、感召力、塑造力。

构建人类命运共同体，是习近平新时代中国特色社会主义思想和习近平外交思想的重要组成部分，科学回答了"世界向何处去、人类怎么办"的时代之问，体现了全人类共同价值追求，反映了中国发展与世界发展的高度统一，对中国和平发展、世界繁荣进步都具有重大而深远的意义。

三、积极发展全球伙伴关系

中共十八大以来，中国致力于推动建设新型国际关系，积极打造全方位、多层次、立体化的全球伙伴关系网络。习近平在中共十九大报告中提出，中国积极发展全球伙伴关系，扩大同各国的利益交汇点，推进大国协调和合作，构建总体稳定、均衡发展的大国关系框架，按照亲诚惠容理念和与邻为善、以邻为伴周边外交方针深化同周边国家关系，秉持正确义利观和真实亲诚理念加强同发展中国家团结合作。这一宣示指明了新时代中国特色大国外交的前进方向，体现了中国在和平共处五项原则基础上发展同各国友好合作，推动建设相互尊重、公平正义、合作共赢的新型国际关系的基本诉求。中国加强同各国政党和政治组织的交流合作，推进人大、政协、军队、地方、人民团体等的对外交往。2018年6月22日，习近平在中央外事工作会议上的讲话中提出，要打造更加完善的全球伙伴关系网络。2021年10月31日，习近平在北京以视频方式出席二十国集团领导人第十六次峰会的讲话中指出，要深化全球发展伙伴关系，构建全球发展命运共同体。2022年6月24日，习近平在北京以视频方式主持全球发展高层对话会并发表题为《构建高质量伙伴关系 共创全球发展新时代》的重要讲话，提出全球发展倡议和全球安全倡议，强调推动构建团结、平等、均衡、普惠的高质量全球发展伙伴关系，共创普惠平衡、协调包容、合作共赢、共同繁荣的全球发展新时代。

无论是同周边国家共商合作大计，还是在多边场合与各国共谋发展之道，中国都积极打造合作共赢的全球伙伴关系网，将中国的"朋友圈"越做越大，中国特色大国外交向全方位、多层次、立体化方向推进。

推进大国协调和合作，构建总体稳定、均衡发展的大国关系框架。习近平倡导构建不冲突、不对抗、相互尊重、合作共赢的中美新型大国关系理念。针对中美两国在战略、经贸上分歧增多的问题，两国元首就两国及双方共同关心的问题进行沟通，并开展政府代表团谈判。针对美国在贸易科技方面损人不利己的霸凌手段和对台军售等原则问题，中国采取了有理有力有节的斗争和反制措施。中俄全面战略协作伙伴关系在高水平上不断深化，习近平与普京每年都保持数次会晤，保持中俄两国之间的密切交往与磋商，两国各领域务实合作逐步推进，成为和平共处、合作共赢的典范。

2014年3月31日，习近平访问欧盟总部，这也是中国国家元首首次访问欧盟总部，中欧关系取得突破性发展。中欧从战略全局的视角给予双方关系以新的定位。双方发表的《关于深化互利共赢的中欧全面战略伙伴关系的联合声明》，强调共同打造和平、增长、改革、文明四大伙伴关系，全面落实《中欧合作2020战略规划》。2019年3月21日至26日，习近平对意大利、摩纳哥、法国进行国事访问，为中欧全面战略伙伴关系注入新的动力。2020年6月22日的中欧领导人会晤中，习近平强调，中欧要做维护全球和平稳定的两大力量，推动全球发展繁荣的两大市场以及坚持多边主义、完善全球治理的两大文明。2021年，习近平主持中国—中东欧国家领导人峰会并发表主旨讲话，同英国、法国、德国、意大利、西班牙、葡萄牙、芬兰等国领导人通电话，从战略高度牢牢把握中欧关系发展大方向和主基调，推动中欧加强沟通、协调、合作，积极打造中国和欧盟和平、增长、改革、文明四大伙伴关系。2021年是中欧班列开行10周年。

73 条运行线路，通达欧洲 23 个国家 175 个城市，往来不息的"钢铁驼队"将中欧紧密相连。2022 年 4 月 1 日，习近平在中欧高峰会晤中重申中欧四大伙伴关系和中欧全面战略伙伴关系，强调中欧有着广泛共同利益和深厚合作基础，中方对欧政策保持稳定连贯。事实证明，中欧只有合作协调才能解决问题、应对挑战。尤其是在新冠肺炎疫情尚在蔓延、世界经济复苏艰难曲折、乌克兰危机又接踵而来的情况下，中欧应为动荡的世界局势提供稳定因素。

按照亲诚惠容周边外交理念和与邻为善、以邻为伴周边外交方针，开创周边睦邻外交和互利合作的新局面。2013 年 10 月，在新中国成立以来首次召开的周边外交工作座谈会上，中国提出了亲诚惠容周边外交理念，确立与邻为善、以邻为伴周边外交方针。中共十八大以来，中国通过推动上海合作组织、亚洲相互协作与信任措施会议、澜沧江—湄公河合作等促进合作走深走实，通过实施"一带一路"建设加强与亚洲周边国家发展战略对接。2017 年夏，中国与东盟在落实《南海各方行为宣言》基础上，达成"南海行为准则"框架，朝着将南海建成和平之海、友谊之海、合作之海的方向迈出了一大步。2018－2019 年，朝鲜劳动党委员长、国务委员会委员长金正恩应邀多次访问中国。2019 年 6 月，习近平访问朝鲜，进一步巩固了中朝传统友谊，对于推动半岛问题政治解决进程、维护半岛和平稳定发挥了重要作用。2021 年 11 月 22 日，在中国—东盟建立对话关系 30 周年纪念峰会上，习近平总结中国东盟合作宝贵经验，提出共建和平、安宁、繁荣、美丽、友好家园五点建议。中国东盟关系提升为全面战略伙伴关系，确立了双方关系史上新的里程碑，为构建更为紧密的中国—东盟命运共同体注入了新动力。

始终秉持真实亲诚理念和正确的义利观，加强同发展中国家团结合作，同非洲、拉美和加勒比地区国家的友好合作不断提质升级。2013 年 3 月，习近平访非期间首次提出正确义利观。同年 10 月，习近平在周边外交工作座谈会上强调，要找到利益的共同点和交汇点，坚持正确义利观，有原则、讲情谊、讲道义，多向发展中国家提供力所能及的帮助。2015 年

12 月，习近平在中非合作论坛约翰内斯堡峰会上宣布中方愿在未来 3 年同非方重点实施以下"十大合作计划"：中非工业化合作计划、中非农业现代化合作计划、中非基础设施合作计划、中非金融合作计划、中非绿色发展合作计划、中非贸易和投资便利化合作计划、中非减贫惠民合作计划、中非公共卫生合作计划、中非人文合作计划、中非和平与安全合作计划。2018 年 9 月 3 日至 4 日，2018 年中非合作论坛北京峰会举行，来自 53 个非洲国家和非洲联盟的代表齐聚北京。联合国秘书长古特雷斯以及 27 个国际和非洲地区组织代表也应邀参会。习近平在开幕式上发表题为《携手共命运　同心促发展》的主旨讲话，提出中国将同非洲国家密切配合，未来三年和此后一段时间重点实施产业促进、设施联通、贸易便利、绿色发展、能力建设、健康卫生、人文交流、和平安全"八大行动"。2014 年 7 月 17 日，习近平出席在巴西利亚举行的中国—拉美和加勒比国家领导人首次会晤。会晤通过《中国—拉美和加勒比国家领导人巴西利亚会晤联合声明》，宣布建立中国—拉共体论坛（中拉论坛）。2015 年 1 月 8 日至 9 日，中拉论坛首届部长级会议在北京举行，标志着论坛正式启动，习近平为论坛发表题为《共同谱写中拉全面合作伙伴关系新篇章》的致辞。会议通过《中国—拉共体论坛首届部长级会议北京宣言》《中国与拉美和加勒比国家合作规划（2015 – 2019）》《中拉论坛机制设置和运行规则》三个成果文件。2018 年 1 月，中国—拉共体论坛第二届部长级会议在智利圣地亚哥举行，通过《圣地亚哥宣言》《中国与拉共体成员国优先领域合作共同行动计划（2019 – 2021）》《关于"一带一路"倡议的特别声明》三个成果文件。2021 年，习近平 30 多次同亚洲、非洲、拉丁美洲、太平洋岛国等发展中国家领导人通电话，以视频方式出席中非合作论坛第八届部长级会议开幕式并发表主旨演讲，向中国—拉共体论坛第三届部长会议发表视频致辞，向第五届中国—阿拉伯国家博览会致贺信，切实推动中国与发展中国家携手共进、共同发展。广大发展中国家是中国在国际事务中的天然同盟军，中国始终致力于做好同发展中国家团结合作的大文章。

深化金砖国家伙伴关系。2016 年 10 月 16 日，金砖国家领导人在印度果阿举行第八次会晤，习近平在会晤时发表题为《坚定信心 共谋发展》的讲话，提出要共同深化伙伴关系，并强调我们要以落实《金砖国家经济伙伴战略》为契机，深化拓展各领域经济合作，建设好、维护好、发展好金砖国家新开发银行和应急储备安排这两个机制，加强人文交流，继续扩大和巩固金砖国家"朋友圈"，保持开放、包容，谋求共同发展。2017 年 9 月，习近平主持在厦门举行的金砖国家领导人第九次会晤。在大范围会议上，习近平发表题为《深化金砖伙伴关系 开辟更加光明未来》的重要讲话。2021 年 9 月 9 日，习近平在北京以视频方式出席金砖国家领导人第十三次会晤，发表题为《携手金砖合作 应对共同挑战》的重要讲话，就金砖务实合作提出五个"坚持"引领五大领域"合作"，彰显金砖国家深度携手、责任担当。2022 年 6 月 23 日，习近平在北京以视频方式主持金砖国家领导人第十四次会晤并发表题为《构建高质量伙伴关系 开启金砖合作新征程》的重要讲话，提出作为新兴市场国家和发展中国家代表，我们在历史发展关键当口作出正确选择，采取负责任行动，对世界至头重要，在更多层级、更广领域、更大范围开展"金砖＋"合作，推进金砖扩员进程，会晤通过并发表《金砖国家领导人第十四次会晤北京宣言》，为深化金砖国家合作、为促进世界持久和平与共同发展，举旗定向、凝聚力量。

中国积极发展全球伙伴关系，为世界各国创造了和平稳定的国际环境，为人类共同发展创造了新的机遇，也为世界带来了前所未有的互动和联动发展机会。

四、参与全球经济治理体系改革和建设

针对全球经济治理体系面临的突出问题，中国提出"共商共建共享"的全球治理新理念，以"一带一路"倡议、APEC 峰会、G20 杭州峰会和金砖合作厦门会晤等为标志，确立了中国积极参与全球经济治理的新方向。

提出"共商共建共享"的全球治理理念和全球经济治理的重点领域。2015 年 10 月 12 日，习近平在中共中央政治局第二十七次集体学习时指出："全球治理体制变革离不开理念的引领，全球治理规则体现更加公正合理的要求离不开对人类各种优秀文明成果的吸收。要推动全球治理理念创新发展，积极发掘中华文化中积极的处世之道和治理理念同当今时代的共鸣点，继续丰富打造人类命运共同体等主张，弘扬共商共建共享的全球治理理念。"[①] 这是中国首次公开提出全球治理理念，体现了目标导向和问题导向的统一。2016 年 9 月 3 日，习近平在二十国集团工商峰会开幕式上的主旨演讲中指出，全球经济治理应该以平等为基础，以开放为导向，以合作为动力，以共享为目标，全球经济治理的重点包括构建金融、贸易投资、能源、发展四大治理格局，为中国推动全球经济治理体系变革指明了方向。

成为全球经济治理的重要参与者和贡献者。"十三五"时期，中国主办二十国集团领导人杭州峰会、金砖国家领导人厦门会晤、"一带一路"国际合作高峰论坛等一系列重大主场外交活动，倡导"共商共建共享"的全球治理观，推动建设开放型世界经济，成为全球经济治理的重要参与者和贡献者。二十国集团领导人杭州峰会通过峰会公报和 28 项成果文件，首次将发展问题置于全球宏观政策协调的核心位置，首次围绕落实 2030 年可持续发展议程制定系统性行动计划，首次制定多边投资框架。以主办金砖国家领导人厦门会晤为契机，推动金砖国家巩固经贸财金、政治安全、人文交流"三轮驱动"合作架构，拓展"金砖＋"合作，推动金砖国家就支持多边主义积极发声。深入参与亚欧会议、中亚区域经济合作等机制，成功主办大图们倡议、大湄公河次区域经济走廊论坛部长级会议。充分利用联合国、G20、APEC、上海合作组织等平台，加强国际经济政策协调，提出了推进亚太自贸区、全球投资指导原则等中国方案，就价值链、

---

① 《图解十九届四中全会精神》编写组编著：《图解十九届四中全会精神》，人民出版社 2019 年版，第 197 页。

投资便利化、电子商务、中小微企业等议题提出多项中国倡议，中国提出的构建人类命运共同体理念获得国际社会广泛认同。

积极参与全球金融治理和国际金融规则制定。利用 G20 平台在应对低收入国家债务风险、发展绿色金融等重要议题上加强合作。将"绿色金融"首次引入 G20 议程，为 G20 留下中国印记。积极推动国际货币金融体系改革，以客观反映新兴市场经济体和发展中国家在全球经济中的话语权和代表性。2020 年，中国在国际货币基金组织份额占比提升为 6.39%，仅低于美国和日本。2016 年人民币正式加入特别提款权（SDR）货币篮子。继续深化金砖务实金融合作，推动金砖各方在重要经济金融议题上加强沟通协调，提高发展中国家在全球经济金融治理中的发言权和代表性。同时，不断深化务实金融合作，推动完善金砖国家应急储备安排（CRA），持续推动金砖国家本币债券基金筹建。积极参与国际金融监管规则制定，加强与全球主要中央银行和监管机构的对话与合作；广泛参与金融稳定理事会、巴塞尔委员会等机构关于金融稳定良好实践、金融监管标准制定的讨论，积极开展标准实施的监测工作。加强区域金融合作，通过东盟与中日韩（10＋3）金融合作机制、东亚及太平洋中央银行行长会议组织、东南亚中央银行组织等区域合作机制，促进亚太区域宏观经济政策沟通与协调，维护区域金融稳定。亚洲基础设施投资银行开业以来运营顺利，成员达 103 个，全球代表性和影响力不断提升，为改革、完善国际金融体系发挥了重要作用。[①]

第二节　推进合作共赢的经济全球化

近年来，一些国家政策内顾倾向加重，保护主义抬头，逆全球化思

[①] 国家发展和改革委员会编写：《中华人民共和国国民经济和社会发展第十四个五年规划和 2035 年远景目标纲要》辅导读本，人民出版社 2021 年版，第 366 页。

潮暗流涌动。自由贸易是世界经济发展和各国合作共赢的必然要求，以其为核心的经济全球化是不可阻挡的时代潮流，符合世界各国共同利益。中国把握经济全球化发展大势，维护多边贸易体制包容性发展，积极参与和推动世贸组织改革，推动商品和要素流动型开放向规则、规制等制度型开放转变，成为合作共赢和经济全球化的贡献者、引领者，货物贸易第一大国地位更加巩固，对外经济援助展现大国担当、取得新的重大成就。

一、参与和推动世贸组织改革进程

中国坚定维护以国际法为基础的国际秩序，坚定维护以联合国为核心的国际体系，坚定维护以世界贸易组织为基石的多边贸易体制。提出世贸组织改革中国方案，2018 年 6 月，国务院新闻办公室发表《中国与世界贸易组织》白皮书；2018 年 11 月，商务部发布中国关于世贸组织改革的立场文件，提出三个基本原则和五项主张；2019 年 5 月，中国向世贸组织提交了关于世贸组织改革的建议文件，就四个重点行动领域和 12 个具体议题提出改革思路，这是首份由发展中国家向世贸组织提交的改革建议；2019 年 11 月，在上海举办了世贸组织小型部长级会议，推动各方就维护多边贸易体制达成重要共识；2020 年 4 月，中国和欧盟等一些成员在上诉机构瘫痪的情况下，共同推动建立了多方临时上诉仲裁安排；在 G20、APEC、金砖国家等其他国际多边治理机制中呼吁支持多边贸易体制，阐述中国建设开放型世界经济、构建人类命运共同体的具体立场；继 2020 年 11 月正式签署《区域全面经济伙伴关系协定》（RCEP），2021 年 9 月，中国正式申请加入《全面与进步跨太平洋伙伴关系协定》（CPTPP），同年 11 月，正式申请加入《数字经济伙伴关系协定》（DEPA），构建面向全球的高标准自贸区网络；2020 年 12 月，中国和欧盟完成了《中欧全面投资协定》（CAI）谈判，成为近年来中国经济外交行动的最突出成果之一，也是中国参与国际经贸投资规则制定的重大成果。

中国深度参与世贸组织谈判工作，已经从国际经贸规则制定的旁观者、跟随者转变成为参与者、引领者。2013 年，在印尼巴厘岛召开的世贸组织部长级会议上，积极促成《贸易便利化协定》的达成，这是 WTO 成立 19 年后正式达成的首份全球性贸易促进协议，更是全球第一个以海关事务为主要内容、具有法律约束力的多边协定，协议的全面实施促使全球贸易成本平均降低 14% 左右；2015 年，在内罗毕召开的世贸组织部长级会议上，推动取消农产品出口补贴的协议、达成信息技术产品扩围协议；2021 年，支持世贸组织第 12 届部长级会议就渔业补贴谈判、国际抗疫合作等议题取得积极成果，支持上诉机构恢复正常运行，以积极开放态度参与数字经济、贸易和环境、产业补贴、国有企业等议题谈判，维护多边贸易体制国际规则制定的主渠道地位，维护全球产业链、供应链稳定。

中国是全球贸易便利化措施等世贸组织议题的主要倡导者和推动方，是受益者更是贡献者。2021 年，货物领域关税总水平由入世时的 15.3% 降至 7.4%，低于 9.8% 的入世承诺；服务领域开放了近 120 个部门，均超过入世承诺；进口商品综合税率由 21.8% 降至 15.8%，创历史新低。[①] 2021 年中国推动许可证申领无纸化，加强国际贸易"单一窗口"建设。中国已成为美国、欧盟、日本、印度等近 200 个经济体的主要贸易伙伴。[②] 维护发展中成员共同利益，团结发展中成员，捍卫世贸组织给予的特殊和差别待遇。2015 年底以来，主动对同我国建交的最不发达国家 97% 税目产品实施零关税，体现作为负责任发展中大国的担当。[③]

[①] 商务部综合司、商务部国际贸易经济合作研究院：《中国对外贸易形势报告（2021 年春季）》，第 12 页。

[②] 本书编写组编著：《中共中央关于党的百年奋斗重大成就和历史经验的决议》辅导读本，人民出版社 2021 年版，第 156 页。

[③] 国家发展和改革委员会编写：《中华人民共和国国民经济和社会发展第十四个五年规划和 2035 年远景目标纲要》辅导读本，人民出版社 2021 年版，第 365 页。

二、货物贸易第一大国地位稳固

面对保护主义和单边主义蔓延、新冠肺炎疫情严重冲击等挑战，中国坚定支持多边贸易体制和经济全球化，对外贸易迅速发展，实现了由量的扩大转向质的提升，对国际贸易繁荣的贡献越来越大，成为全球经贸的"稳定器"。

引领全球贸易格局变迁。2012－2021 年，中国货物进出口贸易总额达到 286.7 万亿元，其中出口增长 68.0%，进口增长 51.3%，货物进出口顺差从 14558.3 亿元增长到 43687.0 亿元。[1] 2013 年，中国货物贸易突破 4 万亿美元大关，超越美国成为全球货物贸易第一大国，之后这一地位逐步稳固。中国超大规模市场对外开放的大门越开越大，中国对外贸易"朋友圈"不断扩大，为中国外贸持续稳增长提供了充足底气。即便是在疫情冲击严峻的 2020 年，中国外贸也交出了靓丽答卷，全年进出口总值超过 32 万亿元人民币，并创出多个历史新高。根据 WTO 数据，2021 年中国出口、进口国际市场份额分别达 15.1% 和 11.9%，均创历史新高，货物贸易第一大国地位得到巩固。[2] 2021 年，在全球经济贸易低迷的情况下，中国货物贸易进口 17.4 万亿元人民币，同比增长 21.5%，[3] 对外贸易显著好于世界其他主要经济体。

服务贸易快速发展，成为中国对外贸易高质量发展的新引擎，为全球贸易结构转型注入了新动力。2012－2021 年，服务贸易总额的年均增速为 6.8%，其中服务出口从 2015.8 亿美元增至 3942.5 亿美元，增长了 95.6%。2021 年，服务贸易总额从 2012 年的 4828.8 亿美元增至

---

① 国家统计局编：《中国统计年鉴 2021》，中国统计出版社 2021 年版，第 345 页；国家统计局：《中华人民共和国 2021 年国民经济和社会发展统计公报》，载《人民日报》2022 年 3 月 1 日。

② 王文博：《货物贸易第一大国地位稳固 中国成全球经贸"稳定器"》，载《经济参考报》2021 年 6 月 21 日。

③ 国家统计局：《中华人民共和国 2021 年国民经济和社会发展统计公报》，载《人民日报》2022 年 3 月 1 日。

8212.5 亿美元，稳居世界第二。值得提出的是，2012 年以来，中国国内服务市场释放出大量进口需求，金融、物流、专业服务、文化影视等服务进口快速增长，使服务进口增速持续快于出口，导致服务贸易逆差不断扩大，如表 13－1 所示。这揭示了中国服务业的国际竞争力，反映了中国服务领域扩大开放的积极进展。

表 13－1　　　　　2012－2021 年中国服务贸易进出口情况　　　单位：亿美元

年份	进出口	出口	进口	差额
2012	4828.8	2015.8	2813.0	－797.3
2013	5376.1	2070.1	3306.1	－1236.0
2014	6520.2	2191.4	4328.8	－2137.4
2015	6541.6	2186.2	4355.4	－2169.2
2016	6616.3	2095.3	4521.0	－2425.7
2017	6956.8	2280.9	4675.9	－2395.0
2018	7918.8	2668.4	5250.4	－2582.0
2019	7850.0	2836.0	5014.0	－2178.0
2020	6617.2	2806.3	3810.9	－1004.6
2021	8212.5	3942.5	4270.0	－327.5

资料来源：国家统计局编：《中国统计年鉴 2021》，中国统计出版社 2021 年版，第 367 页；商务部国际贸易经济合作研究院：《中国对外贸易形势报告（2022 年春季）》，第 10 页。

　　成为全球经贸的"稳定器"。2012－2021 年，我国货物贸易进出口增量高达 14.7 万亿元，国际市场份额从 10.4% 增至 13.5%，全球货物贸易第一大国地位更加巩固，充分体现出中国不仅是"世界工厂"，也是"世界市场"。党的十八大以来，我国货物贸易总额不断跃升，自 2017 年起连续 5 年全球第一，货物与服务贸易总额也于 2020 年跃居全球第一，[①] 中国

―――――――――

① 《连续迈上新台阶，我国外贸十年交出亮眼答卷》，中国政府网，2022 年 5 月 21 日。

以自身超大规模市场成为全球经贸的"稳定器"。

★　2021 年 4 月 6 日，俯瞰上海洋山港码头。远洋巨轮频繁进出，集装箱不断被起吊、装运，船来船往，繁荣忙碌，畅通有序。

三、贸易结构持续优化

　　国际市场布局更趋多元化。2021 年，我国前五大贸易伙伴依次为东盟、欧盟、美国、日本和韩国，对上述贸易伙伴进出口分别为 5.67 万亿元、5.35 万亿元、4.88 万亿元、2.4 万亿元和 2.34 万亿元，分别增长19.7%、19.1%、20.2%、9.4% 和 18.4%。在与欧盟、美国、日本、韩国这些传统贸易伙伴保持良好经贸往来的同时，我国还积极开拓东盟、非洲、拉丁美洲等新兴市场。[1]"一带一路"沿线国家成为中国进出口贸易新的增长点和对外开放新亮点。在货物贸易方面，2013 – 2021 年，中国与"一带一路"沿线国家货物贸易额由 1.04 万亿美元增至 1.73 万亿美元，占中国货物贸易总额的比重由 25% 升至 29.7%，如图 13 – 1 所示。

---

① 《海关总署：2021 年我国外贸进出口规模再创新高》，中国新闻网，2022 年 1 月 14 日。

图 13 - 1　2013 - 2021 年中国与"一带一路"沿线国家货物贸易情况

资料来源：商务部国际贸易经济合作研究院：《中国"一带一路"贸易投资发展报告2021》，第 27 页；国家统计局：《中华人民共和国 2021 年国民经济和社会发展统计公报》，载《人民日报》2022 年 3 月 1 日。

　　服务贸易方面，2020 年，中国与"一带一路"沿线国家完成服务进出口额从 2015 年的 748.4 亿美元增至 844.7 亿美元；其中，2020 年服务出口为 377.3 亿美元，服务进口为 467.4 亿美元，如图 13 - 2 所示。

图 13 - 2　2015 - 2020 年中国与"一带一路"沿线国家服务贸易情况

资料来源：商务部国际贸易经济合作研究院：《中国"一带一路"贸易投资发展报告2021》，第 28 页。

贸易方式更加优化。2012 - 2021 年，一般贸易占货物贸易总额的比重由 52.0% 增至 61.6%，加工贸易占比由 34.8% 降至 21.7%，如图 13 - 3 所示。[1]

图 13 - 3　2012 - 2021 年中国货物一般贸易、加工贸易情况

资料来源：国家统计局贸易外经统计司编：《中国贸易外经统计年鉴 2021》，中国统计出版社 2021 年版，第 590 页；国家统计局：《中华人民共和国 2021 年国民经济和社会发展统计公报》，载《人民日报》2022 年 3 月 1 日。

出口竞争优势显著提升。中国成为全球机电产品和高技术产品的主要生产国和提供者，无人机、航空航天器、光通信设备等一批具有国际竞争力的高技术产品成为出口新亮点。2012 - 2020 年，中国高科技出口占制成品出口的比重平均为 30.8%，高于美国的 20.1%、德国的 16.8%、日本的 17.7%、法国的 26.6% 水平。[2] 十年来，出口主导产业已由传统劳动密集型产业向高新技术产业转型升级，并且不断扩大先进技术装备、关键零部件和优质消费品的出口。

外贸发展动能进一步增强，跨境电商、市场采购等新业态新模式蓬勃发展，是我国外贸发展的有生力量，也是国际贸易发展的重要趋势。新冠肺炎疫情暴发以来，我国跨境电商发挥在线营销、在线交易、无接触交付等特点优势，积极培育参与国际合作和竞争的新优势，进出口规模持续快

---

[1]　根据 2013 - 2021 年《中华人民共和国国民经济和社会发展统计公报》整理。

[2]　根据世界银行数据库提供数据计算。

速增长。2021 年，跨境电商进出口 1.98 万亿元，增长 15%，外贸综合服务企业超过 1500 家，海外仓数量超过 2000 个，为外贸创新发展注入新动能。①

四、对外经济援助展现大国担当、取得新的重大成就

一是首脑外交展现大国担当。习近平在联合国成立 70 周年系列峰会、首届"一带一路"国际合作高峰论坛等多个重大国际场合宣布了一系列对外援助的务实举措，加大对发展中国家援助力度，为全球发展作出中国贡献。围绕政策沟通、设施联通、贸易畅通、资金融通、民心相通，组织实施相关援助项目，为共建"一带一路"增添助力。二是推动落实联合国 2030 年可持续发展议程。深入开展减贫、粮食安全、卫生发展、优质教育、性别平等、基础设施、数字经济、生态环保等领域对外合作和援助，向发展中国家提供人力资源、发展规划、经济政策等方面的咨询培训，切实帮助发展中国家增强自主发展能力。三是携手应对全球人道主义挑战。积极响应突发疫情、自然灾害等全球人道主义呼吁，帮助发展中国家提高防灾减灾能力及开展灾后恢复重建。新冠肺炎疫情全球暴发后，实施了新中国成立以来援助时间最集中、涉及范围最广的紧急人道主义抗疫援助，以实际行动践行了人类命运共同体理念。四是加强国际交流合作。积极与有关国际机构和双边援助方开展对话交流，以开放务实的态度同官方和非官方援助方开展三方合作，加大对联合国、世界银行等国际组织捐资力度，为国际发展合作注入新动力。五是突破性推进援外体制机制改革。2018 年 4 月，国家国际发展合作署组建成立，作为国务院直属机构，标志着中国对外援助事业踏上新征程。

---

① 《跨境电商综试区首次评估结果出炉，评估与退出机制促进优胜劣汰》，载《21 世纪经济报道》2022 年 4 月 9 日。

第三节　推动共建"一带一路"和对外直接投资高质量发展

中共十八大以来，共建"一带一路"成果丰硕，"走出去"体制机制和政策体系逐步完善，对外投资无论在数量还是质量方面都得到了稳步提升，与东道国合作共赢效果显著，有效维护了全球产业链供应链稳定，为全球经济复苏注入新动能。

一、共建"一带一路"

共建"一带一路"，促进全方位开放格局的形成。2013 年 9 月 7 日，习近平在哈萨克斯坦纳扎尔巴耶夫大学发表演讲，提出了共同建设"丝绸之路经济带"的合作倡议；10 月 3 日，习近平在印度尼西亚国会发表演讲，提出共同建设"21 世纪海上丝绸之路"的合作倡议。同年 11 月，中共十八届三中全会提出：推进丝绸之路经济带、海上丝绸之路建设，形成全方位开放新格局。同年 12 月 10 日，习近平在中央经济工作会议上强调，建设丝绸之路经济带、21 世纪海上丝绸之路，是党中央统揽政治、外交、经济社会发展全局作出的重大战略决策，是实施新一轮扩大开放的重要举措，也是营造有利于周边环境的重要举措。共建"一带一路"倡议及其核心理念已写入联合国、二十国集团、亚太经合组织以及其他区域组织等有关文件中。2015 年 7 月，上海合作组织发表了《上海合作组织成员国元首乌法宣言》，支持关于中国建设"丝绸之路经济带"的倡议。2016 年 9 月，《二十国集团领导人杭州峰会公报》明确提出当年启动"全球基础设施互联互通联盟倡议"。2016 年 11 月，联合国 193 个会员国协商一致通过决议，欢迎共建"一带一路"等经济合作倡议，呼吁国际社会为"一带一路"建设提供安全保障环境。2017 年 3 月，联合国安理会一致通过了第 2344 号决议，呼吁国际社会通过"一带一路"建设加强区域经济合作。2018 年，中拉论坛第二届部长级会议、中国—阿拉伯国家合作论坛第八届部长级会议、中非合作论坛峰会先后召开，分别形成了中拉《关于"一带一路"倡议的特别声明》《中国和阿拉伯国家合作共建"一带一路"行动宣言》《关于构建更加紧密的中非命运共同体的北京宣言》等重要成果文件。① 2020 年 7 月 6 日，中阿合作论坛第九届部长级会议通过了《中国和阿拉伯国家团结抗击新冠肺炎疫情联合声明》《中国—阿拉伯国家合作论坛第九届部长级会议安曼宣言》《中国—阿拉伯国家合作论坛 2020 年至 2022 年行动执行计划》三份成果文件。2021 年 11 月 29 日，习近平在中非合作论坛第八届部长级会议开幕式的讲话中，就构建新时代中非命运共同体提出 4 点主张。2021 年 12 月 3 日，中国—拉美和加勒比国家共同体合作论坛第三届部长级会议以视频方式举行，通过了《中国—拉共体论坛第三届部长会议宣言》《中国—拉共体成员国重点领域合作共同行动计划（2022 - 2024）》两份成果文件。

为推进共建"一带一路"倡议的实施，经国务院授权，国家发展改革委、外交部、商务部于 2015 年 3 月 28 日联合发布《推动共建丝绸之路经济带和 21 世纪海上丝绸之路的愿景与行动》。这个文件提出："一带一路"建设是一项系统工程，要坚持共商、共建、共享原则，积极推进沿线国家发展战略的相互对接；明确以政策沟通、设施联通、贸易畅通、资金融通、民心相通为主要内容，以及加强合作的重点。

构建推动全球发展合作的机制化新平台。2017 年 5 月 14 日至 15 日，首届"一带一路"国际合作高峰论坛在北京成功召开。习近平出席开幕式并发表主旨演讲，强调要将"一带一路"建成和平之路、繁荣之路、开放之路、创新之路、文明之路。来自 29 个国家的元首和政府首脑出席论坛，

---

① 推进"一带一路"建设工作领导小组办公室：《共建"一带一路"倡议：进展、贡献与展望》，载《人民日报》2019 年 4 月 23 日。

140 多个国家和 80 多个国际组织的 1600 多名代表参会。这是"一带一路"框架下最高规格的国际活动，也是新中国成立以来由中国首倡、主办的层级最高、规模最大的多边外交活动。中国成功举办高峰论坛标志着中国国际地位和国际影响力显著提升，也是"一带一路"建设得到国际社会广泛认同和广受欢迎的重要体现。会议决定"一带一路"国际合作高峰论坛将定期举办，并成立论坛咨询委员会、论坛联络办公室等。"一带一路"国际合作高峰论坛成为推动全球发展合作的机制化新平台；国家发展和改革委员会成立"一带一路"建设促进中心，正式开通"一带一路"官方网站，发布海上丝路贸易指数。2019 年 4 月 26 日，习近平在第二届"一带一路"国际合作高峰论坛开幕式上发表题为《齐心开创共建"一带一路"美好未来》的主旨演讲中提出，面向未来，我们要聚焦重点、深耕细作，共同绘制精谨细腻的"工笔画"，推动共建"一带一路"沿着高质量发展方向不断前进。中国发表了《共建"一带一路"倡议：进展、贡献与展望》报告。论坛聚焦务实合作，首次举办企业家大会，为各国工商界对接合作搭建平台。

共建"一带一路"倡议成为中国参与全球开放合作、促进全球共同发展繁荣、推动构建人类命运共同体的中国方案。"一带一路"倡议提出以来，成绩斐然、硕果累累，已成为当今世界广泛参与的国际合作平台和深受欢迎的国际公共产品。共建"一带一路"倡议的实施，在促进政策沟通、设施联通、贸易畅通、资金融通、民心相通方面取得显著进展。先后成立"丝路基金"、发起设立"亚投行"，为"一带一路"项目推进和亚洲基础设施建设提供资金支持。秉持和平合作、开放包容、互学互鉴、互利共赢的丝路精神，坚持共商、共建、共享原则，全方位推进同沿线国家间务实合作。2020 年 1 月，中国与缅甸发表联合声明，加强共建"一带一路"合作，推动中缅经济走廊从概念规划转入实质建设阶段。同年 12 月，中国与俄罗斯发表《中俄总理第二十五次定期会晤联合公报》，高度重视"一带一路"倡议同大欧亚伙伴关系倡议并行不悖，协调发展，并决定在金砖国家、上海合作组织、二十国集团、亚太经合组织、东亚峰会、亚欧会议等框架下发起联合倡议和实施共同项目，深化中俄两国经济合作。共建"一带一路"国家从地域上已由亚欧延伸至非洲、拉美、南太平洋等区域。截至 2021 年末，中国已和 149 个国家和 32 个国际组织签署了 200 多份共建"一带一路"合作文件，涵盖互联互通、投资、贸易、金融、科技、社会、人文、民生等领域。"一带一路"贸易规模持续扩大。2013－2021 年，中国对"一带一路"沿线国家非金融类直接投资 203 亿美元，占对外非金融类直接投资总额的比重为 17.9%。[1] 中国与共建"一带一路"国家经贸合作显示出强大韧性和生命力，促进各国经济复苏。

在各方共同努力下，"六廊六路多国多港"的互联互通架构基本形成，一大批合作项目落地生根，首届"一带一路"国际合作高峰论坛的各项成果顺利落实。共建"一带一路"倡议同联合国、东盟、非盟、欧盟、欧亚经济联盟等国际和地区组织的发展和合作规划对接，同各国发展战略对接。从亚欧大陆到非洲、美洲、大洋洲，共建"一带一路"为世界经济增长开辟了新空间，为国际贸易和投资搭建了新平台，为完善全球经济治理拓展了新实践，为增进各国民生福祉作出了新贡献，成为共同的机遇之路、繁荣之路。事实证明，共建"一带一路"不仅为世界各国发展提供了新机遇，也为中国开放发展开辟了新天地。[2]

"一带一路"沿线国家和地区已成为推动我国对外投资增长的重要力量，主要得益于我国自身的努力，即不断推动出口产品结构的优化、鼓励企业积极实施"走出去"战略、大力扶持外贸新型业态、改善外贸自由化和便利化等。同时，我国主动开展多元化贸易投资合作，不断挖掘东盟地区以及发展中国家市场，将自身发展与"一带一路"沿线国家共同发展相结合，在协作共赢的基础上，为全球经济不断开拓新的增长点。这也反映

---

① 商务部国际贸易经济合作研究院：《中国"一带一路"贸易投资发展报告 2021》，第 2、26－27 页；国家统计局：《中华人民共和国 2021 年国民经济和社会发展统计公报》，载《人民日报》2022 年 3 月 1 日；《2021 年我国对"一带一路"沿线国家投资合作情况》，商务部网站，2022 年 1 月 24 日。

② 《习近平谈治国理政》第三卷，外文出版社 2020 年版，第 490 页。

出我国在推动世界经济发展中扮演的角色正变得越来越重要。中国以"一带一路"建设为统领，步入了深度开放、积极参与、主动引领的新开放时代。共建"一带一路"开创了中国特色社会主义开放发展新实践，丰富和发展了中国共产党新时代治国理政的新理念。

★ 作为中国和马尔代夫共建"一带一路"的重要合作项目，中马友谊大桥于 2018 年 8 月正式开通，全长 2000 米，是马尔代夫历史上首座跨海大桥。

二、"走出去"体制机制和政策体系进一步完善

中共十八大以来，为推动共建"一带一路"倡议和"走出去"战略，中国不断深化涉外投资管理改革，健全"走出去"政策体系框架，为中外企业国际投资提供了更加便利化的环境，也为中国开展国际投资合作提供了强有力的政策保障。

为提高对外投资质量和效益，塑造中国跨国公司负责任的企业形象，确保对外投资企业对内对外合规，2014 年 9 月，商务部发布《境外投资管理办法》，实施对外投资备案为主、核准为辅的管理，标志着中国对外直接投资进入"备案为主、核准为辅"的时代。此后，对外直接投资核准和

备案程序进一步规范、流程不断简化、效率不断提高。2015年，中国进一步简化了对外直接投资的外汇管理政策，银行可以直接审核办理境外直接投资项下外汇登记。然而，2016年成为转折点。当年，全球外商直接投资小幅下降，而中国对外直接投资同比增长34.7%，并且债务工具投资是上年的4.6倍，创历史新高。在人民币汇率走低、外汇储备快速缩水的背景下，大规模、不平衡的对外投资活动引起了中国政府的警惕。2017年6月，财政部印发《国有企业境外投资财务管理办法》，旨在加强国有企业境外投资财务管理，防范境外投资财务风险，提高投资收益。2017年8月，国务院办公厅转发国家发展改革委、商务部、人民银行、外交部《关于进一步引导和规范境外投资方向的指导意见》，明确了鼓励类、限制类和禁止类的境外投资类别。2017年12月，国家发展改革委发布《企业境外投资管理办法》，指出要加强境外投资宏观指导，优化境外投资综合服务。2018年1月，商务部等七部委发布《对外投资备案（核准）报告暂行办法》。2018年9月，证监会发布《证券公司和证券投资基金管理公司境外设立、收购、参股经营机构管理办法》，要求建立完备的外汇资产负债风险管理系统。2019年，《对外直接投资统计制度》《对外投资备案（核准）报告实施规程》《关于促进对外承包工程高质量发展的指导意见》《最高人民法院关于人民法院进一步为"一带一路"建设提供司法服务和保障的意见》等相继发布，为企业"走出去"保驾护航。2021年7月，《数字经济对外投资合作工作指引》为深入实施数字经济战略，推动数字经济对外投资合作高质量发展，更好服务构建新发展格局，提供了根本遵循。对外投资的政策体系和监管方式不断完善，为中国企业高水平"走出去"提供了强有力的保障。

三、对外直接投资高质量发展

立足新发展阶段、贯彻新发展理念、构建新发展格局，中国对外直接投资进入转型升级的新阶段，从追求投资规模转向追求投资质量和效益，由粗放投资转向高质量发展。目前，中国对外直接投资位居世界首位，成为世界经济增长的主要稳定器和动力源。

共建"一带一路"倡议指导下，中国推动对外投资高质量发展，对外投资的全球影响力不断扩大。2020年，中国对外直接投资从2012年的878.0亿美元增至1537.1亿美元，增长了42.5%，流量规模首次位居全球第一。2020年末，中国对外直接投资存量从2012年的5319.4亿美元增至25806.6亿美元，仅次于美国和荷兰，位居全球第三，如表13-2所示。截至2020年底，中国2.8万家境内投资者在全球189个国家（地区）设立对外直接投资企业4.5万家，全球80%以上国家（地区）都有中国的投资，年末境外企业资产总额7.9万亿美元。[1] 中国"走出去"实现跨越式发展，在全球疫情仍然严峻的2021年，我国境内投资者共对全球166个国家和地区6349家境外企业进行了非金融类直接投资，累计投资1136.4亿美元，稳居世界第一位。[2]

表13-2　　　　　2012-2020年中国对外直接投资情况

年份	流量				存量	
	金额（亿美元）	全球位次	同比（%）	全球占比（%）	金额（亿美元）	全球位次
2012	878.0	3	17.6	6.3	5319.4	13
2013	1078.4	3	22.8	7.6	6604.8	11
2014	1231.2	3	14.2	9.1	8826.4	8
2015	1456.7	2	18.3	9.9	10978.6	8
2016	1961.5	2	34.7	13.5	13573.9	6
2017	1582.9	3	-19.3	11.1	18090.4	2

---

[1]　中华人民共和国商务部、国家统计局、国家外汇管理局编：《2020年度中国对外直接投资统计公报》，中国商务出版社2021年版，第4页。

[2]　商务部：《2021年我国对外全行业直接投资简明统计》，商务部网站，2022年1月24日。

续表

年份	流量				存量	
	金额 （亿美元）	全球位次	同比 （%）	全球占比 （%）	金额 （亿美元）	全球位次
2018	1430.4	2	－9.6	14.5	19822.7	3
2019	1369.1	2	－4.3	10.4	21988.8	3
2020	1537.1	1	12.3	20.2	25806.6	3

资料来源：中华人民共和国商务部、国家统计局、国家外汇管理局编：《2020 年度中国对外直接投资统计公报》，中国商务出版社 2021 年版，第 6－7 页。

　　与"一带一路"沿线国家投资合作发展势头良好。2021 年，我国企业在"一带一路"沿线对 57 个国家非金融类直接投资 203 亿美元，占同期总额的 17.9%，主要投向新加坡、印度尼西亚、越南、孟加拉国等国家。2013－2021 年中国对沿线国家累计直接投资 1601.5 亿美元，如图 13－4 所示。[①]

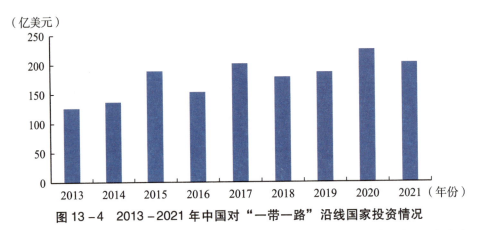

（亿美元）

图 13－4　2013－2021 年中国对"一带一路"沿线国家投资情况

资料来源：中华人民共和国商务部、国家统计局、国家外汇管理局编：《2020 年度中国对外直接投资统计公报》，中国商务出版社 2021 年版，第 18 页；国家统计局：《中华人民共和国 2021 年国民经济和社会发展统计公报》，载《人民日报》2022 年 3 月 1 日。

---

① 中华人民共和国商务部、国家统计局、国家外汇管理局编：《2020 年度中国对外直接投资统计公报》，中国商务出版社 2021 年版，第 4 页。

　　与"一带一路"沿线国家投资合作项目落地见效，产生良好经济社会效益。截至 2021 年底，中国在"一带一路"沿线国家建设的境外经贸合作区累计投资 507 亿美元，上缴东道国税费 66 亿美元，为当地创造 39.2 万个就业岗位，有力促进了互利共赢、共同发展。① 这充分反映了"一带一路"倡议的强大生命力以及中国与"一带一路"沿线国家和地区合作的巨大潜力。

　　对外投资效益总体向好。从中国对外直接投资流量构成看，2012 - 2020 年新增股权投资从 311.4 亿美元增至 630.3 亿美元，占流量的比重平均为 44.7%。中国境外企业的经营状况良好，收益再投资强势增长，占中国对外直接投资流量的比重平均为 33.7%，如表 13 - 3 所示。2021 年，我国对外直接投资在全球疫情严峻情况下逆势增长，全行业对外直接投资 1451.9 亿美元，同比增长 9.2%，显示出我国始终坚持对外开放基本国策，坚持"引进来"和"走出去"并重，不断加大对外投资的力度、深度与广度。②

表 13 - 3　　　　　2012 - 2020 年中国对外直接投资收益情况

年份	流量（亿美元）	新增股权		当期收益再投资		债务工具投资	
		金额（亿美元）	比重（%）	金额（亿美元）	比重（%）	金额（亿美元）	比重（%）
2012	878.0	311.4	35.5	224.7	25.6	341.9	38.9
2013	1078.4	307.3	28.5	383.2	35.5	387.9	36.0
2014	1231.2	557.3	45.3	444.0	36.1	229.9	18.6
2015	1456.7	967.1	66.4	379.1	26.0	110.5	7.6
2016	1961.5	1141.3	58.2	306.6	15.6	513.6	26.2

①② 刘萌：《2021 年我国对外直接投资 9366.9 亿元人民币》，载《证券日报》2022 年 1 月 21 日。

续表

年份	流量（亿美元）	新增股权		当期收益再投资		债务工具投资	
		金额（亿美元）	比重（％）	金额（亿美元）	比重（％）	金额（亿美元）	比重（％）
2017	1582.9	679.9	42.9	696.4	44.0	206.6	13.1
2018	1430.4	704.0	49.2	425.3	29.7	301.1	21.1
2019	1369.1	483.5	35.3	606.3	44.3	279.4	20.4
2020	1537.1	630.3	41.0	716.4	46.6	190.4	12.4

资料来源：中华人民共和国商务部、国家统计局、国家外汇管理局编：《2020 年度中国对外直接投资统计公报》，中国商务出版社 2021 年版，第 12 页。

近十年来，我国对外直接投资稳步健康发展，为深化国际经贸合作，推动构建开放型世界经济作出了积极贡献。未来我国将坚定不移扩大改革开放，积极推动对外投资合作迈向更高水平，有效实现内外联动、资源共享，从更广阔的市场汲取动力，也让发展成果惠及世界。

四、与东道国合作共赢效果显著

作为推动共建"一带一路"高质量发展的可视性成果，对外承包工程、对外劳务合作对带动中国产品技术服务"走出去"和深化国际产能合作，实现中国与相关国家合作共赢发展方面发挥了重要作用。

中国企业通过承揽项目带动中国标准国际化，打破了发达国家的标准壁垒，为争取发展中国家在国际工程市场的话语权奠定了基础，提升了中国海外形象和国际地位，对外承包工程合作共赢效果显著。中国的国际承包工程公司已成为国际建筑市场的主要力量，跻身"全球最大 250 家国际承包商"的中国企业数量不断增加。2021 年，美国《工程新闻纪录》（ENR）发布"全球最大 250 家国际承包商"排名，中国 78 家会员企业入围，平均国际业务占比为 9.6％，上榜企业数量和市场份额均居各国承包商之首，8 家中国企业进入前 10 强，其中中国建筑、中国中铁、中国铁建、中国交建、中国电建包揽前5名，中冶科工排名第6位，上海建工排名第8位，绿地大基建集团排名第9位，体现了中国企业在全球基建行业的领军地位。

　　为中国扶贫攻坚作出了重要贡献。2012－2021年，中国对外承包工程业务已累计实现完成营业额1.53万亿美元，累计派出工程项下劳务人员218.9万人，历年数据如表13－4所示，其中部分劳务人员来自国家级、省级贫困县。

表13－4　　　　　　2012－2021年中国对外经济合作情况

年份	对外承包工程			对外劳务合作	
	合同金额（亿美元）	完成营业额（亿美元）	派出人数（万人）	派出劳务人数（万人）	年末在外人数（万人）
2012	1565.29	1165.97	23.34	27.84	50.56
2013	1716.29	1371.43	27.09	25.57	48.26
2014	1917.56	1424.11	26.92	29.26	59.69
2015	2100.74	1540.74	25.31	27.68	61.83
2016	2440.10	1594.17	23.02	26.40	59.60
2017	2652.76	1685.87	22.21	30.02	60.23
2018	2418.04	1690.44	22.70	26.50	60.61
2019	2602.45	1729.01	21.15	27.60	62.41
2020	2555.36	1559.35	13.87	16.23	34.98
2021	2584.90	1549.40	13.30	19.00	59.20

　　资料来源：国家统计局编：《中国统计年鉴2021》，中国统计出版社2021年版，第379页；《2021年我国对外承包工程业务简明统计》，商务部网站，2022年1月24日；《2020年我国对外劳务合作业务简明统计》，商务部网站，2021年1月22日。

　　为东道国经济社会发展作出了积极贡献。中国对外承包工程业务超过八成为基础设施类建设项目，年均为东道国提供超过70万个就业岗位，为当地和社会经济发展作出了积极贡献。2021年，中国对外承包工程大项目增多。新签合同额上亿美元项目560个，较上年增加46个，主要集中在交通运输等基础设施领域，有利于进一步促进互联互通。

中国对外劳务合作企业坚持新发展理念，创新业务经营模式，合作共赢效果显现。2019年末，中国在外各类劳务人员行业构成中，建筑业占比42.9%、制造业占比16%、交通运输业占比13.6%。建筑业长期占据中国对外劳务合作行业规模首位。①

中国对外劳务合作业务已遍及全球，市场呈现多元化发展态势，形成了"亚洲为主，非洲为辅，欧洲和拉美稳步推进，北美和大洋洲取得进展"的市场格局。截至2019年底，中国在亚洲市场的在外劳务人数比重为72%，非洲为19%，拉丁美洲为4%，欧洲为3%，北美洲和大洋洲均为1%，② 中国劳务人员在亚洲地区的营业额和劳务人数超过了其他地区的总和。2021年，我国对外劳务合作派出各类劳务人员32.3万人，年末在外各类劳务人员59.2万人。③ 为深化双边经济合作、促进民心相通、助力扶贫脱贫发挥了积极作用。

第四节　全面构建高水平对外开放新格局

对外开放是中国的基本国策，是国家繁荣发展的必由之路。中共十八大以来，中国坚持开放共赢，勇于变革创新，推出一系列扩大开放的重大举措，取得显著成效。实行高水平贸易和投资自由化便利化政策，赋予自由贸易试验区更大改革自主权，中国对外开放呈现全方位、多层次、宽领

① 商务部国际贸易经济合作研究院编：《"走出去"全球拓展之路——40年改革开放大潮下的中国对外投资与国际经济技术合作》，中国商务出版社2018年版，第123页；中华人民共和国商务部、中国对外承包工程商会：《中国对外劳务合作发展报告2019－2020》，第13页。
② 中华人民共和国商务部、中国对外承包工程商会：《中国对外劳务合作发展报告2019－2020》，第10页。
③ 商务部：《2021年我国对外劳务合作业务简明统计》，商务部网站，2022年1月24日。

域深入推进的鲜明特征，陆海内外联动、东西双向开放的新格局正在形成。实行高水平对外开放、建设更高水平开放型经济新体制，是顺应发展环境变化作出的战略选择，是完善社会主义市场经济体制、以高水平开放促进深层次市场化改革的内在要求。

一、构筑高水平对外开放新优势

中共十八大提出，适应经济全球化新形势，必须实行更加积极主动的开放战略，完善互利共赢、多元平衡、安全高效的开放型经济体系，全面提高开放型经济水平。中共十八届三中全会审议通过的《中共中央关于全面深化改革若干重大问题的决定》提出要构建开放型经济新体制。2015 年 5 月 5 日，中共中央、国务院发布《关于构建开放型经济新体制的若干意见》，提出对内对外开放相互促进，引进来与走出去更好结合，以对外开放的主动赢得经济发展和国际竞争的主动，以开放促改革、促发展、促创新，建设开放型经济强国。2019 年 6 月 28 日，习近平在二十国集团领导人峰会上，郑重宣布中国对外开放的五项重大举措：进一步开放市场、主动扩大进口、持续改善营商环境、全面实施平等待遇、大力推动经贸谈判。这五项重大举措，既是中国加快形成对外开放新局面、努力实现高质量发展的务实举措，也是中国致力推动构建开放型世界经济、共建人类命运共同体的坚定行动。

积极营造国际一流的营商环境。中国加强利用外资法治建设，统一内外资法律法规，完善公开、透明的涉外法律体系，全面深入实施准入前国民待遇加负面清单管理制度，尊重国际营商惯例，对在中国境内注册的各类企业一视同仁、平等对待，保护外资企业合法权益，加强知识产权保护，为各国企业家在中国投资兴业提供更好环境和条件，在更大范围、更宽领域、更深层次上提高开放型经济水平。2019 年 3 月通过的《中华人民共和国外商投资法》，确立了中国外商投资法律制度的基本框架，对外商投资的准入、促进、保护、管理等作出统一规定。同年 10 月，又公布了

《优化营商环境条例》。这是中国打造法治化、国际化、便利化营商环境的重要举措，标志着中国的营商环境再上新台阶。[1] 2021 年出台《外商投资准入特别管理措施（负面清单）（2021 年版）》和《自由贸易试验区外商投资准入特别管理措施（负面清单）（2021 年版）》，全国和自贸试验区外资准入负面清单分别缩减至 31 条、27 条。近年来，通过大规模减税降费、放管服改革的深入推进等，从 2013 年至 2021 年，我国营商环境全球排名从第 96 位跃升至第 31 位。中国已成为大型经济体中自 2005 年以来营商环境改善幅度最大的经济体。从 2017 年以来，中国吸引外资连续四年位居世界第二，对外投资流量稳居全球前三位。

加快实施自由贸易区战略。"十四五"规划纲要指出，实施自由贸易区提升战略，构建面向全球的高标准自由贸易区网络，这是中国优化开放布局、打造对外开放新高地的重大举措，体现了维护国际经济秩序的责任担当。中共十八大提出了加快实施自由贸易区战略。2013 年 9 月，中国（上海）自由贸易试验区正式挂牌成立。中共十八届三中全会提出要加快自由贸易区建设。2014 年 12 月，习近平在主持中共中央政治局第十九次集体学习时指出，多边贸易体制和区域贸易安排一直是驱动经济全球化向前发展的两个轮子。加快实施自由贸易区战略，是中国积极参与国际经贸规则制定、争取全球经济治理制度性权力的重要平台，中国不能当旁观者、跟随者，而是要做参与者、引领者，善于通过自由贸易区建设增强中国的国际竞争力，在国际规则制定中突出更多中国声音、注入更多中国元素，维护和拓展中国发展利益。同年 12 月，国务院决定设立广东、天津、福建 3 个自由贸易试验区。中共十八届五中全会提出，加快实施自由贸易区战略，推进区域全面经济伙伴关系协定谈判，推进亚太自由贸易区建设，致力于形成面向全球的高标准自由贸易区网络；提高自由贸易试验区建设质量，在更大范围推广复制。2015 年 12 月，国务院发出《关于加快

---

[1] 中共中央党校（国家行政学院）著：《习近平新时代中国特色社会主义思想基本问题》，人民出版社、中共中央党校出版社 2020 年版，第 187 页。

实施自由贸易区战略的若干意见》，明确了实施自由贸易区的总体要求、进一步优化自由贸易区建设布局、加快建设高水平自由贸易区、健全保障体系、完善支持机制、加强组织实施等方针政策。2016 年，党中央、国务院决定在辽宁省、浙江省、河南省、湖北省、重庆市、四川省、陕西省新设立 7 个自由贸易试验区。2018 年 10 月，习近平对自由贸易试验区建设作出重要指示，强调要不断提高自由贸易试验区发展水平，形成更多可复制可推广的制度创新成果，把自由贸易试验区建设成为新时代改革开放的新高地。同年 11 月，国务院印发《关于支持自由贸易试验区深化改革创新若干措施的通知》。截至 2021 年底，中国共设立了 21 个自由贸易试验区，向全国复制推广了 278 项制度创新成果，形成了"东中西协调、南北统筹兼顾、江海陆边联动"的高水平对外开放新格局。21 个自贸试验区占全国国土面积不到千分之四，但是它们贡献的进出口占到全国的 17.3%，吸收外资占到全国的 18.5%。此外，2012 - 2021 年，我国对外签署的自贸协定数由 10 个增长到 19 个，增长了近 1 倍，我国与自贸伙伴的贸易额占到全部贸易额的比重由 17% 增长到 35%。

海南自由贸易港建设。2017 年 10 月，中共十九大提出赋予自由贸易试验区更大改革自主权，探索建设自由贸易港。2018 年 4 月 13 日，习近平在庆祝海南建省办经济特区 30 周年大会上发表重要讲话时强调，党中央支持海南逐步探索、稳步推进中国特色自由贸易港建设，分步骤、分阶段建立自由贸易港政策和制度体系，为海南建设中国特色自由贸易港提出了要求。2018 年 9 月 24 日，国务院批复同意设立中国（海南）自由贸易试验区，并印发《中国（海南）自由贸易试验区总体方案》。2018 年 11 月 14 日，习近平主持召开中央全面深化改革委员会第五次会议，审议通过与海南自贸港建设相关的多份改革文件。2020 年 6 月，中共中央、国务院发布实施《海南自由贸易港建设总体方案》，明确了海南自贸港建设的政策制度设计和分步骤分阶段安排，其中 2025 年前重点任务，是围绕贸易投资自由化便利化，推动各类要素便捷高效流动。在贸易自由便利方面，实行以"零关税"为基本特征的自由化便利化制度安排，对服务贸易

"既准入又准营"。在投资自由便利方面，大幅放宽海南自由贸易港市场准入，实行"非禁即入"。比如，支持海南自由贸易港打造全球性或区域性新型离岸国际贸易中心，在海南首次同时试点开放客运和货运第七航权（世界范围内自贸港航权开放的最高水平），以及建设海南国际知识产权交易所，规范探索知识产权证券化，等等。2020年12月31日，经国务院批准，国家发展改革委、商务部发布《海南自由贸易港外商投资准入特别管理措施（负面清单）（2020年版）》，自2021年2月1日起施行。2021年6月10日，十三届全国人大常委会第二十九次会议通过《中华人民共和国海南自由贸易港法》，初步建立中国特色自由贸易港政策和制度体系；2021年7月23日，商务部发布《海南自由贸易港跨境服务贸易特别管理措施（负面清单）（2021年版）》，自2021年8月26日起正式实施。这是中国首张跨境服务贸易负面清单。2022年2月10日，海南自由贸易港全岛封关运作准备工作启动。建设中国特色自贸港要坚持"三个不动摇"，2022年4月10日至13日，习近平在海南考察时强调："要坚持党的领导不动摇""要坚持中国特色社会主义制度不动摇""要坚持维护国家安全不动摇"①，为建设具有世界影响力的中国特色自由贸易港指明了方向。2018－2021年，海南自由贸易港建设成效显著，"一线"放开，"二线"管住试点有序展开，加工增值免关税、"中国洋浦港"船籍港等多项政策释放红利，"两个15%"所得税、三张"零关税"清单、加工增值30%（含）以上免征关税政策等有序实施……4年来，海南自由贸易港落地政策累计达150多项，"四梁八柱"政策框架体系基本建立。2021年，海南货物贸易进出口总值1476.8亿元，增速较全国快36.3个百分点。②

中国首创以进口为主题的国家级展会的经贸制度。2018年11月，首届中国国际进口博览会在上海举行，吸引了172个国家、地区和国际组织

---

① 《习近平在海南考察时强调 解放思想开拓创新团结奋斗攻坚克难 加快建设具有世界影响力的中国特色自由贸易港》，新华网，2022年4月13日。
② 王俊岭：《近十年全国已设立21个自贸试验区及海南自由贸易港——中国开放新高地"多点开花"》，载《人民日报（海外版）》2022年4月20日。

参会，3600 多家境外企业参展，成交额近 600 亿美元，4500 多名政商学研各界嘉宾在虹桥国际经济论坛上对话交流，发出了"虹桥声音"。这次博览会是迄今为止世界上第一个以进口为主题的国家级展会，是中国首创的经贸制度安排，也是国际贸易发展史上的一大创举。此次博览会的成功举办表明了中国主动向世界开放市场、让各方分享发展机遇的诚意，体现了中国推动构建人类命运共同体的担当。2021 年 11 月，以"新时代，共享未来"为主题的第四届中国国际进口博览会在上海举办，共有 127 个国家和地区的 2900 多家企业参展，展览面积创下新高，达到 36.6 万平方米，超过 280 家世界 500 强及行业龙头企业参展。自首届进博会以来，进博会全力推动国际化策展、综合性组展、专业化办展、分行业布展，专业化水平和国际化程度进一步提高，促进了贸易和投资，充分发挥了国际采购、投资促进、人文交流、开放合作四大平台的作用。举办中国国际进口博览会，是中国着眼推进新一轮高水平对外开放作出的一项重大决策，是中国主动向世界开放市场的重大举措。

★　2021 年 11 月 5 日，第四届中国国际进口博览会在上海举行。

二、推动完善外商投资准入负面清单

外商投资项目负面清单管理制度从试点到全面实施。中共十八届五中全会提出，全面实行准入前国民待遇加负面清单管理制度，促进内外资企业一视同仁、公平竞争。2015 年 10 月 2 日，国务院印发《关于实行市场准入负面清单制度的意见》。2016 年 9 月 3 日，十二届全国人大常委会第二十二次会议通过了《关于修改〈中华人民共和国外资企业法〉等四部法律的决定》，对外商投资企业的相关行政审批条款进行了修改。中共十九大提出，要实行高水平的贸易和投资自由化便利化政策，全面实行准入前国民待遇加负面清单管理制度，大幅度放宽市场准入，扩大服务业对外开放，保护外商投资合法权益。2018 年 6 月，国务院发布《关于积极有效利用外资推动经济高质量发展若干措施的通知》，提出全面落实准入前国民待遇加负面清单管理制度。2018 年、2019 年、2020 年和 2021 年，中国先后推出了多版《外商投资准入特别管理措施（负面清单）》，2021 年版负面清单的"限制"与"禁止"项目缩减至 31 条。进一步缩减外资准入负面清单，是中国扩大高水平开放、推动经济高质量发展的重要举措。同时，也是中国与世界分享发展机遇，推动经济全球化朝着更加开放、包容、普惠、平衡、共赢方向发展的实际行动。

三、全球引资大国地位更加巩固

中共十八大以来，中国吸引外资稳步健康发展，规模不断扩大、效益不断提升，全球引资大国地位更加巩固。2020 年，世界经济遭遇新冠肺炎疫情冲击，全球外国直接投资从 2012 年的 1.49 万亿美元下滑至不足 1 万亿美元，降至 2005 年以来的最低水平。中国最早控制住疫情，并率先复工复产，为跨国企业在中国经营提供了有力保障；中国新一轮高水平对外

开放为外资企业带来了新的发展契机。2021 年,中国实际使用外资占全球
比重从 2012 年的 8.1% 提升到 11.0%,如表 13-5 所示,进一步夯实了全
球引资大国的地位。

表 13-5　　2012-2021 年中国实际使用外资全球占比情况

年份	全球 FDI		中国实际使用外资		
	金额（亿美元）	同比（%）	金额（亿美元）	同比（%）	占全球比重（%）
2012	14938.3	-7.5	1210.8	-2.3	8.1
2013	14563.2	-2.5	1239.1	2.3	8.5
2014	14038.6	-3.6	1285.0	3.7	9.2
2015	20323.0	44.8	1355.8	5.5	6.7
2016	20652.4	1.6	1337.1	-1.4	6.5
2017	16473.1	-20.2	1363.2	2.0	8.3
2018	1436703.0	-12.8	1383.1	1.5	9.6
2019	15302.3	6.5	1412.3	2.1	9.2
2020	9988.9	-34.7	1493.4	5.7	15.0
2021	15800.0	64.0	1735.0	20.2	11.0

资料来源:中华人民共和国商务部:《中国外资统计公报 2021》,第 39 页;杨海泉:
《联合国贸发会议报告显示 全球外国直接投资趋于疲软》,载《经济日报》2022 年 6 月
11 日。

中共十八大以来,中国对外资保持强劲的吸引力,2014 年,中国排名
首次升为全球首位,随后 2015-2016 年下降至第三位;2017-2020 年的 4
年来,中国一直是全球第二大外国直接投资流入国,排名仅次于美国。
2021 年,我国吸引外资稳中有增,实际使用外资 1735 亿美元,同比增长
20.2%,稳居全球第二位,连续 30 年位列发展中国家（地区）之首。

四、引资规模和质量"双提升"

中共十八大以来，中国吸引外资总体规模保持增长态势，实际使用外资从 2012 年的 1210 亿美元增至 2021 年的 1735 亿美元，增长了 43.4%；新设外资企业从 2.3 万家提高到 4.8 万家，增长了 0.9 倍，实现引资规模和质量"双提升"。2021 年实际使用外资首次突破万亿元，达到 1.1 万亿元，同比增长 14.9%；中国外资结构不断优化，高技术产业引资增长 17.1%，占比提升至 30.2%。高技术制造业中，电子工业专用设备制造、通用仪器仪表制造引资分别增长 2 倍和 64.9%；高技术服务业中，电子商务服务、科技成果转化服务引资分别增长 2.2 倍和 25%。2021 年主要来源地投资稳定增长，"一带一路"沿线国家对我国直接投资 743 亿元，增长 29.4%。开放高地成效显著，21 家自贸试验区实际使用外资 2130 亿元，占吸收外资总额的 18.5%。① 取得这样的成效，主要原因可以概括为五个"彰显"。一是扩大开放成效持续彰显；二是稳外资政策效应持续彰显；三是开放平台带动效应持续彰显；四是稳预期稳信心成效持续彰显；五是优化营商环境成效持续彰显。

---

① 中华人民共和国商务部：《中国外资统计公报 2021》，第 23 页；杨雪：《首次破万亿！》，载《科技日报》2022 年 1 月 26 日；罗珊珊：《外贸外资消费规模均创新高》，载《人民日报》2022 年 1 月 26 日。

中国经济这十年

（2012—2022）

结束语

凡是过往，皆为序章。中国经济十年创新，十年发展，十年辉煌。中共十八大以来，面对社会主要矛盾变化，在习近平经济思想指导下，以改革开放和科技创新为动力，解决了经济发展中长期没有解决的难题，办成了许多事关长远的大事要事，取得了历史性成就，中国已经进入高质量发展和迈向共同富裕的新阶段，迈向全面建成社会主义现代化强国的新征程。

当前，世界百年未有之大变局加速演进，世界之变、时代之变、历史之变的特征更加明显。中国发展面临新的战略机遇、新的战略任务、新的战略阶段、新的战略要求、新的战略环境，需要应对的风险和挑战、需要解决的矛盾和问题比以往更加错综复杂。

就世界经济发展格局和趋势来看，中国作为世界上最大的发展中国家，经济总量按照世界银行通用的购买力平价计算已经超过美国，并且是世界第一货物贸易大国、第一制造业大国，虽然中国的产业结构在世界产业链中总体上还处于中低端，但是中国十年来已经转向高质量发展，产业结构升级速度明显加快，正在由过去的"跟跑者"为主转向"并跑者"以及少数领域的"领跑者"。中国自身的变化必然深刻影响和改变着世界经济格局，因此，经济发展也就必然遭到美国不择手段的全面遏制，加上西方经济进入深度调整期和科技革命带来的不确定性，中国要有充分的能力应对国际风云变幻，在新的历史条件下更好地利用国际市场和国际资源。

就国内经济发展来看，中国经济发展虽然跨越了一些发展中国家曾经遭遇的产业结构升级失败和社会政治动荡的"中等收入陷阱"，进入高质量发展阶段，社会和政治空前稳定。但是受资源、环境、人口规模和生产力发展水平制约，经济发展不平衡不充分的问题依然存在，产业结构优化升级需要克服资本沉没、劳动力再就业、社会震荡和经济增速下滑的压力；区域之间、城乡之间的统筹协调发展问题，阶层之间的贫富差距问题依然突出。在经济体制机制方面，面对新型工业化和科技革命带来的新机遇、新业态、新风险等，如何同时避免"市场失灵"和"政府失灵"，如何进一步完善社会主义市场经济体制机制仍然任重道远。在经济运行方面，如何驾驭国家资本、私人资本和外国资本，如何统筹协调三次产业关系，统筹协调区域经济发展，统筹协调城市经济与乡村振兴，统筹协调生态文明建设与经济发展，统筹协调国际循环和国内循环的关系；在收入分配方面，如何解决"共同富裕"这个世界性难题；这些仍然是2035年基本实现现代化和本世纪中叶全面建成社会主义现代化强国必须解决的经济问题。

中共十九大对全面建成社会主义现代化强国作出了战略部署，总的战略安排是分两步走：从2020年到2035年基本实现社会主义现代化；从2035年到本世纪中叶把我国建成富强民主文明和谐美丽的社会主义现代化强国。中共十九大报告还指出，中国社会主要矛盾已经转化为人民日益增长的美好生活需要和不平衡不充分的发展之间的矛盾。为解决主要矛盾，中国经济正由高速增长阶段转向高质量发展阶段，具体包含三大转变：一是推进经济增长由粗放型向集约型转变，加快增长方式创新；二是推进产业结构由中低端向中高端转变，构建现代产业体系；三是推进城乡二元经济向城乡一体化转变，实现农业现代化。2022年7月，习近平在省部级主要领导干部"学习习近平总书记重要讲话精神，迎接党的二十大"专题研讨班上提出：党的二十大要对全面建成社会主义现代化强国两步走战略安排进行宏观展望，重点部署未来5年的战略任务和重大举措。未来5年是全面建设社会主义现代化国家开局起步的关键时期，搞好这5年的发展对于实现第二个百年奋斗目标至关重要。要紧紧抓住解决不平衡不充分的发展问题，着力在补短板、强弱项、固底板、扬优势上下功夫，研究提出解决问题的新思路、新举措。

"潮平两岸阔，风正一帆悬"。中国经济经过这十年的改革和发展，所具备的独特优势和有利条件大大超过了不利因素和困难：一是中国共产党的全面领导和自我革命，使得中国在政治上空前稳定和成熟，从而确保了中国经济始终向着有利于发展生产力、增强综合国力、提高人民生活水平的方向坚定前行；二是改革开放以来形成的政府与市场"双轮驱动"的体制机制优势，有助于避免"双重失灵"，继续充分利用国内国际"两种市场、两种资源"；三是中国经济规模大，创新空间大，回旋余地大；四是中国人力资本雄厚，具有重视教育和勤劳的社会传统，因此不仅学习应变能力强，而且劳动参与率也极高。

历史经验证明，在以习近平同志为核心的党中央领导下，中国一定能够抓住机遇、克服困难、化解风险，统筹好国内国际两个大局，处理好经济发展与社会稳定的关系，运用好改革和创新两大动力，如期实现 2035年和 2049 年目标。

主要参考文献

1. 《习近平谈治国理政》第一卷，外文出版社 2018 年版。

2. 《习近平谈治国理政》第二卷，外文出版社 2017 年版。

3. 《习近平谈治国理政》第三卷，外文出版社 2020 年版。

4. 《习近平谈治国理政》第四卷，外文出版社 2022 年版。

5. 《习近平谈"一带一路"》，中央文献出版社 2018 年版。

6. 习近平：《论坚持推动构建人类命运共同体》，中央文献出版社 2018 年版。

7. 习近平：《论坚持全面深化改革》，中央文献出版社 2018 年版。

8. 习近平：《论坚持党对一切工作的领导》，中央文献出版社 2019 年版。

9. 习近平：《论中国共产党历史》，中央文献出版社 2021 年版。

10. 习近平：《论把握新发展阶段、贯彻新发展理念、构建新发展格局》，中央文献出版社 2021 年版。

11. 中共中央文献研究室编：《习近平关于社会主义经济建设论述摘编》，中央文献出版社 2017 年版。

12. 本书编写组编著：《十八大报告辅导读本》，人民出版社 2012 年版。

13. 中共中央文献研究室编：《十八大以来重要文献选编》上，中央文献出版社 2014 年版。

14. 中共中央文献研究室编：《十八大以来重要文献选编》中，中央文献出版社 2016 年版。

15. 中共中央党史和文献研究院编：《十八大以来重要文献选编》下，

中央文献出版社 2018 年版。

16. 本书编写组编著：《〈中共中央关于全面深化改革若干重大问题的决定〉辅导读本》，人民出版社 2013 年版。

17. 《党的十九大报告辅导读本》编写组编著：《党的十九大报告辅导读本》，人民出版社 2017 年版。

18. 中共中央党史和文献研究院编：《十九大以来重要文献选编》上，中央文献出版社 2019 年版。

19. 中共中央党史和文献研究院编：《十九大以来重要文献选编》中，中央文献出版社 2021 年版。

20. 本书编写组编著：《党的十九届四中全会〈决定〉学习辅导百问》，党建读物出版社、学习出版社 2019 年版。

21. 本书编写组编著：《〈中共中央关于党的百年奋斗重大成就和历史经验的决议〉辅导读本》，人民出版社 2021 年版。

22. 中共中央宣传部、国家发展和改革委员会编：《习近平经济思想学习纲要》，人民出版社、学习出版社 2022 年版。

23. 本书编写组编著：《〈中共中央关于制定国民经济和社会发展第十三个五年规划的建议〉辅导读本》，人民出版社 2015 年版。

24. 国家发展和改革委员会编写：《〈中华人民共和国国民经济和社会发展第十四个五年规划和 2035 年远景目标纲要〉辅导读本》，人民出版社 2021 年版。

25. 《中华人民共和国简史》编写组编著：《中华人民共和国简史》，人民出版社、当代中国出版社 2021 年版。

26. 《改革开放简史》编写组编著：《改革开放简史》，人民出版社、中国社会科学出版社 2021 年版。

27. 中共中央党史和文献研究院著：《中国共产党的一百年》，中共党史出版社 2022 年版。

28. 庄聪生著：《中国民营经济四十年：从零到"五六七八九"》，民主与建设出版社 2018 年版。

29. 武力主编：《中华人民共和国经济与社会发展研究丛书（1949－2018)》，华中科技大学出版社 2019 年版。

30. 张卓元、房汉廷、程锦锥著：《中国经济体制改革 40 年》，经济管理出版社 2019 年版。

31. 张宇燕主编：《中国对外开放 40 年》，经济管理出版社 2019 年版。

32. 杨伟民等著：《新中国发展规划 70 年》，人民出版社 2019 年版。

33. 楼继伟、刘尚希著：《新中国财税发展 70 年》，人民出版社 2019 年版。

34. 江小涓著：《新中国对外开放 70 年》，人民出版社 2019 年版。

35. 蔡昉、都阳、杨开忠等著：《新中国城镇化发展 70 年》，人民出版社 2019 年版。

36. 韩俊主编：《新中国 70 年农村发展与制度变迁》，人民出版社 2019 年版。

37. 魏后凯、谭秋成、罗万纯等著：《中国农村发展 70 年》，经济科学出版社 2019 年版。

38. 金碚等著：《中国工业发展 70 年》，经济科学出版社 2019 年版。

39. 王国刚等著：《中国金融 70 年》，经济科学出版社 2019 年版。

40. 高培勇等著：《中国财政 70 年》，经济科学出版社 2019 年版。

41. 张燕生、陈长缨、逯新红著：《中国对外经济贸易 70 年》，经济科学出版社 2019 年版。

42. 金维刚、李珍等著：《中国社会保障 70 年》，经济科学出版社 2019 年版。

43. 武力主编：《改革开放 40 年：历程与经验》，当代中国出版社 2020 年版。

44. 李培林、张翼主编：《新中国社会建设 70 年》，中国社会科学出版社 2020 年版。

45. 武力著：《新中国经济发展的理论与实践研究》，当代中国出版社 2020 年版。

46. 谢伏瞻主编：《迈上新征程的中国经济社会发展》，中国社会科学出版社 2020 年版。

47. 顾海良、邹进文总主编：《中国共产党经济思想史（1921–2021）》，经济科学出版社 2021 年版。

48. 贺耀敏、甄峰著：《数字解读中国：中国的发展坐标与发展成就》，中国人民大学出版社 2021 年版。

49. 蔡昉著：《中国经济：实践探索与学理解说》，四川人民出版社 2021 年版。

50. 李忠杰著：《中国规划》，人民出版社 2021 年版。

51. 中国国际工程咨询有限公司编著：《国家重大工程档案》（交通卷、能源卷、工业卷、农林水和生态卷、社会事业和科学基础设施卷），人民交通出版社 2021 年版。

52. 姜辉著：《中国特色社会主义新时代的世界意义》，江西人民出版社 2021 年版。

53. 中国社会科学院经济研究所著：《中国经济报告 2021：迈向现代化新征程》，中国社会科学出版社 2021 年版。

54. 郑有贵著：《百年"三农"：中国共产党解决"三农"问题的战略维度和实现路径》，东方出版社 2022 年版。

55. 马建堂主编：《十年伟大飞跃》，人民出版社 2022 年版。

56. 《中华人民共和国国务院公报》，2012–2022 年。

57. 《求是》，2012–2022 年。

58. 《人民日报》，2012 年 1 月 1 日–2022 年 7 月 20 日。

59. 《经济日报》，2012 年 1 月 1 日–2022 年 7 月 20 日。

60. 国家统计局：2012–2021 年《中国统计年鉴》。

后　　记

中共十八大以来，在以习近平同志为核心的党中央领导下，中国接续改革开放以来的经济发展奇迹和社会稳定奇迹，取得了历史性成就、发生了历史性变革，中国成功地实现了全面建成小康社会的第一个百年奋斗目标，迈上了建设社会主义现代化强国的新征程。我们作为中国经济史研究工作者，深感时代没有辜负我们，我们也不能辜负这个时代。受中宣部理论局、中国社会科学院、中国人民大学、经济科学出版社等有关单位领导和专家学者的鼓励，感到有责任站在新中国经济史和世界经济史视角，将新时代这十年的改革开放和经济社会发展进行一次系统的梳理研究。于是在北京的经济史学界发起组成了这个编写组。本书在共同讨论、分工合作、一起统稿的原则下，大致分工如下：武力、贺耀敏负总责，武力、王爱云负责前言，李扬负责第一章、第二章，肖翔负责第三章、第十章，郑有贵负责第四章，熊金武负责第五章，彤新春负责第六章，兰日旭负责第七章、第八章，姜长青负责第九章，郑有贵、段娟负责第十一章，吴超负责第十二章，郭旭红负责第十三章，赵冲协助武力和贺耀敏查阅、核实文献资料，王娟、罗一鸣负责审定文稿、甄选图片及封面设计方案。经过编写组成员半年多的齐心协力和广泛征求意见，以及倒排工期和挂图作战，五易其稿，终成此书。

本书在编写过程中，得到中共中央宣传部、中国社会科学院、中国人民大学、中国财经出版传媒集团等诸多单位的领导专家学者大力支持，著名经济学家张卓元先生欣然作序，在这里，再次对参与本书提纲和书稿审定的张卓元、董志凯、史丹、张晓晶、许正明、刘守英、郭庆旺表示诚挚的谢意。

由于我们才疏学浅，虽然有所积累和观察思考，但是"睫在眼前长不见"，难免有不少片面、不当甚至错漏之处，在这里恳请各位读者批评指正，以便我们今后去修改完善。

本书编写组

2022 年 8 月 8 日